INSCRIPTIONES
GRAECAE METRICAE

INSCRIPTIONES GRAECAE METRICAE; Es Scriptoribus praeter Anthologian Collectae. *Th. Praeger.*
ISBN 0-89005-214-X, xxviii + 252pp. *$25.00*

Praeger's collection (abbr. IGM) is a basic reference work for the classical scholar, the ancient historian and the epigraphist. It is a real "Corpus" of all the Greek metrical inscriptions mentioned by ancient writers in their works, which for one reason or the other have not been preserved in the original epigraphical texts, but only in their literary transcriptions.

Famous texts like the epigrams by Simonides for those who fell fighting at Marathon (IGM 199), Thermopylae (IGM 21), Salamis (IGM 6) etc., appear in the IGM accompanied by all the literary testimonia related to them. Epigrams written by famous poets (*Aeschylus* IGM 39,42; *Callimachus* IGM 113; *Euripides* IGM 9,220; *Pindarus* IGM 249; *Plato* IGM 235,267,268,276) to be inscribed on public or private monuments are also included, accompanied by a great number of other poems written by anonymous or little known poets for the same reason. Praeger has included also, all the Greek poems from the *Anthologia Palatina*, *Anthologia Planudea* and *Anthologia Lyrica* which were copied at different times from their original inscriptions by known and unknown ancient writers.

Four indices and two concordances, make the IGM a very easy to use reference. This reprint edition is the first to appear since the original publication (Leipzig 1891).

INSCRIPTIONES

GRAECAE METRICAE

EX SCRIPTORIBUS PRAETER ANTHOLOGIAM

COLLECTAE

EDIDIT

THEODORUS PREGER

ARES PUBLISHERS INC.
CHICAGO   MCMLXXVII

CN360
P7
1977x

Exact Reprint of the Edition:
Leipzig 1891
ARES PUBLISHERS INC.
612 N. Michigan Avenue
Chicago, Illinois 60611
Printed in the United States of America
International Standard Book Number:
0-89005-214-X

Argumenti tabula.

RUDOLPHO SCHOELL

S.

§ 1. Cum inscriptiones graecae metricae quae in lapidibus Qui ante me inscr. gr. metr. ex scriptoribus collegerint. exstant Kaibelii opera egregie congestae atque dispositae sint[1]), earum quarum memoriam codicibus debemus magna quidem pars in Anthologiis Palatina et Planudea collecta est, ut hae licet mixtae cum falsis et demonstrativi generis epigrammatis tamen uno volumine duobusve comprehendantur, reliquarum autem quae dispersae occurrunt in veterum scriptorum libris nulla adhuc plena et integra praesto est collectio.

Atque Morhofium habuisse quondam in animo non solum quae versibus inclusae essent inscriptiones, sed etiam pedestri sermone scriptas omnibus ex auctoribus conquirere et idem mente agitasse Reinesium narrat Maffeius in Arte critica lapidaria p. 11, sed utrumque nescio qua re impeditum nihil publici iuris fecisse. Neque melius ipsi Scipioni Maffeio Veronensi cessit qui septuaginta scriptoribus hunc ad finem perlectis morte occupatus est, nihil ut ederetur nisi fragmentum dissertationis quam composuerat „de inscriptionibus quae in Graecorum libris feruntur" insertum eius de Arte critica lapidaria libello p. 11—33. Quo in fragmento quod parum viris doctis innotuisse videtur apparet admirabile viri acumen: primus enim non pauca epigrammata quae etiam multis annis post atque adeo nostra aetate priscae et genuinae existimantur inscriptiones iure obelo notavit: cf. n. 190, 280. Iam ante postumum hoc Maffei opusculum Bonadae anthologia in lucem prodierat[2]), in qua centum fere epigrammata ex Herodoto Diodoro Pausania Plutarcho Laertio petita mixta leguntur cum metricis lapidum titulis et graecis et latinis. Sed cum professor ille eloquentiae Romanus pessimis scripto-

---

1) Epigrammata Graeca ex lapidibus conlecta ed. Kaibel, Berol. 1878; accedit supplementum in Mus. Rhen. 34 p. 181—213. Epigrammatum post Kaibelii syllogen erutorum ea quae vetustioribus temporibus usque ad medium alterum a. Chr. saeculum adscribuntur, collegit Allen in „Greek versification of inscriptions" (Papers of the American school of Athen IV 1888 p. 174—204).

2) Carmina ex antiquis lapidibus dissertationibus ac notis illustrata a Fr. M. Bonada eloquentiae professore, 2 voll. Rom. 1751 sq. Simile opus parasse Dorvillium tradit Welcker in praefatione Syllogae p. IX.

rum editionibus usus esse videatur et tam expers fuerit artis criticae,
ut quae exhibet verba saepe metro includi recusent, nihil omnino ex
eius libro lucrari possumus.

Aliud consilium atque hi viri studiosi artis epigraphices persecutus est Brunck qui Stephano praeeunte magnam partem poeti-
carum quae in libris et in saxis occurrunt inscriptionum in Analecta
sua veterum poetarum recepit: 'neque enim Corpus inscriptionum
supplere, sed lusus poetarum colligere in animo habuit. Neque
Iacobs, vir de Anthologia et de universis litteris graecis immorta-
liter meritus, epigrammata quae saxis insculpta esse compertum
habemus, a demonstrativis seiunxit, sed Analectorum carmina sat
multis a Brunckio praetermissis auxit et quotquot desunt in codice
Palatino et in libris Planudeae in appendicem quam in calce editionis
suae adiecit congessit. Cuius appendicis quasi supplementa Welcker
nova epigrammata et ex saxis et ex libris collecta edidit in Sylloge
epigrammatum (iterum ed. Bonn. 1828) et in spicilegiis museo Rhenano (nov. ser. 1, 3, 6, 7) insertis. Nuper denique Cougny quidam
exstitit qui Anthologiae Palatinae editioni Parisinae quam Duebner
instituerat tertium volumen adiecit et loco Iacobsianae et Welcke-
rianae appendicum novam confudit permultis epigrammatis et ex
libris et ex saxis auctam. Sed cum eius opus summa neglegentia
sit factum, nullum paene ut fructum inde capere liceat philologis[1]),
non superfluum esse mihi visum est Scipionis Maffei consilium denuo
suscipere.

Quae epi-
grammata
in syllogen
receperim,
quae seclu-
serim.

§ 2. Erat igitur propositum ex omnibus veteribus scriptoribus
praeter Anthologiam Palatinam et Planudeam epigrammata graeca,
quae vel sepulcris vel donariis vel aliis monumentis dicuntur inscripta
esse, colligere et secundum genera et terrarum ordinem[2]) disponere,
disposita adnotatione critica et exegetica instruere, denique falsa a
genuinis discernere.

Atque primum quidem in meam syllogen recepi et quae epi-

---

1) Ne forte me temere iudicare pctes, pauca errorum exempla afferam: I 14
editur distichum ut integrum epigramma quod exstat in ipsa Anth. Pal. VI 49
v. 3 sq. Deinde epigramma Messanae inventum (Kaibel 643) habet Cougny duobus locis, et II 26 ex Iacobsio petitum (Σύζυγος ἦν κτλ.) et idem melius lectum
II 556 ex CIG III 5626 (Κύζικος ἦν κτλ.). Idemque cadit in ep. I 75 quod paulo
immutatum iterum occurrit II 39. Accedit quod recentiorum emendationes et
curae paene prorsus neglectae sunt. [Cf. Herwerden, Studia critica in epigr.
graeca, Leiden 1891, praef. p. 4 sq. et not.].

2) A Peloponneso orsus primo loco Graeciae continentis, deinde insularum
epigrammata posui, his subiunxi ea quae Asiae et Africae monumentis inscripta
erant, postremum autem locum assignavi Siciliae et Italiae titulis.

grammata a veteribus suo iure inscriptiones esse dicuntur et quae, etsi inscripta esse non additur, attamen meo iudicio titulis inserenda sunt; deinde ea congessi quae perperam a graecis scriptoribus pro inscriptionibus veneunt, quae quidem in alteram partem reieci. Eas vero inscriptiones metricas quae aut in solis Anthologiis sive Cephalae sive Planudis exstant aut ex his desumptae apud infimae aetatis scriptores velut Suidam leguntur, tum si quae Byzantinae inprimis aetatis seorsum in medii aevi codicibus occurrunt, denique oracula, quae ut pleraque inscripta erant in saxo vel in aere, ita generis plane diversi sunt — haec omnia in syllogen non esse recipienda putavi. Neque hoc, opinor, vitio dabitur quod pepli Aristotelii epigrammata ab altera parte seclusi quorum alia leguntur in scriptis Diodori Eustathii Tzetzae, maior pars seorsum traditur in codice Florentino. Quae aut omnia recipi oportebat aut nullum; atque cum collecta exstent et apud Bergkium (PL. II[4]) et in fragmentorum Aristotelis editionibus, nemo in hac collectione desiderabit.[1])

§ 3. Sed restant non pauca apud scriptores carmina, quae inscripta fuisse etsi veteres non tradunt, tamen temere meo quidem iudicio coniecerunt nostrae aetatis homines. Quae cum frustra et in priore et in posteriore huius syllogae parte quaesiveris, quo iure ea secluserim hic paucis exponam.

Atque hoc bene tenendum est non omne epigramma quod inscriptionis speciem prae se fert etiam monumento alicui fuisse inscriptum. Etenim iam Simonidem scimus in nonnullis demonstrativis epigrammatis ludendi vel irridendi causa inscriptionum formam affectasse. Unde increbuit hoc carminum quasi novum genus et inprimis in honore fuit apud aetatis Alexandrinae poetas, quoniam hoc modo vel hominum mores vel statuarum habitus clarius et festivius illustrare licebat. Atque tam bene saepe genuinos titulos imitati sunt poetae ut multi doctique homines deciperentur, nonnunquam ne possit quidem discerni, utrum verum an fictum sit ἐπίγραμμα (cf. n. 43, 44, 48—50, 113, 114, 196). *De demonstrativis epigrammatis titulorum instar factis.*

Sed aequo saepius Alphonsus Hecker mihi falli videtur, qui in Commentatione critica de Anthologia Graeca (Lugd. Bat. 1852) sibi proposuit, ut eam pro dimidiata parte esse Corpus inscriptionum demonstraret. Quod probare studet exemplis ex Cephala aliisque scriptoribus appositis et illustratis. Et quamquam ipse concedit (p. 5) poetas interdum etiam epigrammata demonstrativa quibus sive viro-

---

1) Quae censeam de peplo Aristotelio, exposui in Commentationibus Guilelmo de Christ oblatis p. 53—62.

rum nobilium famam celebrarent sive homines cavillatione insecta-
rentur titulorum specie conscripsisse, tamen huius poetarum moris
postea parum memor in permultis epigrammatis inscriptiones odo-
ratus est, quae re vera demonstrativi generis sunt.

Veluti sepulcri titulum imitatur hoc Aeschrionis epigramma,
quod tradit Athenaeus 8 p. 335c (= Anth. Pal. VII 345)

> Ἐγὼ Φιλαινὶς ἡ 'πίβωτος ἀνθρώποις
> ἐνταῦθα γήρᾳ τῷ μακρῷ κεκοίμημαι·
> μή μ', ὦ μάταιε ναῦτα, τὴν ἄκραν κάμπτων
> χλεύην τε ποιεῦ καὶ γέλωτα καὶ λάσθην·
> 5 οὐ γὰρ μὰ τὸν Ζεῦν, οὐ μὰ τοὺς κάτω κούρους,
> οὐκ ἦν ἐς ἄνδρας μάχλος οὐδὲ δημώδης·
> Πολυκράτης δὲ τὴν γενὴν Ἀθηναῖος,
> λόγων τι παιπάλημα καὶ κακὴ γλῶσσα,
> ἔγραψεν ἅσσ' ἔγραψ'· ἐγὼ γὰρ οὐκ οἶδα.

Quamquam Hecker (p. 64 sq.) et hoc epigramma et Anth. VII 450, quo
Dioscorides eandem Philaenidem a crimine lasciviae defendit, utrim-
que cippi lateribus vel inscriptum vel inscribendum fuisse putat.
Sed et Aeschrio Aristotelis amicus et Dioscorides (cf. ep. n. 37) post
Polycratem sophistam cui adversantur floruerunt, ut vel aetas vetet
haec duo epigrammata Philaenidis titulos sepulcrales putari. Neque
enim cuivis hominis dudum defuncti cippo versus suos insculpere licebat.

Neque magis inscriptum fuit hoc Phalaeci epigramma ab eodem
Athenaeo p. 440 d servatum:

> Χρυσῷ τὸν κροκόεντα περιζώσασα χιτῶνα
> τόνδε Διωνύσῳ δῶρον ἔδωκε Κλεώ,
> οὕνεκα συμποσίοισι μετέπρεπεν· ἶσα δὲ πίνειν
> οὔτις οἱ ἀνθρώπων ἤρισεν οὐδαμά πω.

Quod carmen Hecker p. 69 donarii titulum esse censet, sed certe et
hoc et simile eiusdem poetae, quod Anth. P. VI 165 tradit, irrisorio
generi tribuenda sunt.[1]

Ab hoc non multum distant Hedyli versus, quibus meretrices
cavillans victus instrumenta deis dedicantes facit: Ath. 11 p. 486 b
(Ἡ διαπινομένη Καλλίστιον ἀνδράσι κτλ.), Anth. Pal. V 159 et 199,
VI 292. Etenim Hedylus multis epigrammatis titulorum speciem induit, sed vera inscriptio, ni fallor, unum Theonis epitaphium (n. 43)
exstat, etsi ne hoc quidem pro certo affirmare ausim. Sine ullo
autem dubio fallitur Hecker (p. 69) cum epigramma Ath. p. 497d
(Ζωροπόται, καὶ τοῦτο φιλοζεφύρου κατὰ νηόν κτλ.) quo poculum

---

1) Cf. etiam irrisoria disticha quae tractabo ad ep. n. 1.

describitur et disticha apud Strabonem 14,683 (Ἰραὶ τῷ Φοίβῳ πολλὸν διὰ κῦμα θέουσαι κτλ.) quibus aliud donarium illustratur inscripta esse dicat: quae ad ipsa monumenta non pertinent, sed spectant ad ea.

Posidippi epigrammatum quae titulorum formam habent tria, quibus fortasse templum Arsinoes et Pharus Alexandrinus ornata erant, etsi dubitanter in syllogen recepi (n. 114 cum not.), quartum, Pandari epitaphium, de quo difficile est iudicium, hic adiungam. Tradit autem Steph. Byz. s. v. Ζέλεια:

— — — — — — — — — —

> οὐδὲ, Λυκαονίδη, δέξατο cὲ Ζελίη·
> ἀλλὰ παρὰ προχοῇ Cιμοεντίδι τοῦτό coι Ἕκτωρ
> cῆμα καὶ ἀγχέμαχοι θέντο Λυκαονίδαι.

Sed reliqua Posidippi carmina, Anth. Pal. VII 267, Plan. 119 et 275 Iac., Tzetz. chil. 7, 62, denique Athen. p. 412e (Καίπερ συνθεσίης ἔφαγον κτλ.) et 414d (Φυρόμαχον τὸν πάντα φαγεῖν βορόν κτλ.), quae duo Hecker p. 69 pro inscriptionibus vendit, partim demonstrativo, partim irrisorio generi adscribenda sunt.

Mnasalcae multae quidem exstant in Anthologia inscriptiones, sed versus quos Athen. p. 163a servavit

> Ἄδ᾽ ἐγὼ ἁ τλάμων Ἀρετὰ παρὰ τῇδε κάθημαι
> Ἡδονῇ, αἰcχίcτωc κειραμένη πλοκάμους,
> θυμὸν ἄχει μεγάλῳ βεβολημένα, εἴπερ ἅπαcιν
> ἁ κακόφρων Τέρψιc κρείccον ἐμοῦ κέκριται

monumentum describere neque vero in eo fuisse exaratos contra Heckerum (p. 69) recte contendit Benndorf de anth. ep. p. 71.

Neque longum Archimeli carmen, quo magnificam Hieronis navem laudibus effert (Τίς τόδε σέλμα πέλωρον κτλ.), verum est ἐπίγραμμα, id quod censet Hecker (p. 67): immo quae vera fuerit navis inscriptio, eruere possumus ex carminis v. 13 sq.:

> μανύει cτιβαρᾶc κατ᾽ ἐπωμίδοc ἀρτιχάρακτον
> γράμμα, τίc ἐκ χέρcου τάνδ᾽ ἐκύλιcε τρόπιν.

Eiusdem demonstrativi generis esse contra Heckerum (p. 9, 67, 182) contendo Doriei et Procli epigrammata, quorum illud (Athen. p. 412f: Τοῖος ἔην Μίλων κτλ.) ad Milonis statuam spectat, hoc (Iacobs append. 69: Ῥηγίνου μελάθροισι τὸν εὐαcτὴν Διόνυcον κτλ.) Bacchi simulacrum describit: quae non magis monumentis addita erant quam fonti Dieno hoce Anonymi distichum a Steph. Byz. s. v. Δῖον traditum:

> Νᾶμα τὸ Διηνὸν γλυκερὸν πότον· ἢν δὲ πίῃc νιν,
> παύcῃ μὲν δίψῃc, εὐθὺ δὲ καὶ βιοτοῦ.

Etenim inde quod locus quo fons esse dicitur in epigrammate ipso
commemoratur, iure colligimus nunquam Dii esse hoc insculptum et
Heckeri (p. 84) diversam sententiam facile reicimus.[1])

Fortasse etiam quis desiderabit inter sepulcrales huius syllogae
titulos Cliniae epigramma a Stobaeo 64, 16 servatum (= Welcker
Syll. n. 114):

> Μή τις τιμάτω θνητῶν πολύδακρυν ἔρωτα,
> μηδὲ πόθον παίδων μηδ᾽ ἱμερτὴν φιλότητα,
> τῶν ἰότητι Μύρων κατέβη πολύκλαυστον ἐς Ἀιδην.

Sed sepulcrum Myronis a liberis etsi impiis erigi et inscriptione
ornari debuit: non potuerunt igitur hi versus inscribi.[2])

De aliis ver-
sibus quos
recentiores
falso titulos
vel titulo-
rum frag-
menta esse
autumant.

§ 4. Praeter epigrammata titulorum instar facta Hecker aliique
grammatici apud scriptores etiam alios versus invenisse sibi visi
sunt, qui olim monumentis incisi fuissent. Quale est distichum quod
de Abrotono, Themistoclis matre, tradunt Athen. p. 576 c et Plut.
Them. 1:

> Ἀβρότονον Θρῇσσα γυνὴ γένος· ἀλλὰ τεκέσθαι
> τὸν μέγαν Ἕλλησιν φημὶ Θεμιστοκλέα.

Quod Hartung (gr. Lyr. 6, 195) sepulcro Themistoclis additum esse
censet, sed facilius Abrotoni epitaphium esse duceres: quamquam ne
huius quidem est, id quod arguere videntur epicae formae Θρήϊσσα
et τεκέσθαι.[3])

Neque cum maiore probabilitatis specie Hecker p. 67 Euripidis
epigramma quod composuit de matre una cum tribus liberis mortua
(Athen. p. 61 b: Ὦ τὸν ἀγήρατον πόλον αἰθέρος κτλ.) in averso cippi
latere incisum esse putat. Idem Hecker (Philol. 5, 424, cf. Brandt
parod. gr. frgm. p. 51) Alexandri Aetoli de Boeoto versus elegiacos
quos tradit Athen. p. 699 c (Ὡς Ἀγαθοκλῆος λάσιαι φρένες κτλ.) titulum
statuae huius poetae fuisse putat; aliter iudicavit Capellmann (Alex.

---

1) Item demonstrativum est Antipatri Sidonii ep. in Zenonem (Laert. 7, 29
Τῆνος ὅδε Ζήνων κτλ.) et Theaeteti in Pythagoram (Laert. 8, 48 Πυθαγόρην
τινὰ, Πυθαγόρην κτλ.).

2) Multa praeterea epigrammata sepulcralium formam imitantia exstant
apud scriptores quae eiusdem fere generis sunt atque Laertii Diogenis Pam-
metrus: qualia nemo, opinor, in hac sylloge quaeret.

3) Macrob. sat. 1, 11, 44 (= A. P. VII 676, cf. Ioann. Chrysost. hom. 13
col. 111 Migne) hoc distichum tradit:

> Δοῦλος Ἐπίκτητος γενόμην καὶ σῶμ᾽ ἀνάπηρος
> καὶ πενίην Ἶρος καὶ φίλος ἀθανάτοις.

Potest certe imperatorum aetate mortis et loci notitia in epitaphio omitti (cf.
infra § 5), sed qui hos versus laudant scriptores, ipsi demonstrativos esse
duxerunt.

Aet. fr. p. 39) qui eos in sepulcro Boeoti insculptos esse suspicatur: revera autem ne lenissimam quidem inscriptionis notam praebent.[1]) Immo aut demonstrativi generis sunt aut pars elegiae: quae est sententia Meinekii (Anal. Alex. p. 230). Certe multa alia disticha vel singuli versus qui inscriptionum fragmenta esse putantur ex elegiis sumpta sunt. Huic generi adscribo Melanthii de Polygnoto versus (Plut. Cim. 4):

Αὐτοῦ γὰρ δαπάναισι θεῶν ναοὺς ἀγοράν τε
Κεκροπίων κόσμης᾽ ἡμιθέων ἀρεταῖς.

Quos Welcker Syll. n. 110 ex epigrammate vel sepulcro vel effigiei incidendo desumptos esse putat: sed Polygnoto utpote artifici effigies posita non est neque facile in epitaphio civis Attici formam ναούς defendere possis.[2]) Idem Welcker n. 108 sine ulla causa hos de Phrynicho poeta versus (Plut. quaest. conv. 8, 9) inscriptionis partem esse iudicavit:

Cχήματα δ᾽ ὄρχησις τόσα μοι πόρεν, ὅσσ᾽ ἐνὶ πόντῳ
κύματα ποιεῖται χείματι νὺξ ὀλοή.

Qui si modo sunt Phrynichi, certe elegiis adscribendi sunt, quibus adscripsit Bergk III[4] 561.

Similiter non inscriptionum, sed carminum elegiacorum fragmenta videntur esse haec:

Hephaest. p. 16, 13: . . . *Νικομάχου τοῦ τὴν περὶ ζωγράφων ἐλεγείαν πεποιηκότος·*

οὗτος δή coι ὁ κλεινὸς ἀν᾽ Ἑλλάδα πᾶσαν Ἀπολλό-
δωρος· γιγνώσκεις τοὔνομα τοῦτο κλύων.

Paus. 7. 27. 6: *Θεσσαλοὶ παρέχονται* . . *ἐλεγεῖον ἐπὶ τῷ Πολυδάμαντι·*

Ὦ τρόφε Πουλυδάμαντος ἀνικάτου Cκοτόεccα.

Quem versum tituli statuae Polydamantis a Lysippo factae (Paus. 6. 5. 7; Purgold Aufs. f. E. Curtius 238 sqq.) fragmentum esse falso censent Schubart (in versione Pausaniae) et Hecker p. 23.

Laert. Diog. 8. 12 *καὶ ἔστιν ἐπίγραμμα οὕτως ἔχον* (= Anth. Pal. VII 119):

---

1) Hecker argumenti loco affert Athenaeum ex Polemone periegeta versus sumpsisse qui eos ex statua Syracusana descripsisset. Sed periegetam hos versus perinde atque eos quos paulo ante affert ex libris transscripsisse, inde apparet quod nomen poetae exhibet. Et quid mirum si demonstrativa epigrammata Polemo attulit? Cf. ad ep. 1.

2) Goettling (Ber. d. sächs. Ges. d. W. 1853 p. 70) versus in stoa poecile inscriptos esse censet, sed bene refutatus est a Carolo Keil Rh. M. 18, 53 sq.

Ἡνίκα Πυθαγόρης τὸ περικλεὲς εὕρατο γράμμα,
κεῖν᾽ ἐφ᾽ ὅτῳ κλεινὴν ἤγαγε βουθυcίην.

Hoc Duebner in annot. ad Anth. donario inscriptum esse putat: quem
bene refutavit Weishaeupl Grabged. p. 48 sq. elegiae versus tribuens.
Aristid. II p. 510: ·. . αὐτὸς εἰς ἑαυτὸν πεποίηκεν·

Μνήμην δ᾽ οὔτινά φημι Cιμωνίδῃ ἰcοφαρίζειν
ὀγδωκονταέτει παιδὶ Λεωπρέπεος.

Quos versus tituli esse particulam neque Aristides contendit neque
omnino verisimile est, nisi Bergkio (Sim. fr. 146) assentimur, qui
mira quadam praeditus vi etiam veri dissimillima cogitatione prae-
cipiendi hoc distichum cum ep. 145 coniungere vult. Elegiae vero
partem quominus cum Schneidewino (del. epigr. p. 420) esse statuamus, nihil obstat.

Haec fere sunt epigrammata quae hic commemoranda esse putabam; nolui enim in Syllogae ipsius ne alteram quidem partem recipere
neque silentio premere volui, ne quis me ea temere omisisse suspicaretur.

§ 5. Eorum autem epigrammatum quae in Syllogen recepi
genuina a falsis discerni oportuit, deinde et genuinorum et falsorum
pristinam formam restitui. Ad quae conficienda non exigui emolu-
menti mihi videtur esse titulos metricos in lapidibus servatos lustrare
et in eorum indolem et formas paulo accuratius inquirere.

Tituli
sepulcrales.

Atque sepulcralium titulorum vetustissimi qui exstant pedestri sermone scripti sunt neque aliud quidquam continent nisi
nomen defuncti patris interdum nomine vel, qui Spartiatarum erat
mos, verbis ἐν πολέμῳ additis. Si quid praeterea praedicare voluerunt Graeci, metricis epitaphiis utebantur, quorum satis multa inde
a sexto saeculo novimus.[1]) Atque hoc commune est omnibus priscorum temporum metricis inscriptionibus, ut non ornandi causa titulis
legitimis additae sint, sed ipsae sint tituli legitimi: quo fit, nihil ut
pedestri sermone scriptum sexti et plerisque quinti saeculi epigrammatis addi soleat.[2]) Duarum autem rerum memoriam in eis nunquam deesse videmus: nomen dico defuncti et defunctum hoc ipso
monumento, in quo inscripti sunt versus, conditum esse — sive id
pronomine demonstrativo (σῆμα τόδ᾽ ἐστί, ἐνθάδε κεῖται et simil.)
sive genetivo aliove casu nominum propriorum significatur (v. p. 19

---

1) Nonnulla ex eis produnt etiam vetustioris pedestris formae simplicitatem
velut tit. Theraeus IGA 466: Κώθιος ὁ Κριτοβούλου ἀπ᾽ Εὐμνάστας νεαρηβῶν et
IGA 149: Καλλία Αἰγίθθοιο· τὺ δ᾽ εὖ πρᾶσσ᾽ ὦ παροδῶτα.

2) Tres novi tituli qui ab hac regula discedant: Kaibel 472 (saec. VI/V)
ubi artificis, Kaibel 188 et 488 (saec. V) ubi eorum qui sepulcra crexerunt
nomina extra versus addita sunt. Idem ni fallor cadit in huius syll. n. 20.

adnot. 1) sive sepulcrum ipsum loqui fingitur (σῆμά εἰμι, κατέχω).[1]) Praeterea alia possunt addi, possunt omitti velut adhortatio viatoris, laus defuncti, quis monumentum erexerit, similia quae persequi non est in animo.[2]) Quinto autem saeculo paullatim incipit vetus mos immutari. Invenimus enim eius aetatis paucos titulos, in quibus nomen mortui extra versus repetitur (Kaibel 22, 23, 35, 36, 484; in mutilo ep. n. 25 V. saec. sine dubio nomen proprium suppleatur oportet in primo vel tertio versu). Quarto deinde saeculo saepiusque insequentibus saeculis accidit ut nomen defuncti in ipso epigrammate plane desideretur atque nonnisi extra versus inscriptum sit ('Aθή-ναιον III p. 195 = Allen XXV, K. 47, 48, 52, 56a etc.). Et inde ab eadem aetate nonnulla epigrammata noniam, id quod solebant antea, sepulcrum ipsum respiciunt, sed tantummodo ornandi causa addita sunt: K. 52, 53, 60, 65 etc. et huius syll. fortasse 48—50. Tunc quoque magis magisque titulos illos priscae simplicitatis excipiunt aut hominum plebeiorum fetus et verbis et versibus pessimis scatentes aut carmina artificiosa et redolentia poetarum Alexandrinorum ingenium.[3])

§ 6. Ab epigrammatis quae deorum donariis inscripta sunt Kaibelii exemplum secutus agonistica, quippe quorum peculiare esset genus, segregavi. Reliqua si perlustrabimus, ea quattuor fere rerum memoriam comprehendere videmus[4]): primum nomen dedicantis, deinde notionem dedicandi, tum nomen dei, cui res offertur, denique causam ex qua donarium collocetur. E quibus quartum saepe uno vocabulo (εὐξάμενος, ἀπὸ πολεμίων) exprimitur, nonnunquam plane omittitur (Kaib. 738, 739, 743 et huius syll. 57, 58, 61, 65 etc.) pariterque haud raro tertium desideratur: etenim cui deo donarium dedicatum esset, sciebant ei qui collocatum videbant: Kaib. 758, 760, 774, IGA add. 99 etc. et multi h. syll. tituli. Quod autem ad notionem dedicandi attinet, verbum activum (ἀνέθηκε vel simile), quod in titulis pedestri sermone scriptis saepissime deest, in metricis raro omittitur et sicubi non exstat, facile subauditur: Kaibel 385b, 745, IGA 442 (= Allen CXXIX). Sed interdum fit ut dedicationis

Deorum donaria.

---

1) Excipienda sunt πολυανδρίων epitaphia, in quibus nominum loco, quae in calce subsequuntur, in versibus ipsis pron. demonstrativum (οἴδε) vel personale (ἡμεῖς) legitur.

2) Ea bene per saecula Atticae historiae persecutus est Gutscher, die attischen Grabschriften, Leoben 1890. Cf. etiam quae ad ep. 249 adnotavi.

3) Cf. praeter Gutscheri opusculum Hänel, de epigrammatis Graeci historia. Breslau 1852.

4) Idem cadit in titulos dedicatorios pedestri sermone scriptos, nisi quod horum alterum quoque genus exstat, quo nihil dicitur nisi huius vel illius dei esse donarium velut 'Aπόλλωνος Λυκείω sc. εἰμί IGA 11 etc.

ipsius nulla sit mentio eiusque loco commemoretur causa, cur res offeratur. Velut in epigrammate Epidaurio, quod adscribam ad n. 77, Drymus facinus narrat propter quod donarium collocet Asclepio neque vero se id dedicare pronuntiat.[1]) Et idem saepissime occurrit in titulis agonisticis. Neque desunt huius syll. exempla: cf. n. 63, 77, 82, 91, 98, 107. Scilicet opus non erat donatorem disertis verbis exprimere se rem dedicavisse, cum id ipse locus, ubi res esset collocata, monstraret.

Nomen autem hominis dedicantis in epigrammatis dedicatoriis sexti et quinti saeculi nunquam deest aut extra versus repetitur[2]): quarti demum saeculi unus exstat titulus in quo nomen donatoris extra versus rursus additur (Kaib. 770), et inde ab eadem aetate pauca inveniuntur, ubi is qui dedicat in versibus plane desideratur, sed soluta oratione additur (Kaib. 772, 805, fort. 768a.). Huius syllogae exempla exstant n. 115 (saec. IV), 76 et 97 (saec. III), 101 (saec. IV p. C.), 104 (p. C.). Verum multo rarius occurrit ut nomina dedicantium in ipsis versibus desint quam nomina defunctorum.

Epigrammata agonistica. § 7. In epigrammatis, quae agonisticis donariis — sive statuis sive aliis monumentis (cf. Reisch gr. Weihg. p. 21 sqq.) —, insculpta erant, idem fere qui in reliquis mos observatur, nisi quod in eis qua de causa res sacretur nunquam omittitur, notio autem dedicandi, id quod supra dixi, saepissime desideratur (Reisch p. 35 sq.). Nomen donatoris in versibus ipsis raro deest veluti in tit. Attico (Eph. arch. 1883 p. 22 = Allen n. XXII), ubi nomen una cum superiore parte lapidis deperditum est. Item nomen extra versus additum esse videtur in h. syll. n. 134.

Hominum honores. § 8. Inde a fine sexti saeculi in Graeciae civitatibus mos in-

---

1) Similiter in nobilissimo tripode Delphico quem Graeci post Plataeas Apollini sacravere nominibus civitatum dedicantium nihil praemissum est nisi τοίδε τὸν πόλεμον ἐπολέμεον (cf. comment. ad ep. n. 85 p. 74).

2) Nempe si plures homines simul rem dedicant, hi in versibus pronomine quasi designantur, nomina subsequuntur: Kaib. 756 a (Rh. Mus. 34, V. saec.), Mitteil. d. ath. Inst. 3 p. 181 et h. syll. 68, 73, 82; Anth. Pal. VI 344. — Mirus est titulus ap. Kaib. EG 784 (cf. praef., = Inscr. Ital. et Sicil. 2424) in λίθῳ ἀργῷ V. saec. insculptus:

Τέρπων εἰμὶ θεῶν θεράπων σεμνῆς Ἀφροδίτης·
τοῖς δὲ καταστήσασι Κύπρις χάριν ἀνταποδοίη.

Ubi Roehl (IGA 551) negat mirum esse quod ei qui Veneris dona peterent nomina sua in anathemate profiteri verecundia prohiberentur. Quae coniectura nihili est. Immo videtur lapis inde a vetustissimis temporibus ut Terpon deus cultus esse, sed quinto demum saeculo, cum quid velit saxum informe paullatim oblitescere coepisset, a sacerdotibus hic titulus insculptus esse, ignaris scilicet quis primus collocasset dei simulacrum. Simile quid habemus in h. s. n. 89.

crebuit homines bene de patria meritos privatis aut publicis monumentis honorandi.[1]) His monumentis qui tituli additi erant,
eorum duo sunt genera: unum pronuntiat a quo et cui honos tributus
vel monumentum erectum sit. Cuius generis epigrammata lapidaria
si contemplabimur, multa sane inveniemus quibus utrumque comprehenditur quaeque sola per se in lapide leguntur; sed saepius quam
in sepulcris et deorum donariis usu venit ut ea ornandi causa adscripta sint neque ipsa efficiant titulum legitimum, sed hic praecedat
soluta oratione aut brevissimis usus verbis (ὁ δεῖνα τὸν δεῖνα ἐτίμησε)
aut partem plebisciti continens: cf. Kaib. 844, 851, 853, 856a, 867,
868, 874, 877b, 885. Alterius generis tituli nomen eius qui monumentum posuit omittunt, ut qui pedestri sermone scripti sunt solum
nomen eius cui statua erecta sit contineant, metrici et nomen viri
eiusque laudem: Kaib. 855, 856, 858. In his nonnumquam nomen
hominis versus praecedit: Kaib. 850, Mitteil. d. ath. Inst. 5, 83
(= Allen LXXXIV).

Quodsi huius syllogae epigrammata honoraria conferemus, multis
quidem et dedicantis et honorati viri nomen comprehenditur, ut praeter
ea nihil lapidi insculptum fuisse videatur, in multis autem quae solum
nomen viri cui honos tribuitur eiusque laudem continent incertum
est utrum pedestri sermone dedicatio olim praemissa fuerit an sola
inscripta fuerint in monumento. Quae utri generi adscribas, discerni
nequit. Et idem cadit in ea epigrammata quae et nomen viri et
dedicationem omittunt: quae certe nomen viri honorati praecessit,
num etiam dedicatio praecesserit, non liquet.

§ 9. Neque vero solum quot notiones comprehendat epigramma, De dialecto
sed etiam qua dialecto scribatur, sexto quintoque saeculis certis epigramma-tum.
finibus circumscribi ex Kaibeliana sylloge docemur. Cum enim
Graeciae continentis civitates inscriptiones inciperent Ionum versibus
i. e. hexametris et distichis includere, minime una cum versibus —
id quod fecerunt in poesi epica et elegiaca — etiam dialectum Ionicam receperunt. Atque Kirchhoff quidem in Hermae vol. V p. 48—60
demonstravit omnia fere illius aetatis epigrammata quae in Atticis
lapidibus exstant Atticam exhibere dialectum; quodsi Ionicae in-
venirentur formae in titulo, certe Ionicum fuisse aut poetam aut eum

---

1) Quo iure agonistica monumenta a reliquis deorum donariis segregavi,
quippe quibus non solum deis, sed certaminum victoribus honos haberetur,
eodem iure inter honorarios titulos pauca illius classis epigrammata recepi:
146, 150, 156, 157. Etenim in eis hominum honos maioris momenti est quam
deorum. Kaibel id genus epigrammata, unum n. 851 hominum honoribus, alterum n. 777 dis dicatis inseruit. — Sed ep. n. 145 debui inter dis dicata ponere.

qui titulum incidendum curasset.[1]) Paulo aliter res se habet in civitatibus Doricis et Aeolicis quae dicuntur. Quarum epigrammata etsi VI. et V. saeculis in universum quidem vernaculam dialectum exhibent ita ut semper $\bar{a}$ pro Ionica η aliaeque propriae formae exstent, tamen non solum terminationes -οιο -οισι et part. ἠδὲ huc illuc irrepserunt — quae eadem in Atticis titulis invenimus —, sed alia quoque occurrunt a vernaculo sermone aliena. Veluti in epigrammate Argivo (saec. V. ineunte) Kaib. 936 exstat δαμοσίοις ἐν ἀέθλοις, cum illius aetatis Argivi dixerint δαμοῖοις et ἀϝέθλοις. Et cum Arcadum pronomen demonstrativum sit ὀνί, nihilo secius in epigrammatis Arcadicis quinti saec. IGA 95 et 98 (Kaib. 774 et Allen CVII) τόνδε et τόδε legimus. Neque Lacones χαρίζεσθαι dicebant quod exstat in tit. metr. saec. V Kaib. 936 a (Rh. Mus. 34 p. 203). Itaque cavendum est ne, qua ratione Athenienses usos esse rectissime Kirchhoff animadvertit, prorsus eandem observari putemus apud Dores et Aeoles.

Cum autem inde ab initio quarti saeculi Ionica litteratura a Graeciae civitatibus reciperetur, sermo patrius paullatim auctoritate qua floruerat destitutus est et Ionica vel epica dialecto saepius utebantur epigrammatographi[2]), etsi haud paucae inprimis Atticae inscriptiones tunc quoque vernaculum sermonem ostendunt.

Quodsi huius syllogae epigrammata quae sexto quintoque saeculo scripta sunt lustramus, in multis exstat patria dialectus, in aliis non iam appāret: quod mirum non est; facillime enim a librariis dialecti vestigia sublata esse quivis videt.[3]) Itaque sine ulla dubitatione multas formas epicas correxi quae apud hunc vel illum scriptorem traduntur. Sed si plures vel omnes auctores in epigrammate, quod in alia quam Ionica civitate exstitit, epicas formas tradunt aut hae non possunt mutari nisi metro violato, colligere debemus Ionicum fuisse aut poetam aut eum qui monumentum erexit (cf. adn. 1). Atque quinti saeculi epigrammatum quae Ionicam dialectum produnt n. 21, 31, 78, 83, 84 Simonidi, origine Ioni, adscribuntur, n. 153 a Kirchhoffio (Herm. l. l.) et ipsum Ionico ｉoetae tribuitur idemque cadere

---

1) Quibus tertium accedit: potest enim in hominis peregrini epitaphio huius dialectus usurpari etsi monumentum non a populari erigitur: Kaib. 26 (cf. h. syll. n. 39).

2) Saec. IV: Kaib. 489, 492, 492 b (Thebis); 938 (Tanagrae); Loewy 94 = Allen CVIII (in Elide) alia; plura etiam inde a III. saec. — In titulo Kaib. 505 ea verba, quae pedestri oratione praecedunt et subsequuntur epigramma, vernaculo, versus ipsi epico sermone scripti sunt.

3) Id quod luce clarius demonstrant epigrammata quae et apud scriptores et in lapidibus exstant: h. syll. n. 57 et 59, Anth. Pal. XIII 16 coll. Loewy 99.

mihi videtur in ep. n. 82, (140), 142; etsi concedo potuisse morem insequentis saeculi iam paulo ante nasci.

Inferiore aetate Doricam dialectum nonnumquam propter munus et condicionem hominum ad quos tituli pertinent, vel etiam nulla ex probabili causa usurpatam esse ex epigrammatis lapidariis demonstravit R. Wagner (quaest. de epigr. Gr. p. 15—24). Etiam huius syll. pauca epigrammata huc faciunt. In Diogenis enim cynici statuae titulo (n. 166) et in inscriptione quae Cydiae Atheniensis clipeo incisa erat (n. 76) Dorica dialectus propter insignem corporis patientiam et fortitudinem, praecipuas Doriensium virtutes, delecta esse videtur. In Sibyllae vero epitaphio (n. 32) certa ratio, ex qua aliquot Doricae formae usurpatae sint, non apparet.[1])

§ 10. Id quoque observare tanti est quod multorum monumen- Plures unius monumenti tituli. torum tituli non ex uno sed ex pluribus constant epigrammatis; veluti ad idem pertinent sepulcrum bina carmina in Kaibelii n. 21 (saec. V), 24 (IV), 35, 35a, 88, Allen XXIV, LXIX; ad idem donarium in Kaib. 875a (V/IV), 805a. Cavendum igitur est si a scriptoribus duo unius monumenti epigrammata traduntur, ne alterum spurium esse iudicemus: cf. h. syll. n. 6, 11 et 12, 271; 146, 153 (fort. etiam 53).

§ 11. Alia oritur quaestio. Titulis enim metricis quos in lapi- De epigrammatum auctoribus. dibus inscriptos legimus non nisi recentissimis temporibus[2]) poetarum nomina adscripta sunt, cum huius syllogae epigrammatum sat multorum auctores tradantur. Quae nomina unde sumpta et qua fide digna sint, paucis inquirendum esse mihi videtur.[3])

Atque poterant certe poetarum nomina, etsi epigrammatis subscripta non erant, civibus et aequalibus bene nota esse et inde in historicorum libros recipi. Sic puto horum epigrammatum poetas memoriae proditos esse: 9, 11, 23, 28, 33, 42, 158, 220; fort. 14, 25, 44. Alia nomina solis coniecturis nituntur. Veluti facilis erat suspicio donatorem vel artificem ipsum sui donarii vel operis titulum conscripsisse (112, 115, 163, 181—184 multaque alia). Quas coniecturas etsi rectas esse demonstrari non potest, tamen eae in permultis verisimillimae sunt. Sed si tituli sepulcrales dicuntur a defunctis ante mortem facti esse (n. 29 et 39), ea memoria non maiorem fidem habet quam quod epitaphia Hesiodi unum n. 19 Chersiae, celeberrimo Orchomeniorum poetae, alterum n. 249 Pindaro, Boeotorum clarissimo,

---

1) Etiam codicum scribae nonnumquam sine ulla ratione Doricas exhibent formas: Anth. Pal. identidem, cf. h. s. n. 8, 78, 83, 4, 84, 195, 4 (Ζανὶ), 259. Cf. etiam Paus. in ep. 59, 4.

2) Cf. Kaibel EG index VII et Inscr. Italiae Siciliae etc. p. 755.

3) Omitto ep. n. 137 ab Aristide et n. 173 et 194 a Synesio tradita, qui ipsi se auctores profitentur.

adscribuntur, vel quod Euripidis elogium n. 259 sive a Thucydide
sive a Timotheo, certe ab uno ex eius apud Archelaum regem sociis
conscriptum esse dicitur. Et idem fortasse cadit in carmina sepulcrorum Pausaniae medici (40) et imperatoris Iuliani (35): quorum
illud Empedocli, qui Pausaniae amicissimus erat, tribuitur, hoc Libanio,
sedulo imperatoris laudatori.[1])

Longe melius res se habent, ubi epigrammata non poetis prorsus
ignotis aut eis quos huic poeseos generi peculiarem operam non
navasse scimus adscribuntur, sed Simonidi, Callimacho, Posidippo
aliisque epigrammatographis: qui cum ipsi sua epigrammata collegerint facile est ad intellegendum unde scriptores poetarum nomina
habeant. Optimis igitur testibus nituntur Athenaeus in n. 43, 113,
114 et Pollux in n. 52, optimis qui Simonideorum sylloge utebantur,
optimis quoque Meleager qui longe plurima non ex lapidibus neque
ex historicis, sed ex poetarum operibus sumpsit. Quamquam iniuria
temporum non huius corona ad nos pervenit, sed vasta collectio
epigrammatum et ex eius et Philippi et Agathiae et aliorum coronis
congesta vel potius plures anthologiae ex hac vasta collectione
haustae, Palatinam dico et Planudeam, ut de reliquis, quae minoris
sunt momenti, taceam.[2]) Etsi igitur in prisca Meleagri corona recta
sine dubio lemmata adscripta erant, tamen a librariis et a novorum
florilegiorum conditoribus corrupta omissa mutata sunt, ut testimonia Planudis vel codicis Palatini scribae vel correctoris non eam
habeant auctoritatem quam Athenaei et Pollucis.

Potuit igitur hoc vel illud epigramma duobus quasi rivulis ad
nos manare, quorum unus exit a monumento, alter a poetae libro.
Veluti ep. n. 37 ab Athenaei auctore de lapide transscriptum est:
caret igitur poetae nomine; idem carmen exstat in Anthologia Palatina quae altero fonte — poetae ipsius operibus — usa et in paucis
verbis diversas lectiones praebet et nomen Dioscoridis addit. Itemque
ep. n. 84 Thucydides ex solo monumento novit ab eoque pendent
Plutarchus, Ps.-Demosthenes, Aristodemus: quibus omnibus versus
ἀδέσποτοι sunt; Pausanias autem et Anthologia ex Simonideorum
sylloge sumpserunt: nihil igitur mirum est si apud eos poetae nomen

---

1) De fictis Euboeorum epitaphiis (n. 267 sq.) Platoni falso adscriptis cf.
commentarius.

2) De Sylloge Euphemiana (cod. Laur. 57, 29 f. 153ᵛ—161ʳ et Par. 2720)
cf. Schneidewin, Progymnasm. in Anth. gr. (1855); de altera syll. cod. Laur. 57, 29
f. 142ʳ—153ᵛ Stadtmueller ann. phil. 139 p. 770 sq. et Sternbach Anthol. Plan.
append. p. XIV sqq.; de cod. Par. suppl. 352 Cramer Anecd. Par. IV p. 266 sqq.;
de cod. Par. 1630 Dilthey ind. lect. Gott. 1887; de cod. Par. 690 Dilthey ind.
lect. 1891; de cod. Par. 1773 Stadtmueller ann. phil. 139 p. 771.

servatur. Itaque caveas ne propterea quod plures et vetustiores
auctores epigramma aliquod sine poetae nomine tradunt, ex inferioris autem aetatis scriptoribus eius nomen nobis innotescit, ideo his
fidem derogandam esse putes. Vide sodes comm. ad ep. 20 et 68 et
quae § 12 de ep. 31 dicam.

§ 12. Supra dixi Simonidem sua ipsum collegisse epigram- De Simo-
nidis
mata. Quod quo iure contenderim, idem quo iure multa, quae Simo- epigram-
matis.
nidi adscribuntur carmina, contra aliorum opinionem spuria aut
genuina iudicaverim paucis ostendere conabor.

Atque Kaibel de prima Cei poetae epigrammatum collectione
disserens (Rhein. Mus. 28, 453) hanc proponit coniecturam: cum Aristoteles (rhet. 1. 9) Archedicae epitaphium (n. 31 = 111 Bgk.) Simonidi tribuat, contra qui idem affert Thucydides (6. 59) taceat de
poeta, huius forsitan aetate epigrammata poetae nondum fuisse collecta, fuisse philosophi temporibus. Qua in re hoc recte perspexit
vir doctissimus exstitisse quarto a. Chr. n. saeculo epigrammatum
Simonidis syllogen: etenim quo alio auctore niti poterat Aristoteles
quem inexplorata pro compertis vendere non solere suo iure contendit
Kaibel?[1]) Sed quod post Thucydidem hanc collectionem factam esse
putat, hac in re sibi ipse obloqui mihi videtur. Cum enim rectissime
in eisdem quaestionibus (p. 436) minime neglegendum esse demonstret
nunquam poetae nomen in lapide fuisse adscriptum, a quonam homine
et quo modo septuaginta vel pluribus etiam annis post poetae mortem
collecta esse epigrammata animo sibi effingit? An initio quarti a. Chr.
saeculi grammaticum quendam totam Graeciam neque Graeciam solam
perlustrasse putamus, ut nunc Lampsaci nunc Plataeis titulos describeret, modo Athenis modo ad Thermopylas modo Olympiae perscru-
taretur marmora? Idque ut illa aetate factum esse existimaremus —
equidem enim minime probabile hoc esse duco —, unde potuit iste
periegeta Simonidis nomen eruere non insculptum in monumentis?
Unde, quaero, nisi ex accolarum ore qui fama et auditione a maioribus acceperant? Hunc autem quasi fontem non per duo vel tria
hominum genera purum et integrum manare nemo negabit. Ergo si
Kaibel eis quae proposuit rectam subiunxisset conclusionem, profiten-
dum ei fuit nos nullum omnino epigramma certis usos testimoniis
Simonidi tribuere posse.[2])

---

1) Ex historico aliquo hausisse Aristotelem toto illo loco refutatur.

2) Weishäupl p. 34 et ante eum Schaumberg (de dialecto Simon. etc. p. 7)
Simonidis epigrammata non esse collecta censent ante Alexandrinos grammaticos
qui aut famam secuti aut ex coniectura poetae nomen addidissent. Sane mirum
eum qui ita sentiat, de Simonidis scribere dialecto. — Neque video quomodo

Neque vero tam male res se habent. Etenim inde quod Thucydides poetam Archedicae epitaphii ignorabat[1]) nequaquam colligere
licet (v. § 11) illius aetate epigrammatum Simonidis collectionem
nondum exstitisse: quid enim mirum Thucydidem qui ex marmore
descripsit titulum poetae nomen lapidi non incisum omisisse, quid
mirum eum qui praeter Homerum et Hesiodum nullum poetam memorat, eiusmodi collectionem aut non novisse aut etiamsi novisset,
inesse haec ipsa disticha oblitum esse? Immo si rectissime Kaibel
Aristotelis aetate epigrammatum collectionem fuisse contendit, haec
non potuit non ab ipso Simonide facta atque aut a poeta ipso aut
mortuo eo a cognatorum quodam edita esse.[2]) Inde autem manasse
consentaneum est Alexandrinorum grammaticorum syllogen, quam
compilavit Meleager aliique qui florilegia composuerunt.

Quare permultum interesse videmus quo auctore usi sint scriptores qui epigrammata Simonidis afferunt. Si enim pristinam illam
syllogen a poeta ipso institutam sequuntur, eis utique fides habenda
est neque temere licet dubitare, si quis ex Alexandrinorum collectione
vel ex Meleagri corona recens edita hausit. Sin autem unicus testis
exstat florilegium inferiore aetate compositum, veluti Palatina vel
Planudea anthologia, fieri sane potuit ut integrum servaretur lemma,
sed certum ex hoc fonte solo iudicium sumere non licet.

Atque pristina et genuina collectione praeter Aristotelem (n. 31)
usus esse videtur Pollux (51) et Chamaeleo (68 et 275). Plutarchus
autem utrum ex hac an ex Alexandrina sylloge sumpserit ep. n. 107,
136 (68 ubi v. comm.), incertum est. Sed certe ex Alexandrina
fluxerunt n. 118, 119, 152 quae grammatici scriptores tradunt et 144,
hoc tamen falso Simonidi adscriptum. Aut eadem aut Meleagri
corona utuntur Pausanias in 84, 124, 179, Cicero in n. 21, Laertii
auctor in n. 105. Sed solo Anthologiarum testimonio nituntur 78,
83, 253 — quibus lemmatis fortasse fides habenda est (v. comment.)
— deinde 189, 269, 280 (255, 256), quae certe falsa sunt, denique
n. 5, 8, 67, 200 et ipsa meo quidem iudicio spuria. In n. 4 et 6

Bergk (PLG. III[4] p. 447 not.) putet „carminis auctorem quem ignoravit Aristoteles postea indagari potuisse".

1) Recte enim Kaibel (p. 453) verisimile esse negavit Thucydidem Simonide
nominando supersedendum putasse.

2) Hiller Philol. 48, 245 not. 33 eodem tempore, quo haec in Meletematis
de epigr. gr. protuli, et ipse contendit Simonidem ipsum epigrammata collegisse.
Atque differt eius sententia a mea solum eo quod epigrammata non seorsum,
sed in calce elegiarum poetam edidisse putat: quod in medio relinquendum est.
Contra Wilamowitz in Comm. grammat. IV p. 5 a Simonide ipso sub vitae
finem collecta esse opuscula sua inter seria non commemorat. Sed causam, qua
meam sententiam refutaret, afferre omisit.

nomen Simonidis coniecturam esse Ps.-Dionis, et in n. 274 coniecturam scholiastae Aristidis constat. Epigrammata autem n. 7, 72, 199, quae Aristides rhetor tradit, falsa loci interpretatione quam Bergk defendit inter Simonidea recepta sunt: quae recte removerunt Kaibel (Rh. Mus. 28, 436 sqq.) et Hiller (Philol. 48, 230 sqq.). Alia denique nostrae demum aetatis grammatici Simonidi temere tribuerunt.[1]

§ 13. Quod ad adnotationem criticam refert, non omnes om- De adnotatione critica. nium scriptorum varias lectiones in apparatum recepi, sed solum eas quae alicuius momenti esse videbantur ad textum epigrammatum restituendum; etiam sic haud scio an quis me vituperet quod plura dederim, velut sicubi neglectas in codicibus elisiones vel litteras paragogicas adnotavi: quae recepi ut appareat etiam in his titulos apud scriptores servatos nihil distare a marmoribus (cf. Allen Greek versification in inscriptions; Elision p. 126—156, N movable p. 158—160).

Optime autem mihi contigit ut aliquot scriptorum, quorum plenus ac integer apparatus criticus nondum exstat, codicum lectiones exhibere possim. Laertii enim Diogenis codicum Parisini et Laurentiani varias scripturas Hermanni Diels, professoris Berolinensis, insigni comitati debeo, qui Hugoni Rabe amico permisit ut eas meum in usum transscriberet, Burbonici autem discrepantias Curtius Wachsmuth, prof. Lips., liberalissime roganti mihi suppeditavit. Pro qua eximia benevolentia illustrissimis viris maximas gratias ago.

Neque minore beneficio me obligavit Hugo Stadtmueller, prof. Heidelb. Qui per litteras a me rogatus ut Anthologiae Palatinae eorum epigrammatum quae in meam syllogen recepturus eram, collationes mihi mitteret, non solum humanissime quae optaveram exsecutus est maxima cum diligentia omnes codicis discrepantias referens[2]), sed etiam quae ego ex Planudis codice Marciano olim Venetiis

----

1) In ep. n. 4 et 67 occurrit pronomen οὗτος quo Simonides ipse usus non esse videtur; sed id ab eius aetate alienum esse falsa est Iunghahnii (de Sim. Cei epigr. Berl. 1869) et Kaibelii (l. l.) op nio quam bene refutavit Bergk PL. III[1] p. 432 (adde IGA 382). — Ceterum inprimis in Corinthiacis titulis δεικτικὴν pronominis οὗτος vim invenimus: praeter ep. 4 et 67 Corinthiaca exstat quater in arca Cypselidarum (186, 3. 4. 6. 7), in Phidolae Corinthii titulo Anth. Pal. VI 135 (cf. p. 102 adn.), in donario Apolloniatarum, Corinthi colonorum (n. 60).

2) Doleo quod propter certos libri fines non licuit omnes codicis discrepantias adnotare. Veluti ne longior fieret apparatus fere omisi referre locos quibus Corrector accentus mutavit, verba disiunxit (περὶ θεῖναι), iota adscriptum posuit; neque in lemmatis compendia codicis, sed integras voces dedi, quippe quae nusquam incertae essent. — Hoc quoque doleo quod saepe mihi non iam licuit Stadtmuelleri adnotationes et coniecturas ipsius libri textui inserere: quas recepi inter „Addenda".

adnotaveram, ex sua huius codicis collatione examinavit et correxit. Ac ne his quidem suam operam ac studium contineri voluit, sed quaterniones libri perlustrans hic illic quae coniectando sagaciter invenerat adscripsit et non pauca et codicum et mea menda sustulit.

Iamque finem praefandi facturus subvereor ne non tam perpolitus quam incohatus et rudis mihi e manibus excidat libellus. Nam haud ignarus sum non omnia epigrammata ea qua par fuit diligentia esse tractata et multa sive a veteribus memoriae prodita sive a recentioribus grammaticis inventa me potuisse effugere quae huic vel illi rei pleniorem lucem afferrent. Quodsi pauciora fortasse quam merui in libro reprehendentur, permulta ingenue fateor me debere viris illustrissimis qui paene socii laboris mihi exstiterunt: Hugoni Stadtmueller, cuius quanta fuerit erga me comitas iam professus sum, deinde Iosepho Menrad Burghusiensi et Carolo Weyman Misbacensi amicis qui plagulas corrigendi munus laboriosum suscepere neque tamen his artis finibus se continuere, inprimis autem Rudolpho Schoell, praeceptori humanissimo: huius viri auctoritate permotus olim hanc syllogen instituere animum induxi neque unquam mihi librum elaboranti defuere eius cura et consilium. His igitur ceterisque quos suo loco afferam viris amplissimis laudes ago gratas gratesque summas.

Dabam Monachii Kalendis Augustis 1891.

Theodorus Preger.

Codicum librorumque sigla.

Planudes sive Anth. Plan. = cod. Marc. 418 a Planude ipso scriptus.
Plan. (aut. app.) = huius autographi codicis appendix librorum I—IV, quae
        ipsam Anthologiam in septem capita divisam sequitur;
        cf. Stadtmueller Berl. philol. Woch. 1890 col. 305 et
        Sternbach Anth. Plan. app. Barb.-Vat. p. VIII sqq.
In Anthologia Palatina has manus distinguit Stadtmueller (cf. Weis-
häupl Grabged. d. gr. Anth. p. 107):
A scripsit priorem partem usque IX 373.
B scripsit posteriorem partem inde ab IX 374.
C = Corrector multa quae A et B scripsere mutavit et multa auctorum
nomina addidit.
L = Lemmatista pleraque lemmata scripsit.
A*, diversus ab A, in pp. 421—452 nonnulla auctorum nomina adpinxit.
Praeterea has Stadtmuelleri notas usurpavi:
    A^{ar} = A ante rasuram.
    A^{ac} = A ante correcturam (factam a C).
    C^{pc} = Palatinus post correcturam.
    A sive C sive Lm^e = A etc. in margine exteriore.
    A sive C sive Lm^i = A etc. in margine interiore.
    A in t = A in textu.
Laertius Diogenes P = cod. Par. Gr. 1759 a Dielsio collatus.
                P^2 = eiusdem correctores varii (quos Wachsmuth
                     sillogr. p. 88 in P^2 — P^4 distinguit).
                B = cod. Burbonicus n. 253 a Wachsmuthio coll.
                F = cod. Laur. 69, 13 a Cobeto et Bywatero coll.
In reliquis scriptorum testimoniis codicumque notis afferendis novissimas
editiones secutus sum.

Allen = Greek versification in inscriptions, Papers of the American school of Athen IV 1888.

PL. = Bergk Poetae Lyrici Graeci vol. II et III, ed. quarta.

Hecker[1] = Commentatio critica de Anthol. Graeca. Lugd. Batav. 1843.

Hecker[2] s. Hecker I = Commentationis criticae de Anth. Graeca pars prior. Lugd. Bat. 1852.

Iacobs = Animadversiones ad Anthol. Graec. (= Anth. Gr. ex recens Brunckii. Indices et comment. adiecit Fr. Iacobs, vol. VI—XIII).

  aut = Anthol. Graeca 3 voll. Lps. 1813—1817.

K. sive Kaibel = Epigrammata Graeca e lapidibus conlecta ed. Kaibel. Berol. 1878.

  ep. n.... sive h. s. ep... = huius syllogae ep. n...

INSCRIPTIONES

GRAECAE METRICAE

I. Tituli sepulcrales.

1. In Elide? III. fere saec.

Τοῦ πολυκώθωνος τοῦτ' ἠρίον Ἀρκαδίωνος
ἄϲτεοϲ ὤρθωϲαν τᾷδε παρ' ἀτραπιτῷ
υἱῆεϲ Δόρκων καὶ Χαρμύλοϲ· ἔφθιτο δ' ὠνήρ,
ὤνθρωπ', ἐξ χανδὸν ζωροποτῶν κύλικαϲ.

Athen. 10. 436d: ἔπινε δὲ πλεῖστον καὶ Ἀρκαδίων (ἄδηλον δ'
εἰ ὁ Φιλίππῳ διεχθρεύσας) ὡς τὸ ἐπίγραμμα δηλοῖ, ὅπερ ἀνέγραψε
Πολέμων (fr. 79 Preller) ἐν τῷ περὶ τῶν κατὰ πόλεις ἐπιγραμμάτων·
τοῦ — κύλικος. Ex Athenaei epitome (cf. Dindorf ad hunc locum)
Eustath. ad Il. p. 746, 68: εἴρηκε δέ τις καὶ ῥῆμα ἐκ τοῦ ζωροὸν τὸ
ζωροποτεῖν ἐπιγράψας οὕτω· τοῦ πολυκώθωνος τοῦτ' ἠρίον Ἀρκαδίω-
νος | ὃς θάνεν ἐκ χανδῆς ζωροποτῶν κύλικος. ἔνθ' ὅρα τὸ χανδῆς
οὗ ἡ ἀρσενικὴ αἰτιατικὴ ποιεῖ τὸ χανδὸν ἐπίρρημα.

v. 2. ὠρθώσαντα δὲ A, ὤρθωσαν τᾷδε Musur., ὤ. τῇδε Kaibel, ῷγκωσαν
Hecker comm. de Anth. I 13, sed cf. Anth. Pal. VII 198. 8 ὤρθωσεν σᾶμα ‖ v. 3.
ἔφθη ὁ δ' A corr. Schweigh. | ἀνήρ Dindorf ‖ v. 4. ὤνθρωπ' Kaib., ἄνθρωπ' A |
ἐκ χανδῆς ζωροποτῶν κύλικος Ath. Eust., sed χανδός adiectivum pravam esse formam recte contendit G. Curtius Grundz. d. gr. Etym.⁵ 629; alii alia tentaverunt,
rectum primus vidit Dilthey in ind. lect. Gott. 1881/2 p. 11, in quam ipsam emendationem ego quoque (de epigr. gr. melet. p. 37) incideram. nescius eam ab illo
iam occupatam esse.

De temporibus quibus vixerit Arcadio, ex versu tertio eius epitaphii quod propter insolitum mortis genus ipse de lapide descripsit
Polemo, indicium aliquod erui potest. Etenim forma υἱῆες non ante
Apollonium Rhodium usitata esse videtur (v. G. Meyer griech. Gram-
matik² § 320) et convenit tertio a. Chr. saeculo¹), quod dialectum in
epigrammate non integram servatam esse videmus: sed omnia eius
vestigia delerentur si Kaibelium sequeremur τῇδε restituendum esse

---

1) Quodsi poeta Callimachi versus frgm. 109 Schn. καὶ γὰρ ὁ Θρηικίην μὲν
ἀπέστυγε χανδὸν ἄμυστιν | ζωροποτεῖν, ὀλίγῳ δ' ἥδετο κισσυβίῳ (Athen. 442 f et
477 c, sed priore loco οἰνοποτεῖν cod.) imitatus est, ut G. Curtio (Grundz. d. gr.
Etym.⁵ p. 629) et Diltheio l. l. videtur, alteri tertii a. Chr. saeculi parti ad·
scribendum est.

censentem. Formam enim τᾷδε non librarii cuiusdam arbitrio irrepsisse, sed genuinam tituli scripturam esse ostendunt nomina minime Attica vel Ionica: Δόρκων cuius exemplum exstat in inscriptione Argiva CIG 1120 (in Attica CIA III 2. 3130 coniectura tantum est Keilii), Χαρμύλος quod nomen occurrit in titulis Coo CIG 2503 (= Cauer del.² 158) et Halicarnassio CIG 2656, Ἀρκαδίων, Achivi illius Philippi inimici nomen (Athen. l. l. et 6. 249 c, Plut. de cohib. ira 9).

Aeolum vel Doriensem fuisse Arcadionem aliud quoque fortasse accedet argumentum, cum duo alia quae cippis inscripta fuisse dicuntur epigrammata consideraverimus. Pergit enim Athenaeus p. 436 d:
Ἐρασίξενον δέ τινα πεπωκέναι πλεῖστόν φησι τὸ ἐπ᾽ αὐτῷ ἐπίγραμμα·

> οὐ βαθὺν οἰνοπότην Ἐρασίξενον ἡ δὶς ἐφεξῆς
> ἀκρήτου φανερῶς ᾤχετ᾽ ἔχουσα κύλιξ.¹)

ἔπινε δὲ πλεῖστον καὶ Ἀλκέτας ὁ Μακεδών, ὥς φησιν Ἄριστος ὁ Σαλαμίνιος, καὶ Διότιμος ὁ Ἀθηναῖος. οὗτος δὲ καὶ Χώνη ἐπεκαλεῖτο .. ὥς φησι Πολέμων. Polemonis igitur testimonio utitur Athenaeus in Arcadione et Diotimo. Sed Preller nempe non curans utrum Erasixeni epigramma lapidi quondam inscriptum fuerit necne, id ipsum quod epigramma esset, satis esse duxit ut etiam quae de Erasixeno et Alceta tradit Athenaeus, Polemonis libello de epigrammatis per urbes collectis adiceret. Neque quidquam huic sententiae obstat si Aristi testimonium iam a periegeta memoratum esse iudicaveris. Sed id statuendum non ex lapide a Polemone descriptos esse versus; quod contendit Udalr. de Wilamowitz-Moellendorff Hermes 12, 346 not. inde varias Polemonis et Meleagri scripturas explicari posse ratus; neque vero deterrimus lapidum scrutator, ne dicam Polemo στηλοκόπας ΟΥ pro ΤΟΝ, ΦΑΝΕΡΩΣ pro ΓΡΟΓΟΘΕΙΣ(Α) legere poterat. Immo demonstrativum est vel potius irrisorium epigramma ut epitaphium quod in Timocreontem scripsit Simonides, ut epitaphium Philetae, ut multa Alexandrinorum poetarum.²) Et quid mirum Polemonem interdum etiam demonstrativa attulisse epigrammata (cf. Athen. p. 699 b et prolegg. § 4)?

Neque hoc igitur inscriptum unquam fuisse existimo neque aliud quod ex eodem periegetae libello tradit Athenaeus p. 442 e: Πολέμων

---

1) Genuinas lectiones exhibet Meleager in Anth. Pal. VII 454, ubi Callimachi nomen (ep. 37 Schn.) praefixum: τὸν (a priore manu correctum ex ον teste Stadtmüllero) βαθὺν et ἀκρήτου προποθεῖσ᾽. βαρὺν coniecit O. Schneider, ᾤχεθ᾽ ἐλοῦσα Valckenaer. Novit hoc epigramma Thyillus AP. VII 223 .. ἡ τρὶς ἐφεξῆς | εἰδυῖ᾽ ἀκρήτου χειλοποτεῖν κύλικας.

2) Cf. inprimis Anth. Pal. VII 329 ubi Myrtas, bibax quaedam mulier, non sub tumulo sed sub cado condita esse fingitur. Non minus irrisoria sunt exempli gr. eiusdem libri 134. 223. 294. 353. 455. 456 alia.

δὲ ἐν τῷ περὶ τῶν κατὰ πόλεις ἐπιγραμμάτων περὶ Ἠλείων λέγων
παρατίθεται τόδε τὸ ἐπίγραμμα (app. Did. III 106).

> Ἦλις καὶ μεθύει καὶ ψεύδεται· οἷος ἑκάστου
> οἶκος, τοιαύτη καὶ σύναπασα πόλις.[1])

Immo haec epigrammata neque minus Diotimi Alcetaeque ebriosita-
tem exempli causa allata esse puto a Polemone, cum de potatoribus
ageret, quam in digressionem ni fallor eo ipso loco delapsus est quo
Arcadionis titulum sepulcralem memoravit. Quae si recte disputavi,
inscriptionem in particula de Eleis epigrammatis exhibitam esse (ἐν
τῷ περὶ τῶν κατὰ πόλεις ἐπιγραμμάτων περὶ Ἠλείων λέγων), Eleum
igitur fuisse Arcadionem censendum est.

---

2. Phigaliae. IV. vel III. saec.

> Πυθέα μνῆμα τόδ' ἔστ', ἀγαθοῦ καὶ cώφρονοc ἀνδρόc,
> ὃc κυλίκων ἔcχεν πλῆθοc ἀπειρέcιον
> ἀργυρέων χρυcοῦ τε καὶ ἠλέκτροιο φαεινοῦ,
> τῶν προτέρων πάντων πλείονα παcάμενοc.

Athen. p. 465d: *Πυθέας ὁ Ἀρκὰς ἐκ Φιγαλείας ὃς καὶ ἀποθνή-
σκων οὐκ ὤκνησεν ὑποθέσθαι τοῖς οἰκείοις ἐπιγράψαι αὐτοῦ τῷ μνήματι τάδε· Πυθέα — πασάμενος. τοῦτο δ' ἱστορεῖ Ἁρμόδιος ὁ Λε-
πρεάτης ἐν τῷ περὶ τῶν κατὰ Φιγάλειαν νομίμων.*

v. 1. Eadem clausula in epitaphiis 3 et 4 Kaibel. ‖ v. 4. πασάμενος Casaubonus; πασσάμενος cod. (πάντων ἀσπασάμενος Epit.).

---

3. Lacedaemone? —

> — — — —
> οἳ θάνον οὐ τὸ ζῆν θέμενοι καλὸν οὐδὲ τὸ θνήcκειν,
> ἀλλὰ τὸ ταῦτα καλῶc ἀμφότερ' ἐκτελέcαι.

Teles p. 45, 7 Hense (= Stob. 108, 83): *καὶ ἐπιγράφουσι Λακεδαι-
μόνιοι· οὔτε τὸ ζῆν — ἐκτελέσαι.* Plut. Pelop. 1: *Λακεδαιμόνιοι καὶ ζῆν
ἡδέως καὶ θνήσκειν ἀμφότερα ἀρετῇ παρεῖχον, ὡς δηλοῖ τὸ ἐπικήδειον·*

---

1) Quod num lapidi inscriptum fuerit, ipse Hecker dubitavisse videtur, qui
in comm. de Anth. I p. 22 haec disserit: „Non magnopere obnitar si quis haec
propter argumentum librorum Polemonis ex quibus ducta sunt, ex lapide de
scripta habere malit, ut ea tantum inscriptionis parte vel particula usus sit
Athenaeus qua Eleorum mores notabantur, reliqua omiserit. Et potuit iis in
inscriptione non minus aptus esse locus quam his Leonidae versibus AP. VII 654
Αἰεὶ λῃσταὶ καὶ ἁλιφθόροι οὐδὲ δίκαιοι ⌈ Κρῆτες· τίς Κρητῶν οἶδε δικαιοσύνην;"
Quibus verbis si assentiremur, non poterant versus in Eliaco lapide insculpti
esse: at Polemo eos in particula quae erat de Eleis memoraverat.

οἵδε, γάρ φησιν, ἔϑανον οὐ τὸ — ἐκτελέσαι. Id. consol. ad Apollon. 15:
γενναῖον δὲ καὶ τὸ Λακωνικόν· „νῦν ἄμμες — ἐποψόμεϑα“ καὶ πάλιν·
οἳ ϑάνον — ἐκτελέσαι.

v. 1. οἳ ϑάνον Plut. cons., οἵδε ἔϑανον Plut. Pel.; apud Teletem ver;us
incipit ab οὔτε (sic) τὸ ζῆν κτλ.; οἵδ᾽ (non οἳ δ᾽ quod Bergk PL. III⁴ 516 et inde
Hense exhibent) ἔϑανον τὸ ζῆν ϑ. κ. οὔτε τὸ ϑν. Schneidewin Simon. rell. p. 149,
ut ad τὸ ζῆν alterum οὔτε subaudiatur coll. Pind. Pyth. 3. 30; ζῶμεν δ᾽ οὐ τὸ
ζῆν κτλ. Goettling ges. Abh. I 320 | οὐδὲ] οὔτε Tel., Schneidew. ‖ v. 2. τοσαῦτα
κατ᾽ ἀμφότερα Plut. Pel. cod. P, τὸ ταῦτα κατ᾽ ἀμφότερα eiusdem Mi.

Periit exordium pulchri epitaphii, quod ante Teletem i. e. ante
tertium a. Chr. saeculum confectum est. Bergk l. l. Simonidi tribuit
id quod non magis certum est quam Goettlingi coniectura Tyrtaei
Eunomiae versus esse censentis.

---

4. Corinthi. V. saec. [Simonidis (98 Bgk.)]

Οὗτος Ἀδειμάντου κείνου τάφος, ὃν διὰ πᾶσα
Ἑλλὰς ἐλευθερίας ἀμφέθετο στέφανον.

Plut. mal. Herod. 39: Αὐτός γε μὴν ὁ Ἀδείμαντος, ᾧ πλεῖστα
λοιδορούμενος Ἡρόδοτος διατελεῖ καὶ λέγων μοῦνον ἀπαίρειν τῶν
στρατηγῶν, ὡς φευξόμενον ἀπ᾽ Ἀρτεμισίου καὶ μὴ περιμενοῦντα,
σκόπει τίνα δόξαν εἶχεν· οὗτος — στέφανον· οὔτε γὰρ τελευτήσαντι
τοιαύτην εἰκὸς ἦν ἀνδρὶ δειλῷ καὶ προδότῃ γενέσθαι τιμήν... [Dio
Chrys.] Corinth. p. 109 R. (298 Dind.): ἔστι δὲ καὶ ἕτερον ἐπίγραμμα
Σιμωνίδῃ εἰς αὐτὸν τὸν στρατηγὸν ἐξαίρετον· οὗτος κτλ. Anth. Pal.
VII 347: εἰς Ἀδείμαντον τὸν ὑπατικόν L mᵉ. Epitheton ineptum
pertinebat fortasse ad codicis epigramma praecedens. Poetae nomen
non exstat.[1]

Imitatur peplographus 13: Οὗτος Ὀδυσσῆος κείνου τάφος, ὃν διὰ πολλὰ |
Ἕλληνες πολέμῳ Τρωικῷ εὐτύχεσαν. — v. 1. κείνου om. Plut. | οὗ διὰ βουλὰς (βου-
λᾶς Anth.) Dio Anth.; ὃν διὰ πᾶσα Plut., cuius lectionem genuinam esse pepli
imitatio ostendit. ‖ v. 2. ἐλευϑερίης Anth.

Adimanti, Corinthiorum in bellis Persicis ducis, epitaphium quominus genuinum i. e. post ipsam mortem sepulcro incisum censeamus,
neque οὗτος pronomen offendit (v. proleg. § 12) neque immodica
imperatoris laus quae Herodoti historiis adversatur. Nam historicus
ille qui Atheniensium calumniis nimiam fidem habens Corinthios
ex pugna Salaminia fugisse narrat, ipse concedit (8. 94) ceteros Graecos huic narrationi non assentiri, sed Corinthios inter primos illius
pugnae fuisse contendere. Atque hoc veritati propius accedere omnes

---

1) Lemma σιμωνίδου τοῦ κήου a C scriptum Stadtmüller Iacobsio, qui dubitaverat, obloquens ad Anth. ep. 348 (= n. 253) pertinere contendit.

hodie viri docti consentiunt (v. Wecklein Tradition der Perserkr. Sber.
d. Münch. Ak. 1876 I p. 302 sq. et p. 252, Busolt gr. Gesch. II p.
176, 1) neque mirum si Corinthii in titulo sepulcrali, ubi pleniore ore defuncti gloriam bellicam laudare solebant antiqui[1]), hoc Adimanti
meritum in maius extollebant. Meminerimus modo illius in Isthmo
concilii ubi omnes Graeciae duces primas sibi quisque, secundas The-
mistocli detulisse dicuntur. Mihi igitur haec magniloquentia nequaquam offendere videtur, praesertim cum Adimantum verisimile sit
Themistocle iam in exilium acto summaque ignominia affecto mortuum
esse. Consentio itaque cum Bergkio qui antiquum et genuinum esse
epigramma existimat.

Simonidi poetae tribuit Ps. Dio, abrogant Junghahn (de Sim.
Cei ep. p. 17) et Kaibel (Rh. M. 28, 445) quibus assentior, non quo
omnes eorum criminationes probem, sed quod his annis Simonides in
Sicilia degebat et quod οὗτος pronomen etsi non ab illa aetate, tamen
a Simonide alienum esse videtur.

5. In Isthmo. V. saec. [Simonidis (97 Bgk.)]

Ἀκμᾶς ἑστακυῖαν ἔπι ξυροῦ Ἑλλάδα πᾶσαν
ταῖς αὐτῶν ψυχαῖς κείμεθα ῥυσάμενοι
[δουλοσύνης· Πέρσαις δὲ περὶ φρεcὶ πήματα πάντα
ἤψαμεν ἀργαλέης μνήματα ναυμαχίης.
ὀcτέα δ᾽ ἡμιν ἔχει Cαλαμίc· πατρὶc δὲ Κόρινθοc
ἀντ᾽ εὐεργεcίηc μνῆμ᾽ ἐπέθηκε τόδε.]

Plut. de Herod. mal. 39: τὸ δ᾽ ἐν Ἰσθμῷ κενοτάφιον ἐπιγραφὴν ἔχει ταύτην· ἀκμᾶς — ῥυσάμενοι. Anth. Pal. VII 250: Σιμωνίδου C m^e εἰς τοὺς αὐτούς i. e. qui ad Thermopylas cecidere, L m^e
(quod lemma perversum est): Ἀκμᾶς — ῥυσάμενοι. Anth. Plan. εἰς
τοὺς αὐτούς· ἀκμᾶς — ῥυσάμενοι. (Inde cod. Matr. 24 f. 103, p. 91
Iriarte.) Schol. ad Aristid. 13. 126 (p. 136 Dind., 52 Frommel):
παραδείγματος] ὅτι δεῖ βαρβάρων καταφρονεῖν· ἀκμᾶς — ῥυσάμενοι
quibus subiunguntur versus n. 274 fortuito casu conglutinati (v. illic).
Aristid. 49. 380 (II 512 Dind.): ἕτεροι δ᾽ αὖ λέγουσι· ἀκμᾶς — τόδε.

v. 1. ἀκμῆς Aristid. | ἑστηκυῖαν Aristid. Plan. | ἐπὶ omnes editt., correxi. ||
v. 2. αὐτῶν schol. Arist. et Anth. Pal. A^ac, αὑτῶν eiusdem C Aristid. Plut.,
ἡμῶν Plan. || v. 3 et v. 4. δουλοσύνας et ναυμαχίας Aristidis codd. praeter Θ ||
v. 5. ἡμῖν codd., correxi; ἄμμιν Brunck, ἅμιν Bergk.

Corinthiorum, qui in pugna Salaminia ceciderunt, ossa condita

---

[1] Cf. A Bauer Themistokles p. 10 et Hanow Athener u. Lacedaemonier
in den Perserkriegen 1885 p. 1.

sunt in ipsa insula Salamine: cuius tumuli inscriptiones v. infra n. 6;
sed eisdem cenotaphium quoque erectum est in Isthmo. Cui tria
disticha inscripta tradit Aristides, unum reliqui. Atque hoc solum
distichum non integrum esse titulum inde elucet quod inanem esse
tumulum eo non docemur et quod *κείμεθα* absolute ponitur sine loci
notitia. Illud quidem legimus in quattuor versibus, qui apud Aristidem primo disticho subiunguntur, sed loci notitia sine qua verbum
κεῖσθαι in epitaphiis non legitur, etiam in illis desideratur. Adde
epicam dialectum¹) et inanem verborum loquacitatem et quaesitam
annominationem (*πήματα — μνήματα*) illa aetate indignam: tum facile
Schneidewino aliisque assentieris duo posteriora disticha subditicia
esse. Cum igitur apud nullum scriptorem totum exstet elogium, sed
omnes unum exhibeant distichum, quod cur adulterinum censeamus
nulla omnino est causa, colligimus inde ex eodem vetere historico —
sive fuit Ephorus sive alius quis — ex quo Plutarchus et Meleager²)
hauserunt, hausisse etiam auctorem Aristidis, qui partem esse tantum
tituli recte videns duobus distichis de suo additis supplebat. Qui
melius supplevisset:

> Ἀκμᾶς ἑστακυῖαν ἔπι ξυροῦ Ἑλλάδα πᾶσαν
> ταῖς αὐτῶν ψυχαῖς κείμεθα ῥυσάμενοι
> νάσῳ ἐν ἀγχιάλῳ Σαλαμινίᾳ· ἁ δὲ Κόρινθος
> ἄμμιν τᾶς ἀρετᾶς μνᾶμ' ἀνέθηκε τόδε.

---

6. Salamine. V. saec. [Simonidis (96 Bgk.)]

a) Ὦ ξένε, εὔυδρόν ποτ' ἐναίομεν ἄςτυ Κορίνθου,
   νῦν δ' ἄμ' Αἴαντος νᾶος ἔχει Cαλαμίς.

b) Ἐνθάδε Φοινίccαc νῆαc καὶ Πέρcαc ἑλόντεc
   καὶ Μήδουc ἱερὰν Ἑλλάδα ῥυcάμεθα.

Plut. de Her. mal. 39: Ἐν δὲ Σαλαμῖνι παρὰ τὴν πόλιν ἔδωκαν
αὐτοῖς (sc. τοῖς Κορινθίοις οἱ Ἀθηναῖοι) θάψαι τε τοὺς ἀποθανόντας
ὡς ἄνδρας ἀγαθοὺς γενομένους, καὶ ἐπιγράψαι τόδε τὸ ἐλεγεῖον· ὦ
ξένε — ῥυσάμεθα. Ps. Dio Chr. 37 ȷ. 109 R.: Ἡροδότῳ γὰρ οὐ προσ-
έχω, ἀλλὰ τῷ τάφῳ καὶ τῷ Σιμωνίδῃ, ὃς ἐπέγραψεν ἐπὶ τοῖς νεκροῖς
τῶν Κορινθίων τεθαμμένοις ἐν Σαλαμῖνι· ὦ ξένε — ῥυσάμεθα.
v. 1. ξένε Plut., plerique Dion. codd., ξεῖν' cod. M(eermann.) Dionis et
Schneidew. Bgk.: illud in carmine Corinthiaco verisimilius. | Cougny confert
Liv. 45. 28. 2 qui Corintho urbi tribuit epitheton „fontibus scatens". Male igitur

---

1) Neque enim Doridem restituere possis, cum non liceat annominationem
πήματα μνήματα tollere.

2) A Meleagro pendent Codex Palatinus Anth. et Planudes et Scholiasta
Aristidis Palatini consimili anthologio usus; v. Hiller Philol. 48, 230.

Schneidewin *εὔανδρον* coniecit. ‖ **v. 2.** *νῦν δὲ μετ᾽ Αἴαντος* Dio, *νῦν δὲ ἀνάματος* Plut.; *νῦν δ᾽ ἄμμ᾽ Αἴαντος* Valckenaer; quae recepi, Bergk ‖ **v. 3.** *ῥεῖα δὲ* Dio; *πρῶτα δὲ* Bgk ǀ *νῆας* Plut. et Dion. cod. B (Parisin.); *ναῦς* Dion. rell. unde Casaubon. in fine versus *ἀνελόντες* vel *καθελόντες*, Selden *ἐλάσαντες* ǀ *καὶ ναύτας ἑλόντες* coni. Bgk, *κατὰ κάρτος ἑλ.* Stadtmüller ‖ **v. 4.** *ῥυόμεθα* Plut., *ἱδρυσάμεθα* Dio; *ῥυσάμεθα* Iacobs; (*Ἑλλάδ᾽*) *ἐρυσάμεθα* Reiske.

Auctor libelli de Herodoti malignitate locupletissimis nisus auctoribus (etenim iisdem usus esse censendus est, quibus in eis quae de Corinthiis ad Salamina pugnantibus contra Herodotum verissime (cf. Wecklein Sb. d. b. Ak. 1876 I p. 302 sq.) disseruit) hoc epigramma incisum esse ait sepulcro quod Corinthiis in pugna Salaminia mortuis prope oppidum Salamina exstructum erat. De auctore nihil ille; Simonidem esse contendit Corinthiacae orationis quae inter Dioneas legitur auctor, quem nomen et hic et ad ep. n. 4 de suo addidisse recte censet Kaibel Rh. M. 28, 442. Neque autem is satis habet Ceo poetae carmen abrogare, sed etiam antiquum esse negat, quod verborum et rerum sordibus plenum sit. Sed *Πέρσαι* simul et *Μῆδοι* commemorantur etiam ab aliis scriptoribus (Herod. 8. 89 quem locum attulit Bgk.); *Πέρσας* porro trochaeus minime offendit in carmine dorico, immo offenderet spondeus (cf. G. Meyer gr. Gr.² § 364); quodque duo disticha non cohaerere dicit, id certe concedo, sed non mirum; saepius enim duo vel plura exstant epigrammata in eodem lapide cf. prolegg. § 10.

---

7. Athenis. V. saec. [Simonidis (104 Bgk.)]

— — —

ἀμφί τε Βυζάντειον ὅσοι θάνον, ἰχθυόεσσαν
ῥυόμενοι χώραν ἄνδρες ἀρηίθοοι.

Aristid. 49. 380 (II p. 511 Ddf.): *Ἆρά σοι καὶ τὰ τοιάδε δόξει ἀλαζονεία τις εἶναι· Ἑλλήνων κτλ.* (n. 199) *καὶ Ἀμφί — ἀρηίθοοι; καὶ πάντα ἐκεῖνα καλλίω τῶν σῶν οἶμαι λόγων ἐπιγράμματα.*

v. 1. *Βυζάντιον* codd., *Βυζάντειον* Scaliger; eadem forma exstat in nomine oppidi Indiae Ptol. 7. 1. 7; cf. etiam Steph. Byz. s. v. *Βυζάντιον· ἔστι καὶ ἐπὶ τῆς χώρας Βυζάντεια διὰ ἰφθόγγον*, unde Bergk *Βυζάντειαν* in epigrammate scripsit. Sed malim oppidum nominari in epigrammate quam terram. ‖ *θάνατον* codd.; corr. Scaliger.

Distichon est Atheniensium — id quod ex Aristidis verbis sequitur (p. 512 vide ad ep. n. 72) — tituli sepulcralis fragmentum, cuius exordium non iam exstat. Erat autem scriptum hoc fere: hic iacent ei qui hoc vel illo proelio ceciderunt et ei qui ad Byzantium mortui sunt. Utrum autem epigramma ad Pausaniae expugnationem Byzantii, cui triginta Atheniensium triremes intererant, pertineat

an ad olympiadis LXXVII annum tertium (470), quo anno Cimon
Pausaniae urbem eripuit, diiudicari nequit. Duncker ad hanc obses-
sionem carmen revocavit (Gesch. d. Altert. VIII 144). — Auctorem
nescimus, cf. Hiller Philol. 48 p. 232 sqq.

8. Athenis. — [Simonidis (100 Bgk.)]

> Εἰ τὸ καλῶς θνήσκειν ἀρετῆς μέρος ἐςτὶ μέγιςτον,
> ἡμῖν ἐκ πάντων τοῦτ' ἀπένειμε τύχη·
> Ἑλλάδι γὰρ ςπεύδοντες ἐλευθερίαν περιθεῖναι
> κείμεθ' ἀγηράτῳ χρώμενοι εὐλογίᾳ.

Anth. Pal. VII 253 εἰς τοὺς αὐτούς (i. e. τοὺς μετὰ Λεωνίδου
πεσόντας) A m^e; Σιμωνίδου C m^e: εἰ — εὐλογία. Anth. Plan. εἰς
τοὺς αὐτούς. εἰ — εὐλογίη. (Inde cod. Matr. 24 f. 103, p. 91 Iriarte.)
Schol. ad Aristid. 13. 132 (Dind. III 154, Frommel 58 et 357): ἐπίγραμμα εἰς τοὺς ἐν ταῖς Πύλαις ἀποθανόντας [τριακοσίους addunt C¹)
et B; pro 'ἐπίγραμμα' dat Σιμωνίδης D et A, Σιμωνίδου στίχοι B]:
εἰ — εὐλογίᾳ. Omnes hi auctores ex consimili vetere anthologio
hauserunt, cf. Hiller Philol. 48, 229 sq.

v. 1. ἀρετῆ̇ς Anth. Pal. α suprascr. C ‖ v. 2. ἐκ πάντων τοῦθ' ἡμῖν Aristid.
schol. C et B ‖ v. 3. σπεύσαντες eiusdem D; cf. Simon. ep. 107 Ἑλλάδι καὶ Με-
γαρεῦσιν ἐλεύθερον ἆμαρ ἀέξειν | ἴεμενοι κτλ. | ἐλευθερίην ACB | παραθεῖναι
BD ‖ v. 4. ἀκηράτῳ C et B | εὐλογίη Anth. Pal. et Plan.

Imitatus est hoc epitaphium auctor tituli medio tertio saeculo
non recentioris, qui nuper inventus est Athenis (U. Köhler Mitt. d.
ath. Inst. X 403 = CIA II 3. 2724):

> Εἰ τὸ καλῶς ἐστι θανεῖν κἀμοὶ τοῦτ' ἀπένειμε τύχη
> οὐδὲ φάος λεύσων ὅ γε δαίμοσιν ἦν ἀγέραστος κτλ.

Inde colligo non demonstrative illud scriptum esse, quod putant
Schneidewin et Junghahn de Sim. epigr. 31 alii, neque recte tradere
auctores ad trecentos illos qui ad Thermopylas ceciderunt, tendere
epigramma: maxime enim sublesta in eiusmodi rebus lemmatum fides
(cf. n. 5). Immo fuisse videtur tituius sepulcralis militum Atheniensium nescio quo proelio mortuorum et insculptum in cippo Ceramici.
Inde noverat pessimus poeta.

Simonidis autem nomen cum nitatur fide Correctoris et Aristidis
scholiastae, non magnam habet probabilitatem.

---

1) Dindorfii codices sunt ABCD quorum A et B eidem sunt atque Frommeli A et B Parisini, C idem ac (Monac.) bombyc. Frommeli, D idem atque
eiusdem apograph. Monac. (cod. gr. Monac. 123): quae adnotare omisit Dindorf.

9. Athenis. V. saec. Euripidis.

Οἵδε Cυρακοcίουc ὀκτὼ νίκαc ἐκράτηcαν
ἄνδρεc, ὅτ᾽ ἦν τὰ θεῶν ἐξ ἴcου ἀμφοτέροιc.

Plut. vit. Nic. 17: ὁ μὲν γὰρ Εὐριπίδης μετὰ τὴν ἧτταν αὐτῶν
καὶ τὸν ὄλεθρον γράφων ἐπικήδειον ἐποίησεν· οἵδε κτλ.

v. 1. ἐνίκησαν C; cf. ad constr. Aeschin. 3. 181 ὁ τὴν ἐν Μαραθῶνι μάχην
νικήσας τοὺς βαρβάρους.

Exordium tituli sepulcralis cippo Atheniensium, qui in Sicilia
ceciderant, in ceramico insculpti, cf. Paus. 1. 29. 11. Ἐπικήδειον enim
etiam epigramma sepulcrale significare posse confirmavit Hecker² 53
altero Plutarchi loco allato de anim. procr. c. 33, adde Pelopid. 1.
Atque quominus carminis elegiaci fragmentum cum Flachio Gesch.
d. gr. Lyrik 450 iudicemus, impedit pronomen οἵδε.

---

10. Athenis. IV. saec. (357).

Πάτρα Μίλητος τίκτει Μούcαιcι ποθεινόν
Τιμόθεον κιθάραc δεξιὸν ἡνίοχον.

Steph. Byz. s. v. Μίλητος· ... ἐπιγέγραπται δὲ αὐτῷ τόδε· Πάτρα
κτλ. Eustath. Il. p. 313, 11: τῷ κιθαρῳδῷ Τιμοθέῳ, εἰς ὃν ἐπίγραμμα
τοιοῦτον· Πάτρα κτλ. Id. comm. in Dion. perieg. p. 362 ed. Müller
(in Geogr. gr. m.): Τιμόθεος ὁ κιθαρῳδός, εἰς ὃν ἐπίγραμμα φέρεται
τόδε· Πάτρα κτλ.

v. 1. cf. Kaib. 481a (Rh. M. 34); πάτρα Μίλητος ἔτικτε τὸν ἐν Μούσαισι
ποθεινόν Iacobs animadv. 12. 169 ‖ v. 2. cf. K. 498, 2 παντοίης ἀρετῆς ἔξοχος
ἡνίοχος et multa alia apud scriptores.

Timotheum illum citharoedum qui magnam vitae partem Athenis degebat, etiam Athenis esse sepultum docent atticae epitaphii
formae.

---

11. 12. Athenis. IV. saec. (348).

[Simiae.]

Cωφροcύνῃ προφέρων θνητῶν ἤθει τε δικαίῳ
ἐνθάδε κεῖται ἀνὴρ θεῖοc Ἀριcτοκλέηc·
εἰ δέ τιc ἐκ πάντων cοφίαc μέγαν ἔcχεν ἔπαινον,
οὗτοc ἔχει πλεῖcτον καὶ φθόνοc οὐχ ἕπεται.

Speusippi.

Cῶμα μὲν ἐν κόλποιc κατέχει τόδε γαῖα Πλάτωνοc,
ψυχὴ δ᾽ ἰcοθέων τάξιν ἔχει μακάρων.

11. Laert. Diog. 3. 43: ἐπεγράφη δ' αὐτοῦ (i. e. Πλάτωνος) τῷ
τάφῳ ἐπιγράμματα τάδε· πρῶτον· σωφροσύνῃ — ἕπεται· ἕτερον δὲ·

     Γαῖα μὲν ἐν κόλπῳ κρύπτει τόδε σῶμα Πλάτωνος,
       ψυχὴ δ' ἀθανάτων τάξιν ἔχει μακάρων·
     υἱοῦ Ἀρίστωνος τόν τις καὶ τηλόθι ναίων
       τιμᾷ ἀνὴρ ἀγαθὸς θεῖον ἰδόντα βίον.[1])

καὶ ἄλλο νεώτερον· αἰετέ κτλ. (v. n. 263). Anth. Pal. VII 60: εἰς
Πλάτωνα A m^e; τὸν φιλόσοφον· Σιμμίου C (priora in ras.; τον αρ?
L^ar): σωφροσύνῃ — ἕπεται. Anth. Plan. εἰς Πλάτωνα· σωφρ. κτλ.

12. Anth. Plan. 31 Iac. (aut. app.): Σπευσίππου· σῶμα — μακάρων. Syll. Euph. 56: ἐπιτύμβιον εἰς Πλάτωνα· σῶμα — μακάρων.

11 et 12. Honaini vita Platon. ed. Röper in lectt. Abulph. II
p. 13: Sepulcro ipsius hoc epitaphium fuit exsculptum: *Hic iacet vir
divinus, qui omnes temperantia et morum integritate superaverit. Qui-
cumque sapientiam prae ceteris rebus laudaverit, hunc maxime laudet
utpote in quo maxima eiusdem pars fuit.* Ex altera tumuli parte lege-
bantur haec: *Humi Platonis corpus solum iacet; illius vero anima mortis exsors immortalium adscripta est numero.*

     11. v. 1. δικαίων Pal. A quod corr. C^pr ‖ v. 2. ἐνθάδε δὴ κεῖται δῖος Laert.
P et F, ἐνθάδε δὴ κεῖται θεῖος eiusdem B ‖ v. 3. ἐκ πάντων] cf. ep. n. 8 et
Eurip. epit. n. 259 | σοφίης auctores; correxi ‖ v. 4. οὗτος Anth. Pal. et Plan., τοῦ-
τον Laert., τούτον Honaini auctorem legisse et ἔπαινον ἔχειν active = ἐπαινεῖν
intellexisse adnotat Osann. | πουλὺν καὶ φθόνον οὐ φέρεται Anth. Pal. et Plan.;
clausula φθόνος οὐχ ἕπεται etiam ep. n. 158.

     12. v. 1. Ex vetustiore epitaphio desumpsit versum Speusippus v. Kaib. 56. |
κόλπῳ Euph. ‖ v. 2. ἰσοθέων] ω ex ο corr. Plan.; ἰσόθεος coni. Bgk PL. II⁴ 329
secundum Hesychii glossam ἰσόθεος ψυχὴ ἀθάνατος.

Laertii Diogenis testimonium de epigrammatis Platonis sepulcro
inscriptis optime suppletur et corrigitur iis quae eruit feliciter et
protulit Osann (Beiträge zur griech. und röm. Literaturgesch. I 307 sq.)
ex Bar Hebraei vel Abulpharagii chronico Syriaco (ed. Kirsch p. 38).
Dedi autem in testimoniis non huius historici verba, sed Honaini
nono p. Chr. saeculo florentis ex quo Gemaleddinum et inde rursus
Bar Hebraeum hausisse demonstravit Roeper in lectionibus Abul-
pharagianis I 11 et II 3 sqq. Etsi enim non accurate versus redditi
sunt — quod non mirum si consideramus bis eos in aliam linguam
conversos esse — id certe ex eis colligere possumus non tria quod
contendit Laertius, sed duo epigrammata cippo inscripta fuisse quorum posterius ex uno disticho constitit. Huius autem genuinam for-

---

     1) Inde Anth. Pal. VII 61 et Plan., cod. ap. Miller. bibl. Scor. p. 491 et cod.
Monac. 113 et 161 f. 204. — v. 1. κόλποις Plan. et Anth. ‖ v. 2. ἀθάνατον Laertii B,
Anth. Pal. C (ἀθανάτων A^ar) et Plan., v. 4. θεῖον ἰδὼν βίοτον Bergk PL. II⁴ 330.

mam exstare in Planudea 31 et inde Laertium expressisse versus quos secundo loco affert recte statuit Osann. Hausit autem Honainus sine dubio ex Porphyrii historiae philosophiae libro quarto quem Syriace exstitisse compertum habemus.

Epigramma tetrastichon citra probabilitatem Simmiae sive philosopho sive epigrammatographo adscribitur in Anthologia et recte Correctori hoc loco credi vetat Bergk II⁴ 314. In altero autem titulo magnam veritatis speciem habet Planudis testimonium qui Speusippo Platonis in academia successori tribuit. Ceterum harum duarum inscriptionum non tetrastichon, sed Speusippi distichon quod auctores secundo loco ponunt, legitimus titulus fuisse i. e. in latere adverso insculptum esse mihi videtur.

13. Athenis. IV. saec.

Ἥδε χθὼν κόλποισι Φασηλίτην Θεοδέκτην
κρύπτει, ὃν ηὔξησαν Μοῦϲαι Ὀλυμπιάδεϲ ....
ἐν δὲ χορῶν ⟨τραγικῶν⟩ ἱεραῖϲ τριϲὶ καὶ δέχ᾽ ἁμίλλαιϲ
ὀκτὼ ἀγηράτουϲ ἀμφεθέμην ϲτεφάνουϲ.

Steph. Byz. s. v. Φασηλίς· (Θεοδέκτης) ... ἀπέθανε δ᾽ Ἀθήνησι καὶ ἐπιγέγραπται δὲ αὐτῷ ἐλεγεῖον τόδε· Ἥδε — στεφάνους.

Post v. 2 lacunae signum fortasse recte posuit Meineke; possis conicere excidisse versus quibus monumentum a patre exstructum esse scriptum erat, cf. Suidas s. v. Θεοδέκτης· τελευτᾷ .. ἔτι τοῦ πατρὸς αὐτοῦ περιόντος ‖ v. 3. ἐν δὲ χθὼν ἱεραῖς τρίς R, ἐν δὲ χθὼν ἱεραῖς τρεῖς A, ἐν δὲ χθὼν τρεῖς V; αὐτὰρ ἐπὶ χθονὸς ὢν ἱεραῖς τρισὶ Ruhnken in not. ad Tim. lex. p. 11, αὐτὰρ ἐπὶ χθόν᾽ ἐὼν κτλ. Pined. (Wagner tr. fr. p. 113); quae ego Meinekio praeeunte in textum recepi, Tyrwhitto debentur; χορῶν ⟨ἱερῶν⟩ ἱεραῖς Er. Preuner. | δέκα codd., quod lapis fort. exhibuit. | τρισὶ καὶ δέκα] nempe τετραλογίαις = νβ´ δράμασι cf. Suidas s. v. Θεοδέκτης: .. δράματα δ᾽ ἐδίδαξε ν´. ‖ v. 4. ἀκηράτους codd., ἀγηράντους Ruhnken, ἀγηράτους scripsi, de qua forma unice genuina cf. Ritschl Act. soc. Lips. II 447 sq. | Eadem clausula in n. 4; fort. ἀμφέθετο vel ἀμφέθεσαν· sed potest codicum lectio defendi epigrammate 938 Kaib., Anth. Pal. XIII 16 (= Löwy 99), aliis, ubi item personae mutantur.

Monumentum Theodectis tragici Ps.-Plutarcho vit. Isocr. 44 West. et Pausania 1. 37. 4 auctoribus in via sacra non procul a Cyamitae herois aediculo exstructum erat.

14. Athenis. III. saec. Antagorae.

Μνήματι τῷδε Κράτητα θεουδέα καὶ Πολέμωνα
ἔννεπε κρύπτεϲθαι, ξεῖνε, παρερχόμενοϲ·

ἄνδρας ὁμοφροσύνῃ μεγαλήτορας, ὧν ἀπὸ μῦθος
ἱερὸς ἤϊccεν δαιμονίου ϲτόματος.
5 καὶ βίοτος καθαρὸς ϲοφίας ἐπὶ θεῖον ἐκόϲμει
αἰῶν᾽ ἀτρέπτοις δόγμαϲι πειθόμενος.

Laert. Diog. 4. 21: *Καὶ οὕτως ἀλλήλω ἐφιλείτην* (sc. Crates
et Polemo) *ὥστε* . . . *θανόντε τῆς αὐτῆς ταφῆς ἐκοινωνείτην. ὅθεν
Ἀνταγόρας εἰς ἄμφω τοῦτον ἐποίησε τὸν τρόπον· μνήματι κτλ.*
Anth. Pal. VII 103 (ex Laertii vitis v. Weishäupl p. 35): *εἰς Πολέμωνα καὶ Κράτητα* Aᵐᵉ; *τοὺς φιλοσόφους*: [*ὅτι ὁ Κράτης ἔγημεν Ἱπ-
παρχίαν τὴν φιλόσοφον*] Lmᵉ. Verba seclusa nihil faciunt ad hoc
epigramma.

v. 1 et 2 om. Anth. ‖ **v. 2.** cf. Kaib. 199, 3 *πατρίδα φράζεν (ὁδοίπορε) Σέλγην* ‖
v. 3. *ὃν ἀπὸ* Laert. F | *ἄπὸ* Anth.: ᾽ C, ᾽ A ‖ **v. 4.** *ἤεισεν* Anth. Pal. *ν* et accentu
additis a C, *ἤισεν* Laert. B, *ἤισε* eiusdem P, *ν* add. P², *ἤϊσε* F; *ἤισσεν* Iacobs,
ἤιξεν Casaubon., *μῦθοι ἱεροὶ ἤεισαν* Tan. Faber. ‖ **v. 5.** Non recte Iacobs iunxit
βίοτος σοφίας et *ἐπεκόσμει θεῖον αἰῶνα* (sc. *αὐτῶν*); immo sic vertendum: sin-
cera et integra vita exornabat eos ad deorum sapientiae vitam i. e. ad deorum
vitam quae est sapientia. cf. quae apud Laertium subsequuntur: *Ἔνθεν ᾽καὶ
Ἀρκεσίλαον* . . *πρὸς αὐτοὺς λέγειν, ὡς εἶεν θεοί τινες ἢ λείψανα τοῦ χρυσοῦ γέ-
νους.* ‖ **v. 6.** *αἰῶν᾽ ἀστρεπτοῖς* Anth. Aᵃʳ, *αἰῶνα στρεπτοῖς* eiusdem C et Laert.
P et F, *αἰῶνα τρεπτοῖς* eiusdem B; Iacobs haesitavit inter *ἀστρέπτοις* et *ἀτρέπτοις*: hoc cum Meinekio (del. ep.) recepi; *ἄστρεπτος* enim „rigidum" significare
posse non videtur. Idem vocabulum *ἄτρεπτος* paulo ante occurrit apud Laertium
4. 17 de severis Polemonis moribus loquentem.

Epigramma ni fallor sepulcro in quo Cratetis et Polemonis reliquiae iacebant insculptum erat. Antagorae anni bene quadrant ad
eam aetatem qua Cratetem Academicum mortuum esse aliis ex rebus
concludimus i. e. ad CXXV fere olympiadem.

---

15. Athenis. II. p. C. saec.

Ἀττικοῦ Ἡρώδης Μαραθώνιος, οὗ τάδε πάντα,
κεῖται τῷδε τάφῳ, πάντοθεν εὐδόκιμος.

Philostr. vit. sophist. II 15 (p. 73 K.): (*οἱ Ἀθηναῖοι Ἡρώδην*)
*ἔθαψαν ἐν τῷ Παναθηναικῷ ἐπιγράψαντες αὐτῷ βραχὺ καὶ πολὺ ἐπί-
γραμμα τόδε· Ἀττικοῦ κτλ.*

v. 1. *οὗ τάδε πάντα*] Kaibel Hermes 15, 459 putat haec verba expressa esse
ex Antimachi frgm. 43 Kink. *Ἔστι δέ τις Νέμεσις, μεγάλη θεός, ἣ τάδε πάντα* |
πρὸς μακάρων ἔλαχεν. Imitatus est poeta in app. Plan. XVI 363, 3 *ᾧ τάδε πάντα* |
ἔσπεται. Falso comma post hexametrum deletur in Cougnii Appendice II 318.

Herodes Attici f., qui vulgo Atticus audit, ab Atheniensibus
anno p. C. n. centesimo septuagesimo septimo publice sepultus est
in stadio Panathenaico, quod ipse magnifice exstruxerat. Huc spectant
verba *οὗ τάδε πάντα*, cf. Wachsmuth Stadt Athen. I 240 et 694 cum n. 4.

---

16. Athenis. V. p. C. saec. Procli.

Πρόκλος ἐγὼ γενόμην Λύκιος γένος ὃν Cυριανός
ἐνθάδ' ἀμοιβὸν ἑῆc θρέψε διδαcκαλίηc.
ξυνὸc δ' ἀμφοτέρων ὅδε cώματα δέξατο τύμβοc,
αἴθε δὲ καὶ ψυχὰc χῶροc ἕειc λελάχοι.

Marini vita Procli 36: (Proclus) *ἐτάφη ἐν τοῖς ἀνατολικωτέροις
προαστείοις τῆς πόλεως πρὸς τῷ Λυκαβηττῷ, ἔνθα καὶ τὸ τοῦ
καθηγεμόνος Συριανοῦ κεῖται σῶμα. Ἐκεῖνος γὰρ αὐτῷ τοῦτο παρ-
εκελεύσατο ἔτι περιὼν καὶ τὴν θήκην* [1]) *τοῦ μνήματος διπλῆν διὰ
τοῦτο ἐργασάμενος ... ἐπιγέγραπται δὲ τῷ μνήματι καὶ ἐπίγραμμα
τετράστιχον, ὃ αὐτὸς* (sc. Proclus) *ἑαυτῷ ἐποίησε τοιοῦτον· Πρόκλος
— λελάχοι.* Anth. Pal. VII 341: *εἰς Πρόκλον καὶ Συριανὸν* L m⁰
τοὺς φιλοσόφους C m⁰. In m⁰ adpinxit C (*α*.

v. 1. *Λύκιος γενόμην* Anth. | *γένος* omisit Anth. ‖ v. 4. *ἕης* Marin.

Falso Anthologiae lemmatista Syriani quoque esse epitaphium
putat.

---

17. Eleusine.

Δηιόπης τόδε cῆμα.

[Aristot.] mirab. auscult. 131: *Φασὶν οἰκοδομούντων Ἀθηναίων
τὸ τῆς Δήμητρος ἱερὸν τῆς ἐν Ἐλευσῖνι περιεχομένην στήλην πέτραις
εὑρεθῆναι χαλκῆν, ἐφ' ἧς ἐπεγέγραπτο· Δηιόπης τόδε σῆμα. ἣν οἱ μὲν
λέγουσι Μουσαίου γυναῖκα, τινὲς δὲ Τριπτολέμου μητέρα γενέσθαι.*

Hic versus quem se in cippo aeneo invenisse ementiti sunt sacerdotes Athenienses, ideo ab eis effictus effictusque incisus esse videtur,
ut Deiopen matrem Triptolemi sibi vindicarent aliisque Graecis veluti
Argivis abiudicarent (Pausan. 1. 14. 1 sq.). Cf. epigr. n. 95. — Eadem
versus forma occurrit IGA 356 in Aegina *Ἐγδήλου τόδε σᾶμα* et
IGA 18 Corinthi *Μανδροπύλου τόδε σᾶμα*; vide Allen Greek versification in inscriptions p. 43.

---

18. Thebis.

Ὢ Λίνε πᾶcι θεοῖcι τετιμένε, coὶ γὰρ ἔδωκαν
ἀθάνατοι πρώτῳ μέλος ἀνθρώποισιν ἀεῖσαι
ἐν ποδὶ δεξιτερῷ· Μοῦcαι δέ cε θρήνεον αὐταὶ
μυρόμεναι μολπῆcιν, ἐπεὶ λίπεc ἡλίου αὐγάc.

Schol. B Il. Σ 570: .. *φασὶ δὲ αὐτὸν* (sc. Linum) *ἐν Θήβαις ταφῆναι καὶ τιμηθῆναι θρηνώδεσίν ᾠδαῖς, ἃς λινῳδίας ἐκάλεσαν.* ...

---

1) De thecis cf. *Κουμανούδις Ἀττ. ἐπιγρ. ἐπιτ. σ. κ'.*

ἐθρηνεῖτο γὰρ οὗτος παρὰ τῶν Μουσῶν οὕτως· Ὦ Λίνε κτλ. Schol. T
(= Cram. Anecd. Par. III 289): φασὶ δὲ αὐτὸν ἐν Θήβαις ταφῆναι
καὶ τιμᾶσθαι ὑπὸ ποιητῶν θρηνώδεσιν ἀπαρχαῖς. ἐπιγραφή ἐστιν ἐν
Θήβαις· ὦ Λίνε κτλ. Eustath. ad h. l. p. 1163, 59: ἐτάφη δὲ ἐν
Θήβαις καὶ ἐτιμᾶτο ὑπὸ τῶν ποιητῶν θρηνώδεσιν ἀπαρχαῖς· εἰς ὃν
καὶ ἐπίγραμμά ἐστι τοιοῦτο· ὦ Λίνε κτλ. Ex Eustathio hausit Eudocia 277 (p. 456 Flach).

v. 1. πᾶσι om. B, πάντα Eust. Eud. | θεοῖς τετιμημένε B Eud. | σοὶ γὰρ
πρώτῳ μέλος ἔδωκαν ἀθάνατοι ἀνθρώποισιν φωναῖς λιγυραῖς ἀεῖσαι B ‖ v. 2.
πρῶτοι T | ἀείδειν Eust. Eud. ‖ v. 3 et 4 om. B, qui eorum loco exhibet: Φοῖ-
βος δέ σε κότῳ ἀναιρεῖ, Μοῦσαι δέ σε θρηνέουσιν. Propter hanc varietatem Leh-
mann (de Hesiodi carm. perdit. p. 21), Welcker Kl. Schr. I p. 40 not., Bergk PL.
III⁴ p. 654 (carm. pop. 2) diversum carmen putabant a codice B tradi; sed Maass
Hermes 23 p. 303 sqq. demonstravit suo tantum arbitrio scholiastam mutasse:
ex verbis enim quae epigramma antecedunt, sequi eius fontem ab ceterorum
non diversum esse. ‖ v. 3. ἐν ποδὶ δεξιτερῷ] i. e. apto numero; nisi cum Menradio
conicere mavis excidisse versum huiuscemodi: ἀλλά σε Φοῖβος ἀνεῖλε κότῳ· βάλε
γάρ σε τυχήσας ἐν ποδὶ κτλ. | δέ σ' ἐθρήνεον Brunck et Iacobs ‖ v. 4. ἠελίου T.

Secundum Townleiani codicis testimonium hi versus Thebis in
sepulcro Lini aut alio loco erant insculpti, cf. Paus. 9. 29. 8: Θηβαῖοι
δὲ λέγουσι παρὰ σφίσι ταφῆναι τὸν Λίνον. καὶ ὡς μετὰ τὸ πταῖσμα
τὸ ἐν Χαιρωνείᾳ τὸ Ἑλληνικὸν Φίλιππος .. τὰ ὀστᾶ ἀνελόμενος τοῦ
Λίνου κομίσειεν ἐς Μακεδονίαν. ἐκεῖνον μὲν δὴ αὖθις ... τοῦ Λίνου
τὰ ὀστᾶ ἐς Θήβας ἀποστεῖλαι, τὰ δὲ ἐπιθήματα τοῦ τάφου καὶ ὅσα
σημεῖα ἄλλα ἦν, ἀνὰ χρόνον φασὶν ἀφανισθῆναι. — Sed duo quae
in eodem Townleiano subsequuntur epitaphia et tertium, quod Laertius tradit, demonstrativa esse videntur, v. n. 239. 240. 248.

---

19. Orchomeni. III. fere saec. Mnasalcae?

Ἄσκρη μὲν πατρὶς πολυλήιος, ἀλλὰ θανόντος
ὀστέα πληξίππων γῆ Μινυῶν κατέχει
Ἡσιόδου, τοῦ πλεῖστον ἐν Ἑλλάδι κῦδος ὀρεῖται
ἀνδρῶν κρινομένων ἐν βασάνῳ σοφίης.

Tzetz. vita Hesiodi p. 49 West. = Aristot. frgm. 565 R³: Ὀρχομένιοι ὕστερον κατὰ χρησμὸν ἐνεγκόντες τὰ Ἡσιόδου ὀστᾶ θάπτουσιν
ἐν μέσῃ τῇ ἀγορᾷ καὶ ἐπέγραψαν τάδε· Ἄσκρα κτλ. Item Certamen
p. 42 West. Pausan. 9. 38. 4: Καὶ Ἡσιόδου τὰ ὀστᾶ εὗρον ἐν χη-
ραμῷ τῆς πέτρας καὶ ἐλεγεῖα ἐπὶ τῷ μνήματι ἐπιγέγραπται· Ἄσκρα
κτλ. ibid. 10: τούτου δὲ τοῦ Χερσίου καὶ ἐπίγραμμα οἱ Ὀρχομένιοι
τὸ ἐπὶ τῷ Ἡσιόδου τάφῳ μνημονεύουσιν (Chersias fr. p. 207 Kinkel).
Anth. Palat. VII 54: εἰς τὸν αὐτόν A; Μνασάλκου C. Planud. εἰς
αὐτόν· sine auctoris nomine.

v. 1. Ἄσκρα Mon. 158 ¹), κρῆ Mon. 334 | πολυλάϊος Paus. cod. MVa | ἀλλὰ]
ἀ in extrema linea Mon. 334 ‖ v. 2. ὀστέα om. Mon. 334 | πληξίππων γῆ Μιννάς
Certam. et qui eodem versu usus est peplographus 19 R., πληξίππου γῆ μινύης
Tzetzae codd. V P Mon. 158 Neap. (μημνύης Mon. 334), πλήξιππος γῆ Μιννάς
Rzach. cf. Kaibel 183 Ἀμφιλόχων γαῖα θρασυπτολέμων. ‖ v. 3. Alterum distichon
praeponit Göttling secutus codicem Vat. Tzetzae. | πλεῖστον ἐν ἀνθρώποις κλέος
ἐστὶν Tzetz. (nisi quod Mon. 334 πλεῖστον exhibet et ἐστίν omittit) Certam. Pl. Anth.
(quae ἀνθρώποισι), qua Pausaniae lectio mirum quantum praestat. ‖ v. 4. βασά-
νοις Tzetz. | σοφίας Pausaniae MVb. Lab. Ag.

Hoc epigramma sepulcro Hesiodi ab Orchomeniis inscriptum neque factum est post ipsam poetae sepulturam neque Chersiae temporibus, cui utpote Orchomenio versus a civibus adscripti sunt, sed
multo post eius aetatem. Atque Mnasalcae tertio saeculo florenti
tribuitur ab Anthologiae Correctore. Leve quidem eius est testimonium, sed hic probabilitate non caret cum inter epigrammata huius
poetae multae inscriptiones sint. At ut falsum sit lemma, certe
versus scripti sunt antequam secundo fere saeculo peplo Aristotelio
epitaphia heroum inserta sunt, quorum auctor suo more Hesiodei
tituli versum secundum furatus ipsius epigrammati intexuit. Est
autem hoc (n. 19 R.):

Ἀσκαλάφου Τροίῃ φθιμένου καὶ Ἰαλμένου ἥδε
ὀστέα πληξίππων γῆ Μιννὰς κατέχει.²)

20. Ad Thermopylas. V. saec. Simonidis (94 Bgk.).

Μνῆμα τόδε κλεινοῖο Μεγιστία, ὅν ποτε Μῆδοι
Σπερχειὸν ποταμὸν κτεῖναν ἀμειψάμενοι,
μάντιος, ὃς τότε κῆρας ἐπερχομένας σάφα εἰδὼς
οὐκ ἔτλη Σπάρτης ἡγεμόνας προλιπεῖν.
⟨Σιμωνίδης⟩

Herod. 7. 228 postquam n. 200 et n. 21 attulit, sic pergit:
Λακεδαιμονίοισι μὲν δὴ τοῦτο· τῷ δὲ μάντι τόδε· μνῆμα — προλιπεῖν. Ἐπιγράμμασι μέν νυν καὶ στήλησι, ἔξω ἢ τὸ τοῦ μάντιος
ἐπίγραμμα, Ἀμφικτύονές εἰσί σφεας οἱ ἐπικοσμήσαντες· τὸ δὲ τοῦ
μάντιος Μεγιστίεω Σιμωνίδης ὁ Λεωπρέπεός ·ἐστι κατὰ ξεινίην ὁ ἐπιγράψας. Anth. Pal. VII 677: ἐκ τῆς ἱστορίας Ἡροδότου C³); εἰς τὸν
τάφον Μεγιστ⟨ί⟩εω[ς] τοῦ μάντεως τοῦ ὑπὸ Περσῶν ἀναιρεθέντος Lmᶜ.

---

1) Monacensis 158 et 334 et Neapolitani gr. II F 9 lectiones Carolo Sittl
professori Virceburgensi debeo.

2) Non respexi in aetate definienda Tzetzam aut Certamen. Neque enim
epitaphium in Certaminis parte vetustissima commemoratur, neque certum est
utrum Tzetza eius quoque auctorem habeat Aristotelem quem habuit eorum quae
paucis ante narrat.

3) „Supra notam a C scriptam (ἐκ — ἡροδότου) rasura est; tenuia vestigia;

v. 1. *κλειτοῖο* Herod. class. *β*; Holder | *μεγίστίον* Anth., *ίον* C, *μεγίστεον*
A^ar ‖ v. 4. *ἡγεμόνα* Stein.

Herodotus postquam titulos eorum qui ad Thermopylas cecidere
(n. 200. 21. 20), exscripsit, paucis disserit quis singula monumenta
erexerit. Cuius loci (v. testimonia) interpretatio cum dubia sit, breviter quid ego censeam, exponam. Atque Kaibel (Rh. M. 28 p. 438)
ex Herodoti verbis confidenter efficit etsi non necessarium, at maxime
probabile esse Peloponnesiorum (n. 200) et Lacedaemoniorum (n. 21)
epigrammata Simonidem non scripsisse. Cum enim Herodotus poetae
nomen ignoraverit, Herodoto autem plus de hac re veteres scire non
potuerint, nulla fide dignos esse Ciceronem et codicis Palatini cor-
rectorem qui decepti sint parum accurata Herodoti interpretatione.
Sed vide ne ipse vir doctissimus parum accurate interpretatus sit
verbum *ἐπιγράψας*, quod meo iudicio necesse est eandem habeat vim
quam quibus oppositum est *ἐπιγράμμασιν ἐπικοσμεῖν*. Quia autem
nemo opinor Amphictyones carmina conscripsisse iudicabit neque
hoc sibi vult genuina „epigrammatis exornandi" notio, ne *ἐπιγράψας*
quidem hoc loco „epigramma faciendi" significationem habere potest
neque, quod sciam, apud ullum ante Alexandrum scriptorem eam
vim habet. Ergo Simonidem epitaphium Megistiae non tam fecisse
quam cippo insculpendum curasse refert Herodotus.[1]) Quod cognitum
habuit ni fallor historicus ex inscriptione ipsa; subscriptum enim
fuerit versibus amici nomen, quem morem non insolitum fuisse illius
saeculi Graecis ex ep. Kaib. 488 (cf. K. 56. 65. 69. 71) discimus. Peloponnesiorum autem et Spartiatarum epigrammata Amphictyones
inscribenda curaverunt, quae qui fecerit quamquam non adnotat Herodotus, tamen nihil obstat quin ·certe epitaphium Lacedaemoniorum
a Simonide profectum esse censeamus: neque enim temere correcto-
rem anthologiae Palatinae (VII 249) poetae nomen ei adscripsisse
(id quod putat etiam Finsler krit. Untersuch. zur Anthol. p. 136 sqq.),
docet eius cum Cicerone (Tusc. 1. 101) consensus, quem ex Alexandrina sylloge aut ex Meleagri corona recens tum edita, quarum testimonium satis locuples est (v. proll. § 1?), Simonidis nomen sumpsisse
probabile est.[2]) Peloponnesiorum vero titulus (n. 200) a solo correctore anthologiae (VII 248) Ceo poetae adscribitur, cui num iam
ab Alexandrinis tributus sit, discerni non potest.

---

sed apparet nomen auctoris fuisse olim adpictum; cognoscere mihi videor lit-
teras *σ* . . . . . *δ* . . . . : poterat igitur *σιμωνίδου τοῦ κήου* fuisse". Stadtmueller.
    1) Quamquam manifestum est poetam in versibus faciendis non al ena
opera usum esse.
    2) Novisse Ciceronem Meleagri coronam verisimile fit ex ep. ad Att. 9. 7. 5
et 18. 3 coll. cum Anth. Pal. X 1 v. Knaack coniect. Progr. Stettin 1883 p. 7.

21. Ad Thermopylas. V. saec. Simonidis (92 Bgk.).

Ὦ ξεῖν' ἀγγέλλειν Λακεδαιμονίοις ὅτι τῇδε
κείμεθα τοῖς κείνων ῥήμασι πειθόμενοι.

Herod. 7. 228: Ταῦτα μὲν δὴ (n. 200) τοῖσι πᾶσι ἐπιγέγραπται·
τοῖσι δὲ Σπαρτιήτῃσι ἰδίῃ· ὦ ξεῖν' κτλ. Lycurg. Leocrat. 109: τοιγαροῦν ἐπὶ τοῖς ὁρίοις τοῦ βίου μαρτύρια ἔστιν ἰδεῖν τῆς ἀρετῆς
αὐτῶν ἀναγεγραμμένα ἀληθῆ πρὸς ἅπαντας τοὺς Ἕλληνας, ἐκείνοις
μὲν· ὦ ξεῖν' κτλ., τοῖς δ' ὑμετέροις προγόνοις· Ἑλλήνων κτλ. (n. 199).
Diodor 11. 33: ἰδίᾳ δὲ αὐτοῖς (i. e. τοῖς Λακεδαιμονίοις ἐπέγραψαν
οἱ Ἕλληνες) τόδε· ὦ ξεῖν' κτλ. Strabo 9. 4. 16 p. 429 C: καὶ νῦν
τὸ πολυάνδριον ἐκείνων ἐστὶ καὶ στῆλαι καὶ ἡ θρυλουμένη ἐπιγραφὴ
τῇ Λακεδαιμονίων στήλῃ, ἔχουσα οὕτως· ὦ ξεῖν' κτλ. Anth. Pal.
VII 249: Σιμωνίδου C; εἰς τοὺς μετὰ λεωνίδην (sic) μαχεσαμένους
πρὸς Πέρσας L; ἐν Θερμοπύλαις C; quod lemma simul ad ep. 248
(huius syll. n. 200) et 249 pertinet. Anth. Plan. lemma εἰς τοὺς
αὐτούς postea erasum est, v. ad n. 200. (Inde cod. Matr. 24 f. 103,
p. 91 Iriarte.) Suid. s. v. Λεωνίδης ... ἐπιγέγραπται ἐπὶ Λεωνίδου
ἐπίγραμμα· ὦ ξεῖν' κτλ. Arsen. 118. Cicero Tusc. 1. 101: Pari
animo Lacedaemonii in Thermopylis occiderunt, in quos Simonides:

  Dic hospes Spartae nos te hic vidisse iacentis
  Dum sanctis patriae legibus obsequimur.

v. 1. ὦ ξεῖν' Herod. Lyc. Anth. Pal. et Plan. Ars. (om. ὦ) Suid.; ὦ ξένε
Diod., ὦ ξέν' Strabo, Iriarte | ἀγγέλλειν Herod., ἄγγειλον Diod. Lyc. Anth. Pal.
et Plan. Ars. Iriarte, ἄγγελε Suid., ἀπάγγειλον Strabo | τᾷδε Schneidewin, debuit
τεῖδε ‖ v. 2. ῥήμασι πειθόμενοι Herod. Anth. Pal. et Plan. cf. ep. n. 73 eiusque
comm., πειθόμενοι νομίμοις rell. (etiam Cic.); quam insignem discrepantiam nescio
quis inde explicavit quod inferiore aetate detritus fortasse titulus renovatus
eiusque clausula mutata esset. τήνων νεύμασι πειθόμενοι Bergk.

De Simonide auctore cf. quae dixi ad ep. 20.

---

22. Ad Thermopylas. — [Simonidis (93 Bgk.)]

Τούςδε ποθεῖ φθιμένους ὑπὲρ Ἑλλάδος ἀντία Μήδων
μητρόπολις Λοκρῶν εὐθυνόμων Ὀπόεις.

Strabo 9. 4. 2 p. 425: ὁ δ' Ὀποῦς ἐστι μητρόπολις καθάπερ καὶ
τὸ ἐπίγραμμα δηλοῖ τὸ ἐπὶ τῇ πρώτῃ τῶν πέντε στηλῶν τῶν περὶ
Θερμοπύλας ἐπιγεγραμμένον πρὸς τῷ πολυανδρίῳ· τούσδε — Ὀπόεις.

v. 1. τοὺς δέ mire Cougny | τούσδε ποτὲ codd., correxit Meineke vind.
Strabon. p. 149. cf. Kaibel EG 21, 9 ‖ v. 2. μητρ. Λοκρῶν] etiam Pindarus ol.
9. 20 Opuntem Λοκρῶν ματέρα dicit. | εὐθυνόμων ὀπίοις A, κεύθει νομως ὀπόεις l,
κεύθει νομοπόεις in marg. sched. aggl., κεύθει ὀπόεις Bk, κεύθει .. ὀπο/υν-
τία no, κεύθει ὁμοῦ Ὀπόεις sec. man. in h, κεύθει ὁμῶς Ὀπόεις Cramer,
κεύθει ὅλων Ὀπόεις Heringa obss. crit. p. 143, κευθάνει ὧδ' Ὀπόεις Hecker (1843)

p. 397 quod recte reiecit Bgk., cum non essent in patria humati; *εὐθυνόμων Ὀπόεις | κεύθει* Coraes distichum excidisse ratus quod idem contendit Bgk., *κεύθει Ὀπο/υντία γῆ* Xyl., *κ. Ὁ . χθὼν* Palmer.

De temporibus quibus et hoc et insequens Thespiensium epitaphium insculptum sit et de toto Strabonis loco accuratius inquirere est opus.

Etenim Strabo in Thermopylis quinque novit cippos Graecorum qui cum Leonida cecidere: vide verba supra allata et 9. 4. 16 p. 429: *καὶ νῦν τὸ πολυάνδριον ἐκείνων* (sc. *τῶν περὶ Λεωνίδαν*) *ἐστὶ καὶ στῆλαι καὶ ἡ θρυλουμένη ἐκείνη ἐπιγραφὴ τῇ Λακεδαιμονίων στήλῃ κτλ.* Herodotus autem praeter Leonidae monumentum seorsum exstructum (7. 225) tria monumenta tantum memorat, Megistiae (n. 20), Spartiatarum (n. 21), sociorum Peloponnesiacorum (n. 200 = 7. 228) neque verisimile est alia praeter haec historicum novisse (v. Kirchhoff Monatsber. d. B. Ak. 1878 p. 4). Huc accedit, quod Strabo vix tituli n. 200, qui sepulcralis non est, rationem habuerit, neque Megistiae quippe qui non publice sepultus esset. Cum igitur unum publicum epitaphium noverit Herodotus, quinque Strabo, uterque sit testis oculatus, necesse est intra quattuor saecula quae inter illos intercedunt, non integra mansisse sepulcra: possis conicere Phocensium bello vel cum Galli irrumperent, cippos deiectos et deletos esse, postea vero non modo eum cippum qui unus antea publico epitaphio ornatus erat, restitutum esse, sed etiam alios a civitatibus nonnullis gloriae avidis adiectos, quorum exstant adhuc Thespiensium (n. 23) et Locrorum elogia.[1]

Olivetus, Schneidewin, Bergk quinto saeculo attribuentes Simonideis hoc epigramma ex coniectura addiderunt.

---

23. Ad Thermopylas. — Philiadae.

⟨Ἐνθάδε μαρνάμενοι περὶ Ἑλλάδος ἀντία Μήδων
κεῖνται ἀγηράτῳ χρώμενοι εὐλογίᾳ⟩
ἄνδρες τοί ποτ᾽ ἔναιον ὑπὸ κροτάφοις Ἑλικῶνος,
λήματι τῶν αὐχεῖ Θεσπιὰς εὐρύχορος.

Steph. Byz. s. v. *Θέσπεια· . . (Θέσπια) γράφεται καὶ διὰ τοῦ ῑ καὶ ἐκτείνεται. καὶ συστέλλεται παρὰ Κορίννῃ. καὶ ἐπίγραμμα τῶν ἀναιρεθέντων ὑπὸ τῶν Περσῶν· ἦν δὲ Φιλιάδου Μεγαρέως· ἄνδρες — εὐρύχορος.* Inde Eustath. Il. p. 266, 11: *ἐν δὲ τῇ κατὰ Βοιωτοὺς*

---

1) Haud feliciter Bergk diversa testimonia conciliare conatus est PL. III[4] p. 428 sq.

ἐπίγραμμα Φιλιάδου τοῦ Μεγαρέως τοιοῦτον ἐπὶ τοῖς ἀναιρεθεῖσιν
ὑπὸ Περσῶν· ἄνδρες — εὐρύχορος.

v. 1 et 2. Sensum significare volui. ‖ v. 3. τοί Brunck; θ' οἱ codd. | κρο-
τάφῳ Steph. ‖ v. 4. ἄρχει (ἀρχεῖ P) et εὐρύχωρος Steph.

Thudichum Rh. M. 12, 301 aliique (Hartung gr. El. II 250, Bgk.
III⁴ 428) hoc epitaphium arbitrantur ad cippum Thespiensium pertinere, qui ad Thermopylas cecidere: quibus assentior, nisi quod titulum multo post ipsam pugnam incisum esse censeo (v. ad n. 22). Contra
Iacobs (Anth. VI 273) putavit ad eos spectare qui a Persis Athenas
versus proficiscentibus in Thespiarum incendio et vastatione inter-
fecti essent. Sed si in patrio solo mortui et sepulti essent, patriam
non diserte nominasset poeta. — De Philiade Megarensi nihil aliunde
notum.

---

24. In Thessalia ad Peneum. IV. saec.

Τῆσδέ ποθ' ἡ μεγάλαυχος ἀνίκητός τε πρὸς ἀλκὴν
  Ἑλλὰς ἐδουλώθη κάλλεος ἰσοθέου
Λαΐδος· ἣν ἐτέκνωσεν Ἔρως, θρέψεν δὲ Κόρινθος,
  κεῖται δ' ἐν κλεινοῖς Θετταλικοῖς πεδίοις.

Athen. p. 589 b: (Πολέμων εἴρηκεν [frgm. 44 Pr.]) δείκνυσθαι
αὐτῆς (sc. Λαΐδος) τάφον παρὰ τῷ Πηνειῷ, σημεῖον ἔχοντα ὑδρίαν
λιθίνην καὶ ἐπίγραμμα τόδε· τῆσδε κτλ. αὐτοσχεδιάζουσιν οὖν οἱ
λέγοντες αὐτὴν ἐν Κορίνθῳ τεθάφθαι πρὸς τῷ Κρανείῳ.

v. 2. δουλοῦσθαί τινος dictum videtur ad analogiam ἡττᾶσθαί τινος. aliud
exemplum huius constructionis frustra quaesivi. Iacobs comparat Propert. 2. 5. 2
Lais . . ad cuius iacuit Graecia tota fores. τῆσδε ποθῇ Stadtmueller. | „fort. πρὸς
ἀλκῆς" Kaibel ‖ v. 4. cf. A. P. VII 245 Βοιωτῶν κλεινοῖς θνήσκομεν ἐν δαπέδοις.

Spectat epitaphium ad minorem natu Laida, quae altera quarti
saeculi parte in Thessalia mortua est, cf. Iacobs script. misc. IV p. 412.
Cum Polemo testis oculatus hydriam monumento impositam fuisse
tradat, inde Laida innuptam fuisse elucet, v. Dilthey ind. Gott. 1881/2
p. 8; corruunt igitur fabulae de Thessalicis nuptiis a Plutarcho (amat.
p. 767 e) traditae neque minus, cum epigramma taceat, fictum est
meretricem illam a mulieribus formae eius invidentibus necatam esse.
Cf. R. Schoell, Herm. 13, 445 n. 1.

---

25. In Thessalia? — Pisandri Rhodii?

Ἀνδρὶ μὲν Ἱππαίμων ὄνομ' ἦν, ἵππῳ δὲ Πόδαργος,
  καὶ κυνὶ Λήθαργος, καὶ θεράποντι Βάβης·
Θεσσαλὸς ἐκ Κρήτης Μάγνης γένος, Αἵμονος υἱός·
  ὤλετο δ' ἐν προμάχοις ὀξὺν Ἄρη συνάγων.

Anth. Pal. VII 304: Πισάνδρου Ῥοδίου C; τούτου τοῦ ἐπιγράμματος μέμνηται Νικόλαος ὁ Δαμασκηνὸς (Hist. gr. min. I p. 153 Dind.) ὡς ἀρίστου· εἰς Ἱππαίμονα τὸν ἐκ Κρήτης Μάγνητα L: ἀνδρὶ — συνάγων. Anth. Plan. (aut. app.): Πεισάνδρου: ἀνδρὶ — συνάγων. Ps. Dio Chrysost. 37 p. 532 R. (304 Dind.): Ἀνδρὶ — Βάβης· τίς οὖν οἶδεν Ἑλλήνων οὐχ ὅτι τὸν ἵππον, ἀλλ᾽ αὐτὸν τὸν Ἱππαίμονα; δοκῶ μὲν οὐδὲ Μαγνήτων, ὅθεν ἦν Ἱππαίμων; οὗτος μὲν οὖν φροῦδος ἐξ ἀνθρώπων αὐτῷ Βάβητι καὶ Ποδάργῳ. Pollux 5. 47: οὐ μὴν οὐδὲ ὁ Μάγνης κύων, τὸ Ἱππαίμονος κτῆμα, ὁ Λήθαργος, ἀνώνυμος, ὃς τῷ δεσπότῃ συντέθαπται, καθάπερ μηνύει τοὐπίγραμμα· Ἀνδρὶ — Βάβης (Inde Eudoc. 96).

v. 1. ὄνομ᾽ omisit Plan. ὄνομα τῷ Dionis codd. praeter BM | de Podargo nomine equi quod et alibi occurrit v. Ieschonnek de nominibus quae Gr. pecudibus dom. indere solebant p. 40 quibus addo Collitz n. 3136 || v. 2. Λήθαργος Dio Poll., γράφεται Λήθαργος Corr. Anth. Pal., θήραγρος eiusdem A et Plan. Ad Λήθαργος canis nomen Finsler krit. Stud. z. Anth. 72 confert Hesych. s. v. Λαίθαργος et Eust. p. 1439. 2. cf. etiam Ieschonnek 17; θήραγρος tuetur Baecker de canum nomin. gr. 72 sq. | Βάβης Phrygium nomen esse ex inscriptionibus quibusdam coniecit Bergk PL. II⁴ 24: quibus addo Βαβίς in inscr. Thyatirae inventa Mitt. d. ath. Iust. 1889 p. 91, Βαβείς ap. Sterrett Wolfe expedition n. 319. 329. 343. 363. 480. 566. cf. 600. An epigr. journ. 177. 196. || v. 3. Mitto virorum doctorum Brunckii Iacobsii Boissonadii Bergkii conamina qui huius versus attributa alius aliter distribuere volunt in quattuor quae in priore disticho occurrunt animantia. Quod si recte facerent, minime tum poeta Nicolai Damasceni laude dignus esset, nisi forte verborum obscuritatem ei laudi dabimus. Immo posterius distichum ad solum Hippaemonem spectare recte contendit Hartung gr. Eleg. I 71. Certe mirum quod tres quasi patriae mortuo adscribuntur: sed hanc ipsam sermonis brevitatem qua loca quibus vixerat nominantur laudare videtur Nicolaus. Simile quid habes in Anth. Pal. VII 135: Θεσσαλὸς Ἱπποκράτης Κῷος γένος. Erat igitur Hippaemo natus sive Magnesiae ad Maeandrum[1]) sive ad Sipylum, tum in Creta vixerat denique inde in Thessaliam profectus ibi extremos annos degerat. | αἴμονος Anth. Cᵖʳ, αἴμονος Aᵃʳ.

Inscriptum erat epigramma Hippaemonis cippo sepulcrali, in quo ipse cum equo et cane et servo effictus erat cf. Friedländer de anagl. sepulcr. 57. Pisandro Rhodio Anthologiae Corrector et Planudes adscribunt: quorum testimonium etsi incertum est, certe sat vetustus est titulus. Quo iure Flach G. d. gr. Lyr. 441 demonstrativum dicat epigramma nescio.

---

1) Hos Magnetes canes in pugnam secum duxisse narrant Aelian. d. n. an. 7. 38. v. h. 14. 46. Poll. 5. 31.

26. Dii in Thracia. IV. saec.?

Μουσάων πρόπολον τῆδ᾽ Ὀρφέα Θρῆκες ἔθηκαν,
ὃν κτάνεν ὑψιμέδων Ζεὺς ψολόεντι βέλει,
Οἰάγρου φίλον υἱόν, ὃς Ἡρακλῆ᾽ ἐδίδαξεν,
εὑρὼν ἀνθρώποις γράμματα καὶ σοφίην.

[Alcidam.] Ulix. 24 (in Antiphontis ed. Blass. p. 191): *γράμματα*
μὲν δὴ πρῶτος Ὀρφεὺς ἐξήνεγκε, παρὰ Μουσῶν μαθών, ὡς καὶ τὰ
ἐπὶ τῷ μνήματι αὐτοῦ δηλοῖ ἐπιγράμματα· Μουσάων κτλ.

v. 1. ϑράκες A, ϑρήϊκες x ‖ v. 2. Ζεὺς] ζεύς που A. | βέλει Ald.; κεραυνῷ
codd. nisi quod C βαλών. ‖ v. 3. ὑάγρου A. | ἡρακλῆ Z cum Burneiano 96, ἡρα-
κλῆα A, ἡρακλῆν v. | ἐδίδαξεν AN, ἐξεδίδαξε rell. codd. et Blass, sed displicet
Ἡράκλῆ᾽ in versu IV. saec.

Θρῆϊκα χρυσολύρην τῆδ᾽ Ὀρφέα Μοῦσαι ἔθαψαν,
ὃν κτάνεν ὑψιμέδων Ζεὺς ψολόεντι βέλει.

Laert. Diog. prooem. 5: *τὸ δ᾽ ἐν Δίῳ τῆς Μακεδονίας ἐπί-*
γραμμα κεραυνωθῆναι αὐτὸν λέγον οὕτως· Θρῆϊκα κτλ. Inde Anth.
Pal. VII 617: *ὁμοίως* C | *εἰς Ὀρφέα τὸν Θρᾷκα* Lm°. (Unde cod.
Vind. 311.) Anth. Plan. (aut. app.) *εἰς Ὀρφέα.*

v. 1. ϑρῆκα Laertii B | τῆδ᾽ eiusd. P ‖ v. 2. ὑψιμέδης eiusdem F.

Et Ps.-Alcidamas et Laertius ad idem nisi fallor Orphei sepulcrum Dii exstructum spectant cuius titulum ille plenum et integrum
exhibet, hic mancum et mutilatum. Epigramma propter ionicam dialectum non ante quartum saeculum conscriptum est, ut Blass Ps.-Alci-
damantis declamationem circa initium huius saeculi factam esse non
recte mihi videatur contendere. Quod Orpheus a Iove interemptus
dicitur esse discrepat a solitis narrationibus; v. Paus. 9. 30. 5.

---

27. Byzantii. VII p. C. saec. [Agathiae.]

Ἦδ᾽ ἐγὼ ἡ τριτάλαινα καὶ ἀμφοτέρων βασιλήων
Τιβερίου θυγάτηρ, Μαυρικίου δὲ δάμαρ,
ἡ πολύπαις βασίλεια καλῆ δείξασα λοχείη
ὡς ἀγαθὸ᾽ τελέθει καὶ πολυκοιρανίη,
5 κεῖμαι σὺν τεκέεσσι καὶ ἡμετέρῳ παρακοίτῃ
δήμου καὶ στρατιῆς λύσσῃ ἀθεσμοτάτῃ.
ἔτλην τῆς Ἑκάβης πολὺ χείρονα τῆς τ᾽ Ἰοκάστης·
·ναὶ ναὶ τῆς Νιόβης ἔμπνοός εἰμι λίθος.
αἰαῖ τὸν γενέτην· τί δὲ καὶ τὰ νεογνὰ ἔθυσαν
10 ἀμπλακίης μερόπων μηδὲν ἐπιστάμενα;
ἡμετέροισι κλάδοισι κατάσκιος οὐκέτι Ῥώμη·
ῥίζα γὰρ ἐκλάσθη Θρηϊκίοις ἀνέμοις.

Zonar. 14. 14: *ἐπεγράφησαν δὲ τῷ τάφῳ αὐτῶν τὰ ἡρωελεγεῖα*
ταῦτα· ἄδ' ἐγὼ κτλ. Leo Gramm. chronogr. p. 144 Bonn. (= Anecd.
Par. Cram. II p. 333): *ἐπεγράφη δὲ τῷ τάφῳ αὐτῶν ἐλεγεῖον τόδε·*
ἄδ' ἐγὼ κτλ. Cedren. I p. 707 Bonn.: *ἐπέγραψαν δὲ τῷ τάφῳ αὐτῶν*
ἐλεγεῖον τόδε· ἄδ' ἐγὼ κτλ. Ex Zonara Anonym. Foersteri 4 (de anti-
quitat. Const. p. 14): *.. καὶ φαίνεται ἕως τὴν σήμερον οὕτως· ἄδ' ἐγὼ*
κτλ. et Nicephor. Callisti hist. eccl. 18. 41 (vol. 147. col. 412 M):
καὶ ἐπὶ τῷ πολυανδρίῳ τῆς θήκης τόδ' ἐγκεχάρακται τὸ ἐπίγραμμα·
ἄδ' ἐγὼ κτλ. — Seorsum traditur in cod. Vindob. ph. ph. 165 de quo
Schubart in Zeitschr. f. Altert. I (1834) p. 1143: *Ἀγαθίου εἰς Μαυρίκιον*
βασιλέα; cui Dilthey in ind. lect. Gotting. 1891 p. 19 hos quattuor
addit: V = Vat. gr. n. 29 f. 484[r] *Ἀγαθίου εἰς Μαυρίκιον βασιλέα*;
L = Laur. 5, 10 f. 195 *ἐπιγραφὴ εἰς τὸν τάφον τῆς γυναικὸς Μαυ-*
ρικίου Κωνσταντίνης καὶ εἰς τὸν ἄνδρα αὐτῆς καὶ τῶν τέκνων; M =
Paris. 690 f. 108 s. l.; R = Vat. Regin. gr. 166 f. 209 s. l. Praeterea exstat in cod. Matritensi saec. XVII ap. Iriart. p. 365 et in
Vindobon. med. n. 31, de quo conferas Sternbachium in meletematis
Graecis I p. 186.

Cf. Hecker[1] 297, [2] 336, Sternbach l. l., Dilthey l. l. 18—23. — v. 1. *ἄδ'*
omnes codd. nisi quod *ἄ* Niceph., *ῇδ'* Hecker; fortasse scriba epigrammatum
doricorum meminerat qualia sunt in Anth. Pal. VII 145, 324, IX 425 et in Append.
Didot. II 59. 123, III 71 (quae omnia incipiunt ab „*ἄδ' ἐγώ*"). Alia Doridis vestigia praebent codices in v. 9 et 11. ‖ v. 2. *τε* Leo Cedr. Nic. Anon. VL Vind. 31
Matr. ‖ v. 3. *καὶ ἡ* omnes codd.; *καὶ ῇ* Hecker; *καλῇ* Iacobs | *δείξασα λοχείην*
Cedr. Anon. Vind. duo; *δείξασα λοχίῃ* Zonaras nisi quod cod. Par. 1715 *δόξα*[v]
λαχοῦσα (*v* suprascr. et *αχουσα* in spatio vacuo sunt alia manu scripta); hac
lectione nisus L. Dindorf in ed. Zonarae *δόξαν λελαχοῦσα*: cui adversatur Stern-
bach ‖ v. 4. *ὡς* [εἰ] (*εἰ* alia manu) Zon. cod. Par. | „Indicare voluisse videtur poeta,
Constantinae liberos, id quod in hac hominum conditione rarum, optimis moribus et omnino tales fuisse, qui homines ad principum amorem et reverentiam
moverent." Iacobs animadv. 12 p. 257. ‖ v. 6. *λύσσῃ ἀθεσμοτάτῃ δῆμον καὶ στρα-*
τιῆς V Vind. 165 M (qui *δῆμον τὲ στρατής τε*), corr. Hecker; *δῆμον ἀτασθαλίῃ*
καὶ μανίῃ στρατιῆς (*στρατίης, στρατιᾶς*) rell. ‖ v. 7 et 8 inverso ordine exhibent
LR Vindob. 31 Anon. Zonar. cod. Monac. et Paris. ‖ v. 7. *τῆς Ἑκάβης ἔτλην* Zon.
Cedr. R Vind. 31 (*τῆς Ἰοκάστης* omnes ut videtur codd., corr. editt. ‖ v. 8. *αἴ αἴ*
vel *αἰαῖ* codd., *ναὶ ναὶ* ex versu 19 revocavi, *ναὶ μὴν* Dilthey | *ἔμπνοος εἰμι λίθος*
M V Vind. 165, *ἔμπνοός εἰμι νέκυς* rell. (nisi quod R *ἐμπνεόμενος νέκυς*); dicit
áutem Constantina se quasi Niobam esse *ἔμπνοον λιθωθεῖσαν*; *τῆς Νιόβης*
enim *ἔμπνοος λίθος* circumscriptio est velut *Δανάης δέμας* (Soph. Ant. 944) similia: ut Dilthei coniecturam *ἔμπνοος οἷα λίθος* etsi speciosam, at non necessariam
esse putem. *ἄπνοός εἰμι λίθος* male Hecker ‖ v. 9. *ναὶ ναὶ* codd., corr. Hecker |
γενέταν Cedr. Anon. Vind. 31 | *τί δὲ καὶ τὰ νεογνὰ ἔθυσαν* M V Vind. 165, *τί*
μάτην τὰ νεογνὰ ἔκτειναν rell. (inde *εἰ καὶ τὸν γενέτην, τί μάτην τὰ νεόγν' ἀπέ-*
κτειναν Iacobs); *αἰαῖ τῷ γενέτῃ τί δὲ καὶ τὰ νεόγν' ἐπέθυσαν* Dilthey (*ἐπέθυσαν*
iam Hecker): sed ne hoc quidem loco necessarium esse videtur a codicum scriptura
recedere. ‖ v. 10. *ἀμπλακίης μερόπων* M V Vindob. 165; *ἀνθρώπων κακίης* rell. ‖

v. 11. ἡμετέροις codd. nisi quod ἀμέτροις Zon. cod. Par. unde L. Dindorf ἀμετέροις; ἡμετέροισι Dilthey | κλάδοισι M, πετάλοισι rell. | οὐκέτι] οὐ νέα Zonarae cod. Par., quod falso recepit L. Dindorf cf. Sternbach l. l. p. 187; 'Ρώμη etsi νέα non addito intellegitur hoc loco Constantinopolis ‖ **v. 12.** ἐκκλάσθη Cedren., ἐθλάσθη R quod recepit Dilthey.

Agathiae historici, cui cod. Vind. 165 et Vat. 29 adscribunt, versus propter temporum rationes tribui non posse videntur; cf. Dilthey l. l., qui de iuniore aliquo Agathia cogitat.

---

28. Byzantii. X p. C. saec. Ioannis.

Τὸν ἀνδράσιν πρὶν καὶ τομώτερον ξίφους
πάρεργον οὗτος καὶ γυναικὸς καὶ ξίφους,
ὃς τῷ κράτει πρὶν γῆς ὅλης εἶχεν κράτος,
ὥσπερ μικρὸς γῆς μικρὸν ᾤκησεν μέρος,
5 τὸν πρὶν σεβαστὸν, ὡς δοκῶ, καὶ θηρίοις
ἀνεῖλεν ἡ σύγκοιτος, ἐν δοκοῦν μέλος·
ὁ μηδὲ νυξὶ μικρὸν ὑπνώττειν θέλων
ἐν τῷ τάφῳ νῦν μακρὸν ὑπνώττει χρόνον,
θέαμα πικρόν. ἀλλ' ἀνάστα νῦν, ἄναξ,
10 καὶ τύπτε πεζούς, ἱππότας, τοξοκράτας,
τὸ σὸν στράτευμα, τὰς φάλαγγας, τοὺς λόχους·
ὁρμᾷ καθ' ἡμῶν 'Ρωσικὴ πανοπλία,
Σκυθῶν ἔθνη σφύζουσιν εἰς φονουργίας,
λεηλατοῦσι πᾶν ἔθνος τὴν σὴν πόλιν,
15 οὓς ἐπτόει πρὶν καὶ γεγραμμένος τύπος
πρὸ τῶν πυλῶν σὸς ἐν πόλει Βυζαντίου.
ναὶ μὴ παρόψει ταῦτα· ῥῖψον τὸν λίθον
τὸν σὲ κρατοῦντα, καὶ λίθοις τὰ θηρία
τὰ τῶν ἐθνῶν δίωκε· δὸς δὲ καὶ πέτρας
20 στηριγμὸν ἡμῖν, ἀρραγεστάτην βάσιν.
εἰ δ' οὐ προκύψαι τοῦ τάφου μικρὸν θέλεις,
κἂν ῥῆξον ἐκ τῆς ἔθνεσιν φωνὴν μόνην·
ἴσως σκορπίσῃ ταύτῃ καὶ τρέψεις μόνῃ.
εἰ δ' οὐδὲ τοῦτο, τῷ τάφῳ τῷ σῷ δέχου
25 σύμπαντας ἡμᾶς· ὁ νεκρὸς γὰρ ἀρκέσει
σώζειν τὰ πλήθη τῶν ὅλων χριστωνύμων·
ὦ πλὴν γυναικὸς τὰ δ' ἄλλα Νικηφόρος.

Ioann. Scylitz. (Bekker in Cedreni vol. II) p. 378: Ἐν δὲ τῇ σορῷ αὐτοῦ (Νικηφόρου Φωκᾶ) Ἰωάννης ὁ Μελιτηνῆς μητροπολίτης ταῦτα ἐπέγραψε· τὸν ἀνδράσιν — Νικηφόρος.

v. 1—4. Exspectamus: ὁ ἀνδράσιν πρὶν καὶ τομώτερος ξίφους | πάρεργον οὗτος καὶ γυναικὸς καὶ ξίφους· | ὃς τῷ κράτει πρὶν γῆς ὅλης εἶχεν κράτος, | ὥσπερ

μικρὸς γῆς μικρὸν νῦν οἰκεῖ μέρος. ‖ **v. 1.** ἀνδράσιν] ν ephelcysticon in codice saepius omissum. ‖ **v. 10.** τύπτε = excita? κάρτυνε Stadtm. ‖ **v. 14.** πανσθενῶς idem ‖
v. 23. τρέψει cod.; correxi ‖ **v. 25.** ἀρκέσῃ cod., εἰς νεκρὸς κτλ. Menrad, ἐν γὰρ
ἔρκος κτλ. Stadtm.; fort. καὶ νεκρὸς γὰρ ἀρκέσεις ‖ **v. 27.** for¹. τἄλλ' ἀεὶ R. Schoell.

Facta est haec genuina sine dubio inscriptio brevissime post mortem Nicephori II Phocae († 969). Etenim hoc ipso tempore Russo-
rum copiae (v. 12) Byzantinorum regno bellum intulerunt, sed paulo
post reiectae et devictae sunt cf. Gfrörer Byz. Gesch. II p. 530 sqq.
De Ioanne Melitenes metropolita nil inveni cum non omnia huius
dioeceseos metropolitarum nomina ex hoc saeculo exstent: vide Le
Quien oriens christianus I 445. Fuerunt quidem etiam Iacobitici
Melitenes metropolitae ipsoque illo tempore Ioannes quidam hoc munere fungebatur (Le Quien II p. 1452 sq.); sed ne illum poetam epitaphii fuisse putemus, impediunt Nicephori inimicitiae crudelitatesque
Iacobitis illatae v. Le Quien l. l. — In eiusdem Nicephori mortem
epigramma demonstrativum ex cod. Par. edidit Cramer A. P. IV 290,
inde append. Didot. III 333 (v. etiam Boissonade in Philostr. ep. edit.
Par. Lps. 1842 p. 204).

---

29. In Io insula. IV. fere saec.

Ἐνθάδε τὴν ἱερὴν κεφαλὴν κατὰ γαῖα καλύπτει
ἀνδρῶν ἡρώων κοσμήτορα θεῖον Ὅμηρον.

Locos collegit Sternbach meletemata graeca I p. 78 (omisso No. 7).
1. Ps. Plut. vit. Hom. p. 23, 67 West. = Cram. Anecd. Par.
II 228 (Aristot. frgm. 76 R³): θάψαντες δὲ αὐτὸν οἱ Ἰῆται μεγαλοπρεπῶς τοιόνδε ἐπέγραψαν αὐτοῦ τῷ τάφῳ· Ἐνθάδε κτλ. 2. Herod.
vita Hom. p. 19. 493: καὶ τὸ ἐλεγεῖον τόδ' ἐπέγραψαν Ἰῆται ὕστερον
χρόνῳ πολλῷ, ὡς ἤδη ἥ τε ποίησις ἐξεπεπτώκεε καὶ ἐθαυμάζετο ὑπὸ
πάντων (οὐ γὰρ Ὁμήρου ἐστίν)· ἐνθ. κτλ. 3. genus Homeri p. 28, 23
Westerm.: ἐπιγέγραπται δ' ἐν τῷ μνήματι αὐτοῦ· ἐνθάδε κτλ. 4. vitae
quintae p. 30, 44 = Cram. Anecd. Par. III 99: ἔθαψαν δ' αὐτὸν
μεγαλοπρεπῶς οἱ Ἰῆται χαράξαντες ἐπὶ τῷ τάφῳ τὸ ἐπίγραμμα τοῦτο
παρ' αὐτοῦ ζῶντος ἔτι γεγραμμένον εἰς αὐτόν· ἐνθ. κτλ. 5. Vita
cod. Romani ed. a Sittelio Sb. d. Bayer. Ak. 1888 p. 277: καὶ αὐτοῦ
ἐπὶ τῷ τάφῳ ἐπιγέγραπται ἐπίγραμμα τοῦτο· ἐνθ. κτλ. Quam vitam
cod. Matr. p. 233 (sexta Westermanni vita p. 30 sq.) excerpsit. 6. Certamen extr.: ἀναμνησθεὶς δὲ τοῦ μαντείου, ὅτι τὸ τέλος αὐτοῦ ἥκοι
τοῦ βίου, ποιεῖ τὸ τοῦ τάφου αὐτοῦ ἐπίγραμμα ... καὶ ἐτάφη ἐν Ἰῳ·
ἔστι δὲ τὸ ἐπίγραμμα τόδε· ἐνθ. κτλ. 7. Tzetz. exeg. in Iliad. p. 37
Herm. (post Dracontem): καὶ ἐπιγράφουσι τῷ τάφῳ αὐτοῦ τόδε τὸ
ἐπίγραμμα ζῶντος Ὁμήρου τοῦτο πεποιηκότος ὥς φασιν· ἐνθάδε κτλ.
8. Suidas s. v. Ὅμηρος p. 2669 Gaisf. (= p. 33, 48 West.): ἐπιγέγραπται

δ᾿ ἐν τῷ τάφῳ αὐτοῦ τόδε τὸ ἐλεγεῖον ὃ ὑπὸ τῶν Ἰητῶν ἐποιήθη
χρόνῳ· ἐνθάδε κτλ. 9. idem Suidas s. eadem voce p. 2677 Gaisf.:
καὶ ἐτάφη ἐν τῇ Ἴῳ ἐπ᾿ ἀκτῆς καὶ ἐπέγραψαν οἱ Ἰῆται ἐπίγραμμα·
ἐνθάδε κτλ. 10. Anth. Pal. VII 3: εἰς τὸν αὐτόν Amº. Plan. εἰς
αὐτόν. 11. Invenitur etiam inter alia epigrammata ap. Iriarte p. 96
et p. 234, Bandini III 391 n. XVI.
Imitati sunt auctores epigrammatum ap. Kaibel 272,13; 354; 660;
661; cf. 48, 2; 51; 416 et quae attulit Sternbach l. l. p. 79: Anecd.
Par. Cram. 4 p. 293, 1 (= app. Didot. II 388) et Greg. Naz. Anth.
Pal. 7. 362, 1. Novit fortasse etiam Plut. de exilio p. 605 a τὸ ἱερὸν
καὶ δαιμόνιον ἐν Μούσαις πνεῦμα, Φρυγίας κοσμήτορα μάχης quem
locum citat Reinesius ad Suidam.

v. 1. ἱερήν] Duas classes codicum discrevit Sternbach, quarum altera ἱερὴν
praebet, altera ἱεράν; at parum accurate codicum lectiones inspexit. (Ita p. 78
contendit sextam vitam p. 31, 24 West. ἱερὴν praebere, p. 79 codicem Matriten-
sem ap. Iriart. p. 233 ἱεράν; at est eadem vita quam Westermann ex hoc ipso
codice Matr. expressit, suo tantum arbitrio ἱερήν mutans.) Exhibent ἱερήν:
2. 5. 6. 10; ἱεράν 7. 9. 11. Variant codices in 1 (ubi Crameri cod. ἱεράν) 3, 4, 8.
In sepulcro ἱερήν utpote Ionica forma, qua sola utebantur Ietae, insculpta erat. |
καλύπτει] κάλυψεν 2 et K. 51. at cf. Z 464, Ξ 114 (K. 698) χυτὴ κατὰ γαῖα καλύπτει.

Hoc epigrammate quinto fere vel quarto saeculo Ietae ornaverunt
sepulcrum quod in Homeri memoriam exstruxerunt. Sed superasse
hunc titulum veterum nationum aetatem et etiam ipsorum temporibus
exstitisse hoc et Cyriacus Anconitanus et Pasch de Krienen, comes
Batavus, ementiti sunt (v. ut alios mittam, Kubitschek Arch.-ep.
Mitteil. aus Oesterr. VIII 1884 p. 102 et Loewy Inschr. gr. Bildh.
p. 252 sq.).

───────

30. Deli. I. a. C. saec.

Τούϲδε θανόνταϲ ἔχει ξείνουϲ τάφοϲ, οἳ περὶ Δήλου
μαρνάμενοι ψυχὰϲ ὤλεϲαν ἐν πελάγει,
τὴν ἱερὰν ὅτε νῆϲον Ἀθηναῖοι κεράϊζον
κοινὸν Ἄρη βαϲιλεῖ Καππαδόκων θέμενοι.

Posidon. apud Athen. 5 p. 215 b: Στήσας οὖν τρόπαιον ἐπὶ
τῶν τόπων ὁ Ὀρόβιος (στρατηγὸς Ῥωμαίων) καὶ βωμὸν ἐπέγραψε·
τούσδε — θέμενοι.

v. 1. Δῆλον A; corr. Kaibel.

Epitaphium Romanorum qui in bello Mithridatico Deli ceciderunt.

───────

31. Lampsaci. V. saec. Simonidis (111 Bgk.).

Ἀνδρὸϲ ἀριϲτεύϲαντοϲ ἐν Ἑλλάδι τῶν ἐφ᾿ ἑαυτοῦ
Ἱππίου Ἀρχεδίκην ἥδε κέκευθε κόνιϲ·

ἢ πατρός τε καὶ ἀνδρὸς ἀδελφῶν τ' οὖσα τυράννων
παίδων τ' οὐκ ἤρθη νοῦν ἐς ἀτασθαλίην.

Thuc. 6. 59: καὶ αὐτῆς (sc. Ἀρχεδίκης) σῆμα ἐν Λαμψάκῳ ἐστὶν
ἐπίγραμμα ἔχον τόδε· ἀνδρός κτλ. Aristot. rhet. 1. 9 p. 1367 B:
καὶ τὸ τοῦ Σιμωνίδου· ἢ πατρὸς — τυράννων. Isidor. Pelusiot.
ep. 3. 224: γυναῖκα δ' ἀρχαίαν (sc. ἀνήρ τις τῶν ἐπὶ φιλοσοφίᾳ
σεμνυνομένων) ἐξεθείαζεν ἧς καὶ τὸ ἐπιτάφιον ἐπίγραμμα ἀπήγγελλε
λέγον· Ἀρχεδίκη πατρὸς ἀνδρὸς ἀδελφῶν τ' οὖσα — ἀτασθαλίην.

v. 2. Ἱππίου, non Ἱππίεω scripsit Simon. utpote Atheniensis civis nomen. |
κεύθει cod. K Thuc. ‖ v. 3 et 4. Cf. versus ap. Plut. qu. conv. 9, 15, 2 (PL. III⁴ 737).

De Simonide auctore v. quae dixi in prolegomenis § 12. Qualia
finxerint interpretes veteres elucet ex scholio ad Aristot. locum p. 267
Cram. (Anecd. Par. I): ἔνιοι ἔφασαν ὡς τῆς Ἑκάβης ταῦτα τὰ ἔπη:

ἢ πατρός τε καὶ ἀνδρῶν οὖσ' ἀδελφῶν τε τυράννων
δυσδαίμων γενόμαν πασῶν οἰκτροτάτα.

---

32. In luco Apollinis Sminthii Troiano. III. fere saec.

Ἄδ' ἐγὼ ἁ Φοίβοιο σαφηγορίς εἰμι Cίβυλλα,
τῷδ' ὑπὸ λαϊνέῳ cάματι κευθομένα,
παρθένος αὐδάεccα τὸ πρίν, νῦν δ' αἰὲν ἄναυδος,
μοίρᾳ ὑπὸ cτιβαρᾷ τάνδε λαχοῦcα πέδαν,
5   ἀλλὰ πέλας Νύμφαιcι καὶ Ἑρμῇ τῷδ' ὑπόκειμαι,
μοῖραν ἔχουcα κάτω τᾶc τότ' ἀνακτορίαc.

Pausan. 10. 12. 6: τὸ μέντοι χρεὼν αὐτὴν (sc. Sibyllam) ἐπέλα-
βεν ἐν τῇ Τρῳάδι, καί οἱ τὸ μνῆμα ἐν τῷ ἄλσει τοῦ Σμινθέως ἐστί,
καὶ ἐλεγεῖον ἐπὶ τῆς στήλης· ἅδ' — ἀνακτορίας. ὁ μὲν δὴ παρὰ τὸ
μνῆμα ἕστηκεν Ἑρμῆς λίθου τετράγωνον σχῆμα· ἐξ ἀριστερᾶς δὲ ὕδωρ τε
κατερχόμενον ἐς κρήνην καὶ τῶν Νυμφῶν ἐστι τὰ ἀγάλματα.

v. 1. ἅδ'] Notandum persaepe hoc pronomen in epigrammate usurpari simi-
liter atque in oraculis Sibyll. cf. Diels Sib. Blätter 74. | ἁ φοίβοιος R M Vab Ag Lb |
pro σαφηγορίς eidem ἀφηγορίς ‖ v. 2. λαϊνέῳ — ὑπὸ v. 4 omisit M | κευθομένα
Meineke Z. f. A. 1849 p. 415; πυθομένα codd. ‖ v. 3. cf. Kaibel 551, 1 sq. ‖ v. 4.
στιβαρῇ τήνδε — πέδην codd.; doricas formas cum Dindorfio dubitanter restitui;
τῇδε pro τήνδε M Va Pc Ag Lb ‖ v. 6. ἔχοις Ag La; ἔχους' rell.; Ἑκάτω vel ἑκα-
ταίῳ codd.; Ἑκάτω Brunck et Iacobs; ἔχουσα κάτω Hecker, Emperius, Wilamowitz
(teste Maass de Sibyllarum indicibus p. 5) i. e. etiam apud inferos particeps sum
vaticinii quo olim fungebar. | τῆς — ἀνακτορίης codd. rest. Dindorf.

Sibyllarum sepulcra compluribus locis Graeci ostendebant: veluti
Cumis fictilem ampullam esse qua Cumaeae Sibyllae reliquiae serven-
tur tradit 'Apollinarius' coh. ad Gr. p. 35e idemque alii, v. Diels Sibyll.
Blätter p. 57.[1]) Atque Troianae Sibyllae cui nomen erat Herophila

1) Diels recte adnotat falli Pausaniam 10. 12. 8 cum lapideam dicat am-

aliud monumentum in Apollinis Gergithei templo prope Lampsacum
sito (Steph. Byz. s. v. *Γέργις*) erat, aliud in Sminthii dei luco. Huius
epigramma exstat apud Pausaniam quem hoc loco Demetrio Scepsio
auctore usum esse observaverunt E. Maass de Sibyll. indic. p. 23 sqq.
et Diels l. l. Non recentior igitur est titulus priore secundi saeculi
parte. De dialecto v. prol. § 9.

---

33. In Troade. IV. p. C. saec. Theodori.

> Ἔνθα μὲν Αἴας κεῖται ἀρήϊος, ἔνθα δ' Ἀχιλλεύς,
> ἔνθα δὲ Πάτροκλος θεόφιν μήστωρ ἀτάλαντος,
> ἔνθα δ' ἐπὶ τριccοῖcι πανείκελος ἡρώεccιν
> ψυχὴν καὶ βιότοιο τέλος Μουcώνιος ἥρως.

Eunap. in hist. gr. min. I p. 242 Dind.: *ὅτι τὸ ἐς Μουσώνιον
ἐπίγραμμα τὸ παρὰ Θεοδώρου τοιοῦτόν ἐστιν· ἔνθα κτλ.*

v. 1 et 2. Odyss. γ 109 sq. ‖ v. 3. *ἐνθάδ'* Welcker; sed causam non video;
apodosis enim Homeri more particula iungitur. | *ἐπὶ* cod., quod absolute dictum
esse putat Welcker; *ἔτι* Iacobs fort. recte, cf. Kaibel 474, 1 *μητρὸς καὶ θυγατρὸς
παιδός τ' ἔτι τύμβος ὅδ' εἰμί.*

Welcker Sylloge[2] 116: „Musonius in bello contra Isauros occisus,
cur ad Ilium sepultus fuerit, id quod versus indicare videntur, non
liquet. Fuerat is olim Athenis Atticis magister rhetoricus, teste
Ammiano." Quin sit inscriptio sepulcralis, non est cur dubitemus.
Theodorum poetam Iacobs in indice epigrammatographorum (animadv.
ad Anth. XIII) eundem esse putat in quem Agathiae est epigramma
Anth. Pal. I 36. Quae est mera coniectura.

---

34. Hieropoli. III. p. C. saec.

> Ἐκλεκτῆς πόλεως ὁ πολίτης τοῦτ' ἐποίηca
> ζῶν, ἵν' ἔχω καιρῷ cώματος ἔνθα θέcιν,
> τοὔνομ' Ἀβέρκιος ὢν ὁ μαθητὴς ποιμένος ἁγνοῦ,
> ὃς βόcκει προβάτων ἀγέλας ὄρεcιν πεδίοιc τε,
> 5 ὀφθαλμοὺς ἱ c ἔχει μεγάλους πάντη καθορῶντας.
> οὗτος γάρ μ' ἐδίδαξε ⟨ζωῆς τὰ⟩ γράμματα πιcτά·
> εἰc Ῥώμην ὃς ἔπεμψεν ἐμὲν βαcιλῆαν ἀθρῆcαι
> καὶ βαcίλιccαν ἰδεῖν χρυcόcτολον χρυcοπέδιλον·
> λαὸν δ' εἶδον ἐκεῖ λαμπρὰν cφραγεῖδαν ἔχοντα
> 10 καὶ Cυρίης πέδον εἶδα καὶ ἄcτεα πάντα *Νίcιβιν

---

pullam. Sed quod putat in epigrammatis v. 2 eandem Sibyllae ampullam
significari, hoc non recte contendere mihi videtur.

Εὐφράτην διαβάϲ· πάντη δ' ἔϲχον ϲυνοπαδοὺϲ
Παῦλον ἔχων ἐπ' ὄ⟨χουϲ⟩· πίϲτιϲ πάντη δὲ προῆγε
καὶ παρέθηκε τροφὴν πάντη ἰχθὺν ἀπὸ πηγῆϲ
παμμεγέθη, καθαρὸν ὃν ἐδράξατο παρθένοϲ ἁγνή·
15   καὶ τοῦτον ἐπέδωκε φίλοιϲ ἔϲθειν διὰ παντὸϲ
οἶνον χρηϲτὸν ἔχουϲα, κέραϲμα διδοῦϲα μετ' ἄρτου.
     Ταῦτα παρεϲτὼϲ εἶπον Ἀβέρκιοϲ ὧδε γραφῆναι·
ἑβδομηκοϲτὸν ἔτοϲ καὶ δεύτερον ἦγον ἀληθῶϲ.
     Ταῦθ' ὁ νοῶν εὔξαιθ' ὑπὲρ Ἀβερκίου πᾶϲ ὁ ϲυνῳδόϲ·
20   οὐ μέντοι τύμβῳ τιϲ ἐμῷ ἕτερόν τινα θήϲει·
εἰ δ' οὖν, Ῥωμαίων ταμείῳ θήϲει διϲχίλια χρυϲᾶ
καὶ χρηϲτῇ πατρίδι Ἱεροπόλει χίλια χρυϲᾶ.

Symeo Metaphr. vita S. Abercii c. 40 sq. (in Actis S. Octob.
tom. IX p. 513): (Ἀβέρκιος) λίθον τινὰ τετράγωνον μῆκός τε καὶ
πλάτος ἴσον τάφον ἑαυτῷ κατασκευάζει· καὶ τὸν βωμὸν ὃς ἐκείνου
προστάξαντος ἀπὸ Ῥώμης ὑπὸ τοῦ δαίμονος ἐκεῖ μετενέχθη τῷ λίθῳ
ἐφίστησι, τοιόνδε τι ἐπίγραμμα αὐτῷ ἐγχαράξας· ἐκλεκτῆς — χρυσᾶ.
Τὰ μὲν δὴ τοῦ ἐπιγράμματος ὧδέ πως ἐπὶ λέξεως εἶχεν, ὅτι μὴ ὁ χρόνος ὑφεῖλε κατ' ὀλίγον τῆς ἀκριβείας καὶ ἡμαρτημένως ἔχειν τὴν
⟨ἀντι⟩γραφὴν παρεσκεύασεν. Titulus prope Hieropolin a Ramsaio
inventus et editus in Journal of hell. studies IV (1883) p. 424 sqq.
continet versuum inde a septimo usque ad quintum decimum fragmenta haec:

       ΕΙΣΡѠΜ–Ι
       ΕΜΕΝΒΑΣ ΛΙ–Ι
       ΚΑΙΒΑΣΙΛΙΣ
       ΤΟΛΟΝΧ̇Ρ
   5   ΛΑΟΝΔΕΙΔΟΝ_
       ΣΦΡΑΓΕΙΔΑΝΕ
       ΚΑΙΣΥΡΙΗΣΠΕ
       ΚΑΙΑΣΤΕΑΠΑ
       ΕΥΦΡΑΤΗΝ^Ι^
  10   ΤΗΔΕΣΧΟΝΣΥΝΟ
       ΠΑΥΛΟΝ‾ᵛᏋΝΕΠΟ
       ι ιΣι ιΣι
       ΚΑΙΠΑΡΕΘΗΚΕ
       ΠΑΝΤΙ–Ι ΙΧΘΥΝ^Γ
  15   ΠΑΝΜΕΓΕΘΙ–ΚΛΘ
       ΕΔΡΑΞΑΤΟΠΑΡΘΓ
       ΚΑΙΤΟΥΤΟΝΕΠ –
       ΙΟΙΣΓΣΟ

Litterae in l. 11—12 sunt erasae: cf. extrema quae adscripsi Metaphrastae verba.

Undeviginti codicum lectiones collegit Pitra in Analectis sacris II p. 164 sqq. unde graviores tantum adnotabo neque minus omittam virorum doctorum coniecturas lapide nunc refutatas. — v. 1. ὁ om. codd. ‖ v. 2. ἐνθάδε codd., τοῦ σώματος ἐνθάδε θήκην Pitra ‖ v. 3. ὁ ὤν codd. ‖ v. 5. πάντη Par. 2720, πάντα rell. | καθορῶντας Vat. 801, καθοϱόωντας vel καθοϱεύοντας rell. | τὰ ζωῆς suppl. Pitra, θεοῦ τὰ Garrucci civilta cattol. 1856 I 689 ‖ v. 7. ἐμὲν lapis, quae accusativi forma exstat etiam in titulo Sardiano eiusdem fere aetatis Kaibel EG 322, 7 cf. G. Meyer gr. Gr.² p. 372; ἐμὲ codd. | βασιλῆαν utrum sit = βασιλείαν (quod habent codd.) an = βασιλῆα dubitare possis. ‖ v. 9. σφραγῖδα codd. ‖ v. 10. πέδον χώρας εἶδον vel πέδον εἶδον εἶδον codd. εἶδα Ramsay | Offendit Νίσιβις instar omnium trans Euphraten urbium memorata. Atque bene tenendum biographum ipsum negare se accuratum plane exemplar exhibere, quod firmatur versibus 11 et 12. Quae cum ita sint, non inepte coniecit Brinkmann in theseon, quas dissertationi de dial. Platoni falso addictis (Bonn 1888) adiecit, decima Νίσιβιν interpolatum i. e. si recte intellego, glossam esse ad verba nunc deperdita. Exspectes clausulam huius modi καὶ ἄστεα πάντα τὰ Παρθῶν. ‖ v. 11. πάντας codd. plerique, πάντα Par. 1503, πάντες Par. 1540. τη lapis, inde πάντη Ramsay | συνομηγύρους codd. quod metro adaptari non potest. συνο lapis unde συνοπαδούς Ramsay; fort. συνοπαδόν (συνοδίτας, συνοδίτην). ‖ v. 12. καὶ Παῦλον ἔσωθεν codd., Παυλον εχων επο lapis unde ἐπόμην Ramsay, sed mire sic claudicat oratio; ἐπ᾽ ὄχους scripsi recordatus Actorum Apostol. c. 8; ut enim eunucho illi Aethiopi Philippus adsedit in curru, sic Abercius Paulum se in curru socium habuisse fingit. | πίστις δὲ παντὶ codd. πίστις πάντη δὲ Ramsay; linea enim quae post πίστις in lapide exstat non quadrat ad literam Δ. ‖ v. 13. πάντη om. codd. ‖ v. 14. οὐ Coisl. ‖ v. 15. ἐσθίειν codd. ‖ v. 18. ἦγον Par. 1480 et 1540, ἄγων rell. ‖ v. 19. εὔξαι codd. εὔξαιτο Pitra | ὑπὲρ μοῦ (om. ᾿Αβερκίου) Pitra.

Primos et ultimos huius Abercii epitaphii versus descripsit haud ita multo post Hieropolitanus civis, nomine Alexander, cuius elogium anno 1882 inventum primum docuit Abercium non Hierapolis, id quod antea putabant, sed Hieropolis fuisse episcopum; v. de Rossi bull. di arch. crist. 1882 p. 77, Ramsay Journal of h. st. III p. 339. IV 427, Duchesne revue des questions historiques 34 (1883) p. 5. Est autem hoc:

Ἐ]κλεκτῆς πόλεως ὁ πολεί[της τ]οῦτ᾽ ἐποίησα
    ζῶν ἵ]ν᾽ ἔχω φανε[ρῶς] σώματος ἔνθα θέσιν.
Οὔνομ᾽ Ἀλέξανδρος Ἀν[τω]νίου μαθητὴς ποιμένος ἁγνοῦ.
Οὐ μέντοι τύμβῳ τις ἐμῷ ἕτερόν τ[ι]να θήσει·
    εἰ δ᾽ οὖν, ῾Ρωμαίων τα[μ]είῳ θήσει δισχείλια [χ]ρυσᾶ,
καὶ [χ]ρηστῇ πατρίδ[ι] ῾Ιεροπόλει [χ]είλια χρυσᾶ.
Ἐγράφη ἔτει τ᾽ (= 216 p. C.) μηνὶ ς᾽ ξόντος. Εἰρήνη παράγουσιν
κα[ὶ] μνησκομένοις περὶ ἡμῶν.

De aetate Abercii et de carminis interpretatione videas Duchesnium.

35. Tarsi. IV. p. C. saec. [Libanii.]

Κύδνῳ ἐπ' ἀργυρόεντι ἀπ' Εὐφρήταο ῥοάων
Περcίδοc ἐκ γαίηc ἀτελευτήτῳ ἐπὶ ἔργῳ
κινήcac cτρατιὴν τόδ' Ἰουλιανὸc λάχε cῆμα
ἀμφότερον, βαcιλεύc τ' ἀγαθὸc κρατερόc τ' αἰχμητήc.

Zonar. 13. 13: *Τὸ δὲ σῶμα αὐτοῦ* (sc. *Ἰουλιανοῦ) ἡ στρατιὰ εἰς
Ταρσὸν τῆς Κιλικίας κομίσασα ἔθαψεν ἐν προαστείῳ τῆς πόλεως· οὗ
τῷ τάφῳ καὶ τόδε τὸ ἐπίγραμμα ἐπεγράφη· Κύδνῳ κτλ. Ὕστερον δὲ
ἀνεκομίσθη εἰς τὴν βασιλίδα τῶν πόλεων.* Cedren. I p. 539 Bonn.
(vol. 121 col. 585 M.):.. *οὗ τὸ δύστηνον σῶμα ἀπεκομίσθη ἐν Κων-
σταντινουπόλει καὶ ἐτέθη ἐν λάρνακι πορφυρᾷ κυλινδροειδεῖ, ἐν ᾧ
ἐπέγραψαν ἐλεγεῖον τόδε· Κύδνῳ κτλ.* [Verba *ἀπεκομίσθη — καὶ*
seclusit Sternbach, meletem. gr. I p. 185, „cum Tarsi epitaphium
Iuliano factum vel versus 1 doceret". At error non librario cuidam,
sed Cedreno ipsi tribuendus est. — Deinde codd. exhibent *ἐπέγραψεν*,
quod correxit Sternbach (*ἐπεγράφη* Förster).] Cod. Vindob. med.
n. 31 de quo vid. Sternbach l. l.

v. 1. *Εὐφράταο* solus codex Regius Zonarae. Eadem fere clausula Homer.
Δ 91 et *T* 1. ‖ v. 2. *ἀτελευτήτῳ ἐπὶ ἔργῳ* clausula Homerica *Δ* 175 ‖ v. 3. *cτρα-
τιάν* Cedren. Vind. | *τὸ δὲ* Zonar. secundum Ducange, at cod. Par. et Mon. *τόδ'* |
cῆμ' Vind. ‖ v. 4. Est Homeri versus *Γ* 179 cuius imitationes post Ameisium
(Anh. I² p. 185) collegit Sternbach l. l. p. 185 f.

Ἰουλιανὸc μετὰ Τίγριν ἀγάρροον ἐνθάδε κεῖται,
ἀμφότερον, βαcιλεύc τ' ἀγαθὸc κρατερόc τ' αἰχμητήc.

Zosim. 3. 34: *καὶ τοῦτο μὲν* (sc. τὸ σῶμα τὸ τοῦ *Ἰουλιανοῦ) εἰς
Κιλικίαν ἀπενεχθὲν ἔν τινι Ταρσοῦ προαστείῳ βασιλικῇ ταφῇ παρεδί-
δοτο καὶ ἐπίγραμμα προσεγέγραπτο τῷ τάφῳ τοιόνδε· Ἰουλ. κτλ.*
Anth. Pal. VII 747: *εἰς Ἰουλιανὸν τὸν βασιλέα Λιβανίου* Amᵉ. Plan.
(aut. app.): *Ἰουλιανοῦ.* Syll. cod. Laur. 57, 29 n. 5. Cod. Matr. 24.
ap. Iriarte p. 96 *Λιβανίου.*

v. 1. *ἀγόρροον* Zosimi codd. | *μετὰ Τίγριν* inepte est dictum; voluit signi-
ficare poeta Iulianum citra Tigrim, non in Persarum finibus, mortuum esse. ‖
v. 2. *καρτερός τ'* Matr., *κρατερὸς αἴχμ.* (orⱼ. *τ'*) Anth. Pal.

Iuliani epitaphium cum aliud Zosimus, aliud Zonaras tradat, ne
alteri scriptorum fidem demas, possis conicere titulum sepulcralem
ex duobus constitisse epigrammatis. Quod ut saepius factum esse
certum est (cf. proll. § 10), ita haec duo epitaphia in quorum utroque
idem occurrit versus Homericus, in uno monumento inscripta fuisse
veri dissimile est. Neque probabilius quis coniciat ab initio distichum
illud quod Zosimus tradit epigramma insculptum esse in sepulcro
Tarsensi, inferiore aetate, postquam corpus imperatoris Constantino-
polim translatum est (v. Zonaram et Foersterum in comm. de antiqu.

Constant. Rostochii 1877 p. 14 et 33), cenotaphium tetrasticho ornatum esse, in quo Iuliano hoc monumentum contigisse (τόδε λάχε σῆμα) neque quidquam de ossibus ibi iacentibus, quemadmodum in altero (ἐνθάδε κεῖται), dicitur. Quodsi epigrammata ipsa contemplamur, alterius, cuius testis est Zosimus, prior versus valde obscurus ne dicam ineptus est, ut putem Zosimum hoc loco auctore non ita magnae fidei uti falsumque tradere titulum; alterum vero quod Zonaras exhibet epitaphium, integrum et genuinum esse arbitror.

Ex Zosimo distichum epigramma novit Anthologiae auctor, qui „horrore vacui" permotus Libanii nomen adscripsit: secundum rectum Foersteri iudicium (Jahns Jahrb. 113 p. 213) non alio ille testimonio nisus quam quod Libanius et Iulianum maxime veneratus est et illum ipsum Homeri versum de hoc imperatore praedicari posse contendit vol. III p. 213 R, cf. ep. 1125. Simile quid vide in Euripidis epitaphio n. 259.

---

36. Anazarbi. III. p. C. saec.

> Ὀππιανὸς κλέος εἷλον ἀοίδιμον, ἀλλά με Μοιρῶν
> βάσκανος ἐξήρπαξε μίτος κρυερός τ' Ἀΐδης με
> καὶ νέον ὄντα κατέσχε τὸν εὐεπίης ὑποφήτην.
> εἰ δὲ πολύν με χρόνον ζωὸν μίμνειν φθόνος αἰνὸς
> εἴας', οὐκ ἄν τις μοι ἴσον κλέος ἔλλαχε φωτῶν.

Vita I. (Westerm. p. 64): οἱ δὲ πολῖται θάψαντες αὐτὸν ἄγαλμα πολυτελὲς αὐτῷ ἀνέστησαν καὶ τάδ' ἐνεχάραξαν· Ὀππιανός κτλ. Vita II. (W. p. 66): ἡρίον δὲ θαυμαστὸν αὐτῷ ἡ πόλις ᾠκοδόμησε καὶ ἄγαλμα πολυτελὲς ἔστησεν ἐγχαράξασα τάδε· Ὀππιανός κτλ. cf. Constant. Manass. vita Opp. 45 (p. 68 W.): (παρίημι) ὅτι θανόντος ἄγαλμα πολυτελὲς ὁ δῆμος | ἔστησεν ἐπιγράψαντες ἔπαινον ἐλεγείοις (= ἔπεσι ut in Herod. vita Homeri 36. v. ad ep. n. 29).

Affero scripturas codicum prioris classis (R Mᵃᵇ S et i [cod. Iuntinae]) et alterius Pᵃ et Pᵇ, praeterea B(andini catal. bibl. Laur. II 582) et I (ed. Muratori in thes. inscr. p DCCXXVII) v. Iacobs animadv. 12 p. 190. — v.1. Οππιανος μεν κλεος B | εἷλον Ri, ἄφθιτον εἷλον iPᵇ, εἷλεῇ S, ειλεν B, εἷλ' ἐν Mᵃ, ἔσχον Pᵃᵇ. | ἀοίδιμον PᵃᵇB, ἀείδιον R, ἀοιδέων SMᵃ, ἀοιδάων Mᵇ, ἀείμνηστοι i | μιν B | μοιρῶν MᵃPᵃᵇ, μοιρα B, μοίρης rell. Μοιρέων Iacobs. cf. Kaibel ind. p. 643 ‖ v. 2. ἐξήρπασε(ν) MᵃᵇSiPᵇB, ἐξήρπαξε RPᵃ | μίτος] μῆνις i, om. B | τ' om. MᵃᵇSB, δ' Pᵃᵇ | με PᵇRS, τε BPᵃMᵃᵇ, om. i | τ' Ἀιδωνεύς Stadtm., ne pron. με iteretur ‖ v. 3—5. om. i | v. 3. om. B | κατέσχεν τὸν Mᵇ, κατέσχετο PᵃᵇI | ὑποφήτης I ‖ In v. 4 et 5 maxime variant codd.: εἰ δὲ πολύν με (om. Pᵃ) χρόνον ζώοις (ζῶ Pᵃ, ἐν ζώοις Rittersh.) μίμνειν φθόνος αἰνὸς εἴασεν ·(ἤθελεν Pᵇ), οὐκ ἄν τις μοι (μοί τις Pᵃ) ἴσον γέρας ἔλαχε φωτῶν Pᵃᵇ, εἰ δὲ πολὺν με χρόνον μίμνειν φθόνος αἰνὸς εἴασεν (εἴασε Mᵇ), οὐκ ἄν μοί (om. Mᵃ) τις ἴσον κλέος ἔλαχεν (ἔλαχε Mᵇ) ἐν χθονὶ φωτῶν RMᵃᵇSI, ει δε πολλνν μεν μιμνειν επι χθονος φθονος αινος ειασεν ουκ αν τις ισον κλεος λαχεν εν χϑονι φωτων Β | εἶασ' scripsit Iacobs monente Schaefero ne media corriperetur, cf. Kaibel 85, 5 μοῖρα γὰρ οὐκ εἶασ'.

Hoc Oppiani, Halieuticorum scriptoris, epitaphium in lapide se invenisse ementitus est Ligorius: v. Welcker Rh. M. N. F. 3, 466. Ad sententiam cf. Kaibel 39.

---

37. Alexandriae. III. saec. Dioscoridis?

> Τῷ κωμῳδογράφῳ, κούφη κόνι, τὸν φιλάγωνα
> κισσὸν ὑπὲρ τύμβου ζῶντα Μάχωνι φέροις.
> οὐ γὰρ ἔχεις κηφῆνα παλίμπλυτον, ἀλλ' ἄρα τέχνης
> ἄξιον ἀρχαίης λείψανον ἀμφίεσαι.
> 5 τοῦτο δ' ὁ πρέσβυς ἐρεῖ· Κέκροπος πόλι, καὶ παρὰ Νείλῳ
> ἔστιν ὅτ' ἐν Μούσαις δριμὺ πέφυκε θύμον.

Athen. 6. 241 f: (Macho) ὃς ἀπέθανεν ἐν τῇ Ἀλεξανδρείᾳ, καὶ ἐπιγέγραπται αὐτοῦ τῷ μνήματι· τῷ — θύμον. ἐν τούτοις δηλοῖ σαφῶς ὅτι Ἀλεξανδρεὺς ἦν γένος. Anth. Pal. VII 708: Τοῦ αὐτοῦ Διοσκορίδου C | εἴς τινα κωμῳδογράφον. ὑπολαμβάνω δ' ὅτι εἰς τὸν αὐτὸν Ϲωϲίθεον L, sed quae typis distinxi, C in ras. | ζήτει κἀνταῦθα τὴν ἔννοιαν διὰ τὰ σφάλματα C: τῷ — θύμον.

v. 1.¹) κούφη κόνι cf. Kaibel 551, 4 ‖ v. 2. ζῶντα Μάχωνα Anth. A. ζῶντι μάχωνι Athen. cod. A ‖ v. 3. ἔχει σφῆνα γε Anth.; conferunt Hesiod. OD 304 sq. | ἀλλὰ τί τέχναι Anth.; ἀλλά τι τέχνης Iacobs et Mein. ‖ v. 4. ἠμφίεσας Anth.; fort. ἠμφίεσαι Kaibel; ἀμφιέσαι (sc. ἔχεις) Stadtm. ‖ v. 5. τον τοδὲ Anth., τοῦτο δὲ Meineke | πόλει Athen. A et C | παρὰ Νείλῳ] eadem clausula in eiusdem poetae epigrammate A. P. VII 166, 3 ‖ v. 6. φυτόν Athen.; θυμός Anth.; θύμον Reiske (Anthol. Ceph. n. 780) cf. Iacobs ap. Duebnerum: „Θύμος dicitur et θύμον. Δριμὺ ob mordaces illos sales, quibus attica comoedia redundabat. Ob frequentiam thymi in Attica scripta Attici soporis thymum redolere dicuntur. Quint. Inst. 12. 10. 25. cf. Lucian. de hist. conscr. 15.“ Addo Terent. Maur. 2417.

Etsi Dioscoridis reliqua quae novimus epigrammata pleraque demonstrativi sunt generis in poetarum principes Thespim (VII 411), Aeschylum (VII 410), Sophoclem (VII 37), Sapphonem (VII 407), tamen hoc loco Athenaeo in lapide insculptos fuisse versus testanti cur fidem derogemus, nulla omnino est causa, cf. proll. § 11.

---

1) Corr. Anth. signum corruptelae * ponit v. 1 φιλάγωνα et in mᵉ, item v. 6 θυμός et in mᵉ; appinxit quoque ad v. 2 et 4 (mⁱ).

38. Thuriis? —

Ἡρόδοτον Λύξεω κρύπτει κόνις ἥδε θανόντα,
   Ἰάδος ἀρχαίης ἱστορίης πρύτανιν,
Δωρίδος ἐκ πάτρης βλαστόντ'· ἀστῶν γὰρ ἄτλητον
   μῶμον ὑπεκπροφυγὼν Θούριον ἔσχε πάτρην.

Schol. Tzetz. chil. I 19 (Anecd. Oxon. Cram. III p. 350 = Tzetz. epist. p. 97 Pressel): Ὀξύλου] Ξύλου παῖς Ἡρόδοτος· „Ὀξύλου παῖς Ἡρόδοτος" γεγραμμένον εὑρίσκων ἀμφέβαλον ὁπότερον δεῖ γράφειν. Λουκιανῷ δὲ καίπερ ὀρθῶς καὶ ἀναμφισβητήτως (codd. ἀναμφ... suppl. Dübner) γράφοντι οὐκ ἐπειθόμην· φησὶ γὰρ (de dom. 20) Ἡρόδοτον Λύξου (codd. Ξύλου quod correxi) τὸν Ἁλικαρνασσόθεν· ὅτι πολλαχοῦ ψευδογραφεῖ. ἐπείσθην δὲ ὡς Ξύλου δεῖ γράφειν, ἐντυχὼν τούτῳ τῷ ἐπιγράμματι, οὗ Ζήνων ἐν τῇ τετάρτῃ (ἐν ... τετάρτῃ A, ἐνοῖν τεταᾱ́ τι B) τῶν εὐθυνῶν¹) μνημονεύει· Ἡρόδ. κτλ. Steph. Byz. s. v. Θούριοι· .. λέγεται καὶ Θουρία καὶ Θούριον ὡς ἐν τῷ Ἡροδότου ἐπιγράμματι· Ἡρόδ. κτλ. Ex Stephano intulit Musurus in scholia ad Aristoph. Nub. 331 (cf. Dübner adnot. p. 429 A) et Lentz recepit in Herodiani περὶ καθ. προσῳδίας ιγ' p. 359.

v. 1. Λύξεω] Steph. Byz.; Ξύλεω Tzetz. cod. B, Ξύλω eiusdem A: quam formam perperam recepit Tzetzes. „Lyxae" enim nomen in inscriptionibus Halicarnasseis exstat. Ὀξύλου ortum est ex ὁ Ξύλου cf. Sittl gr. Lit.-gesch. II 369, 2 ‖ v. 2. ἱστορίης Tzetz. ἱστορικῆς Steph. | πρύτανιν Tzetz. cod. B ‖ v. 3. Δωρίδος ἐκ Tzetzes (qui deinde πάτρας) et Steph. codd. Pp.; δωδος εκ vel δωδοσικ vel δωρον εκ cett.; Δωριέων Musurus Brunck omnesque Her. editores; at aliud est patria Dorica et patria Doriensium. Tzetzae lectionem genuinam esse evincit titulus nuper repertus Bulletin de corresp. hell. 1887 p. 75 v. 12 Δωρίδος ἐκ πάτρης. | βλαστόντ'· ἀστῶν γὰρ ἄτλητον] sic Meineke qui et ἄπλητον proposuit; βλαστῶν τ' ἀπὸ τὼς γὰρ ἄτλητον Tzetzae A; βλαστῶν τ' ἀπασο γὰρ ἄτλῆ eiusdem B; βλαστόντ' ἄπο· τῷ γὰρ ἄπλητος Stephani codd. RV; βλαστόντ' ἄπο ** τῷ γὰρ ἄπλητος eiusdem A; quid cett. (Pp Π) habeant incertum; βλαστόντ' ἄπο· τῶν γὰρ ἄπλητον Brunck; βλαστόντ' ἄπο· τῶν δ' ἄρ' ἄδηκτος Ruhnken ad hymn. Cerer. 83 „at si ἄδηκτος fuisset, mansisset in patria" G. Hermann ad schol. Aristoph., qui ipse τῶν ἄρ' ἄτλητον scribit | Ne prima πάτρης syllaba hoc versu producatur, insequenti corripiatur, Stein in ed. Herodoti (in schol. usum facta) I 1 (1883) p. XLVIII Δωριέων βλαστόντα πάτρης ἄπο scripsit. Quod ego in his versibus haud ita elegantibus supervacaneum esse censeo; v. n. 49. ‖ v. 4. ὑπεκπροφυγὼν Tzetzes (nisi quod B ὑπεκπροφυγώς); ἀπεκπροφυγών Steph. | ἔσχε ν...ν Tzetzae A; ἔσχε δ'

---

1) Hic Zeno videtur esse Myndius grammaticus quem Maass de biogr. gr. p. 36 Suetonii (Tib. 56) testimonio nisus Tiberii imperatoris aetati adscribit. In εὐθυνῶν fortasse latet ἐθνικῶν, ut simile Zeno opus scripsisse putandus sit atque Stephanus. Quod si recte conieci, eidem operi duo alia fragmenta tribuere possis quorum unum Leucophrynae in Magnesia urbe templum describit (Clem. Alex. coh. ad gent. 3, 13 col. 132 M et inde Eusebius, Cyrillus, Theodoretus, Arnobius), alterum de Aspendio citharista (Zenob. 2. 30) agit.

ἄστριν B (quod B v. 3 ἄπασο et v. 4 ἄστριν exhibet, fortasse factum est ex aberratione librarii, qua re Meinekii coniectura ἀστῶν probabilior videtur).

Epigramma non statim post ipsam Herodoti mortem factum esse ex versu secundo facile videmus: scriptum est inter Alexandri Magni fere aetatem et Zenonis Myndii i. e. imperatoris Tiberii. Neque tamen demonstrativo generi ob hanc rem necesse est adscribamus, immo Steinio (Herodot erkl. Ausg. I⁵ p. XLVIII) adsentimur iudicanti inscriptum esse in sepulcro quod Thurini nescio quo anno in foro urbis exstruxerunt; v. Suidas s. v. Ἡρόδοτος· κἀκεῖ (ἐν Θουρίοις) τελευτήσας ἐπὶ τῆς ἀγορᾶς τέθαπται.

---

39. Gelae. V. saec. [Aeschyli.]

Αἰσχύλον Εὐφορίωνος Ἀθηναῖον τόδε κεύθει
μνῆμα καταφθίμενον πυροφόροιο Γέλας·
ἀλκὴν δ' εὐδόκιμον Μαραθώνιον ἄλσος ἂν εἴποι
καὶ βαθυχαιτήεις Μῆδος ἐπιστάμενος.

Vit. Aeschyl. p. 380 Kirchh. (fort. ex Chamaeleonte, cf. Fr. Schöll de locis nonnullis ad Aesch. vitam pert. p. 51 sq.): ἀποθανόντα δὲ Γελῷοι πολυτελῶς ἐν τοῖς δημοσίοις μνήμασι θάψαντες ἐτίμησαν μεγαλοπρεπῶς ἐπιγράψαντες οὕτω· Αἰσχύλον — ἐπιστάμενος. Plut. de exil. 13: Ἀκήκοας δὲ δήπου (Hecker comm. crit. in Anth.² p. 39, 1; δι' ἐπῶν codex) καὶ τουτὶ τὸ ἐπιγραμμάτιον· Αἰσχύλον — Γέλας. Eustrat. ad Aristot. eth. Nicom. III 2 (f. 40 B Ald.): (Aeschylus reus absolvitur) μάλιστα διὰ τὰ πραχθέντα αὐτῷ ἐν τῇ ἐπὶ Μαραθῶνι μάχῃ. ὁ μὲν γὰρ ἀδελφὸς αὐτοῦ Κυνέγειρος ἀπεκόπη τὰς χεῖρας, αὐτὸς δὲ πολλὰ τρωθεὶς ἀνηνέχθη φοράδην· μαρτυρεῖ δὲ τούτοις καὶ τὸ ἐπίγραμμα τὸ ἐπιγεγραμμένον αὐτοῦ τῷ τάφῳ· Αἰσχύλον — πυροφόρον.[1] Athen. 14 p. 627 C: ὁμοίως δὲ καὶ Αἰσχύλος τηλικαύτην δόξαν ἔχων διὰ τὴν ποιητικὴν οὐδὲν ἧττον ἐπὶ τοῦ τάφου ἐπιγραφῆναι ἠξίωσεν μᾶλλον τὴν ἀνδρείαν ποιήσας· ἀλκὴν — ἐπιστάμενος. Cf. Paus. 1. 14. 5: ὁ δὲ (i. e. Αἰσχύλος) τό τε ὄνομα πατρόθεν καὶ τὴν πόλιν ἔγραψεν καὶ ὡς τῆς ἀνδρείας μάρτυρας ἔχοι τὸ Μαραθῶνι ἄλσος καὶ Μήδων τοὺς ἐς αὐτὸ ἀποβάντας.

Imitatum esse auctorem epigrammatis Kaibel 1087 annotavit editor.

Vitae Aeschyleae unius Medicei (M) discrepantiam adnotavi. — v. 1. ἀθηναίων M | τόδε σῆμα κεύθει ἀποφθίμενον πυροφόρον (om. Γέλας) Eustrat. ‖ v. 2. πέλας M | πέδῳ φθίμενον lusit Bergk PLG II⁴ 241 | πυροφόρου πρὸ Γέλας Sal-

---

1) Integrum epigramma quondam insertum fuisse Eustratii textui inde apparet quod qui in Aldina exstant versus Marathoniam pugnam non commemorant.

masius; πυροφόροιο in Attico epigrammate ut κασιγνήτοιο et γαίας in Corcyraeo Menecratis titulo. ‖ v. 3. ἄλλος M ‖ v. 4. βαϑυχαιτήης M; corr. M²; βαϑυχεταικεν (i. e. βαϑυχαῖταί κεν) μῆδοι ἐπιστάμενοι Athen. (cf. Paus. Μήδων τοὺς ἀποβάντας); quam lectionem nisi forte corruptelam omni ratione expertem declarare vis, ex grammatici cuiusdam coniectura ortam esse puto qui pro numero singulari, quem collectivum esse non perspexit, pluralem ponere voluit et quod βαϑυχαιτήεντες versui adaptari non poterat, Hesiodeo vocabulo βαϑυχαίτης usus lacunam ineptissime κεν particula explere conatus est, qui error erat proclivior propter insolitam formam βαϑυχαιτήεις pro notiore βαϑυχαίτης. Similiter etiam apud Pausan. 5. 24. 3 pro τῷ Λακεδαιμονίῳ quod in lapide exstat, a codicibus pluralis numerus traditus est.

Aeschylum ipsum condidisse suum epitaphium contendunt Athenaeus et Pausanias eosque sequuntur recentiores grammatici paene omnes; tacent de poeta epigrammatis biographus[1]) optimis hoc loco auctoribus nisus, Plutarchus, Eustratius. Quibus nos accedere par est. Vix enim vivo Aeschylo notum erat se a Gelois publice humatum iri id quod volunt vocabula μνῆμα Γέλας. Neque mirum Geloos Attice locutos esse in Atheniensis civis epitaphio: cf. Kaibel 26. Poeticam autem laudem omissam esse non rusticitati Siculorum, qui artium liberalium non ita fuerint periti, adscribendum est quod Teuffelio (Rh. M. 9, 151) placuit, sed simplicitati morum qua factum est ut quinto saeculo nihil in epitaphiis laudaretur nisi bellica virtus.

40. Gelae. V. saec. Empedoclis?

Παυcανίαν ἰατρὸν ἐπώνυμον, Ἀγχίτα υἱόν,
τεῖδ᾿ Ἀcκληπιάδαν πατρὶc ἔθαψε Γέλα·
ὃc πολλοὺc μογεροῖcι μαραινομένουc καμάτοιcι
φῶταc ἀπέcτρεψεν Φερcεφόναc θαλάμων.

La ert. Diog. 8. 61: Ἦν δὲ ὁ Παυσανίας, ὥς φησιν Ἀρίστιππος καὶ Σάτυρος, ἐρώμενος αὐτοῦ (sc. Ἐμπεδοκλέους), ᾧ δὴ καὶ τὰ περὶ φύσεως προσπεφώνηκεν οὕτως· ... ἀλλὰ καὶ ἐπίγραμμα εἰς αὐτὸν ἐποίησεν Παυσανίαν — θαλάμων. Anth. Pal. VII 508: Σιμωνίδου Cmᵉ | εἰς Παυσανίαν τὸν ἰατρόν Lmᵉ (e Meleagri corona cf. Weigand Rh. M. 3, 559): Παυσανίαν κτλ. Anth. Plan. (aut. app.) sine lemmate: Παυσανίαν κτλ.

v. 1. Παυσανίην ἰητρόν. Laert., Παυσανίαν ἰητρὸν Anth. Pal. et Pl. | ἐπώνυμον i. e. vero nomine dictum ἀνίας παύοντα | Ἀγχίτα scripsi, Ἀγχίτου Laert., Ἀγχίτεω Anth. Pal. et Pl. Offendit quod paenultima corripitur, cum producatur

---

1) Hoc ipso refutari videtur Fr. Schoell, qui Athenaeum et Pausaniam eodem auctore ac biographum, nempe Chamaeleonte niti putat; quo accedit Athenaeum et Pausaniam numero plurali in voce Μῆδος uti, singulari biographum et reliquos.

in nom. *Ἀγχίσης* et *Ἀγχῖτοι*; *Ἀγχίταο* (om. *υἱόν*)? Menrad. ‖ **v. 2.** *τόνδ'* Anth. P. et Pl., *φῶτ'* Laert., *τῇδ'* Dübner (*τᾷδ'* Bergk), *τεῖδ'* scripsi | *Ἀσκληπιάδην* auctores, -*αν* Bergk PL. II[4] 260 | *ἔθρεψε* Laert., sed *ἔθαψε* (Anth. P. et Pl.) unice verum; hoc enim voluit poeta dicere eum qui multos atrae Proserpinae eripuit, nunc ipsum in Orcum descendisse. | *γέλα* Laert., nisi quod B in rasura *γέλαος* (i. e. coniunctum cum voce insequ.), *πέλας* Anth. Pal., *κόνις* Plan.; *Γέλας* Iacobs ‖ **v. 3.** quod in textum recepi, Laert. P, *πολλοὺς μογεροῖς μαρενομένους καμάτοισιν* eiusdem B, *πολλοῖσι μαγερομένους καμάτοισι* F, *πλείστους κρυεραῖσι μ. ὑπὸ νούσοις* Anth. Pal. et Plan.; illud antiquum et verum dicit Dübner. — De doricarum inscriptionum dativis in *οισι* v. G. Meyer[2] § 377. ‖ **v. 4.** *ἀπέστρεψε* Laert. | *Φερσεφόνης* Anth. Pal. et Laert. P[2], *Περσεφόνας* Plan. | *θαλάμων* Anth. Pal. et Pl., *ἀδύτων* Laert.; utrum praeferam, dubito; cf. Kaibel ind. s. v. *Περσεφόνη* et Bull. de corr. hell. 1889 p. 404 in titulo Thessalico: *ἐκπρολιπὼν ἀδύτους Περσεφόνης θαλάμους.*

Si Ionicas quas Laertius exhibet formas servaremus, aut recens fictum epigramma iudicaremus necesse esset — id quod propter sermonis simplicitatem et Asclepiadarum familiae mentionem (v. Galen. t. 10 p. 6) veri dissimillimum — aut statuendum esset Empedoclem siquidem est versuum auctor, dialectum, qua in carminibus uti consueverat, etiam in amici elogio usurpasse. Quod ut fieri posse minime nego, ita in publico Gelae monumento haud magnam habet veri speciem. Restitui igitur Doricas formas quas ipse fortasse Laertius depravavit.

Unde Empedoclem († c. 435/0) amico epitaphium fecisse sciverint scriptores, incertum; sed pro temporum ratione nihil obstat quin illi adscribamus; nam quod Laertius de Pausania Empedoclis superstite fabulatur (8. 71), hoc eum ex Heraclidis Pontici commentis sumpsisse docet Diels Sb. d. Berl. Ak. 1884 I p. 362 n. 1. Certe Anthologiae Correctoris testimonium qui Simonidi († 469) adscribit, respiciendum non est.

---

41. Selinunte. V. saec.

Cβεννύντας ποτὲ τούcδε τυραννίδα χάλκεος Ἄρης
εἷλε· Cελινοῦντος δ᾽ ἀμφὶ πύλας ἔθανον.

Plut. lacon. apophth. p. 217 F (II p. 127 Bern.): (*Ἄρευς*) *διὰ Σελινοῦντος δέ ποτε τῆς Σικελίας πορευόμενος, ἰδὼν ἐπὶ μνήματος ἐλεγεῖον ἐπιγεγραμμένον· σβεννύντας — ἔθανον· δικαίως, ἔφη, ἀπεθάνετε κτλ.* Plut. Lycurg. 20: *ὁ δὲ (Λάκων τις) ἀναγνοὺς τὸ ἐπίγραμμα τοῦτο· σβεννύντας — ἔθανον· δικαίως κτλ.*

v. 2. *πύλαις* apophth.

Spectare videtur epigramma ad illum tumultum, quo Selinuntii Euryleontem tyrannum expulerunt: cf. Herod. 5. 46, Holm Geschichte Siciliens I p. 197 et 411. (Bergk Simonidi tribuit PL. III[4] p. 517.)

42. — V. saec. Aeschyli.

— — — — — — —

βριθὺς ὁπλιτοπάλας, δάιος ἀντιπάλοις.

Plut. de Alex. fort. II 2: (᾿Αλέξανδρος) ἧσκει μὲν ἀεὶ διὰ τῶν ὅπλων δεινὸς εἶναι καὶ κατὰ τὸν Αἰσχύλον βριθὺς κτλ. Idem de fort. Roman. 3: τοιοῦτος ὁ τῆς ᾿Αρετῆς χορὸς πρόσεισιν ἐπὶ τὴν σύγκρισιν, βριθὺς κτλ. Idem comp. Dem. et Cic. 2: (Κικέρων ...) οὐ τὸν ῾Ρωμαίων δῆμον ἄγειν ἀξιῶν καὶ ὀρθοῦν βριθὺν ὁπλιτοπάλαν, δάιον ἀντιπάλοις. Idem quaest. conv. II 5. 7: διὸ καὶ παρ᾿ Αἰσχύλῳ τις τῶν πολεμικῶν ὀνομάζεται βριθὺς ὁπλιτοπάλας. Eust. Il. 513, 33.

ἀντιπάλοις] ἀντιμάχοισι Eust.

„Dialectus pentametrum ex epigrammate non ex elegia superesse, indicio est minime dubitabili." Welcker Syll.² n. 105, quae coniectura magnam habet veri speciem; sed minus probabiliter idem conicit versum esse partem epitaphii quod Aeschylus in Athenienses caesos in Marathonia pugna fecisset, immo ipsa dialectus Doriensis hominis epitaphium indicat.

————

43. — III. saec. Hedyli.

⟨Τοῦτο⟩ Θέων ὁ μόναυλος ὑπ᾿ ἠρίον ὁ γλυκὺς οἰκεῖ
αὐλητής, μίμων ἡ ᾿ν θυμέλῃσι Χάρις.
τυφλὸς ὑπαὶ γήρως εἶχεν καὶ Σκίρπαλον υἱόν,
νήπιον ὄντ᾿ ἐκάλει Σκίρπαλον Εὐπάλαμον,
5   ἤειδεν δ᾿ αὐτοῦ τὰ γενέθλια· τοῦτο γὰρ εἶχεν
*πανμαρπᾶν ηδυσμα σημανέων.
ηὔλει δὴ Γλαύκης μεμεθυσμένα παίγνια Μουσέων
ἢ τὸν ἐν ἀκρήτοις Βάτταλον ἡδυπότην
ἢ καὶ Κώταλον ἢ καὶ Πάκαλον. ἀλλὰ Θέωνα
10   τὸν καλαμαυλήτην εἴπατε ῾χαῖρε Θέων᾿.

Athen. 176 c: ὅτι δὲ ὁ μόναυλος ἦν ὁ νῦν καλούμενος καλαμαύλης σαφῶς παρίστησιν ῾Ηδύλος ἐν τοῖς ἐπιγράμμασιν οὑτωσὶ λέγων· τοῦτο κτλ.

Textum corruptissimi epigrammatis exhibui secundum Kaibelium. — v. 1. τοῦτο add. Musurus | ὑπεριονον ὁ A. corr. Musur. ‖ v. 2. μιμωμενην A: μίμων ἡ ᾿ν Kaib.; μίμων κὴν Toup; μίμῳ (idem vulg.) κὴν Bergk Rh. Mus. N. F. 1 p. 359 ‖ v. 3. κνφὸς Mein. | εἶχε· καὶ Σκίρπαλον υἱόν A ‖ v. 4. νήπιόν τε A, νήπιον ὄντ᾿ Dindorf | Σκίρπαλος Εὐπαλάμου A, corr. Kaibel. ‖ v. 5. ἀείδειν A, ἤειδεν δ᾿ Kaibel ‖ v. 3 – 5 varie restituebant viri docti: τυφλὸς ὑπαὶ γήρως εἶχεν τὸν Σκίρπαλος υἱόν | νηπιαχόν τ᾿ ἐκάλει Σκίρπαλος Εὐπάλαμον | ἀείδων αὐτοῦ τ. γ. Casaubonus; τ. ὑπαὶ γήρως εἶχεν καὶ Σκίρπαλον υἱόν, | νήπιον οὐκ αὐλεῖν Σκίρπαλον, εὐπάλαμον | ἀείδειν αὐτοῦ τὰ γεν. Toup; τυφλὸς ὑπαὶ γήρως ᾤχωκε Σκιρπάλον υἱός, | νήπιον ὃν γ᾿ ἐκάλει Σκίρπαλος Εὐπάλαμον, | κυδαίνων αὐτοῦ τ. γ. Iacobs; ... τυφλὸς ὑπαὶ γήρως· εἶχεν καὶ Σκίρπαλον υἱόν, | νήπιον ὅν τ᾿

ἐκάλει Σκίρπαλον, εὐπάλαμον | ἀείδειν αὐτοῦ τὰ γ. Chr. Petersen über die Ge-
burtstagsfeier bei den Griechen p. 325, ita ut Scirpalus in aliorum nataliciis,
ubi Theo tibicinis munere fungeretur, cecinisse dicatur; τυφλὸς ὑπαὶ γ. εἶχεν
καὶ Σκίρπαλον υἱόν, | νήπιον ὄν τ᾽ ἐκάλει Σκίρπαλον, εὖ καλάμῳ | ἀείδων αὐτοῦ
τὰ γενέθλια Volckmar Philol. 15 p. 335 sqq., Scirpali, latronis notissimi nomen
filio non sine causa inditum esse ratus; v. v. 6 ‖ v. 5 sq. εἶχε Α | τοῦτο γὰρ
εἶπε τοὔνομα, τᾶν μολπᾶν ἥδυμα σημανέων („futuram cantus dulcedinem signi-
ficaturus") Casaub.; τοῦτο γὰρ εἶχε | τοῦτο πανημερίων ἡδὺ μάσημα νέων Toup.;
τοῦτο γὰρ εἶχε | τᾶν μολπᾶν ἡδὺ τοὔνομα σημανέων Huetius; τοὔνομα δ᾽ εἶχεν |
εὐπαλάμων μολπᾶν ἥδυμα σημανέων Menrad, cf. Arist. eqq. 530 τέκτονες εὐπα-
λάμων ὕμνων; τοῦτο δ᾽ ἔθηκε | τὰν παλαμῶν (vel παλαμᾶν) ἀρετὰν τοὔνομα
(postea αἴσιμα) σημανέων Iacobs; τοῦτο γὰρ εἶπε | πασᾶν τᾶν ἀρετᾶν αἴσιμα
σημανέων Schweigh.; τοῦτο γὰρ εἶχε | πᾶν ἱλαρῶν μέλπειν ἡδὺ μάσημα νέων
Petersen l. l.; τοῦτο γὰρ εἶλεν (quod nomen latronis accepit) πᾶν ἄν νιν μάρψειεν
ἡδύ τι σημανέων Volckmar l. l.; τοῦτο γὰρ εἶλεν | ὡς παλαμᾶν ἀρετὰν αἴσιμα
σημανέων Hartung gr. Eleg. II 118; Kaibel putat acumen huius versus esse: „illud
proprium habuit ut quamvis senex tamen omnia iuvenilia faceret (πᾶν — σῆμα
νέων)". ‖ v. 7. δὲ plerique | γλεύκους Casaub. (δ᾽ ἢ) Γλαῦκ᾽ ἢ Volckmar, γλαῦκα
saltationis genus ridiculum (Ath. 14. 629 f, Hesych. s. v.) significatum esse ratus;
sed vide de Glauce quae attulit Iacobs Theocr. 4. 31, Plut. mor. p. 397 A et
Bergk Rh. Mus. 1 p. 357 sqq. ‖ v. 8. ἀκρησίτοις βάταλον ἡδυπότην Α; corr. Musur.;
ἀκρήβοις Iacobs | ἡδυπαθῆ Volckmar ‖ v. 9. Κόταλον Α; Κώδαλον Bgk. l. l., et
ad Hipponact. frg. 97, recte contendens hunc modum ab homine (ut Βάτταλον
et Πάκαλον) nomen accepisse, de quo agit Athen. 14. 624 b. Sed Κόταλον scriptu-
rae diversitatem esse posse ipse concedit; κωτίλον (garrulum) Volckmar ‖. ἢ τὸν
Πάκ. Iacobs | Πάγκαλον Casaub.

Nihil obstat quominus hoc epigramma cippo Theonis incisum
fuisse putemus, etsi Hedyli aetate id pro certo affirmare non ausim.
Videtur autem Theo una cum filio in monumento effictus fuisse.

———————

44. — III. saec. Arcesilai.

Τηλοῦ μὲν Φρυγίη, τηλοῦ δ᾽ ἱερὴ Θυάτειρα,
 ὦ Μηνόδωρε, σὴ πατρὶς, Καδανάδη.
ἀλλὰ γὰρ εἰς Ἀχέροντα τὸν οὐ φατὸν ἶσα κέλευθα,
 ὡς αἶνος ἀνδρῶν, πάντοθεν μετρεύμενα.
5 σῆμα δέ τοι τόδ᾽ ἔρεξ᾽ Εὔδαμος ἀριφραδές, ᾧ σὺ
 πολλῶν πενεστέων ἦσθα προσφιλέστερος.

Laert. Diog. 4. 31: Ἀλλὰ καὶ εἰς Μηνόδωρον Εὐδάμου, ἑνὸς
τῶν συσχολιαστῶν ἐρώμενον (sc. ἐστὶ Ἀρκεσιλάου ἐπίγραμμα)· τηλοῦ κτλ.

v. 2. καδανάδη P, καναδὴ in marg. καδαβάδη F, καδαναδὴ B; Καδάνα δὴ
Stosch Antiquit. Thyatir. p. 48, Καδάνα existimans oppidum esse. Sed Καδα-
νάδης est patronymicum nominis *Καδάνας cf. Curtius Etymologie⁵ p. 646 ‖ v. 3.
ἶσα κέλευθα] εἰς ἀκελ. B, ι ex ει corr. P; eandem sententiam occurrere in Anth.
Pal. X. 3 adnotat Casaub. ‖ v. 4. ὡς δεινὸς ἀ. codd., quo Anaxagoram significari
putabant; corr. Luzac et Porson adv. p. 121 ed. Lips. ‖ v. 5. δ᾽ ἔτι F | ἔρεξεν
ἀριφραδὲς Εὔδαμος codd.; corr. Iacobs, ut numeri etsi non admodum boni,

tamen meliores quam in vulgata essent. (σῆμα δέ σ' (= σοι) Εὔδαμος τόδ' ἔρεξεν ἀριφραδὲς ᾧ σὺ Iacobs antea.) ὡσσὺ F, ὡσσῦ B, σ ab alt. manu supraposito ‖ v. 6. multorum quos habebat servorum, tu eras ei carissimus | πενεστέρων F | προσφιλέστατος Cobet.

De metro conferatur Kiessling zu august. Dichtern p. 119, 63 (adde Critiae eleg. frg. 3 Bgk. et Bull. de corr. hell. 1886 p. 383). — Iacobs sine causa Laertii Diogenis voluit esse fetum. Idem Eudemum (v. 5) etiam apud Plut. Philopoem. 1 commemorari recte annotavit (Animadv. II 1 p. 189).

---

45. —

Πιέν, φαγὲν καὶ πάντα τᾷ ψυχᾷ δόμεν·
κἠγὼ γὰρ ἔστακ' ἀντὶ Βακχίδα λίθος.

Athen. 336 d: καὶ Βακχίδας δέ τις τὸν αὐτὸν Σαρδαναπάλλῳ ζήσας βίον ἀποθανὼν ἐπὶ τοῦ τάφου ἐπιγεγραμμένον ἔχει· πιέν κτλ.

v. 2. κἀγώ codd.; corr. Kaibel | Kaibel 311, 5 γέγονα στήλλη, τύμβος, λίθος, εἰκών.

Simile praeceptum Sardanapallo non indignum mortalibus datur ab Euodo Corcyraeo Kaib. n. 261 b.

---

46. — Admeti.

Γαῖα λάβ' Ἀδμήτου ἔλυτρον, βῆ δ' εἰc θεὸν αὐτός.

Lucian. Demon. 44: Ἀδμήτῳ δέ τινι ποιητῇ φαύλῳ λέγοντι γεγραφέναι μονόστιχον ἐπίγραμμα, ὅπερ ἐν ταῖς διαθήκαις κεκέλευκεν ἐπιγραφῆναι αὐτοῦ τῇ στήλῃ — οὐ χεῖρον δὲ καὶ αὐτὸ εἰπεῖν· Γαῖα — αὐτός· γελάσας εἶπεν· Οὕτω καλόν ἐστιν, ὦ Ἄδμητε, τὸ ἐπίγραμμα, ὥστε ἐβουλόμην αὐτὸ ἤδη ἐπιγεγράφθαι.

Minime cum iis facio qui totum libellum de Demonactis vita adulterinum esse putant neque cum iis qui Demonactem personam ficticiam esse contendunt, fictaque quae in hoc libro enarrantur. Neque Schwarzio assentior affirmanti (Zeitschr. f. österr. Gymn. 29, 1878, p. 573) totam hanc paragraphum ab interpolatore aliquo christiano additam esse. Nam etsi concedo multa occurrere in Demonactis vita, quae Luciano indigna esse videantur, tamen ea non eicienda censeo, sed ex forma libelli excusanda. Nihil aliud enim nos habere quam collectanea a Luciano ad vitam philosophi scribendam congesta conicio, qua coniectura sane multo facilius omnes offensiones tollentur.

Etsi igitur versum Admeti in sepulcro revera insculptum esse non traditur, tamen hoc consilio factum non dubitabam in epigrammata sepulcralia recipere.

De Admeto nihil aliunde scimus neque licet hoc uno loco nisis eum epigrammatographum dicere, quod dixit Teuffel in Paulyi R.-E. I. 1² p. 174.

---

47. —

..... πατὴρ δὲ μ' ἔφυϲε Κόπαινα.

Eustath. ad Od. p. 1457, 24: *Εὐδαίμων ὁ Πελουσιώτης* (qui Libanii fuit aequalis) *Μακεδόνων γλώσσης εἶναι λέγει* (sc. *ἱππότα, νεφεληγερέτα*) . . *"Αρατος γοῦν φησι „πρότεροι πόδες ἱππότα φηρός“* (Phaen. 664 Bk). *παράγει δ' ἐκεῖνος* (Eudaemona puta) *καὶ Ἰλλυρικὸν ὄνομα ἐν ἐπιγράμματι „πατὴρ δὲ μ' ἔφυσε Κόπαινα“ ἤτοι ὁ Κοπαίνης. καὶ Συρακούσιον τὸ ὁ Μύριλλα, οὖ μεμνῆσθαι λέγει τὸν Σώφρονα* (frgm. 136 Botzon).

---

48. —

Πολλῶν ἰατρῶν εἴϲοδοί μ' ἀπώλεϲαν.

Menand. monost. 699. — Hunc similemve versum respicit Plin. n. h. 29. 11: hinc illa infelicis monumenti inscriptio turba se medicorum periisse. Cf. Petron. 42: . . . abiit. at plures medici illum perdiderunt (ubi Bücheler: abiit ad plures. medici etc.). Dio Cass. 69. 22: *τὸ δημῶδες ὅτι πολλοὶ ἰατροὶ βασιλέα ἀπώλεσαν.*

---

49. — [Epicharmi.]

Εἰμὶ νεκρός, νεκρὸϲ δὲ κόπροϲ, γῆ δ' ἡ κόπροϲ ἐϲτίν·
εἰ δ' ἡ γῆ θεόϲ ἐϲτ', οὐ νεκρόϲ, ἀλλὰ θεόϲ.

Schol. B, T, (Leid.) Hom. Il. X 414: *κατὰ κόπρον· ἀντὶ τοῦ κατὰ τὸ συρφετὸν τῆς γῆς. ἔστι δὲ καὶ ἐπίγραμμα ὃ εἰς Ἐπίχαρμον ἀναφέρεται· εἰμὶ — θεός.*

v. 1. *ἐστίν* om. B ‖ v. 2. *εἰ δὲ γῆ νεκρός ἐστ', οὐ νεκρός, ἀλλὰ θεός* T, *ἡ δὲ γῆ νεκρός* omissis cett. B, *εἰ δέ τε γῆ νεκρός κτλ.* Leid.; *εἰ δέ γε γῆ θεός ἐστ' κτλ.* Cobet cf. tit. lat.; *εἰ δ' ἡ γῆ κόπιος, εἰμ' οὐ ν., ἀ. θ.* Hartung gr. Eleg. I 327, *εἰ δ' ἡ γῆ θεός, εἰμ' οὐ ν., ἀ. θ.* Bgk. PL. II⁴ 239.

Potest epigramma, ab Epicharmo certe alienum (cf. Schneidewin ad Eust. prooem. p. 55 qui id ab homine Epicharmum deridente factum esse censet), inferiore aetate in sepulcro aliquo inscriptum fuisse, quod putat Haupt qui in opusc. II p. 190 sqq. de his versibus disputavit. Idem contulit titulum sepulcralem Attiae Vitalis, qui in antiquario Monacensi asservatur (no. 733) primoque post Chr. saeculo adscribitur. Est autem hic:

„Invida sors fati rapuisti Vitalem | sanctam puellam bis quinos

annos | nec patris ac matris es miserata preces. | Accepta et cara
sueis mortua hic sita sum. | Cinis sum, cinis terra est, terra dea est; |
ergo ego mortua non sum."

50. — V. saec. Eueni.

'Ή δέος ή λύπη παῖς πατρὶ πάντα χρόνον.

Locos collegit Bergk II⁴ 270 (Euen. frgm. 6): Plut. de amore
prol. 4: ὥστε ἐπαινεῖσθαι καὶ μνημονεύεσθαι τοῦ Εὐήνου τοῦτο μόνον ὡς ἐπέγραψεν [τοῦτο τὸ μονόστιχον ἐπίγραμμα Doehner]· ἢ δέος
— χρόνον. Artemidor. on. I 15: καί τις καὶ λόγος παλαιὸς ἐπιδεί-
κνυσι τὸ τοιοῦτο. ἔχει δὲ ὧδε· ἢ δέος — χρόνον. Hermias in Plat.
Phaedr. p. 191 Ast: θαυμαστὸς δὲ ἐγένετο Εὔηνος· καὶ ἀλλαχοῦ αὐτὸν
ἐπαινεῖ, ὃς καὶ τὸν ἴαμβον τοῦτον εἶπε· φόβος ἢ λύπη παῖς πατρὶ
πάντα ⟨τὸν⟩¹) βίον. Macar. VI 38: ἢ — χρόνον.

ἢ δέος ἢ Artemid. Macar., φόβος ἢ Hermias [ἢ praemisit Ast p. 215], ἴδε
ὅση Plut.; εἶδεν ὅση Casaub. ad Artem., ὡς υἱὸς ἢ Tollius (fortuit. c. 11 p. 84),
αἰδὼς ἢ Fröhlich apud Bergkium coll. Rutil. Lup. I. 10: „Nam maiorem partem
ex iis (i. e. filiis) doloris et contumeliae [dolores et contumelias Meiser] capimus."
Sed non est cur mutemus. Filii enim parentibus aut dolorem afferunt cum iis
quid mali accidit, aut metum iniciunt ne iis accidat. | χρόνον] βίον Hermias.

Potest esse versus inscriptionis sepulcralis, quod putat Hecker
I p. 23.

Canum epitaphia.²)

51. In Thessalia. V. saec. Simonidis (n. 130 Bgk.).

'Ή σεῦ καὶ φθιμένας λεύκ' ὀστέα τῷδ' ἐνὶ τύμβῳ
ἴσκω ἔτι τρομέειν θῆρας, ἄγρωσσα Λυκάς·
τὰν δ' ἀρετὰν οἶδεν μέγα Πήλιον ἅ τ' ἀρίδηλος
Ὄσσα Κιθαιρῶνός τ' οἰονόμοι σκοπιαί.

Pollux 5. 47: ἔνδοξον δὲ καὶ Λυκάδα τὴν Θετταλικὴν Σιμωνίδης
ἐποίησε, γράψας τουτὶ τοὐπίγραμμα ἐπὶ τῷ τάφῳ τοῦ κυνός· ἢ σεῦ κτλ.

v. 1. ἧς αὖ codd., corr. Steph. | λευκοστεάτῳ codd., corr. Salm. || v. 2. ἴσκω]
mirum poetam ipsum loqui. | ἄγρωσσα codd., quod nomen ἅπ. λέγ. corrigere
voluit Schneider ἀγρῶστι scribendo probavitque Lobeckio parall. p. 267; ἀγρῶστα

---

1) τὸν inseruit Menrad, ut iambus etsi male factus (λύπη in pede sec.) exiret.
2) v. Kaibel 329. 332. 626. 627; Hermes 1, 68; Anth. Pal. VII 211. Monumenta anaglyphis ornata teste Weishaeuplio (Grabged. d. Anth. 76, 1) exstant
apud Dütschke IV n. 588, Heydemann Antikensamml. Oberital. p. 6 n. 65, Petersen Reisen in Lykien p. 17, fig. 11; idem affert Theophr. char. 21, Aelian v. h. 8. 4.

Seber, ἀγρῶσα (partic. verbi ἀγρᾶν) Salmas. ‖ v. 3. σὰν δ' Iacobs | Πάλιον Schneidewin, sed nomen proprium mutare dubito; cf. acta conventus philologorum Gotting. 1852 p. 59, 1; idem ἀρίδαλος, quae forma non est dorica (Ahrens dial. dor. p. 151). ‖ v. 4. οἰονόμον Valesius.

Cum versus epitaphium continerent Thessalae canis, huic ipsi dialecto Simonides in extremis nominum syllabis indulsisse videtur.

---

52. — III. saec. Anytae.

> Ὦλεο δήποτε, Μαῖρα, πολύρριζον παρὰ θάμνον,
> Λόκρι, φιλοφθόγγων ὠκυτάτη σκυλάκων·
> τοῖον ἐλαφρίζοντι τεῷ ἐγκάτθετο κώλῳ
> ἰὸν ἀμείλικτον ποικιλόδειρος ἔχις.

Pollux 5. 48: Καὶ γὰρ ἡ Τεγεᾶτις Ἀνύτη Λοκρίδα δόξης ἐμπέπληκεν, ἐφ' ἧς τῷ τάφῳ, φέρουσ', ἐπέγραψεν· ὦλεο — ἔχις.

v. 1. μαῖα πολύρριζον cod. vet., καὶ (?) ἀπολύριζον rell. ut videtur; καὶ σὺ πολύρριζον Salmas. et Bekker, Μαῖρα π. Schneider apud Brunck., hoc enim erat nomen Icarii cani, qui astris postea inlatus est; possis etiam Μυῖα conicere, quod canis nomen in titulo latino occurrit Hermes 1, 68. Iam Pollux Λόκρις nomen proprium esse putabat. ‖ v. 2. Λόκρι] cf. Poll. 5. 37: γενναῖαι κύνες ... Λοκρίδες | ὠκυτάτη cod. vet., ὠκυτάτων rell.

Huic epitaphio simillimum est aliud Anytae in gallum gallinaceum conscriptum (cf. Aelian. v. h. 8, 4). Neque autem hoc neque illud discernere ausim, utrum demonstrativo generi adscribendum sit an fuerit insculptum cippo ut multa alia eiusdem poetriae epigrammata (Benndorf de anth. epigr. p. 37 sq.).

II. Tituli dedicatorii.

1. Deorum donaria.

53. Olympiae. VI. saec.

a) Εἰ μὴ ἐγὼ χρύσεος cφυρήλατόc εἰμι κολοccόc,
  ἐξώληc εἴη Κυψελιδᾶν γενεά.

b) Εἰ μὴ ἐγὼ *ναξοc παγχρύσεόc εἰμι κολοccόc,
  ἐξώληc εἴη Κυψελιδᾶν γενεά.

Phot. lex. (ex Boëtho, vide Cohn Quellen der Platoscholien p. 795 sq.) s. v. *Κυψελιδῶν ἀνάθημα ἐν Ὀλυμπίᾳ· ἐν Φαίδρῳ· παρὰ τὸ Κυψελιδῶν ἀνάθημα σφυρήλατος στάθητι (ἐστάθη* codd.)· *ἀλλ' οὐ τῶν Κυψελιδῶν, Κυψέλου δέ φασι τὸ ἀνάθημα· ὡς Ἀγάκλυτος* (FHG IV p. 288) *ἐν τῷ περὶ Ὀλυμπίας φησὶν οὕτως· ναὸς τῆς Ἥρας παλαιὸς, ἀνάθημα Σκιλλουντίων· οὗτοι δέ εἰσιν Ἡλείων· ἔνεστι δ' ἐν αὐτῷ χρυσοῦς κολοσσός, ἀνάθημα Κυψέλου τοῦ Κορινθίου· ....* *Δίδυμος δὲ κατασκευάσαι τὸν κολοσσόν φησι Περίανδρον ὑπὲρ τοῦ τῆς τρυφῆς καὶ τοῦ θράσους ἐπισχεῖν τοὺς Κορινθίους· καὶ γὰρ Θεόφραστος ἐν τῷ περὶ καιρῶν β' λέγει οὕτως· .... Φέρεται δέ τι καὶ ἐπίγραμμα τοῦ κολοσσοῦ· εἰ μὴ ἐγὼ χρύσεος* κτλ. *ὅπερ Ἀπολλᾶς ὁ Ποντικὸς οὕτω προφέρεται· εἰ μὴ ἐγὼ νάξος* κτλ. (Photium compilavit Suidas s. v. *Κυψελιδῶν.*) — Ad hoc epigramma spectat Plato Phaedr. p. 236 B: *παρὰ τὸ Κυψελιδῶν ἀνάθημα σφυρήλατος ἐν Ὀλυμπίᾳ ἔσταθι* (coni. Cobet., codd. *στάθητι*) et fortasse Theognidis interpolator 894 Bgk.: *Ὡς δὴ Κυψελιδῶν Ζεὺς ὀλέσειε γένος.* Strabo 8 p. 353: *ὁ χρυσοῦς σφυρήλατος Ζεύς, ἀνάθημα Κυψέλου.* Donarium ipsum lauuatur saepissime: schol. ad Plat. l. l., Aristot. pol. 5. 9, [Aristot.] oecon. II init. p. 1346a Bk., Pausan. 5. 2. 3, Plut. de Pyth. or. 13, Laert. Diog. 1. 96. Cf. Gurlitt Pausanias p. 408.

a) **v. 1.** εἰμὶ ἐγώ Phot., αὐτὸς ἐγώ Suid.; corr. Cobet Mnem. (v. s.) 9. 423 sqq.; Ζηνὸς ἐγώ Göttling coll. Anth. Pal. 14. 2 Παλλὰς ἐγὼ χρυσέη σφυρήλατος (v. infra) | χρυσοῦς codd., correxi | χρυσήλατος Hecker I 261 sq. qui totum versum sic putat inscriptum fuisse: ὦναξ, εἰ μὴ ἐγώ (vel.εἰ μὴ ἐγώ, ὦναξ) χρυσήλατός εἰμι κολοσσός || **v. 2.** μήξώλης Göttling | Κυψελιδῶν codd., correxi.

b) **v. 1.** εἰμὶ ἐγὼ νάξος Phot.; Νάξιός εἰμι ἐγώ Suid.; εἰ μὴ ἐγών, ὦναξ Cobet, Bergk PL. II⁴ p. 196, εἰ μὴ ἐγὼ ναστὸς (i. e. fartus, compressus) Naber (ed.

Phot.), Ἄξιός εἰμι ἐγὼ Ritter Didym. p. 404 de artifice quodam cui nomen esset Ἄξις cogitans; Ζηνὸς ἐγώνακτος Goettling qui cum etiam hos versus inscriptos esse censeret, non debuit neglegere digamma. ‖ v. 2. μήξώλης Goettling | Κυψελιδῶν codd.

Iacobs (animadv. ad Anth. 11 p. 401) subditiciam iudicaverat inscriptionem colossi, ignarus nimirum palmaris illius Cobeti[1]) coniecturae qua omnes difficultates tolluntur. Certe tituli forma, quae precantis magis est quam dedicantis (cf. n. 63), insolita, sed vix solus legebatur in basi, verum additus erat epigrammati dedicatorio. Idem Cobet alteram versionem, quae ab Apolla Pontico traditur, recte iocum lepidi poetae esse iudicavit (l. l. p. 426), qui mutato σφυρήλατος illo in παγχρύσεος Cypselidas falsa fecisset praedicantes ita ut iure preces pentametri expletae esse viderentur. Utrum autem hoc irrisorium epigramma Apollas periegeta in colossi basi inscriptum invenerit an ex hominum ore exceperit exceptumque tradiderit, incertum est.

Neque magis discerni potest Cypselus an Periander colossum dedicaverit de qua re dissentiunt auctores; sed certe ante annum 582 quo anno Cypselidae Corintho expulsi sunt, Olympiae collocatus est. Inde, si Straboni (l. c.) credendum est — fuisse enim (ἦν) neque iam ibi esse dicit colossum —, postea ablatus est, ut non miremur Pausaniam periegetam omittere eum in donariis enumerandis et describendis et in digressu tantum commemorare; cf. Gurlitt Pausanias p. 352.

---

54. Olympiae. VI. saec.

   Ζηνί μ' ἄγαλμ' ἀνέθηκαν Ὀλυμπίῳ οἱ 'κ Χερονήσου
   τεῖχος ἑλόντες Ἀράτου· ἐπῆρχε δὲ Μιλτιάδης σφίν.

  Paus. 6. 19. 6: Κεῖνται δὲ καὶ ἄλλα ἐνταῦθα (i. e. in Sicyonio thesauro) . . . καὶ εἰργασμένον ἐλέφαντος κέρας τὸ Ἀμαλθείας, ἀνάθημα Μιλτιάδου τοῦ Κίμωνος, ὃς τὴν ἀρχὴν ἔσχεν ἐν Χερρονήσῳ τῇ Θρᾳκίᾳ πρῶτος τῆς οἰκίας ταύτης· καὶ ἐπίγραμμα ἐπὶ τῷ κέρατί ἐστιν ἀρχαίοις Ἀττικοῖς γράμμασι· Ζηνί κτλ.

---

  1) Unus Goettling Cobeto assensus non est in indice lectionum Ienensi 1855/6 cum putaret epigramma quale a Batavo restitutum esset, serio nunquam in donario inscribi potuisse. Sed quod ipse putat lapidem iam antiquitate mutilatum fuisse eoque et εἰμὶ et αὐτὸς malas esse grammaticorum coniecturas, potius Ζηνὸς in priore versu, μ[ἠξώλης] in pentametro supplendum esse et εγω ναξος in altera versione falso lectum esse a grammatico quodam, fuisse enim ἐγώνακτος: hoc operae non pretium est refutare. Mira quoque Schubringi (de Cypselo tyr. 1862 p. 61 sq.) et Wilischi (ann. philol. 1881 (123) p. 173 sq.) sententia Cypselidarum tyrannide sublata Graecos in ipso lapide illud εἰ μὴ in εἰμί mutasse.

v. 1. ἐκ codd., οὐκ Buttmann, οἱ 'κ scripsi quia κράσεως regula non ita stricta uti solent Attici, ut non ambiguitatis vitandae causa ab ea discedant. | χεῤῥονήσου Vb R Ag Lab., χερονήσου rell.; ita veteres Attici dixisse videntur etsi inscriptiones saec. V. Χεῤῥόνησος exhibent (Meisterhans² p. 76); cf. similia velut δέρη cum Lesbii δέῤῥα dixerint; etiam βορέας, postea βοῤῥᾶθεν attice. ‖ **v. 2.** ἑλόντες κράτεσ [voluit fort. κρατήσαντες] Ἀράτου Ag | Ἀράπλου Anon. apud Krafft die polit. Verh. des thrak. Chersòn. etc. p. 142 Anm. 27 (duce Scylace perieg. 68) † ὑπῆρχε Va. M | σφίσιν Vb, φησιν Va.

Fallitur Pausanias cum dicat Miltiadem qui primus imperium Chersonesi tenuit, Cimonis filium fuisse, immo fuit Cypseli; mortuus est c. olympiadis sexagesimae quartae initium: sexto igitur saeculo tribuendum est epigramma. Cf. quae de hoc Pausaniae loco disputaverunt Funkhänel Philol. 1849, 90 not. et Krafft die polit. Verh. des thrak. Chers. (Festschrift der Gymn. Würtemb. zur 4. Saecularfeier Tübingens.) p. 134 et not. 27.

---

55. Olympiae. V. saec.

Φόρμις ἀνέθηκεν
Ἀρκὰς Μαινάλιος, νῦν δὲ Cυρακόcιος.

Paus. 5. 27. 2: Τῷ προτέρῳ δὲ τῶν ἵππων (a Phormide dedicatorum) ἐπίγραμμα ἔπεστιν ἐπὶ τῇ πλευρᾷ, τὰ πρῶτα οὐ σὺν μέτρῳ· λέγει γὰρ δὴ οὕτω· Φόρμις κτλ.

In tres breves versus distinxit Bergk opusc. II 400, vetusto Graecorum metro epigramma scriptum esse coniciens; sed cf. Kaibel 1090 sq. Allen greek versification in inscriptions p. 43. — φόρμιος Va | fort. μ' ἀνέθηκεν | μενάλιος Ag | συρακούσιος Lb M Vab, συρακόσιος rell.

Inscriptio est magni donarii, quod Phormis, Gelonis et Hieronis tyrannorum dux, Olympiae dedicavit. In qua se patriam mutasse tradit similiter atque eisdem fere temporibus Praxiteles quidam in epigrammate Olympiae reperto ipse quoque ex Arcadia se Syracusas migrasse dicit IGA 95.

---

56. Olympiae. V. fere saec.

Ζηνὶ θεῶν βαcιλεῖ μ' ἀκροθίνιον ἐνθάδ' ἔθηκαν
Μενδαῖοι, Cίπτην χερcὶ βιαccάμενοι.

Paus. 5. 27. 12: Τῶν δὲ ἐν Θρᾴκῃ Μενδαίων τὸ ἀνάθημα ἐγγύτατα ἀφίκετο ἀπατῆσαί με ὡς ἀνδρὸς εἰκὼν εἴη πεντάθλου· καὶ κεῖται μὲν παρὰ τὸν Ἠλεῖον Ἀναυχίδαν. (cf. Gurlitt Pausanias p. 425), ἔχει δὲ ἁλτῆρας ἀρχαίους. ἐλεγεῖον δὲ ἐπ' αὐτὸ γεγραμμένον ἐστὶν ἐπὶ τοῦ μηροῦ· Ζηνὶ κτλ.

ᴠ. 1. με] codd., μ᾽ edd. | ἔϑηκεν La ‖ ᴠ. 2. μινδαῖοι Va. | σίππην Lb. M Ag
Pc. Va, paulo post in textu Pausaniae σίππη exhibent iidem codd. et Vb | χερ-
σιασάμενοι Lb M, βιασάμενοι rell., χ. βιασσάμενοι Brunck, eadem clausula ep.
n. 62, 2.

Ex prisca halterum forma concludere licet donarium non post
quintum saeculum dedicatum esse, ut operibus artis Graeciae septen-
trionalis quae tum florebat adscribere possimus. Atque horum artificum princeps Paeonius erat civis Mendaeorum τῶν ἐν Θρᾴκῃ, v. Kirchhoff St. z. gr. Alph.⁴ 120 not.

57. Olympiae. V. saec. (465 sqq.).

Δέξο, Γάναξ Κρονίδα, Ζεῦ ᾽Ολύνπιε, καλὸν ἄγαλμα
ἱλήϜῳ θυμῷ τῷ Λακεδαιμονίῳ.

Paus. 5. 24. 3: *Τοῦ ναοῦ δέ ἐστιν ἐν δεξιᾷ τοῦ μεγάλου ῾Ζεὺς
πρὸς ἀνατολὰς ἡλίου, μέγεθος μὲν δυόδεκα ποδῶν, ἀνάθημα δὲ λέγουσιν εἶναι Λακεδαιμονίων, ἡνίκα ἀποστᾶσι Μεσσηνίοις δεύτερα τότε*
(Schubart; codd. ὅτι aut ὅτε aut ἔτι) *ἐς πόλεμον κατέστησαν. ἔπεστι
δὲ καὶ ἐλεγεῖον ἐπ᾽ αὐτῷ· Δέξο κτλ.* IGA 75. Basis marmorea ro-
tunda Olympiae effossa. Titulus uno versu scriptus (Kaibel E. G. 743):

ᴠ. 1. δέξῳ M Vb | ἄναξ Paus. ·| Κρονίδα Ζεῦ Paus. (nisi quod Ag ξεὺς);
in lapide post Κρονίδα hasta solum discernitur; quam ob rem Κρονίδαι Ζεῦ
Ahrens Philol. 38 p. 196; Κρονίδα Σδεῦ Schubart JJ. 113 p. 685; „pro Ζεῦ fuerit
alia quam non novimus forma" Kaibel (v. Wilamowitz Zeitschr. f. Gymn. 1877
p. 698 „die Gestalt des Gottesnamens ist gänzlich unklar"); latiorem nobisque
ignotam formam ζ litterae poposcit Curtius AZ. 34 (1876) p. 49/50; fortasse fuit
Ͱ pro Ι, quod Weil proposuit apud Roehlium l. c.: neque enim cum aspirata
haec litterae ζ forma confundi poterat, cum illam Ꮑ expressam esse videamus. ‖
ᴠ. 2. ἱλάῳ Paus.; quid lapis, incertum, cum ectypum quod secundum Roehlii
Inscr. gr. ant. exhibui, non conveniat cum iis quae viri docti de lapide pronun-
tiant: Kaibel enim dicit in ἱλεϜοι alterum iota eiusve partem aliquam eos legisse
qui lapidem oculis usurpassent, deinde Roehl post Λ duo sequi digammata
adseverat, dissentiens cum imagine, in qua prior littera in summa parte laesa
esse videtur. Sed hoc quidem constat formam ἱλάῳ quam Pausanias exhibet
in lapide non fuisse. Neque autem inde cum Ahrensio Pausaniae fides usque eo
deroganda est ut versus iam tunc mutilatos et a periegeta ipso suppletos esse
dicamus. Num enim Pausanias etiam hexametri initium δέξο ἄναξ supplevisse
censendus est? Itaque Ahrensii coniecturam ἱληϜὼς (part. perf.) δάμῳ τῷ Λακεδαιμονίων, cui Roehl et Fick assensi sunt, reicio et cum iis facio qui in lapide

formam dialecticam adiectivi ἴλαος fuisse putant, quam Pausanias vel eius librarii ut saepissime immutaverint. Scripsit autem ἱλήϜῳ Curtius, quam formam alii aliter explicabant (Müllensiefen tit. lacon. dial. 44, Zacher de nom. in αιος 14, Ahrens Philol. 38, 238 (ἴληϜος : ἱληϜώς = ἐγρήγορος : ἐγρηγορώς)), ἱλεέῳ Schubart, ἱλϜήῳ Pischel Bezz. B. VII 333 sq. (ut sit adiectivum in ειος dor. ηος (G. Meyer² § 67); confert formam cret. ἴλεος et ad digamma explicandum ἴλλαος aeol.). | ϑυμῷ Paus., δάμῳ Ahrens | τοῖς Λακεδαιμονίοις Paus., τοι Λακεδαιμονιο lapis, quod Curtius aut τοὶ Λακεδαιμόνιοι loco subscriptionis legendum esse putat aut τῷ Λακεδαιμονίῳ ut sit collectivum. Hoc rectum; singularis numerus a scriptore in pluralem magis usitatum immutatus est, quod idem accidisse videmus in Aeschyli epitaphio n. 39 v. 4 adn. crit. Falso Schubart Pausaniam sequitur, lapicidam errasse ratus. | Ad constr. δέχεσθαί τινί τι cf. ep. n. 143 et Kaib. 740.

Propter ineptum Pausaniae scribendi genus non liquet, utrum δεύτερα ad ἀποστᾶσι referendum sit, ut tertium bellum Messeniacum indicetur sit an ad κατέστησαν pertineat alterum bellum significans. Cum autem litterarum formae, quales lapis exhibet, solum cum tertii belli aetate congruant (teste Kirchhoff Stud. z. gr. Alph.⁴ 151)[1], hoc bellum significare voluisse periegetam oportet: nisi forte eis hominibus, quos Pausanias hoc loco auctores habuit (λέγουσι), omnem fidem derogandam esse censemus, id quod olim censuit Schubart (Jahns Jahrb. 1876 p. 682) nulla ille probabili causa allata. Exstructum igitur est monumentum a Lacedaemoniis etsi non in ipso tertii belli exordio, at certe primis eius annis, ut Iovis numen propitium haberent.

---

58. Olympiae. V. saec.

Τῷ Δὶ τάχαιοὶ τἀγάλματα ταῦτ᾽ ἀνέθηκαν
ἔγγονοι ἀντιθέου Τανταλίδα Πέλοπος.

(Πολλὰ μὲν ἄλλα σοφῷ ποιήματα καὶ τόδ᾽ Ὀνάτα
Αἰγινάτα, τὸν γείνατο παῖδα Μίκων.)

Pausan. 5. 25. 10: Γέγραπται δὲ καὶ ἐπίγραμμα ἐπὶ τῷ βάθρῳ· τῷ Διΐ — Πέλοπος. Τοῦτο μὲν δὴ ἐνταῦθά ἐστι γεγραμμένον· ὁ δὲ ἀγαλματοποιὸς ὅστις ἦν ἐπὶ τοῦ Ἰδομενέως γέγραπται τῇ ἀσπίδι· πολλὰ — Μίκων.

v. 1. Διΐ codd., correxi, cf. G. Meyer² § 129 | τ᾽ ἀχαιοὶ codd.; corr. Boeckh CIG I p. 47 | τὰ ἀγάλματα codd., τἀγάλματα edd. ‖ v. 2. ἐγγόνου vel ἔγγονον Lab Vab M Pc Ag., corr. edd. vett.; ἔκγονοι Hartung | incertum veteres Achaei ἀντιθέω an ἀντιθέου dixerint, v. Cauer² n. 270 | Τανταλίδου Ag.

Achaeorum donarium cui hi versus inscripti erant, constabat ex statuis decem illorum principum Graecorum Hectoris adversarium sortientium. Praeter haec epigrammata et Agamemnonis nomen in

---

[1] Falso Kaibel Daheim 1877 p. 444 et E. G. 743 sexto saeculo titulum adscribit.

clipeo incisum[1]) nullum videtur vocabulum statuis additum fuisse,
ut qua de causa hoc maximum monumentum erectum sit, nesciamus.
Onatae artificis titulum tractabo infra n. 175.

---

59. Olympiae p. a. 457 a. Chr.

Ναϝὸς μὲν φιάλαν χρυσέαν ἔχει, ἐκ δὲ Τανάγρας
τοὶ Λακεδαιμόνιοι συνμαχία τ' ἀνέθεν
δῶρον ἀπ' Ἀργείων καὶ Ἀθαναίων καὶ Ἰάνων
τὰν δεκάταν νίκας εἴνεκα τοῦ πολέμου.

Paus. 5. 10. 4: Ὑπὸ δὲ τῆς Νίκης τὸ ἄγαλμα ἀσπὶς ἀνάκειται
χρυσῆ, Μέδουσαν τὴν Γοργόνα ἔχουσα ἐπειργασμένην. τὸ ἐπίγραμμα
δὲ τὸ ἐπὶ τῇ ἀσπίδι [i. e. ad clipeum pertinens v. Schaarschmidt de
ἐπὶ praep. ap. Pausan. p. 30] τούς τε ἀναθέντας δηλοῖ καὶ καθ' ἥντινα
αἰτίαν ἀνέθεσαν· λέγει γὰρ δὴ οὕτω· ναός κτλ. IGA. add. 26 a. Tria
lapidis fragmenta Olympiae reperta, quae primus composuit et illustravit Purgold Arch. Zeit. 1882, 179 sqq. (Collitz n. 3157):

v. 1. Initium depravatum esse temere putat Hecker[2] 72 neque vero emen-
dationem proponere potest. | ναὸς codd., corr. Purg., codicum lectionem servan-
dam esse censet Blass ap. Collitz. | φιάλη = ἀσπίς cf. Purg. p. 184 | εγ δε in
lapide scriptum esse contendit Blass. ‖ v. 2. depravatus in Paus. codd. τοῖς
Λακεδαιμονίοις Pacd Lab Ag Va, τῆς Λακεδαιμονίοις M Vb, τᾶς pro τῆς Iacobs |
συμμαχίαν Va Pcd Ag R Lab, συμμαχίδος A Vb, marg. R | τἄνθεν MRPcd Ag Lab,
τεθέν Vb. Varie temptaverunt viri docti, quorum Kayseri coniecturae partem
veram esse ostendit lapis: scripsit enim: θεῷ Λακεδαιμόνιοι συμμαχία τ' ἀνέθεν. Optime ille, nisi quod pro voc. θεῷ artic. τοὶ unice genuinum puto esse. ‖
v. 3. Ἀθηναίων codd., corr. Schubart | Ἰάνων codd., corr. Purg. | secundum Thuc.
1. 107 Ἴανες hoc loco sunt οἱ ξύμμαχοι. ‖ v. 4. τῶ πολέμω codd., τοῦ lapis.

Donarium, quod Lacedaemonii eorumque socii dedicaverunt, non
a Lacedaemonio, sed a Corinthio artifice factum esse et epigramma

---

1) Animadversione dignum hoc nomen Pausania (§ 9) teste a dextra ad
sinistram esse scriptum, cum omnes quos quinti saeculi novimus tituli Aeginetici
(IGA 351—368 Kirchhoff Alphabet[4] 114) incipiant a sinistra.

Corinthio alphabeto scriptum (v. Kirchhoff Alphabet[4] 105) ostendit et fragmenta litterarum quae epigramma in lapide subsequuntur. Bene enim Purgold eas ad statuarii titulum spectare coniecit, quem hunc in modum supplere possis: ... *Κορ[ίνϑιο]ι ..... εἰ]ρ[γάσαντο.*

60. Olympiae. Altera IV. saec. parte.

Μνάματ' Ἀπολλωνίας ἀνακείμεθα, τὰν ἐνὶ πόντῳ
Ἰονίῳ Φοῖβος Ϝοίκις' ἀκερϲεκόμαϲ·
τοὶ γᾶϲ τέρμαϑ' ἑλόντεϲ Ἀβαντίδοϲ ἐνθάδε ταῦτα
ἔϲταϲαν cὺν θεοῖϲ ἐκ Θρονίου δεκάταν.

Paus. 5. 22. 3: ... *ταῦτά ἐστιν ἔργα μὲν Λυκίου τοῦ Μύρωνος, Ἀπολλωνιᾶται δ' ἀνέθηκαν οἱ ἐν τῷ Ἰονίῳ. καὶ δὴ καὶ ἐλεγεῖον γράμμασίν ἐστιν ἀρχαίοις ὑπὸ τοῦ Διὸς τοῖς ποσί· μνάματ' κτλ.*

v. 1. in *Ἀπολλωνίας* ι consonantis litterae munere fungitur ut in *Φειδίας* ep. 177, *Ἰουλιανός* ep. 35 etc. ‖ v. 2. *ῶκισ'* codd., corr. Boeckh CIG I p. 41 ‖ v. 3. *οἲ* codd., *οἳ* Iacobs, *τοὶ* scripsi | *Ἀβαντίδος*] qui Thesprotiae pagus alias Amantia appellari solet et sic fortasse corrigendum; facile enim Ꞁ vel ꓶ quibus signis coloniae Corinthi litteram β exprimebant cum Ɱ confundi poterat. Sed gens Euboica unde haec colonia deducta esse dicitur, et Abantes et Amantes nominatur. ‖ v. 4. *cὺν τοῖς* codd., corr. Welcker Syll.[2] p. 182; cuius synizeseos exempla collegit Allen in Papers of the Amer. school. IV p. 102 (Kaib. 6. 768. 926. Collitz 68); v. infra n. 74.

Fragmentum basis huius maximi donarii quod elaboravit Lycius Myronis filius, Olympiae effossum est (cf. Flasch in Baumeister Denkm. II p. 1091). — Epigramma *ἀρχαίοις γράμμασι* i. e. litteris Corinthiorum vel Corcyraeorum, a quibus deducta est Apollonia, scriptum erat.

61. Olympiae. Ante Varronem.

Υἱὸϲ Διννύτα Δάμαρχοϲ τάνδ' ἀνέθηκεν
εἰκόν' ἀπ' Ἀρκαδίαϲ Παρράcιοϲ γενεάν.

Pausan. 6. 8. 2: *οὐ μὴν οὐδὲ ὑπὸ τῶν Ἀρκάδων λέγεσθαί μοι τοῦτο ἐφαίνετο ἐς αὐτὸ ᾽* (sc. *Δάμαρχον ἐξ ἀνθρώπου ἐς λύκον μεταβαλεῖν τὸ εἶδος). ἐλέγετο γὰρ ἂν καὶ ὑπὸ τοῦ ἐπιγράμματος τοῦ ἐν Ὀλυμπίᾳ. ἔχει γὰρ δὴ οὕτως· υἱός κτλ.*

v. 1. *δινύττα* Vb Lab, *δενύττα* Pc, *δινύτα* M Va, *διτύτα* Ag R; *Διννύτα* vel *Δεννύτα* Bergk olim; postea (opusc. II 323) *Δεινύτα* vel *Δεινύταυ*: „nominis forma *Δεινύτας* i. e. *Δεινοίτας* plane congruit cum Boeotorum nomine *Ἀνεμύτας* i. e. *Ἀνεμοίτας* de quo vide K. Keil Syll. inscr. Boeot. p. 207.“ Suffixum -ύτας Bergkium bene eruisse puto, at priorem partem ab „δεινός“ derivatam esse non certum esse mihi videtur. | *τήνδ᾽* codd., corr. Schubart ‖ v. 2. *εἰκόνα παρ' ἀνδρίας γενεὰν παρράσιος* MR (in marg. γρ. *Ἀρκαδίας* vel *ἀπ' Ἀρκ.*); *εἰκόνα παράσιος γενεάν* Vb; *παράσιος* etiam Lab Ag.

Inde quod in epigrammate illa Damarchi metamorphosis non commemoratur minime id sequitur quod conclusit Pausanias, eam Arcadum non fuisse in ore. — Ceterum eadem res narratur a Plinio n. h. 8. 82, qui Apolla (Copa cod., Apoca index, corr. Kalkmann Paus. p. 105) auctore usus est, et ab Augustino de civ. d. 18. 17 Varronem exscribente, sed uterque pugilem falso nominat Demaenetum eumque in sacrificio quod Arcades Iovi Lycaeo humana hostia faciebant, commutatum esse tradit. Quae sacrificia cum ibi etiam imperatorum Romanorum aetate fierent (J. Bernays Theophrast p. 116 et 188), nihil inde ad aetatem tituli defi
niendam lucramur.

62. Olympiae. —

Κλειτόριοι τόδ' ἄγαλμα θεοῖ δεκάταν ἀνέθηκαν
πολλᾶν ἐκ πολίων χερσὶ βιασάμενοι.
καὶ ... *μετρεῖτ' Ἀρίστων ἠδὲ Τελέστας
αὐτοκασίγνητοι *καλὰ Λάκωνες ἔθεν.

Paus. 5. 23. 7: *Πλησίον δὲ τοῦ Ὑβλαίων ἀναθήματος βάθρον τε πεποίηται χαλκοῦν καὶ ἐπ' αὐτῷ Ζεύς· ... οἵτινες δὲ αὐτὸν ἔδοσαν τῷ θεῷ καὶ ὧντινών ἐστιν ἔργον, ἐλεγεῖον ⟨ἐπι⟩γεγραμμένον σημαίνει· Κλειτόριοι κτλ.*

v. 1. θεῷ codd., correxi | δεκάτην codd., corr. Sylburg | ἀνέθησαν Ag ‖ **v. 2.** πολὰν Ag | πολλῶν Ag, πόλεων Vb, πολλίων Va | βιαζάμενοι (sic) La, βιασσάμενοι Aldina, fort. βιαξάμενοι. Cf. n. 56 ‖ **v. 3 et 4.** Alterum distichum tantopere corruptum ut genuina lectio vix unquam inveniri possit. καὶ μετρεῖτ' Ἀρίστων omnes codd. | ἦδε τελεστὰς Pc, ἡ δὲ τελεστὰς Fab, ἠδὲ τελετὰς Pa Lb, ἡ δὲ τελετὰς M, ἦδε τελετὰς Vab, ἠδὲ τελεστὰς Pd Ag La (nisi quod La inverso ordine καὶ μετρεῖτ' καλὰ Λάκωνες ἔσαν ἀρίστων ἠδὲ τελεστὰς αὐτοκ.) | αὐτοκασίγνητοι omnes codd. | καλὰ Λάκων ἐσέθεν M, καλαλάκων ἐς ἔθεν Fab, κ. λ. ἔσεθεν R (ad marg. ἐκλείπει τι), καλαλάκων ἐσέθεντο Lb, καλὰ λάκων καὶ ἐκ σέθεν Va, καλὰ λάκων ἐς ἔσθεν Pd, καλὰ λάκωνες ἔσθε Ag, καλὰ λάκωνές τ' ἔθεν Pc, καλὰ λάκωνες ἔσαν La Pa, καλὰ λάκων ἔσαν Vb. — Varie temptaverunt viri docti. Hexametrum pentametro non mutato ita constituit Wiedasch: καὶ τέχνης τάδε μέτρα seu πεῖρατ' Ἀ. ἠδὲ Τελέστας. — Οἱ δ' ἔργον τελέσαντες Ἀρίστων ἠδὲ Τελέστας αὐτοκασίγνητοί τ' ἠδὲ Λάκωνες ἔσαν Kayser Rh. M. N. F. 5 p. 361. Καὶ ταύτης μετρηταὶ Ἀ. ἠδὲ Τ. αὐτοκασίγνητοι χᾶμα Λάκωνες ἔσαν Cougny I 60, sed pentametrum sic iam Dindorf restituerat (αὐτ. καί τε Λάκωνες ἔσαν Siebelis, αὐτ. παῖδε Λάκωνος ἔθεν Stadtmueller coll. Kaib. 772, 3). Καὶ μέτρα ποιείτην Ἀ. ἠδὲ Τ. αὐτοκασίγνητοι καὶ Λακεδαιμόνιοι Kuhn. Ceterum artificis nomen Ταλέστης occurrit in titulo Halicarnassio Löwy I. g. B. n. 299.

Neque de aetate, qua monumentum dedicatum sit, neque de statuariis aliunde quidquam notum est.

63. In Lycaeo Arcadiae monte. IV. saec.?

Πάντωc ὁ χρόνοc εὗρε δίκην ἀδίκῳ βαcιλῆι,
εὗρε δὲ Μεccήνηc cὺν Διΐ τὸν προδότην
ῥηϊδίωc· χαλεπὸν δὲ λαθεῖν θεὸν ἄνδρ᾽ ἐπίορκον·
χαῖρε Ζεῦ βαcιλεῦ καὶ cάου ᾽Αρκαδίαν.

Poly b. 4. 33. 2: οἱ *Μεσσήνιοι πρὸς ἄλλοις πολλοῖς καὶ παρὰ τὸν*
τοῦ Διὸς τοῦ Λυκαίου βωμὸν ἀνέθεσαν στήλην ἐν τοῖς κατ᾽ ᾽Αριστο-
μένην καιροῖς, καθάπερ καὶ Καλλισθένης φησίν, γράψαντες τὸ γράμμα
τοῦτο· πάντως κτλ. Paus. 4. 22. 7: *τὸν δὲ ᾽Αριστοκράτην οἱ ᾽Αρκάδες*
καταλιθώσαντες τὸν μὲν τῶν ὅρων ἐκτὸς ἐκβάλλουσιν ἄταφον, στήλην
δὲ ἀνέθεσαν εἰς τὸ τέμενος τοῦ Λυκαίου λέγουσαν· πάντως κτλ.

v. 1 *βασιλεῖ* Paus. cod. M, *βασιλῆ* eiusd. Vb La ‖ v. 2. *Μεσσήνη* Polyb.,
cui lectioni adversatur et mira parataxis verborum *χρόνος* et *Μεσσήνη* (*εὗρε μὲν*
χρόνος, — *εὗρε δὲ Μεσσήνη*) et quod Pausanias § 6 proditionem ab Arcadi-
bus detectam esse dicit. | *προδότην*] nomen Aristocratis utpote proditoris omis-
sum est. ‖ v. 3. *ἄνδρα* Paus. Lab M Vab; *ἄνδρ᾽* rell. ‖ v. 4. *ξεῦς βασιλεῦς* Paus.
Vb | *σῶξε* Vab M R Lb, *σάωξε* La, *σῶε* Pcd Ag; *σάω* Polyb. codd. plerique, *σαόξ᾽*
eiusdem CDE; *σάου* genuinam esse formam contendit Cobet Mnem. nov. II 356,
cum *σάω* ex falso epichorii quod dicitur alphabeti transscriptione orta esse
videatur. | ᾽*Αρκαδίην* Pol. cod. M.

Aristocrates Arcadum rex in secundo bello Messeniaco Messenios
socios prodiderat et ideo a civibus lapidibus occisus est. Huius rei
memoria servata est hoc epigrammate, quod Callisthenes a Messeniis,
Pausanias ab Arcadibus dedicatum esse contendit. Quamquam autem
illi assensus est E. Curtius (Peloponnes I 301 sq.), tamen ex inscriptione ipsa facile apparet Pausaniae esse fidem habendam. Si
enim clausulam alterius distichi cum similibus hymnorum (Hom. h.
in Cer. 13, 3. Callim. 6, 134. 5, 141 sq.) contulerimus, videbimus eos
qui ab Iove Arcadiae salutem petunt neminem esse nisi Arcades ipsos.

Neque minus falsum esse videtur, id quod idem Callisthenes
tradit probatque Bergk PL. III⁴ 666, Aristomenis temporibus epigramma scriptum esse. Cui et alia et versuum universus color repugnant: initio enim septimi saeculi dici non poterat: ὁ *χρόνος σὺν*
Διΐ εὗρε προδότην, poterat inferiore aetate. Sed quo tempore factum
sit epigramma, difficile est dictu: at nulli aetati, si quid video, aptius
adscribitur quam priori quarti saeculi parti, qua Arcadia et Messenia
libertatem recuperavere et mirus quidam ardor atque studium rerum
bellis Messeniacis gestarum excitatum et incensum est.[1]) Huic coniecturae etiam epica dialectus fidem facit.

---

1) Busolt gr. Gesch. I 168 not. censet lapidem cum epigrammate certe positum esse ante Messenen oppidum exstructum (369), cum Callisthenes quadraginta
fere annis post tam vetustam putaverit inscriptionem ut Aristomenis aetati

64. Tegeae. —

Λαοδίκης ὅδε πέπλος· Ἀλέᾳ δ᾽ ἀνέθηκεν Ἀθηνᾷ
πατρίδ᾽ ἐς εὐρύχορον Κύπρου ἀπὸ Ζαθέας.

Paus. 8. 5. 3: Χρόνῳ δὲ ὕστερον Λαοδίκη γεγονυῖα ἀπὸ Ἀγαπή-
νορος ἔπεμψεν εἰς Τεγέαν τῇ Ἀθηνᾷ τῇ Ἀλέᾳ πέπλον· τὸ δὲ ἐπὶ τῷ
ἀναθήματι ἐπίγραμμα καὶ αὐτῆς Λαοδίκης ἅμα ἐδήλου γένος· Λαοδίκης κτλ.

v. 1. Λαοδίκας Bergk opusc. II 324 qui cum doricas restitueret formas,
satis vetustum videtur epigramma iudicasse. | δὲ ὅδε Ag | ἑᾷ codd., nisi quod
Lab ἑᾶ. Ἀλέᾳ L. Spengel Rh. M. N. F. 5, 362, quod probatur Heckero² 229, qui
antea (1843 p. 100) dubitaverat. | Ἀθάνᾳ Bergk ‖ v. 2. εὐρύχωρον M Vab Ag Lb
(qui ἐς omisit).

Epigramma, quod Pausanias ex eodem auctore sumpsit, quo in
enarrandis vetustissimis Arcadum rebus usus est, inferiore aetate
fictum esse facile videmus. Attamen non est cur dubitemus id vesti
Laodicae sive intextum sive adscriptum et aeque atque hanc ipsam
a sacerdotibus ostendi solitum esse. Certe poeta parum respexit
genuinorum titulorum indolem, in quibus genetivus nunquam usurpatur de eis qui dedicant rem.

65. Tegeae. —

Ταῦτ᾽ ἔλεγεν Cώδαμος Ἐπηράτου ὅς μ᾽ ἀνέθηκεν·
μηδὲν ἄγαν· καιρῷ πάντα πρόςεςτι καλά.

Schol. Eurip. Hippol. 264 (Dind. I 112, 15): Τὸ μηδὲν ἄγαν
οἱ μὲν Χίλωνι τῷ Λακεδαιμονίῳ ἀνατιθέασιν, ὡς Κριτίας, οἱ δὲ
Σωδάμῳ ὡς τὸ ἐν Τεγέᾳ ἐπίγραμμα δηλοῖ· ταῦτ᾽ κτλ.

Interisse ab initio distichum falso putat Cougny IV 23 ‖ v. 1. ταῦτα λέγει
Hecker² 28 et 343. ‖ v. 2. ἐν καιρῷ A, μέτρῳ Hecker | πρόσεστι καλά om. A.

Sodamus, homo alias ignotus — nam qui praeter Euripidis inter-
pretem eum laudant, schol. Pind. P. 2, 63 et Clemens Alex. strom.
1. 14. 61, ad hoc ipsum spectant epigramma — hermam dedicavit quam,
pariter ut Hipparchus Pisistrati filius solebat, praecepto utili exornavit.
Quem pentametrum non ab ipso Sodamo confectum esse, sed apud
veteres proverbii locum habuisse docet distichum a Laertio Diogene
I 41 servatum quod Wilamowitz comm. gramm. II p. 6 conlatis Euripidis scholiastae et Clementis Alexandrini locis ex Critiae elegiis
[fr. 2 Bgk.] sumptum esse evicit. Est autem hoc:

Ἦν Λακεδαιμόνιος Χείλων σοφός, ὅς τάδ᾽ ἔλεξεν·
μηδὲν ἄγαν· καιρῷ πάντα πρόσεστι καλά.

---

adscriberet. Sed oblitus est v. d. epigramma non eo loco quo postea Messene
fuit, i. e. in monte Ithome fuisse, sed in Arcadia in templo Iovis Lycaei.

66. Phenei in Arcadia. Quarto saeculo non recentius.

Ἡρακλῆς Ἀμφιτρύωνος
Ἧλιν ἑλὼν ἀνέθηκεν.

Ps. Aristot. mir. auscult. 58 (59): ἔστι δὲ αὐτόθι (i. e. ἐν
Δημονήσῳ) χαλκὸς κολυμβητὴς ἐν δυοῖν ὀργυιαῖν τῆς θαλάσσης· ὅθεν
ὁ ἐν Σικυῶνί ἐστιν ἀνδριὰς ἐν τῷ ἀρχαίῳ νεῷ τοῦ Ἀπόλλωνος καὶ
ἐν Φενεῷ οἱ ὀρείχαλκοι καλούμενοι. ἐπιγέγραπται δ' αὐτοῖς Ἡρακλῆς
— ἀνέθηκεν. Αἱρεῖ δὲ τὴν Ἧλιν ἡγουμένης κατὰ χρησμὸν γυναικός, ἧς
τὸν πατέρα Αὐγείαν ἀπέκτεινεν. Cf. Antigon. hist. mirab. 131 Kell.:
Ἐκ δὲ τῆς κατὰ Δημόνησον τὴν Καλχηδονίων τοὺς κολυμβητὰς ἀνα-
φέρειν εἰς δύο ὀργυιὰς χαλκόν, ἐξ οὗ καὶ τοὺς ἐν Φενεῷ τοὺς ὑπὸ
Ἡρακλέους ἀνατεθέντας ἀνδριάντας εἰργάσθαι.

Epigramma prisco illo Bergkii metro (opusc. II 400; cf. Usener
Altgr. Versbau 85) compositum et satis antiquis temporibus statuis
inscriptum est. Nam id iam Theophrastum nosse, unde hausit qui
Aristotelis personam induit, demonstravit Schrader ann. philol. 97
p. 223, cf. Müllenhoff deutsche Altertumskunde I p. 427 not.

---

67. Corinthi. 480 a. C. [Simonidis (134 Bgk.).]

Ταῦτ' ἀπὸ δυϲμενέων Μήδων ναῦται Διοδώρου
ὅπλ' ἀνέθεν Λατοῖ μνάματα ναυμαχίας.

Plut. de Her. mal. 39: Διοδώρου δέ τινος τῶν Κορινθίων τριη-
ράρχων ἐν ἱερῷ Λητοῦς ἀναθήμασι κειμένοις καὶ τοῦτο ἐπιγέγραπται·
ταῦτ' κτλ. Anth. Pal. VI 215: ἀνάθημα τῇ Λητοῖ παρὰ ναυτῶν A
in t | τοῦ αὐτοῦ (i. e. Σιμωνίδου) Amᶜ.

v. 1 δυσαμένων Anth. ‖ v. 2. ἀνέθεντο codd., ἀνέθεν Blomfield; ὅπλα θέσαν
Hartung | ναυμαχίης Plut. ‖ Sine iusta causa Bergk putat Plutarchum distichum
omisisse quo poeta exposuerit quae Diodorus eiusque nautae in pugna Salaminia
strenue gessissent.

Titulus donarii a Diodori cuiusdam nautis post pugnam Sala-
miniam dedicati procul dubio genuinus et quinto saeculo adscribendus
est. Nam quis recentiore aetate, cui eum attribuunt Iunghahn (de Sim.
Cei epigr. 17) et Kaibel (Rh. M. 28, 446), plane ignoti trierarchi inscriptionem finxisse putandus est? Neque est cur contra Plutarchum
cum Schneidewino post Artemisiam potius pugnam donum dicatum
esse statuamus. De pronomine οὗτος a quinto saeculo minime alieno
et de Anthologiae testimonio quae Simonidem auctorem profert egi
in proll. § 12.

68. Corinthi. V. saec. (479). Simonidis (137 Bgk.).

Αἵδ᾽ ὑπὲρ Ἑλλάνων τε καὶ ἀγχεμάχων πολιατᾶν
ἔστασαν εὐξάμεναι Κύπριδι δαιμονίᾳ·
οὐ γὰρ τοξοφόροισιν ἐμήσατο δῖ᾽ Ἀφροδίτα
Μήδοις Ἑλλάνων ἀκρόπολιν προδόμεν.
⟨Sequebantur nomina mulierum dedicantium.⟩

Schol. Pind. ol. 13, 33: *Θεόπομπος δέ φησι καὶ τὰς γυναῖκας
αὐτῶν εὔξασθαι τῇ Ἀφροδίτῃ ἔρωτα ἐμπεσεῖν τοῖς ἀνδράσιν αὐτῶν
μάχεσθαι ὑπὲρ τῆς Ἑλλάδος τοῖς Μήδοις εἰσελθούσας εἰς τὸ ἱερὸν τῆς
Ἀφροδίτης ὅπερ ἱδρύσασθαι τὴν Μήδειαν λέγουσιν Ἥρας προστα-
ξάσης· εἶναι δὲ καὶ νῦν ἀναγεγραμμένον ἐλεγεῖον εἰσιόντι εἰς τὸν
ναὸν τῆς ἀριστερᾶς χειρός· αἵδ᾽ — προδόμεν.* Plut. de Her. mal. 39:
*ὅτι μόναι τῶν Ἑλληνίδων αἱ Κορίνθιαι ηὔξαντο τὴν καλὴν ἐκείνην
καὶ δαιμόνιον εὐχὴν ἔρωτα τοῖς ἀνδράσι τῆς πρὸς τοὺς βαρβάρους
μάχης ἐμβαλεῖν τὴν θεόν, οὐχ ὅπως τοὺς περὶ τὸν Ἡρόδοτον ἀγνοῆ-
σαι πιθανὸν ἦν, ἀλλ᾽ οὐδὲ τὸν ἔσχατον τῶν Καρῶν· διεβοήθη γὰρ
τὸ πρᾶγμα καὶ Σιμωνίδης ἐποίησεν ἐπίγραμμα, χαλκῶν εἰκόνων ἀνα-
σταθεισῶν ἐν τῷ ναῷ τῆς Ἀφροδίτης· .. τὸ δ᾽ ἐπίγραμμα τοῦτό ἐστιν·
αἵδ᾽ — προδόμεν.* Athen. 13. 573 c: *καὶ ὅτε δὴ ἐπὶ τὴν Ἑλλάδα τὴν
στρατείαν ἦγεν ὁ Πέρσης, ὡς καὶ Θεόπομπος ἱστορεῖ καὶ Τίμαιος ἐν
τῇ ἑβδόμῃ, αἱ Κορίνθιαι ἑταῖραι ηὔξαντο ὑπὲρ τῆς τῶν Ἑλλήνων
σωτηρίας εἰς τὸν τῆς Ἀφροδίτης ἐλθοῦσαι νεών· διὸ καὶ Σιμωνίδης
ἀναθέντων τῶν Κορινθίων πίνακα τῇ θεῷ τὸν ἔτι καὶ νῦν διαμένοντα
καὶ τὰς ἑταίρας* *ἰδίᾳ γραψάντων* (ἑταιρίδας γρ. Stadtmueller, διαγρα-
ψάντων E. Preuner, ἀναγραψάντων R. Schoell) *τὰς τότε ποιησαμένας
τὴν ἱκετείαν καὶ ὕστερον παρούσας* (ἱεροποιούσας Stadtm., ἐπὶ τοῖς
ἱεροῖς παρούσας Kaib.) *συνέθηκε τόδε τὸ ἐπίγραμμα· αἵδ᾽ — προδόμεν.*
Const. Lascaris in cod. Matr. n. 72 ap. Iriart. p. 263: *Ἐπίγραμμα
Ἀριστοτέλους ἐλεγεῖον ἐν ναῷ τῆς Κορίνθου· αἵδ᾽ — δόμεναι.*[1]

v. 1. Ἑλλήνων Ath. Matr. | ἀγχεμάχων schol. (nisi quod Vrat. D ἐγχεμάχων)
et Matr., quod τοξοφόροισι Μήδοις oppositum esse vidit Wilam., εὐθυμάχων Ath.,
ἰθυμάχων Plut.; ἰθυμαχᾶν Dobree in 'Porsoni notae in Aristoph.' app. p. (129) |
πολιατᾶν scripsi, πολιητᾶν schol. Matr. Plut. nisi quod huius cod. E πολιτᾶν,
πολιντᾶν Ath. ‖ v. 2. εστασαν Matr, ἔστασαν schol. (recepit Schneidewin), ἔσταθεν
Ath., ἔσταθεν Plut., ἐστάθεν = ἐστάθησαν Bergk Wilam.; activa forma ἔστασαν
quam recepi, exstat apud Homerum M 56 (γ 182, σ 307), cf. G. Meyer gr. Gr.²

---

1) Lascarin ex Pind. schol. hausisse et lectionum consensus et subsequens
Eumeli fragmentum (2 Kinkel) demonstrat ex eiusdem carminis Pindarici commentario (ad ol. 13. 74) petitum; non potuit igitur ille haec ex vetusto nescio
quo florilegio epigrammatum haurire, cuius auctor Pindaricis commentariis usus
esset: quae est opinio Kaibelii (Rh. M. 28, 450 sq.) qui ut falso praefixum Ari-
totelis nomen explicaret, nos „corrupti paulatim lemmatis exemplum habere
certissimum" statuit. — Unde philosophi nomen irrepserit incertum.

§ 42 et Anth. Pal. IX 708 | εὐξάμεναι Plut., εὐχόμεναι schol. Matr.; εὔχεσθαι Athen. | δαιμόνιαι Plut., δαιμονίᾳ schol. Matr. Ath., quod Wilam. esse vult = δ. βουλῇ vel μοίρᾳ i. e. σὺν δαίμονι coll. Pind. ol. 9, 110 et schol. BT ad Hom. B 367; ego δαιμονίᾳ ad Κύπριδι refero, etsi aliud exemplum huius deorum epitheti non novi. δαμοσίᾳ Lobeck Parall. 361, καδεμόνι Hecker Philol. 4, 484, δαίμονι ᾇ C. Fr. Hermann Philol. 10, 237, καμμονίαν Stadtmüller Berl. phil. Woch. 1890 col. 302; τὶν στάθεν εὔχεσθαι, Κύπρι, λιλαιόμεναι M. Schmidt. ‖ v. 3. Distichum intercidisse putat Bergk. | τοξηφόροισιν Ath.; cf. ep. 163, 2 Περσῶν τοξοφόρων | ἐμήσατο Ath., ἐμήδετο Plut., ἐβούλετο schol. Matr., ἐμήσαο M. Schmidt, ἐδήλετο vel ἐδείλετο? Wilam. | διὰ θεοῖσιν Ἀφροδίτα schol. cod. Vrat. D, unde Boeckh δῖα θεάων coniecit. ‖ v. 4. Πέρσαις Ath. | δόμεναι schol. Matr.

Hoc epigramma postquam in meis meletematis (de epigr. Gr. mel. Monachii 1890 p. 10—13) tractavi, denuo de eo egit U. de Wilamowitz-Möllendorff in Commentariolo grammatico quarto p. 3—7. Qui ut in multis me correxit, ita meam de versibus opinionem non refutasse mihi videtur.

Exposuit autem v. d. non solum Pindari scholiastam ex Theopompo hausisse, sed etiam Plutarchum, id quod ex eisdem paene verbis, quibus uterentur (ἔρωτα ἐμπεσεῖν τοῖς ἀνδράσιν αὐτῶν μάχεσθαι ὑπὲρ τῆς Ἑλλάδος et ἔρωτα τοῖς ἀνδράσι τῆς πρὸς τοὺς βαρβάρους μάχης ἐμβαλεῖν), et ex eadem apud utrumque Medeae fabula appareret. Sed differre Plutarchum a scholiasta, cum aeneas statuas matronis positas esse diceret — quod ipse ex pronomine αἵδε effinxisset —, deinde Simonidem auctorem adderet et epigrammatis ipsius verba aliter traderet. Alterum historiae fontem nos habere Chamaeleontem, Athenaei auctorem, qui item ac Theopompus testis oculatus esset nisi quod epigramma non ex lapide sed ex alio auctore maluisset exscribere. Cum autem versuum recensio, quam exhibet Chamaeleo, prope abesset a Plutarchi codicibus et idem ab utroque eorum nominaretur poeta, hos a Plutarcho et Chamaeleonte ex eodem auctore, fortasse ex Sylloge epigrammatum Simonideorum sumptos esse. — Ea autem quae Chamaeleo et Theopompus narrarent, nihil esse nisi ipsorum coniecturas: utrumque enim praeter tabulam pictam solum epigramma novisse et, cum quis dedicasset in monumento nunquam omissum esset, titulum votivum huiuscemodi: Κορίνθιοι Ἀφροδίτᾳ εὐχάν. Atque Theopompi coniecturam falsam esse, Chamaeleontem paene verum vidisse. Neque enim quaslibet liberas meretrices, quas hic dicit, sed servas Venereas, quae praeter corporis quaestum sacris adesse debebant, etiam in bellis Persicis ad aram deae accessisse [ἔσταθεν = accedere iussae sunt?] et in earum memoriam post victoriam ad Plataeas reportatam Corinthios tabulam cum epigrammate dedicasse.

In hac Wilamowitzi argumentatione est aliquid, quod mihi

videatur non recte contendere. Dicit enim et Theopompum et Chamaeleontem testari monumentum dedicatum esse a Corinthiis conclu-
ditque inde eos hoc non coniectura assecutos esse, sed ex donario
ipso, in quo hoc fere epigrammati additum esset: *Κορίνθιοι Ἀφροδίτᾳ εὐχάν.* Sed neque Pindari scholiasta neque Plutarchus[1]) Corinthios donarium dedicasse tradit, ut hoc Theopompum testari minime
constet; immo id ab solo Chamaeleonte memoriae proditur neque ex
huius unius testimonio certi quidquam licet adfirmare. Certe quidem,
si tale quid in donario scriptum fuisse verisimile esset, probarem quae
Chamaeleo et de Wilamowitz de meretricibus coniecerunt: at veri est
dissimillimum. Neque enim ullum ego novi quinti saeculi epigramma,
in quo quis dedicaverit non versibus ipsis significetur, sed peculiari
demum titulo pedestri sermone scripto addatur.[2]) Is enim erat apud
Graecos priscae aetatis mos, nihil ut epigrammatis sive dedicatoriis sive
sepulcralibus praeterea adderent, sed omnia versibus comprehenderent.
Propter hanc causam et olim pro *ἔσταϑεν* activam formam dedicandi postulavi et nunc postulo. Traditum autem est *ἔσταϑεν* a Plutarcho, *ἔσταϑεν* ab Athenaeo, quorum lectiones nobis unum testimonium iudicandas esse Wilamowitz exposuit, Pindari autem scholiasta
qui versus ex Theopompo hausit, *ἔστασαν* vel *εστασαν* (Matr.) exhibet.[3])
Conicio igitur Theopompum ut in primo versu, ita etiam in *ἐστασαν*
= *ἔστᾰσαν* (v. app. crit.) genuinam tradere lectionem. Mulieres igitur
Veneri votum solventes dedicant donarium: nam haec dea saluti patriae patrocinata erat.[4])

Dedicatam autem esse tabulam pictam dicit Chamaeleo, quocum
consentit quod Theopompus in pariete legit epigramma. Cui epigrammati ni fallor, subscriptus erat index mulierum dedicantium, ut
eiusdem saeculi distichis n. 756 a Kaibel (Rh. M. 34 p. 197) et huius
syllogae n. 73 et 82; cf. Ath. Mitteil. 1883 p. 181 (= Allen n. LXXXV,
Megara, s. VI—V), K. n. 775 saec. IV.

---

1) Quod Plutarchus dicit statuas erectas esse, hoc non ex Theopompo
sumpsit, qui epigramma in sinistro templi pariete inscriptum legit, sed ex
falsa lectione *αἶδ'* — *ἔσταϑεν* conclusit, de suo insuper addens eas aeneas fuisse.

2) Cf. prolegg. § 6 et not.

3) Fallitur Wilam. p. 6, cum dicat *ἔσταϑεν* legi in Pindari scholio. Ibidem
falso exhibet *πολιητῶν* pro *πολιητᾶν.*

4) Conferre licet simillimum epigramma in Bull. Corr. hell. 1886 p. 367
(= Allen p. 197 n. CXVI):

> *Ποντίῳ ἱππομέδοντι Ποσειδῶνι Χρόνου υἱεῖ*
> *ἡ πόλις εὐξαμένη τούσδ' ἀνέϑηκε ϑεῷ*
> *ἡμιϑέους σωτῆρας ὑπὲρ προγόνων τε καὶ αὐτῶν*
> *καὶ γῆς καὶ τεκέων καὶ σφετέρων ἀλόχων.*

69. In Isthmo? — [Orphei.]

Ἀργὼ τὸ σκάφος εἰμί, θεῷ δ' ἀνέθηκεν Ἰάσων
Ἴσθμια ⟨καλλικόμοις⟩ στεψάμενον πίτυσιν.

Ps.-Dio Chrysost. 37 p. 107 R: (Heroum in Isthmiis victoriis memoratis sic pergit:) ἐγένετο δὲ καὶ νεῶν ἅμιλλα καὶ Ἀργὼ ἐνίκα καὶ μετὰ ταῦτα οὐκ ἔπλευσεν, ἀλλ' αὐτὴν ἀνέθηκεν Ἰάσων ἐνταῦθα τῷ Ποσειδῶνι καὶ τὸ ἐπίγραμμα ⟨ἐπ⟩έγραψεν ὃ λέγουσιν Ὀρφέως εἶναι (fr. 10 Abel)· Ἀργὼ κτλ.

v. 1. Ἀργοῦς Bergk PL. II⁴ 357 | δ' ἐμὲ θῆκεν cod. M | ἰήσων Abel ‖ v. 2. Ἴσθμια καὶ Νεμέοις στεψάμενον πίτυσιν codd.; sed Argo non potest in Nemeis victoriam deportasse neque unquam Nemeonicae pino coronati sunt. Propter hanc alteram causam etiam Heckeri² 44 coniectura: Ἰσθμιακῷ (sc. θεῷ), Νεμέοις στεψάμενος πίτυσιν reicienda est, in qua etiam offendit quod propter Nemeam quandam victoriam Iason navem dedicasse dicitur. Quae in textu exhibui, invenit Gardner l. i. l., cf. Kaibel 88, 5 καλλίκομοι πτόρθοι; sed haud scio an etiam cum Heckero στεψάμενος scribendum sit, ut non navis sed Iason coronatus esse praedicetur. (Ἴσθμια καινύμενος στεψάμενον π. Stadtm., Ἰσθμιακαῖς δι' ἐμὲ στεψάμενος πίτυσιν ipse olim lusi.) Στέψασθαι = coronari saepius occurrit; cf. Anth. P. V 74, 5. App. Plan. 56. 371. Cram. Anecd. Par. IV 386. Rh. Mus. 34 p. 204 (κεῖνος ὁ παγκρατίῳ στεψάμενος κοτίνῳ) et στεφανόσασθαι apud Pindarum, cf. Tafel dilucid. Pind. p. 276 et 987.

In Isthmo Martialis aetate lignea navis ostendebatur, quae esset Argo ab Iasone ibi collocata (Mart. VII 19, cf. Apollod. 1. 9. 27. Diodor 4. 53 etc.): eam certamine navium Isthmio vicisse[1]) eique epigramma ab Iasone inscriptum esse solus Ps.-Dio tradit. Qui unde sumpserit nescimus. Nec tamen veri dissimile est versus illi ligno inscriptos fuisse quamquam non priscis temporibus. Pinea enim corona (πίτυσιν) Isthmionicae ornabantur et imperatorum Romanorum temporibus et si grammaticis credimus ea aetate quae Pindarum antecedit (locos coll. Stengel gr. Sacralaltert. 147). Ne autem huic priscae aetati titulum adscribamus, et alia obstant et quod mire vox πίτυς plurali numero usurpatur pro corona e pino facta. Confictum igitur est epigramma primo fere p. C. n. saeculo.

70. Athenis prope Academiam. VI. saec.

Ποικιλομήχαν' Ἔρως, σοὶ τόνδ' ἱδρύσατο πρῶτος
Χάρμος ἐπὶ σκιεροῖς τέρμασι γυμνασίου.

Athen. 13. 609 d: Συνέβη δὲ, ὥς φησι Ἀντικλείδης [cod. Κλείδημος, corr. Stiehle Philol. 9, 475] ἐν ὀγδόῳ Νόστων (frgm. Clid. 24 Mü.), τὸν Χάρμον ἐραστὴν τοῦ Ἱππίου γενέσθαι καὶ τὸν πρὸς

---

1) Inde conicit Percy Gardner Journal of hell. stud. II p. 90 sqq. (cf. 315) in Isthmiis semper certamina navalia instituta esse.

'Ακαδημία "Ερωτα ['Ερωτος βωμὸν coni. Siebelis] ἱδρύσασϑαι πρῶτον, ἐφ' οὗ ἐπιγέγραπται· ποικιλομήχαν' — γυμνασίου. Paus. 1. 30. 1:
Πρὸ δὲ τῆς ἐσόδου τῆς ἐς 'Ακαδημίαν ἐστὶ βωμὸς "Ερωτος ἔχων ἐπίγραμμα ὡς Χάρμος 'Αϑηναίων πρῶτος "Ερωτι ἀναϑείη. Cf. Plut.
Sol. 1: Λέγεται δὲ καὶ Πεισίστρατος ἐραστὴς Χάρμου γενέσϑαι καὶ
τὸ ἄγαλμα τοῦ "Ερωτος ἐν 'Ακαδημίᾳ καϑιερῶσαι ὅπου τὸ πῦρ ἀνάπτου-
σιν οἱ τὴν ἱερὰν λαμπάδα διαϑέοντες.

v. 1. βωμόν codd.; πρῶτος Hecker² 233 ex Anticlidae et Pausaniae verbis:
ad locutionem πρῶτον ἱδρύεσϑαι cf CIA II 3, 1442. 1650, Phlegon olymp. p. 96, 15
Kell., Anth. Pal. VI 145 alia.

Quod Plutarchus non a Charmo, sed a Pisistrato ipso simulacrum Amoris dedicatum esse ait — nempe idem ille monumentum
significavit atque Athenaeus verbis „τὸν "Ερωτα“ et Pausanias „βωμὸν
"Ερωτος“: erat enim ara Amoris statua ornata —, hoc cum Prinzio
de Solonis Plutarchei font. p. 42, cui Wachsmuth, Stadt Athen I 501
not., assentitur, neglegentiae auctoris tribuendum esse puto. Idem
Plutarchus falli videtur cum faces in hac ara incensas esse dicat,
cf. Milchhöfer apud Baumeister Denkmäler I p. 176.

---

71. Athenis in Pythii templo (cf. E. Curtius Hermes 12, 492 sqq.).
VI. saec.

Μνῆμα τόδε ἧς ἀρχῆς Πεισίστρατος Ἱππίου υἱὸς
θῆκεν 'Απόλλωνος Πυθίου ἐν τεμένει.

Kirchhoff CIA IV 373 e (Kaibel EG 743 a in praefatione).
Fragmenta lapidis Athenis reperti:

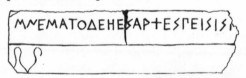

Thuc. 6. 54: Καὶ ἄλλοι τε αὐτῶν ἦρξαν τὴν ἐνιαυσίαν 'Αθηναίοις
ἀρχὴν καὶ Πεισίστρατος ὁ Ἱππίου τοῦ τυραννεύσαντος υἱός, τοῦ
πάππου ἔχων τοὔνομα, ὃς τῶν δώδεκα θεῶν βωμὸν τὸν ἐν τῇ ἀγορᾷ
ἄρχων ἀνέθηκε καὶ τὸν τοῦ 'Απόλλωνος ἐν Πυθίου. καὶ τῷ μὲν ἐν
τῇ ἀγορᾷ προσοικοδομήσας ὕστερον ὁ δῆμος 'Αθηναίων μεῖζον μῆκος

τοῦ βωμοῦ ἠφάνισε τοὐπίγραμμα· τοῦ δ᾽ ἐν Πυθίου ἔτι καὶ νῦν δῆλόν
ἐστιν ἀμυδροῖς γράμμασι λέγον τάδε· μνῆμα κτλ.

v. 2. Post *TEMENE* fragmenta hastae invenit Kirchhoff l. l.

Cum Thucydides litteras, quas nos facile agnoscimus, non claras
et paene abolitas dicat, Bergk PL. II⁴ 380 not. et Reinach traité
d'epigr. gr. 180 not. monumentum cuius fragmenta etiamnunc exstant,
inferiore aetate ab Atheniensibus renovatum esse putant. Cui opinioni et alia adversantur et litterarum formae quas sexti a. Chr. saeculi esse Kirchhoff l. l. affirmat. Immo aut color quo litterae illitae
erant, detritus erat (Busolt gr. Gesch. I 564, 4) aut titulus sic erat
collocatus ut de plano non facile legi posset.

---

72. Athenis in arce. VI. saec. [Simonidis (132 Bgk.).]

Δεϲμῷ ἐν ἀχνυόεντι ϲιδηρέῳ ἔϲβεϲαν ὕβριν
  παῖδεϲ Ἀθηναίων, ἔργμαϲιν ἐν πολέμου
ἔθνεα Βοιωτῶν καὶ Χαλκιδέων δαμάϲαντεϲ·
  τῶν ἵππουϲ δεκάτην Παλλάδι τάϲδ᾽ ἔθεϲαν.

Herod. 5. 77: Τὰς δὲ πέδας αὐτῶν, ἐν τῇσι ἐδεδέατο, ἀνεκρέ-
μασαν ἐς τὴν ἀκρόπολιν· αἵ περ ἔτι καὶ ἐς ἐμὲ ἦσαν περιεοῦσαι, κρε-
μάμεναι ἐκ τειχέων περιπεφλευσμένων πυρὶ ὑπὸ τοῦ Μήδου, ἀντίον
δὲ τοῦ μεγάρου τοῦ πρὸς ἑσπέρην τετραμμένου. καὶ τῶν λύτρων
τὴν δεκάτην ἀνέθηκαν ποιησάμενοι τέθριππον χάλκεον· τὸ δὲ ἀριστε-
ρῆς χειρὸς ἕστηκε πρῶτον ἐσιόντι (ἐξιόντι C. Wachsmuth)[1] ἐς τὰ
προπύλαια τὰ ἐν τῇ ἀκροπόλι· ἐπιγέγραπται δέ οἱ τάδε· ἔθνεα κτλ.
(hoc ordine 3. 2. 1. 4). Diodor. 10, 24 (exc. Vat.; p. 213 Vogel):
(οἱ Ἀθηναῖοι) ἐκ τῆς ὠφελείας τῆς τῶν Βοιωτῶν δεκάτην (Vogel,
δεκάτης cod.) ἅρμα χαλκοῦν εἰς τὴν ἀκρόπολιν ἀνέθεσαν τόδε τὸ ἐλεγεῖον ⟨ἐπι⟩γράψαντες· ἔθνεα κτλ. (eodem ordine). Anth. Pal. VI 343:
ἄδηλον A | Ἡροδότου Cmᶜ: ἔθνεα κτλ. (eodem ordine). Aristid.
49. 380 (II p. 512 D): καὶ πάντα ἐκεῖνα καλλίω τῶν σῶν οἶμαι λόγων
ἐπιγράμματα, καὶ ἔτι γε μᾶλλον· ἐξ οὗ (ep. n. 269) κτλ. καὶ πρό γε
τούτων· Ἔθνεα — παῖδες Ἀθηναίων, οἶμαι λέγει τὸ ἐπίγραμμα καὶ
πολλὰ ἕτερα. — Νὴ Δί᾽, ἀλλὰ ταῦτα Ἀττικὰ καὶ θερμότερα. CIA.
I 334. Fragmentum basis marmoreae in arce inventum:

ΕΝΑΙΟΝΕΡΑΜ/
ΠΠΟSΔΕΙΛ

vacat

---

1) Quo loco quadrigae steterint, difficile est iudicatu: cf. locos ap. Busolt
gr. Gesch. I 622, 5 et Lolling in Iw. Müller Handb. III 343, 2.

Kirchhoff Sb. der Berl. Akad. 1887 p. 112 = CIA. IV 334a. Fragmentum basis marmoreae in arce inventum:

vacat

v. 1. ἀχλνόεντι Herod. codd. VSP, Diodor., ἀχνυθέντι Herod. codd. C, ἀχνυνθέντι Herod. cod. AB Anth.; ἀχνυόεντι Hecker[1] p. 169 sq. ([2] 132 sq.): nempe in lapide erat AXMVOEMTI (Θ antiquior forma litterae O, recentior litterae Θ); ἀλγινόεντι M. Schmidt Rh. M. 26 p. 200 | ἔσβεσεν Anth. ‖ **v. 2.** ἐκ Herod. cod. ABC. Anth. C (εἰς A[ar]) et Bergk; ἐν rell. | πολέμῳ Diodor. ‖ **v. 4.** ὧν Diod. | ἀνέθεσαν Herodoti cod. Sancroftianus, quo indicio ἀνέθεν scripsit Schneidewin; superflua sane coniectura. τάσδε θέσαν Hartung gr. Lyr. 6. 188.

Anno huius saeculi undeseptuagesimo in Athenarum arce fragmentum marmoris inventum est, cuius litterae ad pentametros huius epigrammatis pertinere bene perspexit Kirchhoff (Monatsb. d. Berl. Ak. 1869 p. 409 sq.). Quod autem ex litterarum forma titulum non ante octogesimam secundam olympiadem (i. e. c. 450 a. Chr.) insculptum esse vidit, quadrigas non post ipsam victoriam (506 a. C.), sed quinquaginta fere annis post dedicatas esse coniecit. Quem contra Bergk (P. L. III[4] p. 477 sq.) secutus opinionem a Kirchhoffio ipso propositam quidem, sed reiectam donum sexto a. Chr. saeculo dedicatum esse contendit, tum bello Persico subversum et renovatum post hostes expulsos. Quod quam recte contenderit, abhinc quattuor annos apparuit, quo anno alius marmoreae basis fragmentum in arce effossum est, cuius litterae ipsae quoque ad nostrum carmen pertinent sextique saeculi notam praebent (v. Kirchhoff Sb. d. Berl. Akad. 1887 p. 112). Unde aliud quoque novi discimus. Veteri enim huic basi versus alio ordine insculpti erant quam quem scriptores omnes nobis tradunt quemque etiam in renovata basi fuisse inde colligere possumus quod in hac litterae στοιχηδὸν scriptae sunt. Quam miram sane rem Kirchhoff ita explicare conatur, ut cum quadrigae renovatae non iam prope vincula captivorum collocatae essent (vide Herodotum), primum versum, cuius initium ea quasi ostenderet, tertio commutatum esse coniciat. Hoc num verum sit nescio; certe hac commutatione constructionem verborum dilucidiorem factam esse nemo, opinor, dicet.

Quis fuerit auctor epigrammatis, nescimus. Neque enim Bergkio concedimus Simonidem fuisse neque eis credimus quae cod. Par. A scholiastae Aristidis p. 351 Frommel exhibet. Ibi enim, ubi narratio de quadrigis relata est, additur: οὕτως ἄγρων ἐν ἐπιγράμματι

ἐπὶ τῷ τεθρίππῳ. Quae verba integra esse recte negant viri docti:
ne enim novum poetam Agronem statuamus, obstat quod scholiasta
non alio fonte quam Herodoto usus est. Bene igitur Hiller Philol.
48, 238 not. ἀναγράφοντες pro ἄγρων scribere mihi videtur (ἀνέγνων
vel ἔγνωμεν Bergk).

---

73. Athenis in Piraeo. V. saec.

Ἀρξάμενοι πρῶτοι τειχίζειν οἵδ' ἀνέθηκαν
βουλῆς καὶ δήμου δόγμασι πειθόμενοι.
⟨Nomina novem archontum.⟩

Harpocrat. (inde Suid. et Phot.) s. v. πρὸς τῇ πυλίδι Ἑρμῆς·
Δημοσθένης ἐν τῷ κατ' Εὐέργου (47, 26). Φιλόχορος ἐν τῇ ε' Ἀθηναίων φησὶν ἀρξαμένων τειχίζειν τὸν Πειραιᾶ οἱ ϑ' ἄρχοντες τοῦτον
ἀναθέντες ἐπέγραψαν· ἀρξάμενοι — πειθόμενοι. Cf. idem s. v. Ἑρμῆς
ὁ πρὸς τῇ πυλίδι· .. Φιλόχορος ἐν ε' Ἀτθίδος φησὶν ὡς οἱ ϑ' ἄρχοντες ταῖς φυλαῖς (cf. Wachsmuth II 34, 2) ἀνέθεσαν Ἑρμῆν παρὰ
πυλῶνα τὸν ἀστικόν (ἀττικόν cod., corr. Leake et Milchhöfer Karten
von Attika I p. 39 sq.).

v. 1. πρῶτοι Bergkio PL. III⁴ 519, offensionem habere videtur (Πείραν i. e.
Πειραιᾶ scribit Rh. M. 39, 619), sed πρῶτον ἄρχεσθαι Graecorum est tautologia.
Cf. πρῶτοι ἦρξαν in ep. n. 154; πρῶτον εὑρίσκειν, πρῶτον ἱδρύεσθαι similia. |
οἵδ' codd., τόνδ' vulgo.

Quaeritur utrum herma, de cuius situ conferas Wachsmuthium
Stadt Athen II 1 p. 33, dedicata sit Themistoclis aetate cum primum
Athenienses Piraeum munire inciperent an Cononis denuo opus susci-
pientis. Atque Koutorga (mém. prés. à l'ac. des inscr. I. sér. 6, 2
p. 129) Cononis aetati tribuit quam aetatem Philochorus quinto libro,
quem affert Harpocratio, describat; neque aliter censet U. de Wilamowitz Kydathen p. 207 n. 12, qui ut confirmet suam sententiam
addit in versu secundo auctorem epigrammatis Simonideum illud
ῥήμασι πειθόμενοι imitatione expressisse. Sed oblitus est ni fallor
vir doctissimus iam Solonem et Theognim consimili clausula usos
esse (Sol. 4, 6 et Theogn. 194 χρήμασι πειθόμενοι, Sol. 4, 11 et
Theogn. 380 ἔργμασι πειθόμενοι, Theogn. 1239 b et 1262 ῥήμασι πειθόμενοι). Neque alterum illud argumentum ita grave est. Potest
enim id quod censuerat olim Wachsmuth (I 519; nunc Wilamowitzio
adsentitur II 34), Philochorus cum Cononis munimenta describeret
prioris munitionis facere mentionem. Nam ne quarto saeculo titulum
tribuamus repugnat non tam quod legimus eos πρώτους τειχίζειν
ἄρξασθαι, quae est Graecorum tautologia, quam quod Piraei muris

iterum aedificandis non archontes, sed τειχοποιούς praefuisse docue-
runt inscriptiones nuper inventae, cf. Mitteil. d. Athen. Inst. III 50 sq.
Itaque minime est probabile archontas quorum potentia quarto saeculo magnopere erat circumcisa quique in opere administrando omnino
non erant occupati, hermam hoc cum titulo dedicasse. De priore
autem munitione quae coepta est Themistocle archonte (a. 493, cf.
G. Hirschfeld Ber. d. sächs. Ges. 1878 p. 13), ex Thucydide I 93 [1])
colligere possumus archontem eponymum operi inchoando praefuisse.

----

74. Athenis in arce. VI. vel V. saec.

Διφίλου Ἀνθεμίων τόνδ' ἵππον θεοῖς ἀνέθηκεν
θητικοῦ ἀντὶ τέλους ἱππάδ' ἀμειψάμενος.

Aristot. de Ath. rep. 7: σημεῖον δὲ φέρουσι (sc. τοῦ ἱππάδα
τελεῖν τοὺς ἱπποτροφεῖν δυναμένους) τό τε ὄνομα τοῦ τέλους ὡς ἂν
ἀπὸ τοῦ πράγματος κείμενον καὶ τὰ ἀναθήματα τῶν ἀρχαίων. ἀνάκειται γὰρ ἐν ἀκροπόλει εἰκὼν [Διφίλου] ἐ⟨φ' ᾗ ἐπ⟩ιγέγραπται τάδε·
Διφίλου — ἀμειψάμενος. καὶ παρέστηκεν ἵππος ἐκμαρτυρῶν ὡς τὴν
ἱππάδα τοῦτο σημα⟨ί⟩νουσ⟨α⟩ν (σημαίνει corr. editor). Pollux 8. 131:
Ἀνθεμίων δὲ ὁ Διφίλου καλλωπίζεται δι' ἐπιγράμματος, ὅτι ἀπὸ τοῦ
θητικοῦ τέλους εἰς τὴν ἱππάδα μετέστη καὶ εἰκών ἐστιν ἐν ἀκροπόλει
ἵππος ἀνδρὶ παρεστηκώς· καὶ τὸ ἐπίγραμμα· Διφίλου — ἀμειψάμενος.

v. 1. ἵππον τόνδε Poll., corr. editt. | Aristoteles ex memoria, opinor, referens
exhibet pentametrum: Διφίλου Ἀνθεμίων τήνδ' ἀνέθηκε θεοῖς quem genuinum
censet Kenyon; sed vix crediderim inscriptionem vetustam (ἀναθήματα τῶν
ἀρχαίων) ex duobus pentametris ccnstitisse. Exempla quidem id genus titulo-
rum, quae Kaibel in ind. p. 702 affert, sunt recentissima. | τόνδ' ἵππον] ἄνδρα
παρεστηκότα in versibus omitti non mirum; cf. n. 116, ubi item altera tantum
pars donarii in titulo commemoratur. | θεοῖς] de hac synizesi cf. ad n. 60.

In anaglyphis saepius equi ad ordinem equestrem significandum
additi sunt, cf. Goettling ind. lect. Ien. 1861 p. 7 (= opusc. acad. 243).

----

75. Athenis in academia. saec. IV. Speusippi.

Ἐνθά]δ' ἔθ[ηκε] θεὰς Χάριτας [Μού]caιc[..cε..
Cπεύcιππ[ος cοφίας εἵν]εκα δῶρα τελῶ[ν.

----

1) ἔπεισε δὲ καὶ τοῦ Πειραιῶς τὰ λοιπὰ ὁ Θεμιστοκλῆς οἰκοδομεῖν —
ὑπῆρκτο δ' αὐτοῦ (sc. τοῦ Π. τειχισμοῦ) πρότερον ἐπὶ τῆς ἐκείνου ἀρχῆς
ἧς κατ' ἐνιαυτὸν Ἀθηναίοις ἦρξε. — Id quod nunc dicit Wachsmuth (II 34),
quinto saeculo vix licuisse archontibus nomina in publico opere inscribere, hoc
cadit in titulos honorarios, non item in deis dicatos. [Cf. nunc W. Iudeich in
ann. philol. 1890, 725.]

Philodem ind. acad. col. 6 ab imo 10 Buech.: οὕτω ἐπιγέγραπται· ... Appono ectypum sec. Voll. Hercul. alt. coll. I f. 162:

```
ΟΥΛ  Ε    ΤΡΑ ΤΑΙ
ΔΕ6      ΘΕΛΣΧΑΡΙΤΑΣΥ
ΟΑΙΟ   ΟΕ  ΟΤΕΥΟΙΠΤ
    Λ ΩΙ    .ΙΕΚΑΔΩΡΑΤΕ
```

Cf. Laert. Diog. 4. 1: (Σπεύσιππος) Χαρίτων ἀγάλματ' ἀνέθηκεν ἐν τῷ μουσείῳ τῷ ὑπὸ Πλάτωνος ἐν Ἀκαδημίᾳ ἱδρυθέντι.

Epigramma agnovit Bücheler cuius quae recepi sunt supplementa. — v. 1. B. proponit etiam τάσ]δε θ[εῆσι] θεὰς et ἀνέθηκε in clausula; sed displicet θεῆσι in Attico epigrammate quarti saeculi; in fine versus putabam Μούσαισι παρέδρους vel simile quid (ὀπαδοὺς R. Schoell, ἑταίρας Stadtm.) fuisse; sed litterae repugnare videntur spatio; fortasse Μούσαισι λιγείαις. Musas Gratiis sociari solere notum est, cf. A. Pal. VII 416 etc. ‖ v. 2. σοφίης suppl. B., debebat σοφίας. Cf. epigr. Larisae inventum IV. saec. in Mitt. d. Ath. Inst. 8, 23: Μούσαις Εὐρυδάμας ἀνέθηκε υἱὸς Κρατεραίου· τόμ ποτε μὴ λείποι τερψίχορος σοφία. Kaib. 845, 3: τοὔνεκα σοι σοφίας ἔδοσαν γέρας (Μοῖσαι); Anth. Pal. VI 338 ‖ δῶρα τελῶν] cf. Kaibel 877a, 4 (add.).

76. Athenis in templo Iovis Eleutherii. III. saec.

"Ηδ' ἄρα δὴ ποθέουσα νέαν ἔτι Κυδίου ἥβην
ἀσπὶς ἀριζήλου φωτός, ἄγαλμα Διί,
ἃς διὰ δὴ πρώτας λαιὸν τότε πῆχυν ἔτεινεν
εὖτ' ἐπὶ τὸν Γαλάταν ἤκμασε θοῦρος "Αρης.

Pausan. 10. 21. 5 (ex eodem auctore quo in enarrandis bellis Galatarum usus est, v. Gurlitt Pausanias 339): αὐτῶν δὲ Ἀθηναίων Κυδίας μάλιστα ἐγένετο ἀγαθός, νέος τε ἡλικίαν καὶ τότε ἐς ἀγῶνα ἐλθὼν πολέμου πρῶτον. ἀποθανόντος δὲ ὑπὸ τῶν Γαλατῶν τὴν ἀσπίδα οἱ προσήκοντες (cf. Wachsmuth Athen II 1, 409 not.) ἀνέθεσαν τῷ Ἐλευθερίῳ Διί, καὶ ἦν τὸ ἐπίγραμμα· ἥδ' ἄρα — "Αρη. τοῦτο μὲν δὴ ἐπεγέγραπτο πρὶν ἢ τοὺς ὁμοῦ Σύλλα καὶ ἄλλα τῶν Ἀθήνησι καὶ τὰς ἐν τῇ στοᾷ τοῦ Ἐλευθερίου Διὸς καθελεῖν ἀσπίδας.

v. 1. ἢ μαρδαλη M, ἢ μαρλαϑ η Ag, ἡμαρλαδιη Lb(?), ἢ μάλα δὴ rell. excepto Pc in quo epigr. initium evanuit; ἦμαι δὴ Iacobs, ἄδ' ἄρα δὴ Bergk opusc. II 286, quem secutus sum; ἤμμαι δὴ Hecker² p. 70 sq.; σμερδαλέη ποθέουσα Stadtm. Ad particulam δή cf. Kaib. 488 et 550 b, Anth. P. VII 192. | νέαν ἥβην] cf. K. 1. 3 νεαρὰν ἥβην. ‖ v. 3. ἧς et πρώτης Hecker | τότε Spengel; ὁπότε M Vab Pc Ag Lb, ποτε cett. ‖ v. 4. θοῦρον Va Pc M Lb (hi duo etiam ἤκμασεν), θοῦρος rell.; Γαλατᾶν ἤκμασε θοῦρον "Αρη Bergk.

Cum Bergk etiam contra codicum auctoritatem Doricas formas exhibeat in epigrammate, Hecker omnia huius dialecti vestigia tollit, quia Cydias fuerit Atheniensis. Ego nihil mutavi: apparet enim ex multis inde a tertio saeculo inscriptionibus, quas collegit R. Wagner in quaest. de epigr. 17 sq., si ad adolescentes et ad certamina spectabant epigrammata, saepe patriae dialecto admixtas esse formas Doricas.

77. Plataeis, in Dianae Eucleae templo. 479 a. C.

Εὐχίδας Πυθῶδε θρέξας ἦλθε τᾷδ' αὐθάμερον.

Plutarch. Aristid. 20: . . ἐκ δὲ Πλαταιέων Εὐχίδας ὑποσχόμενος ὡς ἐνδέχεται τάχιστα κομιεῖν τὸ παρὰ τοῦ θεοῦ πῦρ ἧκεν εἰς Δελφούς. Ἁγνίσας δὲ τὸ σῶμα καὶ περιρρανάμενος, ἐστεφανώσατο δάφνῃ· καὶ λαβὼν ἀπὸ τοῦ βωμοῦ τὸ πῦρ, δρόμῳ πάλιν εἰς τὰς Πλαταιὰς ἐχώρει, καὶ πρὸ ἡλίου δυσμῶν ἐπανῆλθε τῆς αὐτῆς ἡμέρας χιλίους σταδίους ἀνύσας. Ἀσπασάμενος δὲ τοὺς πολίτας καὶ τὸ πῦρ παραδούς, εὐθὺς ἔπεσε καὶ μετὰ μικρὸν ἐξέπνευσεν. Ἀράμενοι δ' αὐτὸν οἱ Πλαταιεῖς ἔθαψαν ἐν τῷ ἱερῷ τῆς Εὐκλείας Ἀρτέμιδος, ἐπιγράψαντες τόδε τὸ τετράμετρον· Εὐχίδας κτλ.

πυθῶδε ll., corr. Schäfer | τᾷδ' ll., nisi quod τάδ' a. Cf. Meister gr. Dial. I 217 | αὐθήμετον ll., correxi.

Ingens sane mille stadiorum spatium Euchidam uno die i. e. viginti quattuor horis emensum esse auctor est Plutarchus. . Neque autem est cur ei diffidamus: similia enim spatia hemerodromos, quos vocant, cucurrisse et scriptores[1]) tradunt et titulus Epidaurius (Ephem. epigr. 1885 p. 194):

Δρυμὸς παῖς Θεοδώρου ὀλυμπικὸν ἐνθάδ' ἀγῶνα
ἤγγειλ' αὐθῆμαρ δρομέων θεοῦ εἰς κλυτὸν ἄλσος
ἀνδρείας παράδειγμα, πατρὶς δέ μοι ἵππιον Ἄργος.

Distat autem Epidaurus ab Olympia CLV fere cilometra.

Ut igitur hoc recte Plutarchus mihi tradere videtur, sic eidem fidem derogo dicenti Euchidam reversum statim animam exhalasse, et publice in templo esse sepultum ibique ei epitaphium scriptum. Optime enim R. Schoell animadvertit titulum, quem Plutarchus nobiscum communicat, nequaquam sepulcralem esse sed dedicatorium, nullum enim vestigium inesse epitaphii. Quod quam recte iudicaverit,

---

1) Distant Delphi a Plataeis D stadia [Attico-Aeginetica] = 82 cilometra. De hemerodromis egit I. Lipsius in epistol. centuria singul. ad Italos et Hispanos n. 49. Qui affert praeter Phidippiden duobus diebus MCCLX stadia emensum Anystim (Plin. 7. 81), Philonidem (Plin. ib. et 2. 181), Indacum (Suid.), Philippum (Curtius 8. 10. 35). E quibus Philonides uno die (Plin. 7. 81 — quod idem 2. 181 dicit eum iter novem horis confecisse, hoc incredibile est —) ex Sicyone Elim cucurrisse traditur, quod spatium Plinius modo MCCCV, modo MCC stadia (CCXXXVII vel CCXVIII cilom.) esse dicit, ego in mappis CLX cilometra mensus sum, ut idem fere sit spatium quod Euchidae.

nunc ex titulo Epidaurio paene gemino facile videmus. Euchidas igitur in memoriam praeclari, quem fecerat, cursus tabulam titulumque dedicavit in templo Eucleae: inde mystagogi eam fabellam excogitaverunt quae exstat apud Plutarchum.

---

78. Plataeis. V. saec. Simonidis? (140 Bgk).

Τόνδε πόθ᾽ Ἕλληνες Νίκης κράτει, ἔργῳ Ἄρηος,
εὐτόλμῳ ψυχῆς λήματι πειθόμενοι,
Πέρσας ἐξελάσαντες ἐλευθέρᾳ Ἑλλάδι κοινὸν
ἱδρύσαντο Διὸς βωμὸν Ἐλευθερίου.

Plut. Aristid. 19: καὶ τὸν βωμὸν οὐκ ἂν ἐπέγραψαν οὕτως, εἰ μόνοι τρεῖς πόλεις ἠγωνίσαντο τῶν ἄλλων ἀτρέμα καθεζομένων· τόνδε κτλ. Plut. de mal. Herodot. 42: τέλος δὲ (Ἀθηναῖοι καὶ Λακεδαιμόνιοι) τῷ βωμῷ τὸ ἐπίγραμμα τοῦτο γράφοντες ἐνεχάραξαν· τόνδε κτλ. Anth. Pal. VI 50 (ex Meleagri corona): εἰς ναὸν ἀνατεθέντα τῷ Διΐ A | Σιμωνίδου A^ar et C. | Anth. Plan. Σιμωνίδου. Conf. Pausan. 9. 2. 5: Λακεδαιμονίων δὲ καὶ Ἀθηναίων τοῖς πεσοῦσιν ἰδίᾳ τέ εἰσιν οἱ τάφοι καὶ ἐλεγεῖά ἐστι Σιμωνίδου γεγραμμένα ἐπ᾽ αὐτοῖς. οὐ πόρρω δὲ ἀπὸ τοῦ κοινοῦ τῶν Ἑλλήνων Διός ἐστιν Ἐλευθερίου βωμός· ... τοῦ Διὸς δὲ τόν τε βωμὸν καὶ τὸ ἄγαλμα ἐποίησαν λευκοῦ λίθου. Aristid. I p. 240 Ddf.: βωμὸς Ἐλευθερίου Διὸς αὐτῷ τε τῷ θεῷ χαριστήριον καὶ τοῖς κατορθώσασι μνημεῖον ἐπ᾽ αὐτοῦ τοῦ τόπου τῶν ἔργων ἐστάθη, κοινὴν ἔχον παράκλησιν τοῖς Ἕλλησιν εἴς τε ὁμόνοιαν καὶ τὸ τῶν βαρβάρων καταφρονεῖν.

v. 1. ἕλλανες Anth. Pal. | νίκης κράτει Plut. mal. H., νίκας κράτει Plut. Arist., ῥώμῃ χερὸς Anth. P. et Pl.; Νίκης κράτει Sintenis | ἔργῳ Ἄρηος] πόθῳ ἄργεος vel ἄργος cod. Fa et L Plut. Arist., ἔργον Ἄρηος Plan.; νίκης κρατεῖ ἔργῳ Ἀ. (ab adiectivo κρατύς) olim Schneidewin, sed ipse reiecit in delectu, νίκας κρατερεργέος εἴνεκ᾽ Hartung, Gr. L. 6. 197, νίκης κράτει, ἔρνος vel ὅζοι Ἄρηος M. Schmidt Rh. M. 26 p. 200. ‖ v. 2. om. Plut. v. Arist. et cod. Par. de H. mal. | λάματι Anth. Pal. ‖ v. 3. ἐλεύθερον Anth. Pal. et Plan. et Plut. Arist. | κόσμον Anth. Pal. et Plan.

Non antiquum esse titulum Kaibel Rh. M. 28, 447 contendit, quia Pausanias (v. supra), cum sepulcra Atheniensium et Lacedaemoniorum epigrammatis Simonidis ornata afferat, de Iovis arae inscriptione ne verbum quidem faciat. Sed ex periegetae silentio nobis nunquam licere concludere quidquam luculenter demonstrat Olympia effossa (Gurlitt über Pausan. p. 197 et passim). Neque verisimile est aram bellis Medicis confectis consecratam (v. Frick ann. philol. Suppl. III p. 533) omni inscriptione caruisse.

Simonidem auctorem esse etsi sola Anthologia tradit, tamen

hoc lemma dialecto Ionica, quae alio modo vix explicari potest, con-
firmari mihi videtur. Anthologiae enim Palatinae Doricas quasdam
formas et hic et in multis aliis epigrammatis tradenti fides deroganda
est, cum Ἄρηος Dorice scriptum nullo modo queat versui adaptari,
neque λᾶμα videatur Dorica esse forma.

79. Thebis in Apollinis Ismenii templo[1]). VI. fere saec.

Ἀμφιτρύων μ' ἀνέθηκεν ἑλὼν ἀπὸ Τηλεβοάων.

Herod. 5. 59: Εἶδον δὲ καὶ αὐτὸς Καδμήια γράμματα ἐν τῷ
ἱερῷ τοῦ Ἀπόλλωνος τοῦ Ἰσμηνίου ἐν Θήβῃσι τῇσι Βοιωτῶν ἐπὶ τρί-
ποσί τισι ἐγκεκολαμμένα, τὰ πολλὰ ὅμοια ὄντα τοῖσι Ἰωνικοῖσι. ὁ μὲν
δὲ εἷς τῶν τριπόδων ἐπίγραμμα ἔχει· Ἀμφιτρύων — Τηλεβοάων.
ταῦτα ἡλικίην εἴη ἂν κατὰ Λάϊον τὸν Λαβδάκου τοῦ Πολυδώρου τοῦ
Κάδμου. Schol. Dion. Thrac. in B. A. p. 784, 29 = Cram. Anecd.
Oxon. 4. 320, 5: ἀλλὰ καὶ ἐν Πυθοῖ ἦν λέβης ἐπιγεγραμμένος· Ἀμφιτρύων — Τηλεβοάων. Anth. Pal. VI 6: εἰς τὸν ἐν Πυθοῖ λέβητα
ἐκ τοῦ Ἡροδότου A in t, add. Lmᶜ: εἰς τὸν ἐν Πυθοῖ λέβητα.

ἀνέθηκεν ἑὼν Herod. Anth. (ἑῶν Aᵃᶜ), λαβὼν schol.; ἔων Iacobs „ab antiquo
verbo ἔω eo“, νέων Bentley, ἰὼν Maffei (ars crit. lap.), κίων alii, ἑῶν Salmasius
(duar. inscript. vet. Herodis Attici expl. p. 54), ἰόντ' vel (ἀνέθηκ') ἀνιὼν Valckenaer, (ἀνέθηκ') ἐλθὼν Bähr, νεῶν O. Müller, λεὼ Valla, θεῷ Stein, ἔχων vel
ἑλὼν Meineke, hoc probat R. Unger qui fuse de his coniecturis virorum doctorum egit in Zeitschr. f. Altert. 1844 p. 233, cf. epigramma n. 94 Φοῖβε ἄναξ,
δῶρόν τοι ἑλὼν τόδ' Ὅμηρος ἔδωκα; oraculum ap. Athen. 6. 232 f πάγχρυσον
φέρε κόσμον ἑλὼν ἀπὸ σῆς ἀλόχοιο; epigramma hexametrum esse negat Bergk
opusc. 2. 399, ubi proponit ἀνέθηκεν ‖ νηῶν vel νήσων; idem quae Griech. Liter.
1. 385 hariolatur, de iis infra agam.

Falli videtur Bergk in eis quae de metro huius versiculi sacerdotum fraude haud multo ante Herodoti tempora ficti tripodique
incisi disserit (Gr. Literaturg. 1. 385). Cum enim Herodotus duos,
quos subiunxit, titulos Scaei et Laodamantis (n. 80) ἑξαμέτρῳ τόνῳ
scripta esse dicat, inde sequi contendit ut in Amphitryonis epigrammate, quod primo loco affertur, poetam alio metro usum esse putaverit. Atque corruptum esse versum etiam ex Pausania colligi posse
qui eundem tripodem memoraverit in Boeoticis 9. 10. 4: ἐπιφανὴς δὲ
μάλιστα (sc. ἐν τῷ Ἰσμηνίῳ) ἐπί τε ἀρχαιότητι καὶ τοῦ ἀναθέντος τῇ
δόξῃ τρίπους ἐστὶν Ἀμφιτρύωνος ἀνάθημα ἐπὶ Ἡρακλεῖ δαφνηφορή-
σαντι. Inde inscriptionem prisco quodam metro conscriptam hanc
fere fuisse: Τὠπόλλωνι | Ἀμφιτρύων μ' ἀνέθηκεν | ὑπὲρ τοῦ παιδὸς |

---

1) Nempe falsa tradunt grammatici et Anthol. Πυθοῖ dedicatum esse tripodem, quod ex dei nomine efficiebant.

ἑλὼν ἀπὸ Τηλεβοάων. Sed minime licet, quod de metro nihil adnotat Herodotus, inde id concludere quod conclusit Bergk; immo cum Scaei et Laodamantis disticha non imparibus uterentur versibus quae forma Herodoti aetate in eiusmodi titulis vulgo valebat, sed ex duobus hexametris constarent, mentionem illam fecit de metro, quam omittere par fuit in primo epigrammate, quippe quod monostichon non discreparet ab aliorum monostichorum consuetudine. Neque omnino verisimile est sacerdotes finxisse unum atque eundem tripodem et ob victoriam de Telebois reportatam et propter Herculis daphnephoriam dicatum esse. Immo plane alium tripodem respexit Pausanias cuius titulum ipsum quoque exstare Bergkium latuit. Est autem in tabula in villa Albani servata p. 43 (Jahn-Mich.):

'Αμφιτρύων ὑπὲρ 'Αλκαίου τρίποδ' 'Απόλλωνι.

[Τοῦ]το[ν ὑπὲρ 'Ηρ]ακλέους φασ[ὶν δαφ]νηφορήσαν[τος ἀν]ατεθῆναι· τὸ γὰρ ἐ|ξ ἀρχ]ῆς οὐχ 'Ηρακλῆ ἀλλ' 'Αλ[κ]α[ῖ]ον αὐτὸν καλεῖσθαι.[1]

80. Thebis, in Apollinis Ismenii templo. VI. fere saec.

a) (= n.139) Cκαῖοc πυγμαχέων με Fεκηβόλῳ 'Απόλλωνι
νικήcαc ἀνέθηκε τεῖν περικαλλὲc ἄγαλμα.

b) Λαοδάμαc τρίποδ' αὐτὸν ἐücκόπῳ 'Απόλλωνι
μουναρχέων ἀνέθηκε τεῖν περικαλλὲc ἄγαλμα.

Herod. 5. 60: ἕτερος δὲ τρίπους ἐν ἑξαμέτρῳ τόνῳ λέγει· Σκαῖος — ἄγαλμα. Σκαῖος δ' ἂν εἴη ὁ Ἱπποκόωντος, εἰ δὴ οὗτός γε ἐστὶ ὁ ἀναθεὶς καὶ μὴ ἄλλος τωὐτὸ οὔνομα ἔχων τῷ Ἱπποκόωντος, ἡλικίην κατὰ Οἰδίπουν τὸν Λαῖον. c. 61: τρίτος δὲ τρίπους λέγει καὶ οὗτος ἐν ἑξαμέτρῳ· Λαοδάμας — ἄγαλμα. ἐπὶ τούτου δὴ τοῦ Λαοδάμαντος τοῦ Ἐτεοκλέους μουναρχέοντος ἐξανιστέαται Καδμεῖοι. Anth. Pal. VI 7. 8 bis lemma: εἰς τὸν αὐτὸν ἐκ τοῦ αὐτοῦ Am^e. Suid. s. v. τεῖν affert prioris epigrammatis versum secundum.

a) v. 1. σκαιὸς Anth. | ἑκηβόλῳ codd. ‖ v. 2. Imitatus est Lucian. Anth. XVI (app. Plan.) 164 Σοὶ μορφῆς ἀνέθηκα τεῆς περικαλλὲς ἄγαλμα | τεῖν hic et

---

1) Thebae praeter cetera oppida ornatae fuisse videntur inscriptionibus quae ad fabulosa tempora spectabant: ad duos enim quos modo tractavi titulos accedit tertius Amphitryonis n. 205 et Laodamantis n. 80, Lini deinde epitaphium n. 18 et inscriptiones, quae ad Oncae Minervae templum et ad beatas insulas pertinent n. 204 et 206. — De alia ficta Alcaei inscriptione, quae num revera exstiterit ego dubito, vide Sext. Empir. adv. phys. I 36 p. 398 sq.: ἦν μὲν γὰρ ἐξ ἀρχῆς, ὡς φασίν, 'Αλκαῖος τοὔνομα, ὑπέδραμε δὲ τὴν 'Ηρακλέους προσηγορίαν νομιζομένου παρὰ τοῖς τότε θεοῦ. ὅθεν καὶ ἐν Θήβαις λόγος ἔχει πάλαι ποτὲ ἀνδριάντα ἴδιον 'Ηρακλέους εὑρῆσθαι ἐπιγραφὴν ἔχοντα· 'Αλκαῖος 'Αμφιτρύωνος 'Ηρακλεῖ χαριστήριον.

infra Anth. A^{ar}, corr. C; τεῖν est dativus pronominis = σοι cuius appositio est Ϝεκηβόλῳ Ἀπόλλωνι; cf. Kaibel EG 275 ᾗ τεῦξεν ἐμοί et vetustum Euboeicum titulum IGA 7 . . ὅ]ς μ᾿ ἐποίησεν | τόνδε β]όλον κτλ. Adverbium esse τέῖν = τεῖνδε (Theocr.) τεῖδε τῆδε vult Bergk (gr. Liter. 1. 204 et ad Theogn. 467), sed vocalium diaeresis quomodo in hoc adverbio explicari possit nescio.

b) v. 1. αὐτὸν codd., αὐτὸς Schweigh., αὐτόθ᾿ Stein, αἴθὸν Stadtmüller ann. philol. 135 p. 542 coll. Pind. P. 8, 46; ὤτον Bgk. quod num pro ὠτωέντα usurpari possit dubito; neque intellego quomodo OFATON — sic enim, non ΩΤΟΝ in lapide scriptum fuisse contendit — metro adaptetur ‖ v. 2. μοννομαχέων? Stadtmüller.

Maffeius in Arte critica lapidaria p. 22 primus quod sciam eis, quae de aetate titulorum Herodotus tradit, fidem derogavit et epigrammata sacerdotum fraude haud multo ante illius tempora ficta tripodibusque incisa esse contendit. Hanc Maffei opinionem quam Wolf Westermann alii amplexi sunt, reiecit Bergk (gr. Lit. 1. 204 et ad Theogn. 467) et epigrammata quae inter vicesimam et tricesimam olympiada scripta essent non ad fabulosos illos heroes, sed ad pugilem quendam Scaeum et ad Laodamanta magistratu functum cui μόναρχος nomen esset spectare contendit. Ego in Scaei quidem epigrammate Bergkium rem acu tetigisse censeo; cum enim ipse Herodotus ambigat utrum tripus referendus sit ad priscum illum Hippocoontis filium necne, inde id certe licet colligas non adeo celebratum illum fuisse fabulis ac narrationibus ut ei falsus tripus cum epigrammate a sacerdotibus subditus esse putandus esset. De Laodamantis vero titulo Bergkii sententiae non possum accedere. Neque enim unquam Thebis iis temporibus quorum certam habemus memoriam, μόναρχος magistratus nomen exstitit, alterius autem civitatis μοννναρχέοντα[1]) propterea quod hoc ipso munere functus esset, Thebano Apollini dono tripodem dedisse veri est dissimillimum. Huc accedit quod cum nomine Λαοδάμας ionica forma μοννναρχέων non convenit. Immo certe nemo alius significatur quam quem dicit Herodotus, Laodamas Eteoclis filius idemque Thebanorum rex. Cuius nomini cum tripodem supposituri essent sacerdotes et idoneam circumspicerent inscriptionem, donarii in eodem templo collocati titulo ad eam conficiendam abuti non dubitaverunt. Neque enim negari potest id quod obiter monuit Iacobs (animadv. ad Anth. gr. III 1 p. 372) falsarium quam diligentissime etsi parum feliciter Scaei epigrammatis legisse vestigia. Quid? Laodamantis nomen cum non totidem syllabis contineretur quot verba Σκαῖος πυγμαχέων, lacunam ille versificator vocabulis τρίποδ᾿ αὐτὸν inserendis inepte explevit et cum pronominis αὐτὸν syllaba posterior ante Ϝεκηβόλῳ corripi ne-

---

1) Exstitit magistratus μόναρχος in una Co insula, de quo egit Dittenberger in ind. Hal. 1885/86 p. XIII sqq.

quiret, epitheton ἐϋσκόπῳ in eius substituit locum: cave enim putes ob ullam aliam causam ἐϋσκόπῳ pro Ϝεκηβόλῳ poetam dixisse, quod adiectivum Mercuri et Dianae nomini nec vero Apollinis adponi memini.

81. In monte Helicone; ante Alcidamantem?

Ἡσίοδος Μούσαις Ἑλικωνίσι τόνδ' ἀνέθηκεν
ὕμνῳ νικήσας ἐν Χαλκίδι θεῖον Ὅμηρον.

Certamen 205 Ni.: Τῆς μὲν οὖν νίκης οὕτω φασὶ τυχεῖν τὸν Ἡσίοδον καὶ λαβόντα τρίποδα χαλκοῦν ἀναθεῖναι ταῖς Μούσαις ἐπιγράψαντα· Ἡσίοδος κτλ. Dio Chrysost. p. 76 R. (1 p. 21 Dind.): οὐκ ἀκήκοας τὸ ἐπίγραμμα τὸ ἐν Ἑλικῶνι ἐπὶ τοῦ τρίποδος· Ἡσίοδος κτλ.; Proculi chrest. p. 232, 20 W.: ἄθλιοι δὲ οἱ τὸ αἴνιγμα [ἐπίγραμμα corr. Christ Literaturg.[1] 66, 3] πλάσαντες τοῦτο· Ἡσίοδος κτλ. ἀλλὰ γὰρ ἐπλανήθησαν ἐκ τῶν Ἡσιοδείων Ἡμερῶν. ἕτερον γάρ τι σημαίνει (sc. Ἡσίοδος ἐν ἡμ. 657). Anth. Pal. bis: VII 53 (1): εἰς τοῦ αὐτοῦ Ἡσιόδου ἀνάθημα A (lemma iteravit Lmᶜ: εἰς ἡσίοδον) et inter anathematica p. 207 (2), quo loco et lemma (mᵉ) ἀνάθημα Ἡσιόδου et epigramma a C scriptum est.[1]) Anth. Plan.: ἀναθηματικὸν εἰς αὐτόν. — Liban. apol. Socr. III p. 22 R.: ἠγωνίσατό ποτε Ὁμήρῳ Ἡσίοδος καὶ τοῦτο αὐτὸς Ἡσίοδος ἐν ἐπιγράμματι διδάσκει φιλοτιμούμενος καὶ λέγων νενικηκέναι τὸν Ὅμηρον. Gell. 3. 11. 3: M. Varro in primo de imaginibus .. dicit .. non esse dubium quin aliquo tempore eodem vixerint (Homerus et Hesiodus) idque ex epigrammate tripodis ostendi, qui in monte Helicone ab Hesiodo positus traditur. Schol. ad Hesiod. opp. 652: (Πλούταρχός φησι·) .. νικῆσαι δὲ ἀγωνιζομένων τὸν Ἡσίοδον καὶ ἄθλον μουσικὸν τρίποδα λαβεῖν καὶ ἀναθεῖναι τοῦτον ἐν Ἑλικῶνι, ὅπου καὶ κάτοχος ἐγεγόνει ταῖς Μούσαις καὶ ἐπίγραμμα ἐπὶ τούτῳ θρυλλοῦσι. — Cf. Paus. 9. 31. 3: Ἐν δὲ τῷ Ἑλικῶνι καὶ ἄλλοι τρίποδες κεῖνται καὶ ἀρχαιότατος ὃν ἐν Χαλκίδι λαβεῖν τῇ ἐπ' Εὐρίπῳ λέγουσιν Ἡσίοδον νικήσαντα ᾠδῇ.

Medii aevi versiones exstant in CIL III 1 p. 32* (287*). Epigramma in lapide se _nvenisse mentitus est Cyriacus Anconitanus, v. Mommsen Jahrbuch d. k. pr. Kunstsamml. IV (1883) p. 78.

v. 1. ἡσίοδον Anth. P. 1 Aᵃʳ, corr. C | Μούσης Rzach | ἑλικωνίσι τᾶιδ' (Cᵖᶜ, τάδ' Cᵃᶜ) Anth. P. 2, ἑλικωνιάσι τῶδ' Anth. P. 1, ἑλικωνίσι τῇδ' Anth. Plan. |

---

1) „P. 215 et 216 scripsit A epigramma inter sepulcralia (VII 53), sed C utrique versui add. ab initio et in fine signum ϡ, i. e. obelum suum quo epigramma hoc loco delendum iudicavit (cf. ann. philol. 139 p. 756). Etenim ipse C scripsit epigramma inter anathematica p. 207 in margine superiore cum lemmate (mᵉ) ἀνάθημα ἡσιόδου." Stadtmueller.

ἀνέϑηκα Anth. Pal. utroque loco et Plan. ‖ **v. 2.** ὕμνον Proculi cod. M | χαϱκίδι Anth. Pal. 1 | δἷον Proculi cod. E.

In libello qui inscribitur de Homeri et Hesiodi certamine, inde a lin. 51 N. primum altercationes horum poetarum memorantur, deinde quos uterque versus utpote pulcherrimos suorum carminum pronuntiaverit. Quibus enarratis subiungitur epigramma ab Hesiodo in tripode Delphico inscriptum, in quo poeta non altercatione, non illis Operum versibus, sed hymno vicisse dicitur. Inde sequitur epigramma sive ab Alcidamante (Rh. M. 25, 528 sqq.) sive a posteriore editore aliunde sumptum et inepte narrationi subiectum esse. Pertinebat autem ad aliam fabulae versionem quam eandem invenimus apud Hesiodi interpolatorem Opp. 656:

> ἔνϑα μέ φημι
> ὕμνῳ νικήσαντα φέρειν τρίποδ᾽ ὠτώεντα·
> τὸν μὲν ἐγὼ Μούσῃς Ἑλικωνιάδεσσ᾽ ἀνέϑηκα.

Hos versus imitatus est epigrammatis poeta, cf. Rohde Rh. M. 36, 421 not.

Atque tripodem Hesiodi in monte Helicone ostendi Pausanias periegeta tradit, in quo epigramma inscriptum fuisse etsi ille dicere omisit, tamen nos reliquis testibus credere oportet; v. ad ep. n. 78.

---

82. Prope Coroneam. 411 a. C.

> Οἵδ᾽ ἀπὸ πεντήκοντα νεῶν θάνατον προφυγόντες
> πρὸς σκοπέλοισιν Ἄθω σώματα γῇ πέλασαν
> δώδεκα, τοὺς δ᾽ ἄλλους ὄλεσεν μέγα λαῖτμα θαλάσσης
> νῆάς τε στυγεροῖς πνεύμασι χρησαμένας.
> ⟨Duodecim nomina.⟩

Diodor. 13. 41 Spartiatarum classem Epicle duce paene totam deletam esse postquam narravit, sic pergit: δηλοῖ δὲ τὸ περὶ τούτων ἀνάθημα κείμενον ἐν τῷ περὶ Κορώνειαν νεῷ, καθάπερ φησὶν Ἔφορος, τὴν ἐπιγραφὴν ἔχον ταύτην· οἵδ᾽ — χρησαμένας.

De re v. Grote Gesch. Griechenl. IV p. 394 n. 20 (Meissner); de dialecto versuum prolegg. § 9.

---

83. Delphis. V. saec. Simonidis? (141 Bgk).

> Φημὶ Γέλων᾽ Ἱέρωνα Πολύζηλον Θρασύβουλον,
> παῖδας Δεινομένευς, τὸν τρίποδ᾽ ἀνθέμεναι
> ἐξ ἑκατὸν λιτρῶν καὶ πεντήκοντα ταλάντων
> *Δαρετίου χρυσοῦ, τῆς δεκάτης δεκάτην,
> βάρβαρα νικήσαντας ἔθνη, πολλὴν δὲ παρασχεῖν
> σύμμαχον Ἕλλησιν χεῖρ᾽ ἐς ἐλευθερίην.

5

Schol. Pind. pyth. I 155: *Φασὶ δὲ τὸν Γέλωνα τοὺς ἀδελφοὺς φιλοφρονούμενον ἀναθεῖναι τῷ θεῷ χρυσοῦς τρίποδας ἐπιγράψαντα ταῦτα· φημὶ — ἀνθέμεναι* et *βάρβαρα — ἐλευθερίην.* Anth. Pal. VI 214: *Ἀνάθημα τοῦ αὐτοῦ* A | *Σιμωνίδου* C: *Φημὶ — δεκάταν.* Inde Suidas s. v. *Δαρετίου· τὸν τρίποδ' — δεκάταν.*

v. 1. Loquitur inscriptio ipsa, cf. n. 148 | *φαμί* et *Πολύζαλον* Schneidew. ‖ **v. 2.** *Διομένευς* Anth. | *τοὺς τρίποδας θέμεναι* schol. consentiens cum suis ipsius verbis, sed unum fuisse tripodem praeter Anthologiam etiam a Diodoro 11, 26 docemur | *ἀνθέμεθα* cod. E Suidae ‖ **v. 3** et **4** om. schol. | *ἐξ* Boeckh, at *ἐξ* non adversari Graecorum linguae demonstravit Hultsch 25. Philologenvers. l. i. l. | *λιτρᾶν* Schneidew. ‖ *Δᾶρετίου* Anth. (A, sed signum corruptelae ⁎ adiecit C) Suid.; *Δαμαρετίου* Bentleius, sed adiectivum est *Δαμαρέτειος*; *Δαμαρέτου* Bergk, *Λαρετίου* Meineke ad Soph. Oed. Col. p. 316 *λᾶος* pro *δᾶμος* itaque *Λαρέτιος* pro *Δαμαρέτειος* poetam usurpasse ratus. Nomen *Λαρέτα* occurrit in inscriptione Kaib. 629. *Δαρείου* Wesseling, *Δαρεικοῦ* O. Müller Amalthea III 27 | *τὰς δεκάτας δεκάταν* Anth. et inde Suid. nisi quod *τᾶς* Suidae codd. praeter V C, et pro *δεκάταν* eidem V C *δεκάτας*, A *δεκᾶ* ‖ **v. 5.** *νικάσαντας, πολλὰν* et **v. 6.** *Ἕλλασιν* et *ἐλευθερίαν* Schneidew. | *σπονδῇ δὲ παρασχεῖν* Bergk, v. comment.; *Σικελὴν δὲ παρασχεῖν* Stadtmueller, *κοινὴν δὲ* π. Pollak; fort. *πολλὴν δὲ παρέσχον.*

Titulus crepidini tripodis aurei insculptus erat, quem post Carthaginienses ad Himeram victos Dinomenis filii Apollini Delphico dedicaverunt.

Quaeritur autem quid velit corruptum illud in v. 3 *Δαρετίου χρυσοῦ*. Atque vix potest dubitari quin poeta spectet ad Damaretam Gelonis uxorem sive cum Bentleio *Δαμαρετίου* sive cum Meinekio *Λαρετίου χρυσοῦ* legimus. Sed quod idem Bentleius censuit his verbis Damareteum Siculorum nummum qui ab regina nomen duxit significari, hoc frustra a Bergkio et in conventu philologorum Halensi (acta 1868 p. 25 sqq.) et in PL. III⁴ p. 486 defensum est; nam clare et distincte Hultsch in dissertatione quam edidit de Damareteo Syracusanorum nummo[1]) argenteum illum fuisse ostendit: neque fuerunt omnino illa aetate in Sicilia nummi aurei.[2]) Cum igitur nummum verbis *Δαμαρετίου* vel *Λαρετίου χρυσοῦ* non significatum esse constet, ad aliam coniecturam confugiendum est. Atque legimus apud Diodorum Siculum 11. 26 Carthaginienses Damaretae reginae coronam auream donasse quod eos in pace facienda adiuvisset. Hac igitur corona putamus praedam quae ex toto bello tyrannis affluxit auctam et ex ea aucta decimam ut fieri solebat deis destinatam esse; unde et alia donaria deis collocata sunt et ex decima rursus eius decimae particula Apollini Delphico donum positum est, aureus scilicet de quo agitur tripus: ad hunc conficiendum pars auri a Damareta praedae

---

1) Progr. gymn. hl. Kreuz Dresden 1862 et acta convent. phil. l. l. p. 39 sqq.
2) Holm hist. Sicil. I 416 sqq., Weil in Baumeisteri monument. II 957.

adiecti consumebatur.[1]) Atque notatu dignum Gelonem praeter fratres
(cf. Pind. schol.) his verbis uxorem sociam sumpsisse dedicationis.

Erat autem tripus quinquaginta talentum et centum litrarum,
quam vocem Siculam argenti pondera significantem hic de auri pon-
deribus usurpari adnotat Hultsch act. philol. l. l. Quodsi Diodorus
11. 26 tradit pondus tripodis fuisse viginti sex talentum, id cum epigrammate cuius multo locupletius testimonium est conciliari nequit
ideoque plane reiciendum est.[2])

Offenditur denique Bergk tertii distichi vanitate verborum, cum
certum esset Sicilienses tyrannos nulla auxilia Graecis adversus Persas
pugnantibus misisse. Certe Siculi non cum Graeciae civitatibus contra
Xerxem profecti sunt, sed adiuverunt eas impugnando Carthaginien-
ses, qui secundum haud ita spernendos auctores, Ephorum dico et
Timaeum, cum Persis societatem inierant. Optime igitur et Simonides
Siculos Graecis auxilium tulisse dicere poterat et Pindarus Hieronem
Ἑλλάδ' ἐξέλκειν βαρείας δουλείας: cf. Holm l. c. p. 210.

In lemma Anthologiae, quo Simonidi epigramma tribuitur, idem
cadit quod in lemma ep. 78, ubi videsis.

84. Delphis. V. saec. Simonidis (138 Bgk).

Ἑλλήνων ἀρχηγὸς ἐπεὶ στρατὸν ὤλεσε Μήδων
Παυcανίαc, Φοίβῳ μνῆμ' ἀνέθηκε τόδε.

Thuc. 1. 132: ... καὶ ὅτι (Παυσανίας) ἐπὶ τὸν τρίποδά ποτε τὸν ἐν
Δελφοῖς, ὃν ἀνέθεσαν οἱ Ἕλληνες ἀπὸ τῶν Μήδων ἀκροθίνιον, ἠξίωσεν ἐπιγράψασθαι αὐτὸς ἰδίᾳ τὸ ἐλεγεῖον τόδε· Ἑλλ. — τόδε. τὸ μὲν
οὖν ἐλεγεῖον οἱ Λακεδαιμόνιοι ἐξεκόλαψαν εὐθὺς τότε ἀπὸ τοῦ τρίποδος τοῦτο καὶ ἐπέγραψαν ὀνομαστὶ τὰς πόλεις, ὅσαι ξυγκαθελοῦσαι
τὸν βάρβαρον ἔστησαν τὸ ἀνάθημα. Inde Ps. Dem. in Neaer. 97:
ἐφ' οἷς φυσηθεὶς Παυσανίας ὁ τῶν Λακεδαιμονίων βασιλεὺς ἐπέγραψεν ἐπὶ τὸν τρίποδα ἐν Δελφοῖς ... Ἑλλ. — τόδε, ὡς αὐτοῦ τοῦ ἔργου
ὄντος καὶ τοῦ ἀναθήματος κτλ. Item ex Thuc. Plut. de Her. mal. 42:
καὶ μὴν Παυσανίας, ὡς λέγουσιν, ἤδη τυραννικὰ φρονῶν ἐπέγραψεν
ἐν Δελφοῖς· Ἑλλ. κτλ. Aristodem. p. 355 Wescher (= FHG V p. 7):
(Παυσανίας) ... τρίποδα ἀναθεὶς τῷ ἐν Δελφοῖς Ἀπόλλωνι ἐπίγραμμα

---

1) Paulo aliter explicat locum Hultsch de Damareteo p. 16. Quem contra
moneo, si corona illa aurea praedae adiecta non esset, tripodem dici non posse
decimae decimam; atque reginam si invidiam quam corona accepta se sibi con-
traxisse putaret, removere voluisset, suo ipsam nomine tripodem dedicaturam
fuisse.

2) Cf. de hac quaestione Holm hist. Sicil. I 417 et Meltzer hist. Carth.
I 502.

ἔγραψε πρὸς αὐτὸν τοιοῦτον· Ἑλλ. κτλ. Suid. s. v. Παυσανίας . . ὃς
μετὰ Πλαταιὰς τρίποδα ἀναθεὶς τῷ Ἀπόλλωνι ἐπέγραψεν· Ἑλλ. κτλ.
Anthol. Pal. VI 197: ἀνάθημα τῷ Ἀπόλλωνι παρὰ Παυσανίου (παυ-
σανία Aᵃʳ, corr. C) A in t | Σιμωνίδου A mᵉ | εἰς Παυσανίαν Cmᶜ.
Arsen. VII 9 d.

Respiciunt Corn. Nep. Paus. 1: primum in eo est reprehensus,
quod ex praeda tripodem aureum Delphis posuisset epigrammate inscripto, in quo haec erat sententia: suo ductu barbaros apud Plataeas
esse deletos eiusque victoriae ergo Apollini donum dedisse. Aristid. II
p. 175 (p. 234 Dind.): ὥστ' ἐκεῖνον (i. e. Μιλτιάδην) προσῆκεν ἐπιγράφειν
ὅτι στρατὸν ὤλεσε Μήδων. αὐτοῦ γὰρ ὡς εἰπεῖν τὸ ἔργον· καὶ τό γε
τούτου πρότερον Ἑλλήνων ἀρχηγὸς ἀκριβῶς ἥρμοττεν αὐτῷ· ... ἀλλ'
ὅμως καὶ ταῦτα πράξας ἠπίστατο σωφρονεῖν καὶ οὐδεὶς αὐτοῦ κατη-
γόρησε τοιοῦτον οὐδὲν οἷα Παυσανίας πολλὰ κατηγορήθη. Cf. schol.
ad h. l. III p. 569 Ddf.[1])

v. 1. Ἑλλάνων ἀρχαγὸς et ὤλεσα Anth. ‖ v. 2. μνᾶμ' et ἀνέθηκα Anth.

Secundum Thucydidis verba facile quis putet epigramma Pausaniae in ea ipsa tripodis parte inscriptum fuisse, in qua postea
nomina civitatum Graecarum insculpta sunt. Quam partem, columnam
striatam etiam nunc exstare Constantinopoli constat, sed nulla vestigia
erasi epigrammatis inesse contra Déthier et Mordtmann (Abh. d. Wien.
Akad. 13 p. 3 sqq.) statuit qui nuper monumentum accurate examinavit, Fabricius (Jahrbuch d. deutsch. Inst. I p. 176 sqq.): cui testi
oculato nos credere par est (cf. ad n. 85). Fuerat igitur titulus aut
in alia tripodis parte aut quod veri similius in crepidine marmorea.

Atque Thucydides et reliqui historici, quis sit auctor epigrammatis, non addunt: etenim pendent a monumento ipso, in quo eius
nomen insculptum non erat (v. proll. § 11 fin.). Simonidem autem
esse poetam tradunt Anthologia (v. test.) et Pausanias 3. 8. 2: ὅτι
γὰρ μὴ τῇ Κυνίσκᾳ τὸ ἐπίγραμμα ἐποίησεν ὅστις δὴ, καὶ ἔτι πρότερον
Παυσανίᾳ τὸ ἐπὶ τῷ τρίποδι Σιμωνίδης τῷ ἀνατεθέντι ἐς Δελφούς
κτλ. Ex quorum consensu id quidem sequitur epigramma fuisse in
Simonideorum collectione. Inde enim, non ex florilegio periegetam
hausisse existimandum est qui cum alios veteres poetas tum Simonidem bene calluit (cf. 1, 2, 3 et n. 124 et 179). Irritum sane Kaibelii inceptum liberare poetam vilis ingenii crimine[2]): nam qui Pisi-
stratidarum amicus (Plat. Hipparch. p. 228 C, Ael. v. h. 8. 2, inprimis

---

1) Ad tripodem ipsum multi alii loci respiciunt: cf. Frick ann. philol.
suppl. III 485 sqq., A. Bauer Wiener Studien IX 224 sqq.

2) Rh. Mus. 28, 448, qui epigramma Simonidi abrogat; sed cf. quae de
sucri Simonidis cupiditate congessit Sternbach meletemata Graeca I Vindob. 1886
p. 138 sqq.

Aristot. Ath. rep. 18 et ep. n. 31) idem non veritus est Atheniensibus
epigramma suppeditare quod in crepidine statuarum Harmodii et Aristo-
gitonis inciderent (ep. 152), eum multo facilius iudicabimus et Pausaniae sibi victoriam vindicanti titulum fecisse et Graecos omnes elegiis
et epigrammatis ob bella Persica celebrasse. Neque testimonia veterum
de necessitudine quae erat inter Simonidem et Pausaniam (Schneidewin
ed. Sim. p. XIX) tam facile possunt removeri quam putat Kaibel.

---

85. — V. saec.

Ἑλλάδος εὐρυχόρου cωτῆρες τόνδ' ἀνέθηκαν
δουλοcύνας cτυγερᾶc ῥυcάμενοι πόλιαc.

Diodor. 11. 33: Οἱ δὲ Ἕλληνες ἐκ τῶν λαφύρων δεκάτην ἐξελό-
μενοι κατεσκεύασαν χρυσοῦν τρίποδα καὶ ἀνέθηκαν εἰς Δελφοὺς χαριστήριον τῷ θεῷ ἐπιγράψαντες ἐλεγεῖον τόδε· Ἑλλάδος κτλ. Arsen. 118:
Ἑλλάδος κτλ.

v. 2. δουλοσύνης Diod.

Falsa tradit Diodorus cum dicat hoc epigramma in illo tripode
quem Graeci post bella Persica Apollini Delphico dicaverunt, inscriptum esse; nam et Thucydides 1. 132 post erasam Pausaniae inscriptionem sola nomina civitatum insculpta esse dicit idemque Nepos
Pausan. 1: „hos versus Lacedaemonii exsculpserunt neque aliud
scripserunt quam nomina earum civitatum quarum auxilio Persae
erant victi." Assentiturque quae Constantinopoli exstat, tripodis columna, in qua nominibus nihil nisi quattuor verba τοίδε τὸν πόλεμον ἐπολέμεον praemissa sunt (Fabricius Jahrbuch d. k. d. arch. Inst.
I 176 sqq.) quae Thucydides Neposque ut re ipsa postulata merito
neglexerunt. Quam ob rem et Frick annal. Suppl. III p. 503 et Göttling
Ges. Abh. II 76 subdititium esse epigramma et recentioribus temporibus fictum censuerunt; Kaibel Rh. M. 28 p. 449 sq. 'in ipsius
tripodis usum fortasse confectum' neque tamen inscriptum putat,
Bergk (Simon. 139) conicit multis annis post aureo tripode sublato
hoc epigramma incisum esse in columnae striatae crepidine, cum
bello Phocensi tandem composito Delphicum templum instauraretur:
quae coniecturae nullam habent probabilitatis speciem. Fabricius
denique Nepotis verborum plane oblitus Thucydidem (v̀. testim. ad
ep. 84) ita explicare conatur, ut is eorum opinioni, qui epigramma
tripodi insculptum fuisse arbitrantur, adversari non videatur. Neque
enim historicum de anathematis Graecorum agere, sed de rebus Pausaniae: „Die Fassung des älteren Epigramms, die eine der Haupt-
anschuldigungen gegen den Spartanerkönig gebildet hat, mußte Th.
natürlich wörtlich mitteilen, während alle ausführlichen Angaben

über die zweite Aufschrift als nicht zur Sache gehörig den Zusammenhang nur störend unterbrochen hätten." (l. l. p. 181). Quod si recte
disputatum esset, cur tandem Thucydides verba *ἐπέγραψαν ὀνομαστὶ
— ἀνάθημα* adiunxit? Duo vel tria verba addita (*ἐπέγραψαν ⟨ἄλλο
ἐπίγραμμα καὶ⟩ ὀνομαστὶ κτλ.*) certe contextum non magis interrupissent quam quae nunc legimus.[1])

Hoc igitur, opinor, constat distichum quod Diodorus tradit, post
pugnam Plataeensem in tripode illo aureo insculptum non esse. Restat
ergo ut historicum neglegentiae arguamus et epigramma alii Graecorum donario sive Delphis sive alibi collocato vindicemus: quorum
magnum numerum post bella Persica dedicatum esse scimus (cf.
Aristid. 13 p. 148 et E. Curtius Göttinger Nachr. 1861, 380 sqq.).

Simonidi cur cum Schneidewino epigramma attribuamus, nulla
est causa.

---

86. Delphis. V. saec.

> Μνᾶμά τ' ἀλεξάνδρου πολέμου καὶ μάρτυρα νίκας
> Δελφοί με στᾶσαν Ζανὶ χαριζόμενοι,
> σὺν Φοίβῳ πτολίπορθον ἀπωσάμενοι στίχα Μήδων
> καὶ χαλκοστέφανον ῥυσάμενοι τέμενος.

Diodor. 11. 14: .. οἱ δὲ *Δελφοὶ τῆς τῶν θεῶν ἐπιφανείας ἀθά
νατον ὑπόμνημα καταλιπεῖν τοῖς μεταγενεστέροις βουλόμενοι τρόπαιον
ἔστησαν παρὰ τὸ τῆς Προνοίας Ἀθηνᾶς ἱερόν* (ubi terga vertisse Persas brevi ante tradit Diodorus), *ἐν ᾧ τόδε τὸ ἐλεγεῖον ἐνέγραψαν·
μνᾶμά τ' — τέμενος.*

v. 1. *μνᾶμα μ'* FL, *μνάμαν* Reiske | *μνάμα ξέρξου* P ‖ v. 2. post *χαριζόμενοι*
interpunxit Iacobs, post *Φοίβῳ* vulgata, ut *Ζανὶ σὺν Φοίβῳ χαρ.* significet Iovi
et Apollini gratias agentes; neque tamen liquet cur poeta non dixerit *καὶ Φοίβῳ*;
cf. quae exposuit Pomtow J. J. 129 p. 239 sq. ‖ v. 3. *ἀπωσαμένοις* et v. 4. *ῥυσα
μένοις* (i. e. *Ζανὶ σὺν Φοίβῳ*) Valckenaer ad Her. VIII p. 637, 6 ‖ v. 4. *χαλκοστέ
φανον* Wieseler Philol. 21, 275, sed *χαλκοστέφανος* est „aereis statuis ornatus"
v. Bgk. III⁴ 516 | *τέμενος* sc. *Ἀθηνᾶς Προνοίας.*

Herodoti aetate tropaeum nondum exstructum fuisse viri docti
ex eius silentio (8. 39) rectissime collegerunt (v. Wieseler Philol. 21
p. 275, Pomtow J. J. 129 p. 241 alios). Immo videtur aliquanto postquam ille Delphos venit (c. 450—440), sed ante Ephori, ex quo Diodorus haec transcripsit, tempora erectum esse (v. Pomtow l. l., Bgk.
III⁴ 516). Qua re facile apparet haud probabilem esse Schneidewini

---

1) Quodsi idem Fabricius in Olympico quoque donario epigramma praeter
nomina inscriptum fuisse putat, haec coniectura bene ab A. Bauero refutata est
Wien. Stud. IX p. 224.

coniecturam Simonidi epigramma tribuentis (Sim. rell. p. 177 sq.). —
Ceterum memoratu dignum honorari hoc tropaeo Homericam illam
deorum triadem: Iovem Apollinem Minervam.

---

87. Delphis. V. saec. exeunte.

Ὑγρᾶς καὶ τραφερᾶς βασιλεὺς Ἀγίς μ' ἀνέθηκε.

Plut. de tranqu. anim. 6: οὐκ ἀνέγνωκας οὖν τὸ ἐπίγραμμα
τὸ ἐν Δελφοῖς· ὑγρᾶς — ἀνέθηκε.

τρυφερᾶς cod.; corr. Salm.

---

88. Delphis. IV. saec.

Coὶ τόδ' Ἀλέξανδρος Μακεδὼν κέρας ἄνθετο, Παιάν,
κάνθωνος Ϲκυθικοῦ, χρῆμά τι δαιμόνιον,
ὃ Ϲτυγὸς ἀχράντῳ Λουϲηΐδος οὐκ ἐδαμάϲθη
ῥεύματι, βάϲταξεν δ' ὕδατος ἠνορέην.

Stob. flor. I c. 49, 52 (Wachsm. p. 421, 11; ex Porphyrio περὶ
Στυγός): Φίλων γὰρ ὁ Ἡρακλεώτης ἐν τῷ πρὸς Νύμφιν περὶ
θαυμασίων ἐν Σκύθαις φησὶν ὄνους γίγνεσθαι κέρατα ἔχοντας, ταῦτα
δὲ τὰ κέρατα δύνασθαι τοῦτο τὸ ὕδωρ (sc. τῆς Στυγός) διαφέρειν·
καὶ Ἀλεξάνδρῳ τῷ Μακεδόνι ἐνεχθῆναι ὑπὸ Σωπάτρου κέρας τοιοῦτο
ὃ καὶ ἀνατεθῆναι ἐν Δελφοῖς, ἐφ' οὗ καὶ ἐπιγεγράφθαι· σοὶ — ἠνορέην.
Aelian. nat. an. 10. 40: Τούτων τοι τῶν κεράτων (τῶν Σκυθικῶν
ὄνων) ἓν ὑπὸ Σωπάτρου κομισθῆναί φασιν Ἀλεξάνδρῳ τῷ Μακεδόνι,
καὶ ἐκεῖνον πυνθάνομαι θαυμάσαντα ἐς Δελφοὺς ἀνάθημα ἀναθεῖναι
τῷ Πυθίῳ τὸ κέρας καὶ ὑπογράψαι ταῦτα· σοὶ — ἠνορέην.

v. 2. σχῆμα τὸ Ael., κτῆμα τὸ Gesner teste Cougny ‖ v. 3. ἀχράντου Stob.
Farn. et Pares.; corr. Brunck | Λουσηθίδος Ael. secundum Iacobsi edit., sed
Λουσηΐδος sec. Hercheri; idem Stobaeus. Est adiectivum oppidi Λουσοί, cf. Paus.
8. 18. 2.

Nonnulli scriptores (Vitruvius 8. 3. 16, Curtius 10. 10. 31, Paus.
8. 18. 6) de Alexandro Magno et cornu asini Scythici narrationem
produnt diversam ab ea quam Stobaeus et Aelianus exhibent. Fabu-
lantur enim regem aquam Stygiam a Sopatro sive Antipatro cornu
asini sive mulina ungula oblatam bibisse eaque necatum esse. Cf.
etiam Göttling Ges. Abh. II 276 sqq. et de Stygiae aquae vi pesti-
fera Curtius Peloponnes I 213.

---

89. Delphis. Ante III. a. C. saec.

Θάησαί μ'· ἐτεὸν γὰρ ἐν Ἰλίου εὐρέι πύργῳ
ἦν, ὅτε καλλικόμῳ μαρνάμεθ' ἀμφ' Ἑλένῃ·
καί μ' Ἀντηνορίδης ἐφόρει κρείων Ἑλικάων·
νῦν δέ με Λητοΐδου θεῖον ἔχει δάπεδον.

Athen. 6. 232 c: ἱστορεῖ τὰ αὐτὰ (i. e. Hieronem primum aurea
donaria Delphico deo dedicasse) καὶ Φαινίας ἐν τῷ περὶ τῶν ἐν
Σικελίᾳ τυράννων (FHG II 297), ὡς χαλκῶν ὄντων τῶν παλαιῶν
ἀναθημάτων καὶ τριπόδων καὶ λεβήτων καὶ ἐγχειριδίων, ὧν ἐφ' ἑνὸς
καὶ ἐπιγεγράφθαι φησίν· θάησαι κτλ.

v. 2. comma post ἦν delet Hecker[2] 34, ut ἦν ὅτε sit = ποτὲ et verbo
μαρνάμεθα pugio loqui fingatur; sed verisimile non est versu primo et tertio
singularem numerum de pugione usurpatum esse, pluralem secundo versu. Immo
pluralem μαρνάμεθα et de pugione et de aliorum armis intellegi voluisse poetam recte adnotat Stadtmueller. ‖ v. 3. Cf. Hom. Γ 123.

Epigramma a sacerdotibus Delphicis sancta fraude effictum et
aut pugioni ipsi aut eius basi inscriptum est: sed temere omiserunt
donatorem quoque ementiri, qui in genuinis epigrammatis dedicatoriis
deesse non solet, cf. prolegg. § 6 not.

90. Delphis. Ante III. a. C. saec.

Χάλκεός εἰμι τρίπους, Πυθοῖ δ' ἀνάκειμαι ἄγαλμα·
καί μ' ἐπὶ Πατρόκλῳ θῆκεν πόδας ὠκὺς Ἀχιλλεύς·
Τυδείδης δ' ἀνέθηκε βοὴν ἀγαθὸς Διομήδης
νικήσας ἵπποισι παρὰ πλατὺν Ἑλλήσποντον.

Athen. 6. 232 c postquam epigramma praecedens attulit, ita
pergit: ἐπὶ δὲ τρίποδος, ὃς ἦν εἷς τῶν ἐπὶ Πατρόκλῳ ἄθλων τεθέν-
των· χάλκεος κτλ. Eust. ad Ψ 510 p. 1313, 45: τρίποδα .. ὃν εἰκὸς
ὑπὸ Διομήδους ἀνατεθῆναι ὕστερον ἐν Δελφοῖς, ὡς δῆλον ἐξ ἐπιγράμματος τοῦδε· χάλκεος κτλ. Anth. Pal. VI 49 quasi duo carmina:
ἀνάθημα τῇ Πυθοῖ παρὰ Ἀχιλλέως A m[e]: Χάλκεός — Ἀχιλλεύς cum clausulae signo. Tum ἀνάθημα Διομήδους A: Τυδείδης — Ἑλλήσποντον.

v. 2. θῆκε Eust. ‖ v. 3. δ' om. Anth. ‖ v. 4. ἵπποισιν ἐπὶ Anth.; cf. Hom.
P 432 ἐπὶ πλατὺν Ἑλλήσποντον; H 86, ω 82, Kaibel EG. 764 ἐπὶ πλατεῖ Ἑλλησ-
πόντῳ.

A sacerdotibus effictum tripodique cuidam inscriptum epigramma
potest fuisse perantiquum, id quod putat Hecker[2] p. 34, etsi inde quod
heroico metro scriptum est, nihil colligi potest de aetate. Cf. Kaibelii
indicem octavum p. 701.

———

91. Delphis. III. saec.?

Cῆς ἔνεκεν, Λητοῦς τοξαλκέτα κοῦρ', ἐπινοίας
τήνδ' ἔλε Νικοκρέων τετράκερων ἔλαφον.

Aelian. n. a. 11. 40: *Τετράκερων δὲ ἔλαφον Νικοκρέων ὁ Κύ-*
πριος ἔσχε καὶ ἀνέθηκε Πυθοῖ καὶ ὑπέγραψε· σῆς — ἔλαφον. Cod.
Matr. p. 450 Iriart.: *Ἀνακρέων* (sic!) *ὁ Κύπριος τετράκερων ἔλαφον*
γενέσθαι φησὶν καὶ ταύτην ἀναθεῖναι Πυθοῖ καὶ ἐπιγράψαι· σῆς —
ἔλαφον.

v. 1. Cf. n. 94 *σῆσιν ἐπιφροσύναις*; *ἐπιπνοίας* Boisson. in Marini vit. Procli
p. 115 | *τόξα ἑλκετὰ* Matr. ‖ v. 2. *νίκην κρέων* Matr.

Scilicet aheneam cervam Nicocreo dedicavit. Utrum autem Aelianus vel eius auctor ex verbis aliquot soluta oratione insuper additis
sciverit Nicocreontem regem illum Cyprium (de quo conf. Arrian.
frgm. *τῶν μετ' Ἀλέξ.* p. 24 ed. Cohn) fuisse an haec mera sit coniectura, incertum est.

---

92. Delphis. II. saec. ineunte.

Τόνδε τοι ἀμβροσίοισιν ἐπὶ πλοκάμοισιν ἔοικε
  κεῖσθαι, Λατοΐδα, χρυσοφαῆ στέφανον,
ὃν πόρεν Αἰνεαδᾶν ταγὸς μέγας. ἀλλ', ἑκάεργε,
  ἀλκᾶς τῷ θείῳ κῦδος ὄπαζε Τίτῳ.

Plut. Tit. 12: *Ἀνέθηκε δὲ καὶ χρυσοῦν τῷ Ἀπόλλωνι στέφανον*
ἐπιγράψας· τόνδε τοι κτλ.

v. 1. *σοι* Cougny lapsu opincr calami | *ἔθηκε* codd. (nisi quod *ἔθηκεν*
ἧσθαι P); ne subiecto careat *ἔθηκε* Reiske v. 3 comma post *πόρεν* posuit, Iacobs
ὃς *πόρεν* scripsit; sed idem significant *ἔθηκε* et *ἔπορε*, quare recte in *ἔθηκε*
aliud quid latere putat Brunck qui *γεγήθοις* vult; probabilius Hecker[2] 73 *ἔοικε*
(cf. A. P. VI 275), quod verbum bene Romani ducis superbiam exprimit (cf. *θείῳ*,
μέγας). *ἄδηκε* Stadtmueller coll. Hippon. fr. 100 Bgk.

Et hunc et insequentem titulum Hecker[2] p. 72 sq. Alcaeo Mes-
senio tribuit, cuius in eundem Titum Flamininum est epigramma
Anth. Plan. 5.

---

93. Delphis. II. saec. ineunte.

Ζανὸς ἰὼ κραιπναῖσι γεγαθότες ἱπποσύναισι
  κοῦροι, ἰὼ Σπάρτας Τυνδαρίδαι βασιλεῖς,
Αἰνεάδας Τίτος ὔμμιν ὑπέρτατον ὤπασε δῶρον
  Ἑλλάνων τεύξας παισὶν ἐλευθερίαν.

Plut. Tit. 12: *Καὶ αὐτὸς δὲ μέγιστον· ἐφρόνησεν ἐπὶ τῇ τῆς*

Ἑλλάδος ἐλευθερώσει. Ἀνατιθεὶς γὰρ εἰς Δελφοὺς ἀσπίδας ἀργυρᾶς καὶ τὸν ἑαυτοῦ θυρεὸν ἐπέγραψε· Ζηνὸς κτλ.

Leviora omisi. Dialectus utpote Alexandrinorum aetate sibi non constat (ὔμμιν), etsi poeta doricis praecipue formis usus est. — v. 1. Ζηνὸς codd.; corr. Hecker² p. 72 ‖ v. 2. κοῦροι ἰὼ Σπάρτας iunxit Iacobs ‖ v. 3. αἰνεάδες P | ὑμῖν P ‖ v. 4. Ἑλλήνων codd.; corr. Hecker.

De Dioscurorum templo Delphico alibi nihil inveni.

---

94. Delphis. —

Φοῖβε ἄναξ, δῶρόν τοι ἑλὼν τόδ᾽ Ὅμηρος ἔδωκα
cῇcιν ἐπιφροcύνηc, cὺ δέ μοι κλέος ἐcθλὸν ὀπάζοιc.

Certam. 263 N.: Λαβὼν δὲ παρ᾽ αὐτῶν φιάλην ἀργυρᾶν ἀνατίθησιν ἐν Δελφοῖς τῷ Ἀπόλλωνι, ἐπιγράψας· Φοῖβε κτλ. Tzetz. schol. in Lycophr. I p. 258 ed. Müller: Ἐπιγραμματογράφων δὲ τῶν καὶ ἀναθεματικῶν γνωρίσματα τὸ γεγραφέναι εἰς ἀνδριάντας ἐπιγράμματα καὶ εἰς τὰ ἐν ναοῖς ἀναθήματα καὶ εἰς ἕτερα τοιαῦτά τινα, ὡς Ὅμηρος ἐποίησεν ἐπὶ τῇ δοθείσῃ τούτῳ (an αὐτῷ?) φιάλῃ παρὰ τῶν Μήδου (scribe: Μίδου) υἱῶν ἣν ἀνέθετο τῷ ἐν Δελφοῖς Ἀπόλλωνι ἐπιγράψας οὕτω· Φοῖβε κτλ.

v. 1. τοι Ὅμηρος καλὸν ἔδωκα Certam.; Tzetzae lectionem recepi, quod in altera lectione et pronomen demonstrativum desideratur et, quo σῇσιν ἐπιφρ. referendum sit, ignoratur (cf. Kaibel 762 φραδαῖσι Νυμφῶν); τόδ᾽ Ὅμηρος καλὸν coni. Barnesius; at dativus nullo modo deesse potest. — Ceterum eadem quae apud Tzetzem lectio notatur in Certaminis editione Barnesiana: qui cum in altero versu exhibeat σῆς ὑποφραδμοσύνης, non ex Tzetza sumpsisse epigramma videtur ‖ v. 2. ἐπιφροσύναις Cert. Tzetz., corr. Menrad | κλέος αἰὲν Cert.; utrum praeferas incertum.

Potest factum esse ut sacerdotes Delphici hos versus paterae alicui inscriberent; sed pro certo hoc affirmare non possumus, cum eos inscriptos esse non dicat historicus, sed poeta.

---

95. Prope Hypaten in Aenianum finibus. IV. fere saec.

Ἡρακλέηc τ꞉μένιccα Κυθήρᾳ Παcιφαέccῃ,
Γηρυονέωc ἀγέλαc ἠδ᾽ Ἐρύθειαν ἄγων,
τὰc μ᾽ ἐδάμαccε πόθῳ Παcιφάεccα θεά.
τῇδε δέ μοι τεκνοῖ *παῖδ᾽ Ἐρύθοντα δάμαρ,
νυμφογενὴc Ἐρύθη· τῇ τόδ᾽ ἔδωκα πέδον
μναμόcυνον φιλίαc φηγῷ ὑπὸ cκιερᾷ.

5

Ps.-Aristot. mirab. auscult. 133: Τῆς καλουμένης Αἰνιακῆς χώρας περὶ τὴν ὀνομαζομένην Ὑπάτην λέγεται παλαιά τις στήλη εὑρεθῆναι, ἣν οἱ Αἰνιᾶνες τίνος ἦν εἰδέναι βουλόμενοι, ἔχουσαν ἐπιγρα-

φὴν ἀρχαίοις γράμμασιν, ἀπέστειλαν εἰς Ἀθήνας τινὰς κομίζοντας
αὐτήν.　Πορευομένων δὲ διὰ τῆς Βοιωτίας καί τισι τῶν ξένων ὑπὲρ
τῆς ἀποδημίας ἀνακοινουμένων, λέγεται αὐτοὺς εἰσαχθῆναι εἰς τὸ
καλούμενον Ἰσμήνιον ἐν Θήβαις· ἐκεῖθεν γὰρ μάλιστα ἂν εὑρεθῆναι
τὴν τῶν γραμμάτων ἐπιγραφήν, λέγοντες εἶναί τινα ἀναθήματα ὁμοίους
ἔχοντα τοὺς ῥυθμοὺς τῶν γραμμάτων ἀρχαῖα (v. n. 79. 80).　ὅθεν
αὐτούς φασιν ἀπὸ τῶν γνωριζομένων τὴν εὕρεσιν ποιησαμένους τῶν
ἐπιζητουμένων, ἀναγράψαι (μεταγράψαι? R. Schoell) τούσδε τοὺς στί-
χους· Ἡρακλέης — σκιερᾷ. Τούτῳ τῷ ἐπιγράμματι ἐπεχώρησε (= accedit?; expectamus ἐφήρμοσε vel simile quid) καὶ ὁ τόπος ἐκεῖνος Ἔρυ-
θος καλούμενος, καὶ ὅτι ἐκεῖθεν τὰς βοῦς καὶ οὐκ ἐξ Ἐρυθείας ἤγαγεν·
οὐδὲ γὰρ ἐν τοῖς κατὰ Λιβύην καὶ κατ᾽ Ἰβηρίαν τόποις οὐδαμοῦ τὸ
ὄνομά φασι λέγεσθαι τῆς Ἐρυθείας.

Omitto Salmasii (ap. Is. Voss. not. in Scyl. p. 5 sq.) et Vossii (ad Pomp.
Mel. 3. 6) coniecturas, quae nihili sunt. Nuper P. Unger „de antiquissima
Aenianum inscriptione“ egit in progr. Altenburgensi 1887, qui Salmasii vestigia
premens duo diversa putat epigrammata fuisse. Atque in priore cum G. Hermanni coniecturis consentit; alterum vero esse epitaphium et sic fere scriben-
dum: Τῇδε θ᾽ ἑῷ τέκνῳ Εὐρυθίωνι δάμαρτις Ἄρηος | Τυμφογενὴς Ἐρύθη θῆκε
τότ᾽ ἐν σκαπέτῳ | μναμόσυνον φιλίᾳ φηγῷ ὑπὸ σκιερᾷ. Qui, ut alia taceam,
falso huc rettulit quod Hellanicus tradit (schol. Hes. th. 293) filium Erythiae
et Martis Eurytionem fuisse. Ego cum meliores nesciam G. Hermanni (opusc.
5. 179 sqq.) coniecturas secutus sum; codicum autem lectiones exscripsi ex Westermanni paradoxographis, nisi quod codicis Laurentiani G, (quem Apelt littera
Sᵃ notat) qui optimus esse dicitur, lectiones benigne mihi suppeditavit Aug.
Hausrath, Dr. phil., quae quidem hic ceteris non praestant.

v. 1. Ἡρακλέους EFG (in hoc suprascr., habuerat ἡρακλέος) | τεμενιστε EF
τεμενισσ G, τεμενίσσω L, τεμένισσε Bekker, corr. Herm., τέμενος τόδε (tum κυδρᾷ)
Heyne | φερσεφαάσῃ CEF, φερσεφαάσσῃ G, corr. Herm., recte negans hic aliam
deam nominari quam v. 3 ‖ v. 2. γηρυθνείας C, τηδορυνῆας EF, γηρυονείας L,
γηρυονείας G (et Bekker), Γηρυονεῦς Welcker (Syll.² p. 254 sqq.), Γηρυονέως
Herm. | ἀγέλας GL, ἀγέλαν F, ἀγέλων E; ἀγέλην Ald. fort. recte· | post ἀγέλας
habent ἐλάων codd., quod eiecit Welcker | ἔρυθον G. Ἐρύθεια a qua nomen
duxit insula, Geryonis filia dicitur etiam a schol. Hes. theog. 293, cf. Serv. Aen.
8. 300 ‖ v. 3. τὰς δάμασσε G, τὰς μὲν ἐδά ιασσε L, τὰς δ᾽ ἐδάμασσε rell., corr.
Herm., τᾶς ἑ δάμασσε Bekker ‖ v. 4. δὴ L | τέκνῳ codd., corr. Iacobs | παῖδ᾽
Ἐρύθοντα δάμαρ] Herm., τῶδ᾽ ἔρυθοντε δάμαρ G, τῷ δ᾽ Ἐρύθοντι δάμαρ L,
τῷ δ᾽ Ἐρύθοντι δάμαρτι rell., Εὔρυθον υἷα δάμαρ Welcker. Ego Erythum audivisse filium contendo cum diserte notet Ps.-Aristoteles, locum ubi inventus esset
titulus inde Ἔρυθον appellatum esse; neque enim G. Hermann audiendus cum
dicat posse locum etiam a matre Erythia nominatum esse. Fortasse παῖδα
δάμαρ (∪ _ ?) Ἔρυθον; sed etiam παῖδα incertum. παῖδ᾽ Ἔρυθον σθεναρόν
Stadtm. coll. Apoll. Rh. 4, 542 sq. Dativi formae Ἐρύθοντι et δάμαρτι videntur
in codices irrepsisse postquam τεκνοῖ corruptum est in τέκνῳ. ‖ v. 5. νυμφηγενὴς
G | ἐρυθιδὴ C, ἐρύθη δ᾽ L, Ἐρύθη δὴ rell.; Ἐρύθη· τῆ Welcker Hermann, qui τῇ
referunt ad Ἐρύθη. Sed sic sibi non constat oratio. Neque enim verisimile
est Herculem locum et Cythereae et coniugi, aut primum coniugi, deinde deae

dono dedisse. Immo pronomen τῇ ad Venerem revocandum est, ita ut quod initio tituli dictum est, repetatur in fine: cf. Hom. Il. *I* 561 τὴν δὲ et 565 τῇ ὅ γε παρκατέλεκτο, ubi pronomen non spectat ad Marpessam v. 557—559, 564, sed ad Cleopatram v. 556 (quem locum mihi suppeditavit l. Menrad amicus). || φιλότας CEFG, φιλίτας L, corr. edd. vett. | φυτὰ CEG, φητὰ F, φυγὰ L, corr. edd. vett. | σκιερὰ G.

Hanc inscriptionem Aenianes vel Aenianum sacerdotes quarto fere saeculo[1]) effinxerunt effictamque lapidi inscripserunt litteris antiquissimis, scilicet ut ea demonstrarent in ipsorum quoque regionibus Herculem fuisse et eo ipso loco qui Erythus vocabatur filium ei natum esse ab Erythia vel Erytha, Geryonis filia, quam una cum bubus secum egisset. Falli igitur videtur Ps.-Aristoteles, cum dicat consentire cum epigrammate, quod ex Aenianum finibus neque ex Erythia insula Hercules boves abduxerit. Nam cum in epigrammate misere tradito haece verba certa sint τῇδε δέ μοι τεκνοῖ "Ερυϑον νυμφογενὴς Ἐρύϑη, elucet Aenianes sibi locum ubi filius natus esset, vindicasse, non patriam Geryonis et Erythiae, quam propter hanc ipsam causam poeta longe remotam esse finxisse censendus est. Cave enim putes Herculem paene annum in Geryonis patria versatum esse poni cui opinioni repugnant et alia et versus secundus. — De metro cf. Kaibel EG. 113, Usener altgr. Versbau 99.

---

96. Itonae in Thessaliae Phthiotidis oppido. III. saec. Leonidae?

Τοὺς θυρεοὺς ὁ Μολοσσὸς Ἰτωνίδι δῶρον Ἀθάνᾳ
   Πύρρος ἀπὸ θρασέων ἐκρέμασεν Γαλατᾶν,
πάντα τὸν Ἀντιγόνου καθελὼν στρατόν· οὐ μέγα θαῦμα·
   αἰχματαὶ καὶ νῦν καὶ πάρος Αἰακίδαι.

Pausan. 1. 13. 2: Δηλοῖ δὲ μάλιστα τὸ μέγεϑος τῆς μάχης καὶ τὴν Πύρρου νίκην, ὡς παρὰ πολὺ γένοιτο τὰ ἀνατεϑέντα ὅπλα τῶν Κελτικῶν ἔς τε τὸ τῆς Ἀϑηνᾶς ἱερὸν τῆς Ἰτωνίας Φερῶν μεταξὺ καὶ Λαρίσης, καὶ τὸ ἐπίγραμμα τὸ ἐπ᾽ αὐτοῖς· τοὺς κτλ. Plut. Pyrrh. 26: ὁ δὲ Πύρρος ἐν εὐτυχήμασι τοσούτοις μέγιστον αὐτῷ πρὸς δόξαν οἰόμενος διαπεπρᾶχϑαι τὸ περὶ τοὺς Γαλάτας τὰ κάλλιστα καὶ λαμπρότατα τῶν λαφύρων ἀνέϑηκεν εἰς τὸ ἱερὸν τῆς Ἰτωνίδος Ἀϑηνᾶς, τόδε τὸ ἐλεγεῖον ἐπιγράψας· τοὺς κτλ. Diodor. exc. Vat. l. 22, 3 (p. 52, 16 Dind.): ὅτι Πύρρος προτερήσας περιβοήτῳ νίκῃ τοὺς τῶν

---

1) Uno duobusve saeculis ante Timaeum, quem exscripsisse videtur mirabilium auscultationum auctor. Cf. quae post Schraderum (Fleckeis. Jahrb. 97, 217 sq.) et Müllenhoffium (Deutsche Altertumsk. I p. 438 sq.) disputavit P. Guenther, de ea quae inter Timaeum et Lycophronem intercedit ratione, diss. Lips. 1889 p. 27 sqq. et 73.

Γαλατῶν θυρεοὺς ἀνέθηκεν εἰς τὸ ἱερὸν τῆς Ἰτωνίδος Ἀθηνᾶς καὶ
τῶν ἄλλων λαφύρων τὰ πολυτελέστατα τὴν ἐπιγραφὴν τήνδε ποιησά-
μενος· τοὺς κτλ. Anth. Pal. VI 130: ἀνάθημα τῇ Ἀθηνᾷ παρὰ
Πύρρου τοῦ Ἠπειρώτου L. Anth. Plan. f. 67ᵛ: τοῦ αὐτοῦ (i. e. Λεωνίδου).

v. 1. Μολοττός Diod. | Τριτωνίδι Diod. | Ἀθηνᾷ Diod. ‖ v. 2. ἐκρέμασε Diod.
et Paus. cod. Lb, ἐκράμασε eiusdem Va | Γαλάταν Anth. Pal., Γαλατῶν Diod. ‖
v. 3. ὦ μέγα Diod., οὗ μέγα Paus. Lb. Cf. Kaibel 191, 7 eodem versus loco ἀλλὰ
τί θαῦμα; Anth. Pal. V 114, 3; 115, 1 etc. ‖ v. 4. αἰχμηταί Paus. Plut. Anth. Pal.
et Plan.

Hoc epigramma Planudes Leonidae Tarentino adscribit: quem
cum Arati et Callimachi aetate floruisse constet, huic lemmati temporum rationes non obstant.

---

97. Dodonae in templo Iovis Nai. III. saec.[1])

⟨Βασιλεὺς Πύρρος ἀπὸ Μακεδόνων Διῒ Ναΐῳ.⟩

Αἵδε ποτ' Ἀσίδα γαῖαν ἐπόρθησαν πολύχρυσον,
    αἵδε καὶ Ἕλλασιν δουλοσύναν ἔπορον·
νῦν δὲ Διὸς Νάου ποτὶ κίονας ὀρφανὰ κεῖται
    τᾶς μεγαλαυχήτου σκῦλα Μακηδονίας.

Paus. 1. 13. 3 post epigramma n. 96 hunc in modum pergit:
Τούτους μὲν δὴ ἐνταῦθα, τῷ δὲ ἐν Δωδώνῃ Διῒ Μακεδόνων ἀνέθηκεν αὐτῶν τὰς ἀσπίδας· ἐπιγέγραπται δὲ καὶ ταύταις· αἵδε κτλ.

Cum nomen dedicantis desit in epigrammate titulum prosaicum addidi,
v. prolegg. § 6 | v. 2. Ἕλλασιν Lachmann, Ἑλλάσι Pc Ag Fab, Ἑλλάδι N R Va Vn Lab,
Ἑλλάδι τὰν vulg., Ἑλλάδι γᾷ Porson ‖ v. 3. ναῷ codd. Νάω vel Ναΐω Foucart
Bulletin de corr. 6 p. 167, quod Iovi Naio innumerabilia Dodonae dedicata esse
effossionibus apparuit. Νάον scripsi, quod et alia monumenta (Carapanos Dodone
p. 49 et tab. 27, 1, Bursian Sb. d. M. Ak. 1878, II p. 14) et nummi illius aetatis
declarant Epirotas tum non ω posuisse pro ου. Idem Pausanias in titulo Corinthio n. 59 ω pro ου falso exhibet ‖ v. 4. μεγαλαυχήτου vulgo, μεγαλαυχητῶν
Ag Pc Fab M Vn, μεγανχητᾶς vel μεγαλαυχητῶ cett., μέγαυχητῶ̄ᾱ (sic) R; μεγαλαυ-
χήτω Schubart | Μακηδονίας Vn Va R, Μακεδονίας Pc Ag Fab N La, Λακεδαιμο-
νίας M Vt Lb.

---

1) Hic adiungam tertium Pyrrhi titulum dedicatorium, quem et ipsum in
clipeo inscriptum Dodonae invenit Carapanos ediditque in annal. archaeol. 1878
p. 115 sq. (Dittenberger Syll. 147):

        Βασιλεὺ]ς Πύρρο[ς καὶ
        Ἀπειρῶ]ται καὶ τ[άδε
        ἀπὸ Ρωμαίων καὶ [τῶν
        συμμάχων Διῒ Να[ΐῳ.

v. 2. Carapanos vel ταῦτα vel Ταραντῖνοι proponit; τάδε R. Schöll.

98. In Olympo monte prope Apollinis templum. —

Οὐλύμπου κορυφῆς ἔπι Πυθίου Ἀπόλλωνος
ἱερὸν ὕψος ἔχει — πρὸς τὴν κάθετον δ' ἐμετρήθη —
πλήρη μὲν δεκάδα σταδίων μίαν, αὐτὰρ ἐπ' αὐτῇ
πλέθρον τετραπέδῳ λειπόμενον μεγέθει.
Εὐμήλου δὲ ⟨τάδ'⟩ υἱὸς ἐθήκατο μέτρα κελεύθου
Ξειναγόρης· σὺ δ', ἄναξ, χαῖρε καὶ ἐσθλὰ δίδου.

Plutarch. Aem. Paull. 15: Ἐνταῦθα (ἐπὶ τῷ Πυθίῳ) τοῦ
Ὀλύμπου τὸ ὕψος ἀνατείνει πλέον ἢ δέκα σταδίους· σημαίνεται δὲ
ἐπιγράμματι τοῦ μετρήσαντος οὕτως· Οὐλύμπου κτλ.

v. 1. ἐπὶ codd., corr. Bryanus ‖ v. 2. πρὸς κάθετον δ' ἐμέτρει Coraës, ignoti
cuiusdam notam marginalem secutus; πρὸς κάθετον δὲ (vel τὸ) μέτρον Sintenis,
ut pentametrum efficerent; sed cf. Kaibel EG. p. 703, qui epigrammata ubi hexametri pentametri disticha nullis legibus inter se conmixta sunt, congessit; quibus
adde Rh. M. 34 p. 187 n. 481ᵇ. Mensura autem facta est secundum theorema
trigonorum similium ‖ v. 3. δέκα codd., corr. Xylander | ἐπ' αὐτὴν ADPBMST ‖
v. 4. τὴν πλέθρον C, πλέθρων rell. ‖ v. 5. δέ μιν codd., quod non explicari
potest, nisi verbis μέτρα κτλ. appositionis loco usurpatis, sed hoc non probabile;
τὰ μὲν Coraës, τάδ' scripsi i. e. lapidi insculpta metra | ἐθήκατο μέτρα nihil aliud
est quam ἐμέτρησε, sed κελεύθου parum apte ex Homeri clausula additum est. ‖
v. 6. ξειναγόρας M, ξεναγόρας B.

De medii aevi versionibus latinis v. Mommsen CIL. III 1 p. 32*
(287*).

99. In Chersoneso Thracica. ante 350 a. C.

Τόνδε καθιδρύσαντο θεῷ περικαλλέα βωμόν,
Λευκῆς καὶ Πτελεοῦ μέσσον ὅρον θέμενοι,
ἐνναέται χώρης σημήϊον· ἀμμορίης δὲ
αὐτὸς ἄναξ μακάρων ἐστὶ μέσος Κρονίδης.

[Demosth.] 7, 39 f.: Καίτοι Χερρονήσου οἱ ὅροι εἰσὶν οὐκ Ἀγορά,
ἀλλὰ βωμὸς τοῦ Διὸς τοῦ ὁρίου, ὅς ἐστι μεταξὺ Πτελεοῦ καὶ Λευκῆς
ἀκτῆς, ᾗ ἡ διωρυχὴ ἔμελλε Χερρονήσου ἔσεσθαι, ὥς γε τὸ ἐπίγραμμα
τὸ ἐπὶ τοῦ βωμοῦ τοῦ Διὸς τοῦ ὁρίου δηλοῖ. ἔστι δὲ τουτί· τόνδε κτλ.
Anth. Pal. IX 786 ἀδίσποτον B.

Omissum est epigramma in ΣL, suppl. in marg. Σ; in reliquos codices insertum est a posteriore demum editore, at sine ullo dubio id ipsum quod ab
oratore sive scriba recitatum est. (Scholiastae Demosthenis iam noverant: v.
Christ Attikusausg. d. D. p. 200.) ‖ v. 2. Πτελέου Anth. ‖ v. 3. ἀμμορίης] Non
sanus esse videtur locus. Scholiasta cod. Par. 2934 (Dind. VIII p. 176) ἀμορίης
(sic) nominativum et epitheton Iovis putavisse videtur (ἀντὶ τοῦ ὁ Ζεὺς τῆς
ἀμορίας, ὁ μετέχων τῶν δύο ὅρων ὁμοῦ τῶν τῆς Χερρονήσου καὶ τῆς Θράκης· διὰ
γὰρ τοῦτο ἀμορίαν αὐτὸν ἐκάλεσεν): quod per linguam non licet. Apud Homerum
(v 75 [Ζεὺς] εὖ οἶδεν ἅπαντα, μοῖράν τ' ἀμμορίην τε) vox ἀμμ. significat ea quae
a fato hominibus negata sunt, apud Crinagoram autem (Anth. Pal. IX 284)

„infortunium". Quarum neutra significatio in hunc locum convenit. Male Franke (Philipp. orat. 1850) disiunctionem esse vult (Grenzscheide), cuius arbiter (μέσος = μεσίτης) sit Iuppiter. *ἀμμορίης (= confinium ab ἅμα et ὅρος) scholiastam secutus H. Wolf, cf. Schäfer appar. crit. in Demosth. I 481. ἄμμ' (== ἄμμι) Ὀρίης (= Ὅριος) Rehdantz olim (ed. 1860). ἐνναέται, μοίρης σημήϊον ἀμμορίης τε. Αὐτὸς κτλ. Blass in ed. recordatus Homeri versus; ubi ut alia taceam deest particula qua pentameter coniungatur. ἐμμορίης R. Schöll (i. e. συμμορίης („der Zugehörigkeit"; cf. σύμμορος = συντελής Thuc. 4, 93, 4); ἁρμονίης coll. Hom. X 255 Stadtm.

Leucen et Pteleum oppida, inter quae media erat ara Iovis Terminalis, propter Ionicam dialectum epigrammatis probabile est Ionicas fuisse colonias, ut alia Chersonesi oppida velut Cardia, Limnae, Elaeus.

---

100. Prope Byzantium.   477 a. C.

Μνᾶμ' ἀρετᾶς ἀνέθηκε Ποσειδάωνι ἄνακτι
Παυσανίας, ἄρχων Ἑλλάδος εὐρυχόρου,
Πόντου ἐπ' Εὐξείνου, Λακεδαιμόνιος γένος, υἱὸς
Κλεομβρότου, ἀρχαίας Ἡρακλέος γενεᾶς.

Athen. 12 p. 536a: Νύμφις δὲ ὁ Ἡρακλεώτης ἐν ἕκτῳ τῶν περὶ τῆς πατρίδος (frgm. 15 Müller)· Παυσανίας, φησίν, ... περὶ Βυζάντιον διατρίβων τὸν χαλκοῦν κρατῆρα τὸν ἀνακείμενον τοῖς θεοῖς τοῖς ἐπὶ τοῦ στόματος ἱδρυμένοις, ὃν ἔτι καὶ νῦν εἶναι συμβαίνει, ἐτόλμησεν ἐπιγράψαι ὡς αὐτὸς ἀναθείη, ὑποθεὶς τόδε τὸ ἐπίγραμμα, διὰ τὴν τρυφὴν καὶ ὑπερηφανίαν ἐπιλαθόμενος αὐτοῦ· μνᾶμ' — γενεᾶς. Cf. Herod. 4. 81: ἐν τούτῳ τῷ χώρῳ (Ἐξαμπαίῳ) κέεται χαλκήιον, μεγάθεϊ καὶ ἐξαπλήσιον τοῦ ἐπὶ στόματι τοῦ Πόντου κρητῆρος, τὸν Παυσανίης ὁ Κλεομβρότου ἀνέθηκε.

v. 1. fort. ϝάνακτι || v. 2 et 3. fort. εὐρυχόρῳ, Πόντῳ, Εὐξείνῳ, Κλεομβρότῳ || v. 4. Κλεομβρότου A, non Κλευμβρότου quod dicit Iacobs Anth. app. 241.

Quod Nymphis tradit Pausaniam vasi ab alio quodam dedicato hoc epigramma inscripsisse, haud verisimile est. Immo Herodoto Pausaniam ipsum dedicasse autumanti fides habenda est. Iniuria certe Goettling (progr. Jen. 1861 p. 7) propter εὐρυχόρου et multas alias causas subditicium censet epigramma. — Simonidi sine iusta causa adscripsit Schneidewin Sim. rell. p. 187 (cf. Bergk PL. III⁴ 516).

---

101. Byzantii.   IV. p. C. saec.

Σοί, Χριστὲ κόσμου κοίρανος καὶ δεσπότης,
σοὶ νῦν προσῆξα τήνδε σὴν δούλην πόλιν
καὶ σκῆπτρα τἀμὰ καὶ τὸ τῆς Ῥώμης κράτος·
φύλαττε ταύτην σῶζέ τ' ἐκ πάσης βλάβης.

Cedren. I p. 565 Bonn.: ὅτι ἐν τῷ φόρῳ ὁ πορφυροῦς κίων παρ᾽ αὐτοῦ (Κωνσταντίνου) ἥδρασται καὶ ἡ στήλη αὐτοῦ ἐστιν, ἐν ᾗ γεγραμμένοι εἰσὶ στίχοι τέσσαρες· σὺ — βλάβης.

v. 1. σὺ cod., corr. Menrad ‖ v. 2. προσηῦξα codd., προσῆψα? Bekker, προσῆξα (= obtuli) scripsi collato CIG IV 8787 (app. Didot. III 316): Σοὶ τῇ πανάγνῳ μητρὶ τοῦ Θεοῦ Λόγου │ προσῆξε (sc. hanc crucem) Κωνσταντῖνος εἰς παθῶν λύσιν. ‖ v. 3. τάδε καὶ cod., corr. Stadtm., τάδε τε καὶ Menrad.

Columna porphyretica, cuius haec est inscriptio, a Constantino Roma Byzantium translata ibique in foro erecta est: quam post varios casus a Venetis incendio facto collapsam redintegravit Manuel II. et hosce versus inscripsit:

Τὸ θεῖον ἔργον ἐνθάδε φθαρὲν χρόνῳ
καινοῖ Μανουὴλ εὐσεβὴς αὐτοκράτωρ.

Cf. Anonym. Foersteri 1 (de antiquit. Constant. Rost. 1877 p. 14) et quae ipse Foerster de columna congessit ibid. p. 33.

102. Panticapaei. III. saec. non recentior.

Εἴ τις ἄρ᾽ ἀνθρώπων μὴ πείθεται οἷα παρ᾽ ἡμῖν
γίγνεται, εἰς τήνδε γνώτω ἰδὼν ὑδρίαν·
ἣν οὐχ ὡς ἀνάθημα θεοῦ καλόν, ἀλλ᾽ ἐπίδειγμα
χειμῶνος μεγάλου θῆχ᾽ ἱερεὺς Στράτιος.

Strabo 2 p. 74: ὁ δ᾽ Ἐρατοσθένης (geogr. III A 13, Berger p. 183) καὶ τοὐπίγραμμα προφέρεται τὸ ἐν τῷ Ἀσκληπιείῳ τῷ Παντικαπαίων ἐπὶ τῇ ῥαγείσῃ ὑδρίᾳ διὰ τὸν πάγον· εἴ τις κτλ.

v. 1. ἂν E │ πύθηται E.

Veterum locos de gelu aera rumpente congessit Berger, die geogr. Fragm. des Eratosth. p. 183.

103. In Artemisio promontorio. V. saec. (post a. 479).

Παντοδαπῶν ἀνδρῶν γενεὰς Ἀσίας ἀπὸ χώρας
παῖδες Ἀθηναίων τῷδέ ποτ᾽ ἐν πελάγει
ναυμαχίᾳ δαμάσαντες, ἐπεὶ στρατὸς ὤλετο Μήδων,
σήματα ταῦτ᾽ ἔθεσαν παρθένῳ Ἀρτέμιδι.

Plut. Them. 8: ἔχει δὲ (Ἀρτεμίσιον) ναὸν οὐ μέγαν Ἀρτέμιδος ἐπίκλησιν Προσηῴας καὶ .. στῆλαι λίθου λευκοῦ πεπήγασιν· ὁ δὲ λίθος τῇ χειρὶ τριβόμενος καὶ χρόαν καὶ ὀσμὴν κροκίζουσαν ἀναδίδωσιν. Ἐν μιᾷ δὲ τῶν στηλῶν ἐλεγεῖον ἦν τόδε γεγραμμένον· παντοδαπῶν κτλ. Idem de mal. Herod. 24: εἶτα πιστεύειν ἄξιον τούτῳ, ὃς τὰς ἐπιγραφάς, ἃς ἔθεντο παρὰ τῇ Ἀρτέμιδι τῇ Προσηῴᾳ, κόμπον ἀποφαίνει καὶ ἀλαζονείαν; ἔχει δὲ οὕτω τὸ ἐπίγραμμα· παντοδαπῶν κτλ.

v. 1. *Ἀσίης* vit. Them. ‖ v. 3. *ναυμαχίη* vit. Them. ‖ v. 4. *ταῦτ'*] cf. proll.
§ 12 not. | *ἀνέθεν* Bergk sinc probabili causa.

Schneidewin Simonideis hoc epigramma temere inseruit.

---

104. Geraesti in Euboea. p. C.

Τύννιχος ἐποίει Ἀρτέμιδι Βολοσίᾳ.

Νῆά με λαϊνέην ἱδρύσατο τῆδ' Ἀγαμέμνων
Ἑλλήνων στρατιῆς cῆμα πλοϊζομένης.

Procop. de bello Goth. IV 22 (p. 575 Dind.): *τοῦτον δὲ τὸν
τρόπον ἐκ λίθων πολλῶν καὶ ἡ ναῦς ἐκείνη πεποίηται, ἣν Ἀγαμέμνων
ὁ τοῦ Ἀτρέως τῆς Εὐβοίας ἐν Γεραιστῷ ἀνέθηκε τῇ Ἀρτέμιδι, ἀφ-
οσιούμενος κἂν τούτῳ τὴν ἐς αὐτὴν ὕβριν, ἡνίκα διὰ τὸ τῆς Ἰφιγε-
νείας πάθος τὸν ἀπόπλουν ἡ Ἄρτεμις ξυνεχώρει τοῖς Ἕλλησιν. ἃ δὴ
γράμματα ἐν πλοίῳ τούτῳ ἢ τηνικάδε ἢ ὕστερον ξυσθέντα δηλοῖ ἐν
ἑξαμέτρῳ, ὧν τὰ μὲν πλεῖστα ἐξίτηλα χρόνῳ τῷ μακρῷ γέγονε, τὰ
δὲ πρῶτα καὶ ἐς τόδε διαφαίνεται λέγοντα ὧδε· νῆα — πλοϊζομένης.
καὶ ἐν ἀρχῇ ἔχει· Τύννιχος ἐποίει Ἀρτέμιδι Βολοσίᾳ. οὕτω γὰρ τὴν
Εἰλείθυιαν ἐν τοῖς ἄνω χρόνοις ἐκάλουν, ἐπεὶ καὶ βολὰς τὰς ὠδῖνας
ἐκάλουν.*

v. 1. Τύννιχος Welcker Syll.[2] 182, Τήνιχος codd. | ἐποίει] ἐποίησ' Gomperz
apud Conze-Benndorf, Arch. Unters. auf Samothr. 76 not., idem trimetrum fuisse
putat. ‖ v. 2. μέλαιναν codd., μέλαιναν τήνδ' Grotius ap. Bosch (Planud. anthol.)
III 442, με λαϊνέην palmari emendatione restituit Gomperz.

Haud recte videtur Procopius inscriptionem intellexisse. Putabat
enim ni fallor verbis Τύννιχος — Βολοσίᾳ significari Tynnichum
fecisse navem quae ab Agamemnone dedicaretur Dianae. Quod per
linguam non licet. Neque multum lucrabimur si Bergkio (PL. III[4] 379)
duce dativum Ἀρτέμιδι Βολοσίᾳ cum disticho insequenti coniungemus
et artificis nomen, quippe quod epigrammati non, ut adsolet, subiectum sed praepositum sit, ab aliena manu inferioribus temporibus
adiectum esse statuemus. Quid enim, ut alia omittam, Agamemnoni
cum Diana Ilithyia vel Bolosia? Neque Benndorfio (Arch. Unters. auf
Samothr. 76) assentiri possum Tynnichum non artificem monumenti,
sed poetam subsequentis distichi esse censenti. Renovatum enim esse
— haec fere sunt eius verba — illud monumentum Romanorum
aetate praepositumque epigrammati nomen indigenae illius poetae,
quemadmodum etiam in monumento (Kaibel 461), quod in honorem
Megarensium bellis Medicis mortuorum exstructum et ab Helladio
renovatum est, sepulcrali titulo nomen Simonidis ex coniectura ad-

iectum esset. Sed quid velit Tynnichum fecisse Ἀρτέμιδι Βολοσίᾳ
ille quidem explicare omisit, et rectissime Bergk negare mihi videtur
dici poetam θεῷ ποιῆσαι. Immo omnia bene se habent, si verbo
ποιεῖν dedicandi vim tribueris, quam habet in Romanae aetatis titulis:
v. Loewy Inschr. gr. Bildh. n. 456 sqq. Tynnichus igitur navem faciendam
curavit factamque dedicavit Dianae. Disticho autem quod initium tantum
esse epigrammatis dicit Procopius subiuncta erant alia, quorum haec
fere est sententia: „Quam vetustate conlapsam renovavit Tynnichus."

Vixit autem Tynnichus, id quod ex πλοϊζομένης forma conclusit
Brunn hist. artif. I 607 sq., Romanorum aetate. — De navibus dedicatis
multa congessit Benndorf l. l.

105. Pari? V. saec. Simonidis (157 Bgk.).

— — — — — — — —

Ἀρτέμιδος τόδ᾽ ἄγαλμα· διηκόσιαι γὰρ ὁ μισθὸς
  δραχμαῖαι Πάριαι, τῶν ἐπίσημα τράγος.
ἀσκητῶς δ᾽ ἐποίησεν Ἀθηναίης παλάμῃσιν
  Νάξιος Ἀρκεσίλεως υἱὸς Ἀριστοδίκου.

Laert. Diog. 4. 45: γεγόνασι δὲ καὶ ἄλλοι τρεῖς Ἀρκεσίλαοι . .
ἕτερος ἀγαλματοποιός, εἰς ὃν καὶ Σιμωνίδης ἐποίησεν ἐπίγραμμα τουτί·
Ἀρτέμιδος κτλ. Inde Arsenius 119.

v. 1. γὰρ] om. cod. B, sed suprascr. alt. man. Spectat autem particula,
ni fallor ad distichon quod non iam exstat, cf. commentarium. δ᾽ ἄρ᾽ Menagius,
δ᾽ ἄρα omisso ὁ Hartung gr. Lyr. 6, 215; Ἀρτ. τόδ᾽ ἄγ. διηκ. πόρε μισθός
Schneidewin in Simon. p. 236, πόρ᾽ ὁ μισθός idem in del. ‖ **v. 2.** δραχμαὶ ταὶ
Laert. B, δραχμαὶ το P, corr. ταὶ P², δραγμαὶ τὲ F, δραχμαί τοι Arsen.; δραχμαῖαι
Schneidewin (sed reiecit in del.), δραχμαὶ καὶ Bergk, δραχμαὶ ἔσαν Hartung ‖
τῶν δ᾽ Arsen. | ἐπίσημ᾽ ἄρατος codd., corr. Heyne ‖ **v. 3.** ἀσκητὸς δ᾽ PB, ἀσκη-
τὴς δ᾽ F, ἀσκητὸς (om. δ᾽) Arsen. Sed dubito num verba Ἀθηναίης παλάμῃσιν
ἀσκητός significare possint hominem a Minerva eruditum vel formatum: id quod
voluit Benndorf de anth. ep. p. 10 coll. Ritschl pr. lat. epigr. tab. 81, Athen.
p. 48 B (= n. 180), Kaibel EG. 532; quae exempla huc non faciunt. Immo „Ἀθ. παλ.
ἐποίησεν" iungendum est, quod est dictum similiter atque Anth. Pal. 13, 20 σὺν
Ἡφαίστῳ τελέσας similia. ἀσκητῶς (omisso δὲ) coniecit Bergk, ut alterum distichon
cum Ἀρτ. τόδ᾽ ἄγ. iungatur, reliqua parentheseos locum habeant: quod non magis
placet quam Heckeri¹ 357 coniectura ἀσκητὸν δ᾽; ἀσκητῶς δ᾽ scripsi. | ἐπόησεν B ‖
v. 4. ἄξιος codd., corr. M. Schmidt; similiter ap. Steph. Byz. s. v. Ἀμοργός variant
codices inter ἄξιος et Νάξιος ἀνήρ; ἄξιον Hartung, Ἄξιος i. e. Ὄαχο vel Axo
oppido Cretensi oriundus᾽ Bergk | Ἀρκεσίλαος P, Ἀρκεσίλας B et Arsen., Ἀρκε-
σιλᾷ F; ionicam formam restitui propter Schmidtii emendationem. Ἀρκεσίλας exhibet Bergk artificem Doriensem fuisse ratus; qui si fuisset, posterius certe distichon dorice esset scriptum.

Varie viri docti hoc epigramma tentaverunt neque tamen eorum

coniecturae sufficere mihi videntur. Atque hoc facile apparet pretio
operis commemorato suos in honorem deae sumptus iactare voluisse
eum, qui donarium dedicavit. Sed huius ipsius nomen in inscriptione,
qualis nunc quidem exstat, deest neque tamen in Simonideae aetatis
epigrammate defuisse potest. Quocirca ego titulum integrum esse
nego: interciderunt et alia et nomen dedicantis dedicandique verbum,
ut haec fere fuerit tituli species:

> ὁ δεῖνα . . . . .
>
>   κάλλιστον πάντων ἄνθετ᾽ ἐπευξάμενος
>
> Ἀρτέμιδος τόδ᾽ ἄγαλμα· διηκόσιαι γὰρ ὁ μισθός κτλ.

Duo igitur disticha dedicantis epigramma continebant, unum, ut fieri
solet, artifici relictum est.

Videtur autem donator homo Parius fuisse Paroque in insula,
ubi Dianam saepius honoratam esse ex epigrammate K. 750 a (add.)
discimus, simulacrum collocavisse. — De Simonidis auctoritate non
est cur dubitemus.

---

106. Naxi. VI. saec.

> Νάξιος Εὐεργός με γένει Λητοῦς πόρε, Βύζεω
> παῖς, ὃς πρώτιστος τεῦξε λίθου κέραμον.

Paus. 5. 10. 3: τὸ δὲ εὕρημα ἀνδρὸς Ναξίου λέγουσιν εἶναι Βύζου,
οὗ φασιν ἐν Νάξῳ τὰ ἀγάλματα ἐφ᾽ ὧν ἐπίγραμμα εἶναι· Νάξιος —
κέραμον. ἡλικίαν δὲ ὁ Βύζης οὗτος κατὰ Ἀλυάττην ἦν τὸν Λυδὸν
καὶ Ἀστυάγην τὸν Κυαξάρου βασιλεύοντα ἐν Μήδοις.

v. 1. *Νάξιος Εὐέργου με γένει Λητοῦς πόρε Βύζης* | *παῖς* Hemsterh.; sed
nimium sic distat voc. *Εὐέργου* a voe. *παῖς*. | *βύξεο* — *παῖς* — *λίθοιο* Va.

Epigramma a Pausania falso et lectum et intellectum est. Putavit
enim periegeta εὔεργος nomen adiectivum esse, Byzae autem παιδὶ
εὐέργῳ rursus Byzen nomen fuisse: quem Byzen donarium non
solum dedicasse, sed etiam elaborasse. Eadem erat sententia Siebelis,
Silligi, Rathgeberi. Quos contra Schubart (Z. f. Altert. 1849 p. 385 sqq.)
recte exposuit Εὔεργον esse nomen proprium filii Byzae, hunc igitur
Euergum ἄγαλμα dedicasse; quis autem fuerit eius artifex tituli auctorem tacere. Denique ne hoc quidem liquere utrum Byzes an Euergus
primus tegulas ex marmore fecisset, cum dubium esset ad utrum pronomen ὅς spectaret. — De tegularum marmorearum inven ione cf.
Berl. phil. Wochenschr. 1891 n. 3 col. 35.

107. Naxi? c. 480 a. C. Simonidis (136 Bgk.).

Δημόκριτος τρίτος ἦρξε μάχης ὅτε πὰρ Caλαμῖνα
῞Ελληνες Μήδοις cύμβαλον ἐν πελάγει·
πέντε δὲ νῆας ἕλεν δηίων, ἕκτην δ᾽ ὑπὸ χειρὸς
ῥύcατο βαρβαρικῆς Δωρίδ᾽ ἁλιcκομένην.

Plut. de mal. Herod. 36: ... τὸ *Δημοκρίτου κατόρθωμα καὶ
τὴν ἀριστείαν, ἣν ἐπιγράμματι Cιμωνίδης ἐδήλωσε· Δημόκριτος κτλ.*

v. 3 et 4. *ὑπὸ χειρὸς ᾧ. βαρβαρικῆς* TVB, *ὑπὸ χεῖρα ᾧ. βαρβαρικὴν* rell.;
ἀπὸ χειρὸς ᾧ. βαρβαρικῆς Turnebus, Iacobs, *ἀπὸ χειρῶν ᾧ. βαρβαρικῶν* Reiske,
ὑπὸ χειρῶν ᾧ. βαρβαρικῶν Schneidewin.

Insolens sane tituli forma, sed non est cur cum Bergkio et Kaibelio (Rh. M. 28, 447) mutilum eum esse censeamus. Potest enim in
epigrammate dedicatorio verbum dedicandi plane deesse; cf. prolegg.
§ 6. — De Simonide auctore ne Kaibel quidem dubitavit.

---

108. Sami. V. saec.

Πυθαγόρεω φίλος υἱὸς ᾿Αρίμνηστός μ᾽ ἀνέθηκε
πολλὰς ἐξευρὼν εἰνὶ λόγοιc cοφίαc.

Porphyr. vit. Pythag. 3 (p. 19 Nauck[2]): *Δοῦρις δὲ ὁ Cάμιος
ἐν δευτέρῳ τῶν ῞Ωρων* (fr. 56 Mue.) *παῖδά τ᾽ αὐτοῦ* (i. e. *Πυθαγόρου*)
*ἀναγράφει ᾿Αρίμνηστον καὶ διδάσκαλόν φησι γενέσθαι Δημοκρίτου.
Τὸν δ᾽ ᾿Αρίμνηστον κατελθόντ᾽ ἀπὸ τῆς φυγῆς χαλκοῦν ἀνάθημα ἐν
τῷ ἱερῷ τῆς ῞Ηρας ἀναθεῖναι, τὴν διάμετρον ἔχον ἐγγὺς δύο πήχεων,
οὗ ἐπίγραμμα ἦν ἐγγεγραμμένον τόδε· Πυθαγόρεω — σοφίας. Τοῦτο
δ᾽ ἀνελόντα Cῖμον τὸν ῾Αρμονικὸν καὶ τὸν κανόνα σφετερισάμενον
ἐξενεγκεῖν ὡς ἴδιον· εἶναι μὲν οὖν ἑπτὰ τὰς ἀναγεγραμμένας σοφίας·
διὰ δὲ τὴν μίαν ἣν Cῖμος ὑφείλετο συναφανισθῆναι καὶ τὰς ἄλλας
τὰς ἐν τῷ ἀναθήματι γεγραμμένας.*

v. 2. *ἡδυλόγους* Nauck Philol. 5, 692 coll. Cratin. com. II p. 145 Mein. *ἡδυ-
λόγῳ σοφίᾳ* et Timon. ap. Sext. Emp. p. 545, 32 (Wachsmuth, sillogr. p. 21).

„Arimnestus, ut ex verbis *ἐν λόγοις σοφίας* concludere licet, sex
rationandi aut computandi quasi aenigmata ab se excogitata publice
in templo Iunonis dedicasse videtur simul addito canone quo facilius
ratio computandi in omnibus perspiceretur viris prudentibus. Hunc
igitur canonem, qui quasi pro septima *σοφίᾳ* Arimnesti habebatur,
surripuisse Simum [una cum epigrammate] eoque ceteras omnes *σοφίας* perturbasse et obscurasse auctor est Duris.“ Quae Goettlingii
(de Pherecydis epigr. progr. Ien. 1851 p. 9) huius obscuri loci interpretatio una est quae aliquam habeat probabilitatis speciem. Sed
offendit in textu Porphyrii articulus *τὸν κανόνα σφετερισάμενον,*

quasi notus sit et iam commemoratus ille canon. Quare haud scio
an scribendum sit: τοῦτο δ᾽ ἀνελόντα Σῖμον καὶ τὸν κανόνα τὸν
ἁρμονικὸν σφετερισάμενον κτέ. Quod si recte statui, omnes illas
σοφίας ad Pythagoreorum de harmonia doctrinam spectasse putandum est.

Sed longe reicienda est eiusdem Goettlingii sententia cum putet
Duridem, qui alius cuiusdam Pythagorae filium Arimnestum aeneum
illud monumentum posuisse dixisset, male intellectum esse a Porphyrio. Arimnestus enim Pythagorae filius vocatur etiam in gnomo-
logio Vaticano, quod nuper Sternbach edidit (n. 118 [Wien. Stud. IX 22],
cf. Stob. flor. 118, 27, Arsen. p. 110, 21), neque licet ubi nude dicitur
Pythagoras, alium intellegere ac philosophum. Huc accedit etiam
quod Simus Posidoniatas refertur inter Pythagorae discipulos apud
Iamblichum vit. Pyth. 36 p. 267. Immo nullam omnino video causam cur Duridis testis oculati fidem in suspicionem vocemus.

---

109. Sami in Heraeo. V. saec.

Βόσπορον ἰχθυόεντα γεφυρώσας ἀνέθηκε
Μανδροκλέης Ἥρῃ μνημόσυνον σχεδίης,
αὐτῷ μὲν στέφανον περιθείς, Σαμίοισι δὲ κῦδος
Δαρείου βασιλέος ἐκτελέσας κατὰ νοῦν.

Herodot. 4. 88: Δαρεῖος δὲ μετὰ ταῦτα ἡσθεὶς τῇ σχεδίῃ τὸν
ἀρχιτέκτονα αὐτῆς Μανδροκλέα τὸν Σάμιον ἐδωρήσατο πᾶσι (ταλάντοισι
Gomperz) δέκα· ἀπ᾽ ὧν δὴ Μανδροκλέης ἀπαρχὴν ζῷα γραψάμενος
πᾶσαν τὴν ζεῦξιν τοῦ Βοσπόρου καὶ βασιλέα τε Δαρεῖον ἐν προεδρίῃ
κατήμενον καὶ τὸν στρατὸν αὐτοῦ διαβαίνοντα, ταῦτα γραψάμενος
ἀνέθηκε ἐς τὸ Ἥραιον, ἐπιγράψας τάδε· Βόσπορον κτλ. Anth. Pal.
VI 341: εἰς τῆς Ἥρας τὸν ναὸν ἀνάθημα παρὰ Μανδόκρεω (sic) A in t.
Chron. Simeonis Logothetae cod. Par. 1702 fol. 73 sec. C. Müller
Geogr. gr. min. II p. 43.

v. 1. ἀνέθηκεν Anth. A^ar, sed ν erasit C ‖ v. 2. μανδόκρεων Anth. (μανδο-
κρέων A^ar), Σμαρδοκλέης Simeo Log., Ἀνδροκλέης Herodoti cod. quidam a Gyllio
inspectus (cf. Geogr. gr. min. II p. 43) ‖ v. 3. τῷ μὲν δὴ στέφανον Anth. quod
manifesto interpolatum est ‖ v. 4. excidit in Anth., in fine versus 3 ζήτει στίχον ἅ
et idem in m^e C.

---

110. Sami in Heraeo. —

Βάστα Κάρας Σάμιος Ἥρῃ τὴν θῆρ᾽ ἀνέθηκεν.

Hesych. s. v. Βάστα Κάρας· δύο ταῦτα ὀνόματα· ἐπιγέγραπται
δὲ ἐπὶ ἀναθήματος ἐν Σάμῳ ἐν τῷ τῆς Ἥρας ἱερῷ οὕτω· Βάστα κτλ.

Cf. Coll. prov. Coisl. s. v. (v. Leutsch-Schn. ad App. Vat. 1, 16)
Βάτα Κάρας ἐπὶ τῶν παχέων καὶ ἀδυνάτων (δυνατῶν cod., corr.
Leutsch) ἢ ἐπὶ τῶν ἀναισθήτων· εἴρηται δὲ ἀπὸ ἐπιγραφῆς οὔσης
ἐν Σάμῳ ἐν τῷ Ἡραίῳ, καταπλανηάσης ὑπ' ἀνοίας τοὺς ἀναγνόν-
τας· ἐπέγραφον γὰρ πατρόθεν προτάσσοντες τὸν πατέρα καί ἐστι τὸ
μὲν Βάτα γενικὴ πτῶσις, τὸ δὲ Κάρας ὀρθή, ἵνα ᾖ Κάρας ὁ Βάτα
υἱὸς ἤγουν ὁ υἱὸς τοῦ Βάτα· ὑφ' ἓν δὲ ἐξενεχθὲν ἐπλάνησε πολλούς·
ὅθεν καί φασιν ἐπὶ τῶν ἀναισθήτων εἰρῆσθαι τὴν παροιμίαν. (Eadem
brevius: Coll. Vat. 1, 6, Bodl. 242, Apostol. 5, 39, Arsen. 137.) Ioann.
Siceliota (Walz 6, 95): .. Διονύσιος ὁ Ἁλικαρνασσεὺς καὶ Σμυρναῖος
ὁ Ἀριστείδης περὶ ἰδεῶν τε καὶ τέχνης γράψαντες βούτα Κάρας, ἡ
παροιμία φησίν.

Βάστα Κάρας Σάμιος Ἥρῃ τήνδε θήρην ἀνέθηκεν Hesych., βάτα vel βάτου
prov. coll., βούτα Ioann. Sicel. Quae fuerit nominis forma, dubitari potest;
Buecheler me monuit Bastarnarum; certe Βάστα habuit Hesychius, cuius lectionem mutare vetamur litterarum ordine. Hexametrum alii aliter restituebant:
Βάστα Κάρας Σάμιος θήρην τήνδ' Ἥρῃ ἔθηκεν Panofka res Sam. p. 61, Βαστακάρας Σάμιος Ἥρῃ θήρην ἀνέθηκεν Pearson, hoc vel Βαστακάρας Σ. τήνδ' Ἥρῃ
θῆρ' ἀνέθηκεν vel Βαστακάρας Σ. Ἥρῃ τὴν θῆρ' ἀνέθηκεν Boeckh CIG II p. 212,
cuius tertiam lectionem recepit Welcker Syll.[2] 174 nisi quod Βάστα Κάρας disiunxit. Quem secutus sum. Sed haud scio an recte Dindorf in Thes. l. g. s. v.
Βάστα et M. Schmidt ad Hesych. l. l. pedestri oratione scripta esse verba conten-
dant. — Vetustius metrum se cruisse censet Bergk opusc. II 400, ubi sic scri-
bendum esse putat: Βάστα Κάρας Σάμιος | Ἥρῃ | τήνδ' Ἥρην ἀνέθηκεν. Idem PL.
III⁴ 439 hoc proponit: Βάστα Κάρας Σάμιος | Ἥρῃ τήνδ' ἀνέθηκεν, nimirum Ἥρην
(unde θήρην) ut glossema segregans. Sed bestiam dedicari mirum non est: cf.
tit. Sam. dedic. in lepore inscriptum IGA 385.

Caras Bastae filius bestiae imaginem Iunoni dedicasse videtur.
Qui natione barbarus Samiam quam acceperat civitatem in templo
Samio iactavit.

111. Antiochiae. 341 p. C.

Χριστῷ Κωνϲταντῖνοϲ ἐπήρατα οἰκί' ἔτευξεν,
οὐρανίαιϲ ἀϲῖϲι πανείκελα παμφανόωντα
Κωνϲταντείου ἄνακτοϲ ὑποδρήϲϲοντοϲ ἐφετμαῖϲ·
Γοργόνιοϲ δὲ Κόμηϲ θαλαμηπόλον ἔργον ὕφανε.

Malal. 13 p. 325 Bonn.: καὶ γενόμενος (Κωστάντιος) ἐν Ἀντιο-
χείᾳ τῇ μεγάλῃ ἐπλήρωσε τὴν μεγάλην ἐκκλησίαν ἐπιγράψας ταῦτα·
Χριστῷ — ὕφανε.

v. 1. Κωνστάντιος cod., corr. Chilmeadus | ἐπέραιστον οἶκον cod., ἐπήρατον
οἶκον Chilm., ἐπήρατα οἰκί' O. Mueller, quod recepi cum dubitarem num πανείκελα (v. 2) adverbii munere (velut ἴσα) fungi posset ‖ v. 2. παμφανόεντα cod.,
corr. Chilm. ‖ v. 3. Κωνσταντίου cod., corr. O. Mueller; Κωνσταντίνου hic quoque
restituebat Chilm. | ὑποδρήσοντος cod. ‖ v. 4. θαλαμηπόλος i. e. sacerdos Stadtm.

De magna Antiochiae ecclesia incohata a Constantino, perfecta a Constantio vide O. Muellerum in egregia de antiquitatibus Antiochenis dissertatione II § 15 (Comm. acad. Gotting. VIII p. 306 sqq.). De Gorgonio Coma architecto nihil aliunde notum est.

----

112. Alexandriae in museo? Altera III. saec. parte. Eratosthenis.

Εἰ κύβον ἐξ ὀλίγου διπλήσιον, ὦγαθέ, τεύχειν
　φράζεαι ἢ στερεὴν πᾶσαν ἐς ἄλλο φύσιν
εὖ μεταμορφῶσαι, τόδε τοι πάρα· κἂν σύ γε μάνδρην
　ἢ σιρὸν ἢ κοίλου φρείατος εὐρὺ κύτος,
5　τῇδ' ἀναμετρήσαιο, μέσας ὅτε τέρμασιν ἄκροις
　συνδρομάδας δισσῶν ἐντὸς ἕλῃς κανόνων.
μηδὲ σύ γ' Ἀρχύτεω δυσμήχανα ἔργα κυλίνδρων
　μηδὲ Μεναιχμείους κωνοτομεῖν τριάδας
δίζηαι, μηδ' εἴ τι θεουδέος Εὐδόξοιο
10　καμπύλον ἐν γραμμαῖς εἶδος ἀναγράφεται.
τοῖσδε σύ γ' ἐν πινάκεσσι μεσόγραφα μυρία τεύχοις
　ῥεῖά κεν ἐκ παύρου πυθμένος ἀρχόμενος.
εὐαίων Πτολεμαῖε, πατὴρ ὅτι παιδὶ συνήμων
　πάνθ' ὅσα καὶ Μούσαις καὶ βασιλεῦσι φίλα
15　αὐτὸς ἐδωρήσω· τὸ δ' ἐς ὕστερον, οὐράνιε Ζεῦ,
　καὶ σκήπτρων ἐκ σῆς ἀντιάσειε χερός.
καὶ τὰ μὲν ὣς τελέοιτο· λέγοι δέ τις ἄνθεμα λεύσσων
　τοῦ Κυρηναίου τοῦτ' Ἐρατοσθένεος.

Eratosth. epist. ad Ptol. p. 128 Hiller (ex Eutocio, comm. in l. II Archimedis de sphaera et cylindro p. 110 Heiberg): *ἐν δὲ τῷ ἀναθήματι τὸ μὲν ὀργανικὸν χαλκοῦν ἐστιν καὶ καθήρμοσται ὑπ' αὐτὴν τὴν στεφάνην τῆς στήλης προσμεμολυβδοχοημένον, ὑπ' αὐτοῦ δὲ ἡ ἀπόδειξις συντομώτερον φραζομένη καὶ τὸ σχῆμα, μετ' αὐτὸ δὲ ἐπίγραμμα. ὑπογεγράφθω οὖν σοι καὶ ταῦτα, ἵνα ἔχῃς καὶ ὡς ἐν τῷ ἀναθήματι. τῶν δὲ δύο σχημάτων τὸ δεύτερον γέγραπται ἐν τῇ στήλῃ.* Sequitur *ἀπόδειξις* donario pedestri oratione inscripta, quam excipit epigramma *εἰ κύβον — Ἐρατοσθένεος.* Proclus in Eucl. elem. p. 111 Friedl.: *ἐπινοεῖσθαι δὲ ταύτας τὰς τομὰς τὰς μὲν ὑπὸ Μεναίχμου, τὰς κωνικάς, ὃ καὶ Ἐρατοσθένης ἱστορῶν λέγει· μηδὲ Μεναιχμείους κωνοτομεῖν τριάδας* (v. 8).

Cf. Heiberg Archim. vol. III p. VII sqq. — **v. 2.** ἢ] Iacobs, τὴν codd., καὶ Heiberg ‖ **v. 3.** τόδε = hoce instrumentum. τότε Wurm J. J. 14 (1830), 189 referens ad coni. ὅτε v. 5 et verba κἂν σύ — τῇδ' ἀναμετρήσαιο parenthesin esse iudicans; sed quemvis veterum part. τῇδ' ad ὅτε rettulisse censendum est; immo ad κἂν σύ γε μάνδρην κτλ. ex antecedente versu supplendum est: ἐς ἄλλο μεταμορφῶσαι

φράξῃ ‖ **v. 5.** τέρματα ἄκρα sunt duae lineae datae quarum una duplo maior est
altera (in figura *AB* et *CD*), cf. Wurm l. l. 191 ‖ **v. 6.** διδδοὶ κανόνες meo
iudicio sunt duae regulae (*AD* et *BI*), ut his ipsis Eratosthenes suum instrumentum significet, cf. Procl. in Tim. p. 149 D. *Μέδας* autem ἄκροις τέρμαδι
δυνδρομάδας censeo esse medias proportionales *FP* et *LQ* quas invenire iube-
mur (δυνδρομάς = parallelus?). Aliter de hoc versu iudicant Wurm et Heiberg. ‖
v. 7. De Archytae, Menaechmi, Eudoxi solutionibus v. Cantor in scholis de hist.
math. I 199 sqq. ‖ **v. 8.** *Μενεχμείους* Eut., *Μεναιχμίους* Proclus ‖ κωνοτομῶν Bern-
hardy ‖ **v. 11.** τοῖσδε δὲ ἐν codd., corr. Hermann Orph. 769, τ. δέ γ᾿ ἐν Bernh.,
τ. δέ τ᾿ ἐν Reimer, τ. δὺ ἐν Fellus, Iacobs, τ. δέ κ᾿ ἐν (et in v. 12 μὲν) Wurm
l. l. 192 ‖ **v. 12.** μὲν cod. B ‖ „a parvo initio progrediens" Heiberg, i. e. a duabus
illis lineis datis ‖ **v. 13.** δυνηβῶν codd., nisi quod in F dubium est utrum litt.
β an μ exstet. Sed δυνηβῶν de patre et filio minime aptum. δὺν ἠβῶν Bernh.,
δυννήδων Fellus.

Delium illud problema cubi duplicandi ($x^3 = 2a^3$) Hippocrates
Chius solvi posse docuerat, si inter duas lineas, quarum una duplo
esset maior altera, duas medias proportionales sumere didicissemus.[1]
Multorum huius novi problematis solutiones Eutocius inde a p. 66
affert, paenultimam Eratosthenis, qui in epistula ad Ptolemaeum
Euergeten scripta longe lateque suum inventum exponit. Quod ego
ad epigrammatis verba explicanda breviter describam Iacobsii fere
verbis (Anth. gr. VII p. 317) usus[2]:

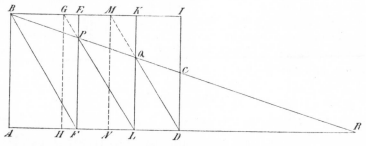

Duabus lineis parallelis *AB* et *CD* datis quarum *AB* duplo maior
sit altera (= τέρματα ἄκρα v. 5) construatur parallelogramma *AI*, cui
basis sit *AB*. Deinde inter lineas (in instrumento erant regulae
= διδδοὶ κανόνες v. 6) *AD* et *BI* constituantur tria deinceps paral-
lelogrammata (in instr. tres tabellulae) eiusdem magnitudinis ducan-
turque in eis diagonales. Iam ut inter *AB* et *CD* duae mediae
proportionales inveniantur, necesse est parallelogr. $\overline{BF}$ supra medium

---

1) $a : x = x : y = y : 2a$. Inde sequitur 1) $x^2 = ay$ et 2) $y^2 = 2ax$. Ex
1) $y = \dfrac{x^2}{a}$, ergo $y^2 = \dfrac{x^4}{a^2}$. Ex 1) et 2) sequitur $\dfrac{x^4}{a^2} = 2ax$, ergo $x^3 = 2a^3$.

2) Figuram exhibui secundum Cantorem, Euclid und sein Jahrh. p. 42.
Vocatur autem Eratosthenis instrumentum mesolabium a Vitruvio 9 praef. 14,
μεδόλαβον a Pappo 3, 21 p. 54 Hultsch.

$\overline{LG}$, alterum autem $\overline{DM}$ subter medium quod immotum manet, ita agatur, ut puncta $BPQC$ in directo iaceant. Erunt igitur FP et LQ duae proportionales (μέσαι συνδρομάδες v. 6, μεσόγραφα v. 11), id quod facile est ad demonstrandum (v. Eratosth. epist.).

Eratosthenis non esse hoc epigramma contendit qui nuper carminum eius reliquias diligentissime collegit, E. Hiller (v. p. 122—137), propter versuum pravitatem et sordes; de epistulae origine non certam ille opinionem profert, etsi concedit haud magna cum specie probabilitatis aliquem suspicari posse solum epigramma genuinum interisse et in eius locum suppositum esse quod nunc habemus. Et certe similitudo quam inter epistulam et epigramma intercedere recte contendit — neque enim falsarii more verba epistulae carpit poeta — nullo alio modo explicari potest quam ut statuamus utrumque eiusdem esse auctoris. In epistula autem ne minimum quidem vestigium alieni auctoris exstat; nam quod Hiller p. 135 permirum esse censet Eratosthenem ne uno quidem verbo legentes certiores facere ubinam ἀνάθημα a se positum sit, hoc non magni momenti est, cum per se appareat Eratosthenem bibliothecarium nusquam alibi quam ἐν Μουσείῳ Musis dedicasse donarium. Epigramma autem non omnibus numeris esse absolutum neque perpolitum concedo; sed meminerimus haud facile esse terminos technicos hexametri legibus adaptare. Neque hoc praetermittendum est falsarium certe acquieturum fuisse in mesolabio versibus describendo neque vero additurum fuisse extrema illa tria disticha, quae Ptolemaeum laudibus efferunt et si quid aliud genuinum esse titulum evincunt.[1]

113. In Zephyrio promontorio Aegypti. III. saec. Callimachi.

Κόγχος ἐγώ, Ζεφυρῖτι, πάλαι τέρας. ἀλλὰ cὺ νῦν με,
   Κύπρι, Cεληναίης ἄνθεμα πρῶτον ἔχεις,
ναυτίλος ὃς πελάγεςςιν ἐπέπλεον, εἰ μὲν ἄηται,
   τείνας οἰκείων λαῖφος ἀπὸ προτόνων,
5 εἰ δὲ Γαληναίη, λιπαρὴ θεός, οὖλος ἐρέςςων
   ποςςί νιν, ὥςτ᾽ ἔργῳ τοὔνομα ςυμφέρεται,
ἔςτ᾽ ἔπεςον παρὰ θῖνας Ἰουλίδας, ὄφρα γένωμαι
   ςοὶ τὸ περίςκεπτον παίγνιον, Ἀρςινόη,

---

1) Iam Cantor (schol. de hist. math. I p. 284, 2) et Heiberg (ed. Archim. et Eutoc. III p. V) Hillero sunt adversati neque tamen ullam adiecerunt causam. Ceterum ille locus p. 66 Heib., quem Hiller affert (p. 122) ut fontes Eutocii non ubique puros fuisse demonstret, varie tractatur a viris doctis neque constat num recte Eutocius de Eudoxi libello iudicaverit; v. Heiberg ed. Eut. III p. 67, 2.

μηδέ μοι ἐν θαλάμηϲιν ἔθ᾽ ὡϲ πάροϲ — εἰμὶ γὰρ ἄπνουϲ —
10   τίκτηται νοτερῆϲ ὤεον ἀλκυόνηϲ.
Κλεινίου ἀλλὰ θυγατρὶ δίδου χάριν· οἶδε γὰρ ἐϲθλὰ
   ῥέζειν καὶ Ϲμύρνηϲ ἐϲτὶν ἀπ᾽ Αἰολίδοϲ.

Athen. 7. 318 b: εἰς τὸν ναυτίλον τοῦτον φέρεταί τι Καλλιμάχου
τοῦ Κυρηναίου ἐπίγραμμα οὕτως ἔχον (6 Schn., 5 W.)· κόγχος —
Αἰολίδος. Etym. Magn. s. v. περισκέπτῳ ... ἢ περίσκεπτον ὅ τις
ἂν κατανοῶν θαυμάσειεν οἷον· ὄφρα — Ἀρσινόη (v. 7 et 8).

v. 1. παλαίτερος A; corr. O. Schneider Philol. 4, 566 et in Callimacheis,
παλαίτερον Bentley, πάλαι τέρυς Iacobs, σάλου πάρος Goettling, πάλαι τεός
Fritzsche ind. lect. Rost. 1868 p. 3 | νῦν μοι A; corr. Musur. ‖ v. 2. ἄνθεμ᾽ ἔρωτος
Meineke Philol. 14 p. 9, sed cf. πρῶτον γέρας Anth. Pal. VI 198 ‖ v. 3. ναυτίλον A; corr. Kaibel ‖ v. 5. Γαληναίη λιπαρή, ϑέον Brunck ‖ v. 6. ποσσὶν ἵν᾽
ὥσπεργωι A; ποσσὶν ἵν᾽ ὥσπερ καὶ vulgo, ποσσί νιν (sc. πελάγη) ὥστ᾽ ἔργῳ Hermann ad Orph. 771, ποσσί νιν· ὡς τὤργῳ Haupt, ποσσί νιν ὤτ᾽ ἔργῳ Hecker²
p. 160, ποσσὶν (ἰδ᾽ ὡς τὤργῳ — συμφέρεται) O. Schneider, ποσσὶν ἅμ᾽, ὥστ᾽ ἔργῳ
Stadtm. coll. Hom. hymn. 3, 39 ‖ v. 7. ἔκ τ᾽ ἔπεσον Hemsterh. | sine iusta causa
mutaverunt: Ἰουλίδος Casaubon., Ἰωνίδας Mein., ϑῖν᾽ ἐς ἰουλίδας Lennep ‖ v. 8.
τὸ om. Et. M., σοί τι π. Ernesti, σεῖο παράσκεπτον παίγνιον, Ἀρσινόη. Γῇ δέ μοι
ἐνθ᾽ ἅλμης, ἵν ἔθ᾽, ᾧ πάρος εἰμὶ παράπλους, τίκτεται ἐν νοτίῳ (vel αἴ νοτερῆς)
ὤεον ἀλκυόνης M. Schmidt Verisimil. 32 | Ἀρσινόης Λ, Ἀρσινόη Et. M. ‖ v. 9 et 10.
ϑαλάμαι, cum de piscibus agitur, eorum latebras significat, ut falsa mihi Schneideri
opinio esse videatur qui hoc loco ϑαλάμας concham nautili esse mavolt, in qua
ima halcyon ova pepererit cum ille mortuus ad litus iaceret. Accedit quod verba
ὡς πάρος vix ad aliud referri possunt nisi ad ἔστ᾽ ἔπεσον. Immo quid velint
verba tradita, non liquet: falso enim putat Bentley nautilum ovis halcyonis vesci,
cf. Plin. n. h. 9. 86. — Locus nondum sanus est. | ἄπλους Lentz (in Muetzelli
Z. f. Gymn. 1860 p. 348), ἀπτήν Fritzsche l. l. Codicum lectio firmatur imitatio-
nibus Tulli Gemini Anth. XVI (Plan.) 30, 5 εἰμὶ γὰρ ἄπνους (item in clausula)
et Dioscoridis Λ. Pal. IX 734 (item), quae attulit Benndorf. de Anthol. epigr. p. 60
not. 2. | τίκτει τ᾽ αἰνοτέρης A, corr. Bentley, τίκτηται γοερῆς Hecker, τίκτηται
δολερῆς Fritzsche, τηρεῖται γοερῆς Iacobs Anth. 7 p. 285, ἡγῆται νοτερῆς M. Schmidt
Rh. M. 26, 174 sq. (= und mir nicht fürderhin das Ei des H. in seinem Nest
voranschwimme) | ἀλκυόνος Iacobs, ἀλκυόνος Bentley ‖ v. 12. κεὶ Ϲμύρνης Fritzsche,
ἡ Ϲμύρνης εἴ τις ἀπ᾽ Αἰολίδος Hecker.

Selene vel Selenaea, Cliniae filia Smyrnaei, ut speciosum aliquid
dedicaret, nautilum (quae nunc vocatur Argonauta Argo) novae illi
Veneri Zephyritidi dono dedit: similium donorum epigrammata exstant
in Anth. Pal. VI 222 sqq. Neque vero eam recens nuptam aut
sponsam fuisse (quod volunt Meineke et Hecker; etiam Schneider p. 409
propter amorem putat eam dedicasse) ex ullo verbo colligere possumus — quae sententia ni fallor profecta est a prava Meinekii in
secundo versu coniectura — neque licet ἐσθλὰ ῥέξειν v. 11 sq. sic
interpretari, ut Selenaea ipsa epigramma conchae inscripsisse dicatur
(Haupt, Mein., Schneider); immo his verbis mores puellae laudantur,
quo magis ei dea faveat.

114. In Zephyrio promontorio Aegypti? III. saec. Posidippi.

Τοῦτο καὶ ἐν πόντῳ καὶ ἐπὶ χθονὶ τῆc Φιλαδέλφου
  Κύπριδοc ἱλάcκεcθ᾿ ἱερὸν ᾿Αρcινόηc,
ἣν ἀνακοιρανέουcαν ἐπὶ Ζεφυρίτιδοc ἀκτῆc
  πρῶτοc ὁ ναύαρχοc θήκατο Καλλικράτηc.
5 ἡ δὲ καὶ εὐπλοΐην δώcει καὶ χείματι μέccῳ
  τὸ πλατὺ λιccομένοιc ἐκλιπανεῖ πέλαγοc.

Athen. 7. 318 D: *ἔγραφε δὲ καὶ Ποcείδιπποc εἰc τὴν ἐν Ζεφυ-*
ρίῳ τιμωμένην ταύτην᾿Αφροδίτην τόδε τὸ ἐπίγραμμα· τοῦτο — πέλαγοc.

v. 1. *ἐν ποταμῷ* A, corr. Iacobs ‖ **v. 3.** *ἢν ἀνακοιρανέουcαν* A, *ἢν ἄλα* vel
ἀλλ κοιρανέουcαν Kaibel, *γῆν ἄνα* κ. Vahlen Sb. d. Berl. Ak. 1889, 47, *ἢν ἄρα* κ.
Meineke, *ἢν νῦν* Stadtm. | *Ζεφυρηΐδοc* A, corr. Valckenaer coll. Steph. Byz. s. v.
Ζεφύριον | *ἄκρηc* Valck. ‖ **v. 4.** *cῶcτρον ὁ ναύαρχοc* Blass Rh. M. 35, 91; sed
cf. n. 69 *πρῶτον ἱδρύεcθαι* ibique adnot. ‖ **v. 5.** *ἡ δὲ καὶ* A, *ἡ δέ τοι* editt.
ante Kaibelium ‖ **v. 6.** *ἐκλιμπανεῖ* A, corr. Casaub.; Vahlen confert n. 113, 5
λιπαρὴ θεόc. ἐκλεανεῖ Madvig Advers. III 61.

In idem Veneris Arsinoes templum exstat alterum quoque epigramma eiusdem Posidippi erutum e papyro graeco a Weilio, cf.
Blass Rh. M. 35 p. 90 sqq. Est autem hoc (App. Didot. III 81):

Μέccον ἐγὼ Φαρίηc ἀκτῆc cτόματόc τε Κανώπου
  ἐν περιφαινομένῳ κύματι χῶρον ἔχω,
τῆcδε πολυρρήνου Λιβύηc ἀνεμώδεα χηλὴν
  τὴν ἀνατεινομένην εἰc ᾿Ιταλὸν Ζέφυρον.
5 *ἔνθα με Καλλικράτηc ἱδρύcατο καὶ βαcιλίccηc*
  ἱερὸν ᾿Αρcινόηc Κύπριδοc ὠνόμαcεν.
ἀλλ᾿ ἐπὶ τὴν Ζεφυρῖτιν ἀκουcομένην ᾿Αφροδίτην
  ῾Ελλήνων ἀγναὶ βαίνετε θυγατέρεc
οἵ θ᾿ ἁλὸc ἐργάται ἄνδρεc· ὁ γὰρ ναύαρχοc ἔτευξεν
10 *τοῦθ᾿ ἱερὸν παντὸc κύματοc εὐλίμενον.*[1]
Utrumque epigramma habet inscriptionis formam. Sed utrum

---

1) In eodem papyro alterum Posidippi epigramma exstat ad Pharum Ale-
xandrinum spectans (App. Didot. III 80, Blass l. l.):

  ῾Ελλήνων cωτῆρα, Φάρου cκοπέν, ὦ ἄνα Πρωτεῦ,
    Σώcτρατοc ἔcτηcεν Δεξιφάνουc Κνίδιοc·
  οὐ γὰρ ἐν Αἰγύπτῳ cκοπαὶ οὔρεά θ᾿ οἷ᾿ ἐπὶ νήcων,
    ἀλλὰ χαμαὶ χηλὴ ναύλοχοc ἐκτέταται.
5 *τοῦ χάριν εὐθεῖάν τε καὶ ὄρθιον αἰθέρα τέμνων*
    πύργοc ὅδ᾿ ἀπλάτων φαίνετ᾿ ἀπὸ cταδίων
  ἤματι· παννύχιοc δὲ θέων cὺν κύματι ναύτηc
    ὄψεται ἐκ κορυφῆc πῦρ μέγα καιόμενον.
  καί κεν ἐπ᾿ αὐτὸ δράμοι Ταύρου κέραc, οὐδ᾿ ἂν ἁμάρτοι
10 *cωτῆροc, Πρωτεῦ, Ζηνὸc ὁ τῇδε πλέων.*
Qui versus num praeter titulum legitimum, quem tradit Lucianus (hist. conscr. 62,
cf. Strabo 17 p. 791), in turri insculpti sint equidem valde dubito.

ambo inscripta fuerint an alterum utrum an neutrum, dubium est,
praesertim cum mos sit illorum poetarum eandem rem lusus causa
pluribus illustrare carminibus titulorum instar factis, v. proll. § 3.

115. Catanae. 339 a. C. Mamerci.

⟨Μάμερκος ἀπὸ μισθοφόρων ἀνέθηκε τῷ θεῷ.⟩
Τάσδ' ὀστρειογραφεῖς καὶ χρυσελεφαντηλέκτρους
ἀσπίδας ἀσπιδίοις εἵλομεν εὐτελέσιν.

Plut. Timol. 31: *καὶ γὰρ ὁ Μάμερκος ἐπὶ τῷ ποιήματα γράφειν
καὶ τραγῳδίας μέγα φρονῶν ἐκόμπαζε νικήσας τοὺς μισθοφόρους καὶ
τὰς ἀσπίδας ἀναθεὶς τοῖς θεοῖς ἐλεγεῖον ὑβριστικὸν ἐπέγραψε· τάσδ'
ὀστρειογραφεῖς κτλ.*

v. 1. τάσδ' ὀστρειογραφεῖς C; τάς τε ὀστριογραφεῖς P, τάσδε τὰς ὀστρειογρα-
φεῖς BM, τάσδε τὰς ὀστριογραφεῖς AD | χρυσελεφαντηλέκτρους C; χρυσελεφαντε-
πηλέκτρους B, χρυσελεφαντεπιλέκτρους ADPM ‖ v. 2. ἀσπίδας om. P.

Mamercus, Catanae tyrannus, Timoleontis mercennarios circum-
vagantes vicit eorumque scuta in templo aliquo suspendit hoc disticho
ornata: cui sine dubio pedestri oratione ipsa dedicatio erat addita;
cf. prolegg. § 6.

116. Romae in templo Veneris? 82 a. C.

Τόνδε σοι αὐτοκράτωρ Σύλλας ἀνέθηκ', Ἀφροδίτη,
ᾧ σ' εἶδον κατ' ὄνειρον ἀνὰ στρατιὴν διέπουσαν
τεύχεσι τοῖς Ἄρεος μαρναμένην ἔνοπλον.

Appian. bell. civil. 1. 97: *ἔπεμψε δὲ καὶ (Σύλλας) στέφανον
χρυσοῦν καὶ πέλεκυν, ἐπιγράψας τάδε· τόνδε — ἔνοπλον.*

v. 1. τόνδε scil. securim ‖ v. 2. ὡς εἶδον codd., corr. Wilamowitz in ind.
Gotting. 1884 p. 10; ὡς σ' εἶδον Brunck.

117. Romae in bibliotheca Palatina.

Ναυσικράτης ἀνέθετο τῇ Διὸς κόρῃ·
⟨ἡ δ' Ἐργάνη δέξαιτο διδόμενον τόδε.⟩

Plin. n. h. 7. 210: veteres (litteras) Graecas fuisse easdem paene
quae nunc sint Latinae indicio erit Delphica tabula antiqui aeris
quae est hodie in Palatio dono principum Minervae dicata in bibliotheca, cum inscriptione tali: *Ναυσικράτης κτλ.*

Varias scripturas dedi sec. Detlefsen. v. 1. ΑΔΥCΙΚΡΑΤΝC: *DEF*, ΑΔΥCΙ-
ΚΑΤΗC: *R* | ΤΗΙ] ΤΝ *R*, ΙΝ *r* | ΚΟΡ: *DEF*, ΚΟΡΝ *R* ‖ v. 2. ΤU (Υ *E*) ΝΔΕΚΑ
(Δ *E*, Λ *F*) ΤΑ (Δ *E*, Λ *F*) ΝΗΔΔΕΞΙΟΔΔΙΟΝΟΟΝΑΕ: *DEF*, ΤUΝΑSΡΑΤΑΝΝΑ-

ΑΘΞΙΟΔΑΤΟΝΟΝΟΝΑΕ: *R.* — Ναυσικράτης ἀνέθετο τῇ Διὸς Κόρῃ | τὰν δεκάταν, ἁ δὲ δέξαθ' ἀδέϊ νόῳ Welcker Rh. M. 4 (1836) p. 423, *N.* ἀνέθετο τῇ Διὸς κόρῃ | δεκάταν ἀλεξιόδυνον ΩΝΑϹ... Ian, *N.* ἀνέθετο τᾷ Διὸς κόρᾳ | τὰν δεκάταν.... Mayhoff. Quae alii cum codicum lectionum ignari tum artis epigraphicae nescii coniecerunt, congerere omisi; videsis si vacat nugas Rossignoli in Révue de philologie I (1845) p. 109—132. Ego dedi Buecheleri supplementum Rh. M. 37 p. 337 qui Riccardiani cod. vestigia secutus est.

Metro fuisse inclusam dedicationem priora eius verba ex codicum corruptissimis scripturis eruta, inprimis τῇ Διὸς κόρῃ demonstrare videntur. Tabulam autem non Delphicae, sed Atheniensi Minervae fuisse dedicatam conicit Buecheler: quam coniecturam necessariam non esse videmus ex epigrammatis donariorum n. 86 et 93, quae et ipsa Delphis posita non Apollini, sed aliis deis dicata sunt.

---

118. — V. saec. Simonidis (165 Bgk.).

    Ἦν ἑκατὸν φιάλαι, δίχα ⟨δὲ⟩ ϲφίϲιν . . . . .

Herodian. περὶ μονήρους λέξεως 45 p. 950, 18 L: ἦν καὶ πληθυντικῶς· ὡς Σιμωνίδης ἐπὶ πρώτου προσώπου, ὡς καὶ ἐν ἐπιγράμμασιν· ἦν — σφίσιν· ἀντὶ γὰρ τοῦ ἦμεν ἦν.

Bergk errasse Herodianum putat et ἦν pro ἦσαν usurpatum esse, id quod nos qui fragmentum tantum novimus diiudicare non possumus. Pro codd. lectione δίχα σφίσιν proponebat δίχα δὲ σφίσιν ⟨ἤνδανε βουλή, | ἀνδράσιν Ἑλλήνων⟩ Lehrs, δίχα χρυσίδες Bergk; δίχα δ' ἡμῖν πάντα δέδαστο, | νῦν δ'... coll. Homeri clausula Hartung griech. Lyr. 6, 214.

---

119. — V. saec. Simonidis (159 Bgk.).

    Τόνδ' ἀνέθηχ' Ἑρμῆν Δημήτριος, ὄρθια δ' οὐχὶ
    . . . . ἐν προθύροις.

Ps.-Trypho (quem dicunt Gregor. Corinth.) περὶ τρόπων VIII p. 278 W., III p. 218 Sp.: ἔνιοι δὲ καὶ ἐν ταῖς συλλαβαῖς ὑπερβατὰ πεποιήκασιν, ὡς καὶ Σιμωνίδης ἐν ἐπιγράμμασιν· Ἑρμῆν τόνδ' ἀνέθηκεν Δημήτριος ὄρθια δ' οὐκ ἐν προθύροις· ἀντὶ τοῦ οὐκ ὄρθια δέ.

Bergkii lectionem secutus sum satis incertam; Ἑρμῆν τόνδ' ἀνέθη Δημ., ὄρθια δ' οὐχὶ | ἐν πρ. Scheidewin, Ἑ. τ. ἀνέθηκεν Ἀμήστριος, ὠρθίασεν δ' οὐκ, | ἐ. πρ. Hartung; „in nomine proprio fort. prima syllaba corrupta fuit" Welcker in exemplari Schneidewini, quod Bonnae adservatur. Ἑρμῆν τόνδ' ἀνέθηκε [Δημήτριος], ὄρθια δ' οὐκ ἦν | ἐν προθύροις Cramer philol. Mus. II (Cambridge 1833) p. 434. Saepius statuae ἐν vel παρὰ προθύροις collocatae erant, cf. Anth. Pal. IX 336 et 743, app. Plan. 275, 12. — Fragmentum cum valde corruptum exstet, haud scio an numquam priscam formam restituere possimus.

---

120. — III. saec. (v. Christ. l. i. l.). Boisci.

Βοΐϲκοϲ ὑπὸ Κυζικοῦ, παντὸϲ γραφεὺϲ ποιήματοϲ, τὸν ὀκτάπουν
εὑρὼν ϲτίχον Φοίβῳ δίδωϲι δῶρον.

Mar. Victorin. in G. L. VI p. 82, 26 K: admonemur quod apud
Graecos celebratur non praetermittere, Boiscum Cyzicenum super-
gressum hexametri legem iambicum metrum in octametrum versum
extendisse sub huiusmodi epigrammate: *Βοῖσκος κτλ.* Rufin. de
metris VI p. 564, 1: de octametro boiscio idem (i. e. Iuba, cf. Hense
in act. philol. Lips. IV p. 259) sic dicit: octametrum catalecticum
quod appellatur boiscion: *Βοῖσκος κτλ.* Boiscus is de Cyzico novi
repertor carminis: nam primum octonopedem versum deo dicavit.

Uno versu epigramma scribendum esse facile apparet, v. Christ, metr.
Überl. d. Pind. Abh. d. b. Ak. XI 513 | *ἀπό* codd., corr. L. Müller de re metr. 108;
ἀπὸ τῆς falso Herwerden studia crit. in epigr. p. 9 | *ὀκτάπους* hic = *ὀκτάμετρος.*

Similiter Menippus quidam carmen artificiosum, sed insulsum
in Serapei pariete inscribens (Kaibel 1096) huic deo dedicavit et
Eratosthenes mesolabium, quod invenit, in Museo collocavit (n. 112).

121. — II. saec.

Τρεῖϲ γραμμὰϲ ἐπὶ πέντε τομαῖϲ εὑρὼν ⟨ἑλικώδειϲ⟩
Περϲεὺϲ τῶνδ' ἕνεκεν δαίμοναϲ ἱλάϲατο.

Proclus comm. in Euclid. elem. p. 111 sq. ed. Friedlein: .. *ἐπι-*
νενοῆσθαι δὲ ταύτας τὰς τομὰς τὰς μὲν ὑπὸ Μεναίχμου τὰς κωνικάς,
ὡς καὶ Ἐρατοσθένης ἱστορῶν λέγει· μηδὲ Μεναιχμείους κωνοτομεῖν
τριάδας (v. n. 112, 8), *τὰς δὲ ὑπὸ Περσέως ὃς καὶ τὸ ἐπίγραμμα*
ἐποίησεν ἐπὶ τῇ εὑρέσει· τρεῖς — ἱλάσατο.

v. 1. *εὑρὼν τὰς σπειρικὰς λέγων* MCZ, *εὑρὼν τὰς σπειρικὰς* B₃G, *εὑρὼν*
ἑλικώδεις Knoche Procli definitionis quartae .. de sectionibus spiricis comment.,
Herford 1856 ‖ v. 2. *ἱλάσατο*] cf. Dionys. Halic. I 40: *Εὔανδρος Ἡρακλέα θεῶν*
τιμαῖς πρῶτος ἱλασάμενος βωμὸν ... ἱδρύεται, Antonin. Liberal. 4, Crates
fr. 1, 10 Bgk.

De Perseo eiusque invento cf. Cantor in scholis de math. historia I p. 307, qui eum altero a. Chr. saeculo floruisse censet.

-----

122. — —

Εὐρυδίκη Ἱεραπολιῆτιϲ τόνδ' ἀνέθηκε
   Μούϲαιϲ, εὔιϲτον ψυχῇ ἑλοῦϲα πόθον·
γράμματα γὰρ, μνημεῖα λόγων, μήτηρ γεγαυῖα
   παίδων ἡβώντων, ἐξεπόνηϲε μαθεῖν.

7*

Plut. de lib. educ. 20: πειρατέον οὖν εἰς τὸν τῶν τέκνων σω-
φρονισμὸν πάνθ᾽ ὅσα προσῆκεν ἐπιτηδεύειν, ζηλώσαντας Εὐρυδίκην,
ἥτις Ἰλλυρὶς οὖσα καὶ τριβάρβαρος, ὅμως ἐπὶ τῇ μαθήσει τῶν τέκνων
ὀψὲ τῆς ἡλικίας ἥψατο παιδείας. ἱκανῶς δ᾽ αὐτῆς τὴν φιλοτεκνίαν
σημαίνει τοὐπίγραμμα ὅπερ ἀνέθηκε ταῖς Μούσαις· Εὐρυδίκη —
μαθεῖν. Inde Thomas Mag. in Mai Vett. script. nova coll. III 3, 197.

v. 1. τόνδ᾽ sc. στέφανον vel simile quid ‖ v. 2. εὔιστον πόθον cupiditatem
pulchrae scientiae, ut Aesch. Agam. 249 (quod affert Iacobs) εὐάγγελοι ἐλπίδες
spes boni nuntii. εὔλιστον vel εὔοιστον Toup. ‖ v. 3. Aesch. Prom. 462: γραμμάτων συνθέσεις, μνήμην ἁπάντων.

Cum Plutarchus Eurydicen Hierapolitanam nominet Illyridem,
verisimile est eum Philippi, Macedonum regis coniugem, quae fuit
Illyris, significare voluisse. Quod num verum sit, discernere non
possumus, cum ne hoc quidem constet, utrum fuerit in Illyria oppidum Hierapolis.

2. Monumenta agonistica.

123. Olympiae. VI. saec. extremo.

Ὠκυδρόμας Λύκος Ἴσθμι᾽ ἅπαξ, δύο δ᾽ ἐνθάδε νίκαις
Φειδόλα παίδων τ᾽ ἐστεφάνωσε δόμους.

Paus. 6. 13. 10: ἐγένοντο δὲ καὶ τοῦ Φειδώλα τοῖς παισὶν ἐπὶ κέλητι ἵππῳ νῖκαι, καὶ ὅ τε ἵππος ἐπὶ στήλῃ πεποιημένος καὶ ἐπίγραμμά ἐστιν ἐπ᾽ αὐτῷ· ὠκυδρόμας — δόμους. οὐ μὴν τῷ γε ἐπιγράμματι καὶ τὰ Ἠλείων ἐς τοὺς ὀλυμπιονίκας ὁμολογεῖ γράμματα· ὀγδόῃ γὰρ ὀλυμπιάδι καὶ ἑξηκοστῇ καὶ οὐ πέρα ταύτης ἐστὶν ἐν τοῖς Ἠλείων γράμμασιν ἡ νίκη τῶν Φειδώλα παίδων.

v. 1. ὠκυδρόμοις Camerarius. Fortasse equi Corinthiaci nomen in testae inscriptione I G A 20, 50 Ταχνδρό[μας non Ταχνδρό[μος legendum est. | Ἴσθμια πύξ Pc M Ag Lb | Liberior est verborum structura: ad Ἴσθμι᾽ ἅπαξ enim subaudiendum est νικῶν, nisi malis scribere δὶς δ᾽ ἐνθάδε νικῶν ‖ v. 2. Φειδώλα codd.; sed nomen Φειδόλας (φειδο-λαος) esse manifestum est, v. CIG III p. XVII n. 5 titulum Thasium; itaque ut metro adaptaret Bergk PLG III⁴ p. 282 coniecit δύο δ᾽ ἐνθάδ᾽ ἐνίκη (sc. νίκας) Φειδόλα αἷς παίδων vel δύο δ᾽ ἐνθάδε νίκας (sc. ἐνίκη) Φ. αἷς παίδων. Quae ellipsis nullo pacto ferenda est neque firmatur eo quod Bergk brachylogiam offendere negat: exempla enim erant afferenda. Sed meo iudicio non est cur syllabas Φειδο- propter metri necessitatem spondei vice usurpatas esse miremur. Plurima enim inveniet exempla neglectae in propriis nominibus prosodiae si quis Kaibelii syllogen eo consilio perlustrabit (cf. Allen greek versification in inscriptions p. 102 meumque indicem s. v. metrum violatum). Periegeta igitur cum epigramma Corinthiacis litteris scriptum ionicis characteribus redderet, propter metrum litteram O in Phidolae nomine ω significare falso putavit. Φειδόλα ἢ παίδων Stadtmueller Berl. Phil. Woch. 1890 col. 303; sed quid hic velit particula disiunctiva, non intellego | παίδων codd., παίδων τ᾽ Bergk qui quod antea existimaverat Φειδόλα παίδων δόμους et Phidolam et filios significare posse ipse recte reiecit.

Kaibel hoc epigramma recens fictum esse iudicavit (Rh. Mus. 28 p. 458 not. 2), quod duas Olympiae victorias Phidolae filios reportavisse praedicaret, Eleorum indices olympionicarum unam solam teste Pausania commemorarent. Sed insculptum fuisse epigramma in marmore clarissimis verbis testatur periegeta. Neque vero inferioribus temporibus quemquam operam dedisse ut priscis quibusdam Phidolae filiis alteram insuper affingeret victoriam et hunc titulum lapidi incideret, consentaneum est: sexto vero vel quinto saeculo non potuit

quisquam impune in monumento Olympiaco tale inscribere mendacium.
Immo id erat quaerendum nonne aliter dissensum qui est inter epigramma et indices victorum removere possimus. Et facillime sane
cum Bergkio particula τ᾽ post παίδων inserta omnia expediuntur.
Altera enim victoria, quam frustra periegeta quaesivit in indicibus,
non erat Phidolae filiorum, sed Phidolae ipsius quam vicit eodem
quo (postea) filii equo. Hanc Phidolae victoriam eandem esse ad
quam epigramma Anth. Pal. VI 135 [1]) et Paus. 6. 13. 9 spectant,
sententia est Bergkii. Cui ego minime accedere possum: etenim uni
equo duo exstructa esse monumenta Olympiae nullam omnino habet
veritatis speciem. Immo nihil obstat quin Phidolae duas statuamus
equo victorias, unam illo, qui Anth. VI 135 celebratur et cui Auram
nomen indiderunt Corinthii, alteram Lyco.

---

124. Olympiae. V. saec. Simonidis (152 Bgk.).

Πατρὶς μὲν Κόρκυρα, Φίλων δ᾽ ὄνομ᾽, εἰμὶ δὲ Γλαύκου
υἱὸς καὶ νικῶ πὺξ δύ᾽ ὀλυμπιάδας.

Paus. 6. 9. 9: *παρὰ δὲ τοῦ Γέλωνος τὸ ἅρμα ἀνάκειται Φίλων,*
τέχνῃ τοῦ Αἰγινήτου Γλαυκίου. τούτῳ τῷ Φίλωνι Σιμωνίδης ὁ
Λεωπρέπους ἐλεγεῖον δεξιώτατον ἐποίησε· πατρίς κτλ.

v. 1. δ᾽ ὄνομα M Vab ‖ v. 2. νικᾷ Lb M Va; νίκην olim coniecerat Bgk. |
δύο Ag.

Quando Philo Corcyraeus vicerit nescimus; sed Glauciae Aegi-
netae, qui eius statuam fecit, exstant duo tituli (Loewy n. 28 et 29),
quorum unus ad Gelonis († 478) donarium pertinet, quod ille pro
victoria a. 488 deportata dedicavit, alter ad opus medii quinti saeculi:
ut priori huius saeculi parti Philonem adscribere possimus. Facile
igitur poterat Simonides Ceus eius statuam epigrammate ornare. —
Idem fortasse Philo commemoratur a Pausania 6. 14. 5, neque alium
intellegere videtur Christodorus ecphr 229 cum dubitet utrum pugilis
statuam Milonis an Philammonis an Philonis esse dicat.

---

125. Olympiae. V. saec.

Κλεοσθένης μ᾽ ἀνέθηκεν ὁ Πόντιος ἐξ ᾽Επιδάμνου
ἵπποις νικήσας καλὸν ἀγῶνα Διός.

---

1)   *Οὗτος Φειδόλα ἵππος ἀπ᾽ εὐρυχώροιο Κορίνθου*
        ἄγκειται Κρονίδᾳ μνᾶμα ποδῶν ἀρετᾶς.
Egi de hoc epigrammate et de Pausaniae loco in meletematis de epigr. graec.
(diss. Monach. 1889) p. 18 sqq.

Paus. 6. 10. 6: Κλεοσθένης . . ἀνέθηκε δὲ ὁμοῦ τοῖς ἵπποις
αὐτοῦ τε εἰκόνα καὶ τὸν ἡνίοχον. . . . καὶ ἐλεγεῖον τόδ᾽ ἐστὶν ἐπὶ τῷ
ἅρματι· Κλεοσθένης κτλ.

v. 1. Κλεοσθένης legendum Κλε͞οσθένη͞ς aut Κλε͞οσθένη͞ς (ut voluit Iacobs
animadv. 11, 368 sq.). Usener Altgr. Versbau p. 34 not. putat ab iambis incipere
versum. Certe id Cleosthenes non cogitavit, sed quocumque modo nomen hexa-
metri legibus adaptare conatus est. Cf. indicem s. v. metrum. | Πόντις hypocori-
sticon est nominis Ποντομέδων ‖ **v. 2.** νικήσας ἵπποις codd., transp. Kaibel ep.
Gr. 938, ubi habes κῆρυξ νικήσας καλὸν ἀγῶνα Διός, cf. ibid. 492, 6 et IGA 355
[πὺξ παῖς νικάσα]ς καλὸν ἀ[γῶνα Διός]. Fortasse scribendum est νικάσας, cum
Epidamnus fuerit colonia Corcyrae.

Opus, cui epigramma inscriptum est, erat Hageladae.

126. Olympiae. V. saec. (c. 467).

a) Cόν ποτε νικάcαc, Ζεῦ Ὀλύμπιε, cεμνὸν ἀγῶνα
    τεθρίππῳ μὲν ἅπαξ, μουνοκέλητι δὲ δίc
    δῶρ᾽ Ἱάρων τάδε cοι ἐχαρίccατο· παῖc δ᾽ ἀνέθηκε
    Δεινομένηc πατρὸc μνᾶμα Cυρακοcίου.

b) (= n. 176) Υἱὸc μέν με Μίκωνοc Ὀνάταc ἐξετέλεccεν
   νάcῳ ἐν Αἰγίνᾳ δώματα ναιετάων.

Paus. 8. 42. 8: Ἱέρωνος δὲ ἀποθανόντος πρότερον πρὶν ἢ τῷ
Ὀλυμπίῳ Διῒ ἀναθεῖναι τὰ ἀναθήματα ἃ εὔξατο ἐπὶ τῶν ἵππων ταῖς
νίκαις, οὕτω Δεινομένης ὁ Ἱέρωνος ἀπέδωκεν ὑπὲρ τοῦ πατρός.
Ὀνάτα καὶ ταῦτα ποιήματα, καὶ ἐπιγράμματα ἐν Ὀλυμπίᾳ τὸ μὲν ὑπὲρ
τοῦ ἀναθήματός ἐστιν αὐτῶν· σόν — Συρακοσίου. τὸ δὲ ἕτερον λέγει
τῶν ἐπιγραμμάτων· υἱὸς — ναιετάων (= ep. n. 176 ubi v.).

v. 1. νικήσας codd., correxi | ὀλύμπιας Va, ὀλύμπιά La ‖ **v. 2.** τεθρίππῳ —
ἐχαρίσατο om. Vb | μουνο̊κέλητι M, μούνῳ κέλητι Ag, κέλητι Va; epica forma
μουνοκ. metri causa usurpatur ‖ **v. 3.** Ἱέρων codd., correxi | ἐχαρίσατο Va Ag,
ἐχαρίσσατο rell., fort. ἐχαρίξατο ‖ **v. 4.** μνῆμα codd., corr. Schubart | Συρακοσίου
Vab, Συρακόσιος ? E. Preuner.

Magnum Hieronis donarium fusius a Pausania describitur in
Eliacis 6. 12. 1.

127. Olympiae. V. saec.

    Οἰνία Οἰβώταc cτάδιον νικῶν ὅδ᾽ Ἀχαιοῖc
    πατρίδα Πάλειαν θῆκ᾽ ὀνομαστοτέραν.

Paus. 7. 17. 6: (Δύμη) ἐκαλεῖτο τὰ μὲν ἀρχαιότερα Πάλεια.
. . . . . . ὑπὸ δὲ τοῦ ἐλεγείου τοῦ Ὀλυμπίασιν ἐπὶ τῇ εἰκόνι τῇ Οἰβώτα
οὐ προαχθείη ἄν τις ἐς ἀλογίαν. Οἰβώτᾳ γὰρ ἀνδρὶ Δυμαίῳ, σταδίου

μὲν ἀνελομένῳ νίκην ὀλυμπιάδι ἕκτῃ, εἰκόνος δὲ ἐν Ὀλυμπίᾳ περὶ
τὴν ὀγδοηκοστὴν ὀλυμπιάδα κατὰ μάντευμα ἐκ Δελφῶν ἀξιωθέντι,
ἐπίγραμμά ἐστιν ἐπ᾽ αὐτῷ λέγον· Οἰνία κτλ. τοῦτο οὖν οὐκ ἄν τινι
ἀλογίαν παραστήσειεν, εἰ Πάλειαν ἀλλὰ μὴ Δύμην τὸ ἐπίγραμμα καλεῖ
τὴν πόλιν· τὰ γὰρ ἀρχαιότερα ὀνόματα ἐς ποίησιν ἐπάγεσθαι τῶν
ὑστέρων καθεστηκός ἐστιν Ἕλλησιν . . . .

v. 1. Ἀχαιοῖς Ag Pd et fort. Pc, Ἀχαιοῖο Va M Vn Lb, Ἀχαιός Vb La et
Kayser qui ϑῆκ᾽ = ϑῆκα esse putat quod propter ὅδε superfluuum est. | ὤνατο
Οἰβώτας στάδιον νικῶν· ὁ δ᾽ Ἀχαιοῖς κτλ. Kuhn ‖ v. 2. eadem clausula apud
Kaibel. 855, 6. | ϑῆκ᾽] ϑήη M Lb, ϑείη Va, ϑηημ᾽ Vb.

Iulius Africanus sexta olympiade Oebotam Dymaeum vicisse
tradit consentitque Pausanias. In epigrammate autem statuae, quam
Dymaei circa octogesimam olympiadem posuerunt, Oebotas Paleiae
urbis civis appellatur. Quod periegeta ita explicat, ut dicat Dymen
antiquitus Πάλειαν audivisse. Quam explicationem sine iusta causa
addubitavit Kalkmann, Pausanias der Perieget p. 132, Oebotam Dymaeum diversum esse ratus ab Oebota Paleiae cive. Bene notum
enim esse, quantopere oppida graeca Olympica victoria gloriari solita
sint neque posse Pausaniam nobis persuadere Oebotae patriam in
titulo dedicatorio nomine plane oblitterato quale esset Πάλεια signi-
ficatam esse.[1] Sed etsi paene oblitteratum erat nomen Pausaniae
aetate, unde scimus idem factum esse quinto saeculo? Immo recta
tradere Pausaniam inde verisimile fit, quod in Cephallenia insula
Achaica erat colonia Pale; quae nomen sine dubio duxit ab Achaeae
aliqua urbe Paleia.

---

128. Olympiae? 440 a. C. ·

Λέων Λακεδαιμόνιος Γενέταις ἵπποισιν ἐνίκων
Ἀντικλείδα πατέρος.

Schol. Eurip. Hippol. v. 230: Λέων δὲ πρῶτος Λακεδαιμόνιος
πε᾽ ὀλυμπιάδι ἐνίκησεν Ἐνέταις ἵπποις, ὡς Πολέμων (fr. 19 Pr.) ἱστορεῖ,
καὶ ἐπέγραψε τῇ εἰκόνι· Λέων κτλ.

Λ. Λ. ἵπποισι νικῶν Ἐνέταις Ἀντικλείδα πατήρ codd. Inscriptioni epigramma
subesse iam Preller suspicatus est ex forma ἵπποισι. Anapaestos esse vult Wi-
lamowitz Kydathen p. 79: Λ. Λ. | ἵπποις νικῶν Ἐνέταις | Ἀντικλείδα πατέρος.
Ego dubitanter restitui hexametrum, quem sequuntur tres anapaesti. | De sy-
nizesi vocis Λέων cf. Allen greek versification in inscriptions p. 103 sqq., inpr.
IGA 382 λεωφόρον item in versus initio | Ἀντικλείδα πατήρ codd., Ἀντικλείδα

---

1) Certe ineptis exemplis Pausanias probare vult poetas vetustiores propriis nominibus uti solere (Ἐρεχϑείδης pro Θησεύς similia), sed ipsa res recte
se habet, cf. Simon. fr. 84 et Ovid. met. 2, 240 qui Ephyra utuntur pro Corintho,
Ovid. l. l. 244.

πατρός vel Ἀντικλείδας πατήρ Preller, ut Anticlides statuam filii dedicavisse dicatur. Praetuli genetivum cum nominativo adversetur verbum ἐπέγραψε, censeoque non cum ipsius equis, sed cum patris Leonem vicisse; cf. Paus. 5. 8. 3. Patris nomen in Ἀνταλκίδαν temere mutavit Bergk PL. III⁴ p. 40.

129. Olympiae. 388 a. Chr.

Πύθια δίς, Νεμέᾳ δίς, Ὀλυμπίᾳ ἐcτεφανώθην
οὐ πλάτεϊ νικῶν cώματος, ἀλλὰ τέχνᾳ.
Ἀριcτόδαμος Θράcιδος Ἀλεῖος πάλᾳ.

Hephaest. enchir. 17. 116 (p. 61 ed. Westph. in scr. metr. gr.): τοιοῦτόν ἐστι καὶ τὸ τοῦ Σιμωνίδου ἐπίγραμμα· "Ἴσθμια κτλ. Idem de poem. 3. 122 (p. 66 W.): μετρικὰ δὲ ἄτακτά ἐστιν, ἅπερ μέτρῳ μὲν γέγραπται, οὔτε δὲ ὁμοιότητα ἔχει πρὸς ἄλληλα οὔτε ἀνακύκλησιν, οἷόν ἐστι τὸ τοῦ Σιμωνίδου ἐπίγραμμα· "Ἴσθμια κτλ. Cf. Paus. 6. 3. 4: ἀνάκειται καὶ ἐξ αὐτῆς "Ηλιδος παλαιστὴς ἀνὴρ Ἀριστόδημος Θράσιδος· γεγόνασι δὲ αὐτῷ καὶ Πυθοῖ δύο νῖκαι καὶ Νεμέᾳ (δύο νῖκαι Vb La; δύο καὶ νίκημα M Va Pc Ag Lb in quo Schubart-Walz etsi ignari huius epigrammatis latere rectissime contendunt δύο νῖκαι καὶ Νεμέᾳ; textui intulit Rutgers). Iul. African. ad ol. 98: Ἀριστόδημος Ἠλεῖος πάλην· οὗ μέσα οὐδεὶς ἔλαβεν.

v. 1. Πύθια] Brunck, Ἴσθμια codd. Sed Elei ab Isthmiis arcebantur (v. ep. n. 131) neque Pausanias quidquam commemorat de Isthmiis Aristodemi victoriis | In νεμέᾳ νέμεα ὀλύμπια ὀλυμπίᾳ variant libri | ἐστεφανώθη cod. M de poem., δὶς στεφανώθην Santen. ‖ v. 3. Ἀριστοδάμας θρασὺς ἄλιος πάλαι codd. ench., Ἀριστόδημος θρασὺς ἀλεῖος πάλᾳ de poem. nisi quod M ἄλιος; ex Pausania corr. Scaliger. Memoratu dignum digamma in Ἀλεῖος iam initio quarti saeculi paullatim evanuisse, v. Purgold Aufsätze f. E. Curtius p. 225 not.

Opinionem Krausii (Olympia p. 250 sqq.) et aliorum, qui Aristodemum hoc epigramma dedicantem diversum putant esse ab eo, quem ex Pausania et Iulio Africano novimus, refutavit Rutgers ad Iul. Afr. l. l. Item falsum esse quod Hephaestio Simonidi epigramma addicit, ex temporum ratione apparet; cui quod adscriptum est cum Bergkio (Sim. 188) fortasse inde explicaveris quod ille saepius metrum, quo iambus subiungitur disticho, adhibuerat. (Idem metrum IGA 12 add. p. 169.)

130. Olympiae. IV. saec.

Μουνοπάληc νικῶ δὶc Ὀλύμπια Πύθιά τ᾽ ἄνδραc
τρὶc Νεμέᾳ, τετράκιc δ᾽ Ἰcθμῷ ἐν ἀγχιάλῳ,
Χείλων Χείλωνοc Πατρεὺc ὃν λαὸc Ἀχαιῶν
ἐν πολέμῳ φθίμενον θάψ᾽ ἀρετῆc ἕνεκεν.

Paus. 6. 4. 6: *Χείλωνι δὲ Ἀχαιῷ Πατρεῖ δύο μὲν Ὀλυμπικαὶ νῖκαι πάλης ἀνδρῶν, μία¹) δ᾽ ἐγένετο ἐν Δελφοῖς, τέσσαρες δ᾽ ἐν Ἰσθμῷ καὶ Νεμείων τρεῖς. ἐτάφη δὲ ὑπὸ τοῦ κοινοῦ τῶν Ἀχαιῶν καί οἱ καὶ τοῦ βίου συνέπεσεν ἐν πολέμῳ τὴν τελευτὴν γενέσθαι. μαρτυρεῖ δέ μοι καὶ τὸ ἐπίγραμμα τὸ ἐν Ὀλυμπίᾳ· μουνοπάλης κτλ.*

v. 1. *μουννω πάλαι* Lb Va Ag Pcd, *μούνως πάλης* La, *μούνῳ πάλῃ* M, *μοῦνος παλη* Vb; corr. Camerarius coll. Hesychio s. v. *μουνοπάλαι· οἱ μόνῃ πάλῃ νικῶν-τες.* ‖ v. 2. *τρεῖς* M Va Ag Lab | *αἰγιαλῷ* Camerar. ‖ v. 3. *Χίλων ὃς πατρεὺς ἦν· αὐτὰρ λαὸς* Vb Pa La (in hoc *χείλων*), *χίλων ὃς πλαταιεὺς ὢν λαὸν* Va, *χίλων ὃς πατεὺς ὢν λαὸς* M, *χείλων ὃς πατρεὺς ὢν λαὸν* Ag Pcd et Lb (nisi quod hic *χίλων* et *ὢν*); *Χίλων ὢν Πατρεύς· αὐτάρ νιν λαὸς* Iacobs; at Chilo ipse loquitur, ut *νίν* dici non possit; *Χείλων Χείλωνος Πατρεὺς ὃν ὁ λαός* Porson recte *αὐτὰρ* utpote coniecturam secludens; ὁ articulo omisso recepit Schubart ‖ v. 4. *εἵνεκεν* Vab.

Chilonem propter multas quas deportavit certaminum victorias et propter mortem quam apud Chaeroneam aut ad Lamiam occubuit (Paus. 6. 4. 7, cf. 7. 6. 5) cives publico funere et statua Olympica, quam Lysippus fecit (Paus. l. l. 7), dignati sunt. Quae statua non erat sepulcralis; neque enim homo Achaeus Olympiae poterat humari. Immo Chilo sine dubio Patris erat sepultus, ut temere Kalkmann (Pausanias p. 47) negaverit ullum monumentum ibi Chilonis fuisse.

131. Olympiae. c. 200.

— — — — — — —

Cιcυφίαν δὲ μολεῖν χθόν᾽ ἐκώλυεν ἀνέρα νείκη
ἀμφὶ Μολιονιδᾶν οὐλομένῳ θανάτῳ.

———— · ————

Paus. 5. 2. 5: *Τίμωνι γὰρ ἀνδρὶ Ἠλείῳ γεγόνασι πεντάθλου νῖκαι τῶν ἐν Ἕλλησιν ἀγώνων ⟨πλὴν τοῦ Ἰσθμικοῦ πάντων* add. E. Preuner coll. insequ. loco⟩, *καί οἱ καὶ εἰκών ἐστιν ἐν Ὀλυμπίᾳ καὶ ἐλεγεῖον στεφάνους τε ὁπόσους ἀνείλετο ὁ Τίμων, λέγον, καὶ δὴ καὶ αἰτίαν, δι᾽ ἥντινα Ἰσθμικῆς οὐ μέτεστιν αὐτῷ νίκης· καὶ ἔχει τὰ ἐς τοῦτο τὸ ἐλεγεῖον· Σισυφίαν κτλ.* Paus. 6. 16. 2: *Τίμωνι δὲ ἀγώνων τε νῖκαι τῶν ἐν Ἕλλησιν ὑπάρχουσιν ἐπὶ πεντάθλῳ πλὴν τοῦ Ἰσθμικοῦ, (τούτου δὲ τὸ μὴ ἀγωνιστὴς γενέσθαι κατὰ τὰ αὐτὰ Ἠλείοις τοῖς ἄλλοις εἴργετο) καὶ τάδε ἄλλα φησὶ τὸ ἐς αὐτὸν ἐπίγραμμα, Αἰτωλοῖς αὐτὸν ἐπιστρατείας μετασχεῖν ἐπὶ Θεσσαλοὺς καὶ φρουρᾶς ἡγεμόνα ἐν Ναυπάκτῳ φιλίᾳ γενέσθαι τῇ ἐς Αἰτωλούς.*

v. 1. an *μολῆν*? ‖ v. 2. an *οὐλομένοι θάνατοι*? *οὐλομένων* Welcker Syll.² 178.

———————

1) Fallitur Pausanias cum obiter tantum inspiceret epigramma.

Quando vixerit Timo Eleus, ex ea epigrammatis parte colligere possumus, quam solutis verbis affert Pausanias. Bellum enim cui interfuisse eum tradit, fuerit circa annum a. Ch. n. ducentesimum, quibus temporibus Aetoli una cum Eleis contra Macedonas eorumque socios Thessalos pugnabant.

132. Olympiae. —

τῶν δ᾿ ἱερογλώccων Κλυτιδᾶν γένοc εὔχομαι εἶναι
μάντιc, ἀπ᾿ ἰcοθέων αἷμα Μελαμποδιδᾶν.

Paus. 6. 17. 5: Ἐπέραcτόc ἐcτιν ὁ Θεογόνου ὅπλου νίκην ἀνῃρημένοc. εἶναι δὲ καὶ μάντιc ὁ Ἐπέραcτοc τοῦ Κλυτιδῶν γένουc φηcὶν ἐπὶ τοῦ ἐπιγράμματοc τῇ τελευτῇ· τῶν δ᾿ κτλ.

v. 1. δὲ Vb Ag Lab | Κλυτίδαι phratria praeterea occurrit in titulo Chio Mitteil. d. d. arch. Inst. in Athen III p. 203 sqq. (cf. R. Schöll in Satura philologa H. Sauppio oblata p. 170) ‖ **v. 2.** ἀποcοθέων La.

133. Olympiae? 373 p. C.

Χαλκὸc ἐμῆc χειρὸc πολλὸν ἀφαυρότεροc.

Excerpt. ex Euseb. chronic. in Cram. Anecd. Paris. II p. 155, 17 sqq.: ἐγένετο δὲ καὶ ἐπὶ τῶν Θεοδοcίου τοῦ μεγάλου καιρῶν ὁ ἐκ Φιλαδελφίαc τῆc Λυδῶν παλαιcτήc, Φιλούμενοc ὄνομα. οὗτοc χαλκοῦν ἀνδριάντα λέγεται πατάξαc εἰc βάθοc ἐνιζῆcαι [βιάcαcθαι][1] τὸν χαλκόν, ἐφ᾿ ᾧ ἀνδριάντοc τετυχηκέναι καὶ ἐπ᾿ αὐτῷ ἐπιγράμματοc, οὗ τὸ ἀκροτελεύτιον· χαλκὸc κτλ.

De Philumeno veterum locos congessit Rutgers Iul. African. p. 98 sq.

134. Lacedaemone. —

Χήλι᾿ ἅδε π κὰ βίβαντι, πλεῖcτα δὴ τᾶν πήποκα.

Poll. 4. 102: καὶ βίβαcιc δέ τι ἦν εἶδοc Λακωνικῆc ὀρχήcεωc, ἧc καὶ τὰ ἆθλα προὐτίθετο οὐ τοῖc παιcὶ μόνον, ἀλλὰ καὶ ταῖc κόραιc· ἔδει δὲ ἅλλεcθαι καὶ ψαύειν τοῖc ποcὶ πρὸc τὰc πυγάc· καὶ ἠριθμεῖτο τὰ πηδήματα, ὅθεν καὶ ἐπὶ μιᾶc ἦν ἐπίγραμμα· χίλια — πήποκα.

χήλι᾿ scripsi, cf. IGA 69; χιλιά ποκα codd, χίλι᾿ ἅ ποκα Bekker, χίλι᾿ ἅδε ποκὰ Ahrens dial. dor. p. 483, χίλι᾿ ἅ ποκ᾿ ἅλτο βιβάτι Bergk PL. III⁴ 683; χίλια

----

1) βιάcαcθαι glossema videtur ad ἐνιζῆcαι („effecisse ut subsideret aes"?). De aoristo vide Dindorf in Thesauro s. v. ἐνίζω et Veitch greek irregular Verbs s. v. ἵζω. εἰc βάθρον conicit Er. Preuner.

βίβατι Welcker Syll.² n. 223 et Hecker² p. 64 trimetrum iambicum restituentes | βίβαντι codd.; quomodo *v* littera in numero singulari temporis praesentis sit explicandum incertum est, sed minime cum Meinekio (ad Theocr. 8. 34) Bekkero Welckero Heckero βίβατι correxeris; etenim exstat ἐντί pro ἐστί Cauer del.² 177, 10, ἀναδείκνυντι 122, 20 alia: cf. G. Meyer gr. Gr.² p. 431; βιβάτι Bergk ut dativus sit vocis βίβατις = βίβασις, sed cf. G. Meyer² § 299 b et Ahrens dial. dor. p. 63 | τῶν codd., correxi; seorsum enim puto puerorum et virginum certamina instituta esse | πῇ ποκά codd., πήποκα Ahrens (cf. IGA 79), πή ποκα Bergk, πά ποκα Meineke rell.

Vetustum hunc Laconicum tetrametrum et Bergk ex titulo sepulcrali virginis Spartanae petitum existimat et Hecker una cum aliis affert epitaphiis. Sed Plutarchus in Lycurgo 27 tradit Spartiatis ne nomen quidem mortui vel mortuae licuisse inscribere in sepulcro nisi si quis in bello ceciderat sive quae mulier erat sacerdos. Quae recte tradita esse testantur lapides antiquiorum temporum Spartae eruti, cf. Kirchhoff Sb. d. Berl. Ak. 1887 p. 989 sq. Immo titulus fuit dedicatorius, subscriptus ni fallor anaglypho quo ipsa virgo nomine adscripto Dianam fortasse venerans erat efficta; cf. Damononis inscriptio IGA 79 et tit. Att. Eph. arch. 1883 p. 22. Neve mireris milies virginem saluisse; potest enim pluribus certaminis diebus illum βιβάσεων numerum complevisse.[1])

---

135. Sicyone. —

— — — — — — — —

Ἕστηκ' ἀμφὶ κόμας εὐώδεας ἀγχόθι πατρὸς
καλὸν Ἰακχαῖον θηκαμένη στέφανον.

Athen. 15. 678 a: *Φιλητᾶς δ' οὕτως γράφει* (fr. 45 B.)· *Ἰάκχα, ἐν τῇ Σικυωνίᾳ στεφάνωμα εὐῶδες· ἔστην' κτλ.*

v. 1. ἔστηκ'] cf. n. 146 | ἀμφίκομα A, corr. Schweigh., Ἀμφικομὶς, nom. pr., Canter.

Plerumque (cf. Benndorf de anth. ep. p. 40) Philetae versus putantur, id quod ex Athenaei verbis nobis non licet concludere. Immo si recte Kaibel ad verba 'ἐν τῇ Σικυωνίᾳ' supplevit ἀναγραφῇ, a Phileta ex historico libro sumptum est distichum; fuerit autem pars epigrammatis dedicatorii, quod inscriptum esse videtur in statua virginis aut victricem aut sacerdotis coronam capite gerentis.

---

1) De bibasi cf. Grasberger Erziehung u. Unterricht im Altert. I p. 35 u. 137 qui O. Muellerum (Dorier II 340) secutus nimium censet saltuum numerum esse ideoque sat mire alternis pedibus virgines saluisse putat.

136. Athenis. 477/6 a. C. Simonidis (147 Bgk.).

Ἦρχεν Ἀδείμαντος μὲν Ἀθηναίοις ὅτ' ἐνίκα
Ἀντιοχὶς φυλὴ δαιδάλεον τρίποδα·
Ξεινοφίλου δὲ τόθ' υἱὸς Ἀριστείδης ἐχορήγει
πεντήκοντ' ἀνδρῶν καλὰ μαθόντι χορῷ·
5   ἀμφὶ διδασκαλίῃ δὲ Cιμωνίδῃ ἕσπετο κῦδος
ὀγδωκονταέτει παιδὶ Λεωπρέπεος.

Max. Plan. ap. Walz. rhet. V 543: οὗτος (i. e. Σιμωνίδης)
πάσης ἐπιστήμων ποιητικῆς καὶ μουσικῆς ὑπῆρχεν, ὡς ἐκ νεότητος
ἄχρι γήρως ἐν τοῖς ἀγῶσι νικᾷ· ὡς καὶ τὸ ἐπίγραμμα δηλοῖ· ἦρχεν
κτλ. Tzetz. schol. in chil. 1, 615 (Pressel Tzetz. epist. p. 101 et
Cram. Anecd. Oxon. III 353): λυρικὸς γὰρ ὢν ποιητὴς οὗτος ὁ Σιμωνίδης ἐκ νεότητος μέχρις ὀγδοήκοντα ἐτῶν ἐνίκα ἐν τοῖς ἀγῶσιν
Ἀθήνησιν, ὡς καὶ τὸ ἐπίγραμμα δηλοῖ· ἦρχεν κτλ. Plut. an seni 3
p. 785 A: Σιμωνίδης μὲν ἐν γήραι χοροῖς ἐνίκα· καὶ τοὐπίγραμμα
δηλοῖ τοῖς τελευταίοις ἔπεσιν· ἀμφὶ — Λεωπρέπεος. Respicit Val.
Max. VIII 7: Simonides poeta octogesimo anno et docuisse se carmina et in eorum certamen descendisse ipse gloriatur.

v. 1. μὲν Ἀδείμαντος Plan. | cf. Anonymi parod. p. 110 Brandt: εἰκοστὴ καὶ
πρώτη Ὀλυμπιὰς ἦν, ὅτ' ἐνίκα | Ὀγκητής. ‖ v. 2. φυλὴ Ἀντιοχίς Tzetz. | ad τρί-
ποδα νικᾶν cf. Pind. Nem. 5, 5 στεφάνους νικᾶν; Brinck l. i. l. confert Kaibel 605
λιφθεὶς στέφανον ‖ v. 3. δέ τις auctores, δ' ἐὺς Hecker et Schneidewin, δέ τοι
Hemsterhusius, δὲ τόθ' Bergk | Ἀριστείδοις Tzetz. cod. B. Idem Aristides oc-
currit ap. Plut. Aristid. 1 ‖ v. 5. διδασκαλίᾳ Plan. | eadem clausula in epigr.
Kaibel 928 a (Rh. Mus. 34) ‖ v. 6. ὀγδοηκονταέτει Tzetz. et plerique ll. Plan. |
Λεωπρεπέος Plan. Plut.

Inscriptio est tripodis quem Antiochis tribus anno a. Chr. n. 477/6
ob victoriam musico certamine deportatam dedicavit. Versibus autem
conclusit Simonides quae soluta oratione hunc fere in modum diceren-
tur: Ἀντιοχὶς ἀνδρῶν ἐνίκα, Ἀριστείδης Ξενοφίλου ἐχορήγει, Σιμωνίδης Λεωπρέπεος ἐδίδασκε, Ἀδείμαντος ἦρχε; cf. Brinck inscript.
graec. ad choregiam pertinentes n. 41 (diss. philol. Halens. 7 p. 126).

---

137. Athenis et in Olympieo et in Asclepieo. II. saec. p. Chr.
Aristidis.

Οὐκ ἀφανὴς Ἕλλησιν Ἀριστείδης ἀνέθηκε
μύθων ἀενάων κύδιμος ἡνίοχος.

Aristid. 26, 331 (p. 515 Dind.): ἐδόκει χρῆναι ἀναθεῖναι τρίποδα
ἀργυροῦν ἅμα μὲν τῷ θεῷ χαριστήριον ἅμα δὲ μνημεῖον τῶν χορῶν
οὓς ἐστήσαμεν. καὶ ἐμοὶ μὲν παρεσκεύαστο ἐλεγεῖον τοιόνδε·
    ποιητὴς ἀέθλων τε βραβεὺς αὐτός τε χορηγὸς
    σοὶ τόδ' ἔθηκεν, ἄναξ, μνῆμα χοροστασίης.

ἔπειτα δύο τινὰ ἐπὶ τούτοις ἕτερ᾽ ἦν ἔπη, ὧν τὸ μὲν τοὔνομα εἶχε
τοὐμὸν, τὸ δ᾽ ὅτι προστασία τοῦ θεοῦ ταῦτα ἐγίγνετο. — ἐκίνησε
(ἐνίκησε codd.; corr. Stephan.) δ᾽ ὁ θεός. ᾗ γὰρ ἡμέρᾳ ἔδει γίγνεσθαι
τὴν ἀνάθεσιν, ταύτῃ μοι δοκεῖν ἢ μικρόν τι πρὸ αὐτῆς περὶ τὴν ἕω
ἢ καὶ θᾶττον ἀφικνεῖται θεῖον ἐπίγραμμα ἔχον οὑτωσί· οὐκ — ἡνίοχος.
τοῦτο δὲ ἐπιγράφειν ἐδόκουν καὶ τὸ ἀνάθημα ἀναθήσειν ὡς δὴ Διΐ.
.... καὶ τὸ ἐπίγραμμα ἐπιγέγραπται καὶ ὅτι ἐξ ὀνείρατος προς-
παραγέγραπται.

v. 1. fort. μ᾽ ἀνέθηκε ‖ v. 2. ἀεννάων Δ Iunt. Optime hoc vocabulo ipse
de se iudicavit Aristides | ἡνίοχος] cf. ad Timothei epitaphium n. 10.

Paulo infra narrat Aristides se hoc epigramma duobus inscripsisse
donariis, quorum unum in templo Iovis Asclepii, alterum in Iovis
Olympii collocavisset. — Atque tripodum propter choregiam Asclepio
dedicatorum duo alia exstant exempla Atheniensia, v. Brinck inscriptiones ad choreg. pertinentes n. 70 et 75 (qui Aristidis titulum
omisit).

138. Thebis in Herculis templo. 586 a. C.

Ἐχέμβροτος Ἀρκὰς θῆκε
τοῖ Ἡρακλέι
νικάσας τόδ᾽ ἄγαλμα
Ἀμφικτυόνων ἐν ἀϝέθλοις
5   αὐλοῖσιν ἀϝείδων
μέλεα καὶ ἐλέγος.

Paus. 10. 7. 4: (primo Pythiorum certamine) ἀνηγορεύθησαν δὲ
νικῶντες ... καὶ αὐλῳδὸς Ἀρκὰς Ἐχέμβροτος· ... δευτέρᾳ δὲ πυθιάδι
... αὐλῳδίαν κατέλυσαν καταγνόντες οὐκ εἶναι τὸ ἄκουσμα εὔφημον·
ἡ γὰρ αὐλῳδία μέλη (sic Dindorf; μελέτη codd.) τε ἦν αὐλῶν τὰ
σκυθρωπότατα καὶ ἐλεγεῖα προσᾳδόμενα τοῖς αὐλοῖς. μαρτυρεῖ δέ
μοι καὶ τοῦ Ἐχεμβρότου τὸ ἀνάθημα, τρίπους χαλκοῦς ἀνατεθεὶς τῷ
Ἡρακλεῖ τῷ ἐν Θήβαις· ἐπίγραμμα δὲ ὁ τρίπους εἶχεν· Ἐχέμβροτος κτλ.

Veterem dialectum restitui. v. 1. ἀρκὰς θῆκε Va Pa La, ἀρκὰς θ᾽ ἦκε
Pc Ag, ἀρκασθ᾽ ἦκε Pd, ἀρκάδ᾽ ἦκε M, ἀρκάδας θῆκε Vb, ἀρκάθ᾽ ἦκε Lb; Ἀρκὰς
ἔθηκε vulg. ‖ v. 2. editores plerique (etiam Iacobs) articulum contra codd.
omiserunt, cum primum et alterum versum prosaicum titulum putarent. |
Ἡρακλεῖ codd. ‖ v. 3. νικήσας codd. | τόδε Ag Pd | ἄγαλμα Va Ag Lb, ἄγαλμ᾽
rell. ἄγαλμα = ornamentum ut apud Homerum; cf. de hac voce Wilamowitz
ad Eurip. Her. 49. ‖ v. 4. sunt Pythia. Pessime Tafel dilucid. Pindar. I 2, 647
ἀμφικτιόνων scribit, ratus Echembrotum Thebis in certaminibus eorum qui cir-
cum habitabant vicisse. | ἔθλοις codd. praeter La, in quo inter α et θ littera
erasa est, ἀέθλοις Ignarra et Iacobs ‖ v. 5. Ἕλλησι δ᾽ ἀείδων Pad Lab, Ἕλλησιν
δ᾽ ἀείδων Pc Ag, Ἕλλησι δ᾽ ἀοιδῶν M Vab; Ἕλλησιν δ᾽ ᾄδων Ignarra Iacobs

Schubart, Ἕλλησι δ᾽ ἀείδων Bergk. Sed particula δὲ nullo modo defendi potest; dici nequit Ἐχέμβροτος ἄγαλμα ἔθηκε νικήσας μὲν, ἀείδων δέ, sed νικήσας ἀείδων; cf. ep. n. 139 Σκαῖος πυγμαχέων νικήσας ἀνέθηκεν; summo igitur iure eiecit Hecker[2] p. 49 qui scribit αὐλοῖσι προσᾴδων vel αὐλοῖσιν ὑπᾴδων. Recte enim affert Pausaniam epigramma testimonii loco subiungere verbis αὐλῳδία μέλη ἦν αὐλῶν .. καὶ ἐλεγεῖα προσᾳδόμενα τοῖς αὐλοῖς. Non possumus igitur desiderare tibiarum mentionem, possumus Graecorum. Quam coniecturam recepi paulisper immutatam, ut aetas tituli poscere videbatur. Ad dativi formam αὐλοῖσι cf. Ἀλείοισι in titulo Arcadico IGA 105 ‖ v. 6. καὶ μέλε᾽ ἠδ᾽ ἐλέγους Ignarra, μέλεα κἀλέγους W. Christ | ἐλέγους vel ἐλεγούς codd.

Haec Echembroti Pythionicae inscriptio maxime est memorabilis et propter vetustissimam elegorum mentionem et propter metri genus. Cum enim alii epigramma pedestri sermone scriptum censuissent, alii, quorum conatus collegerunt Schubart-Walz in Paus. ed. (cf. Osann Beitr. z. gr. Lit. 310 sqq., Philetas Νέα Πανδώρα 1861, 595), in hexametrum redigere temptassent, alii denique propter inconditos numeros subditicium esse iudicassent (Böttiger, Att. Mus. I, 2, 340), primus Bergk breves priscorum Graecorum versus agnovit (opusc. II, 400, PL. III[4] p. 203). Sunt autem primus et quartus versus paroemiaci, reliqui aut dactylici aut trochaici ut hoc fere sit metri schema:

$$\cup \mid \angle \cup \cup \angle \overline{\cup\cup} \angle \cup$$
$$\angle \_ \angle \cup \breve{\cup}$$
$$\angle \_ \angle \cup \cup \angle \cup$$
$$\cup \mid \angle \cup \cup \angle \overline{\cup\cup} \angle \cup$$
$$\angle' \_ \angle \cup \cup \angle \_$$
$$\overline{\cup} \cup \angle \cup (\cup) \angle$$

139. Thebis. VI. saec.

Σκαῖος πυγμαχέων με Ϝεκηβόλῳ Ἀπόλλωνι
νικήσας ἀνέθηκε τεῖν περικαλλὲς ἄγαλμα.

Herod. 5. 60 et Anth. Pal. VI 7.
Vide n. 79.

140. Thebis. V. saec.

Πυθέα υἱὸς ὅδ᾽ ἐςτὶ Κλέων Θηβαῖος ἀοιδός,
ὃς πλείςτους θνητῶν ἀμφέθετο ςτεφάνους
κρατὸς ἐπὶ ςφετέρου καί Ϝοι κλέος οὐρανόμηκες.
χαῖρε Κλέων Θήβας πατρίδ᾽ ἐπευκλεῖςας.

Athen. 1 p. 19 b: ἐν δὲ Θήβαις Πινδάρου μὲν οὐκ ἔστιν εἰκών, Κλέωνος δὲ τοῦ ᾠδοῦ, ἐφ᾽ ἧς ἐπιγέγραπται· Πυθέα — ἐπευκλεῖσας. ὑπὸ τούτου τὸν ἀνδριάντα, ὅτε Ἀλέξανδρος τὰς Θήβας κατέσκαπτε, φησὶ Πολέμων (fr. 25 Pr.), φεύγοντά τινα χρυσίον εἰς τὸ ἱμάτιον

κοῖλον ὃν ἐνθέσθαι καὶ ἀνοικιζομένης τῆς πόλεως ἐπανελθόντα εὑρεῖν
τὸ χρυσίον μετὰ ἔτη τριάκοντα.

v. 1. πνθία C ‖ v. 3. οἱ codd., correxi ne καί corriperetur. Et ϝ litteram
diu apud Boeotos servatam esse scimus.

Cleonis statua facta erat a Pythagora Rhegino quod ex his Plinii
(n. h. 34, 59) verbis colligitur: „(Pythagoras fecit) citharoedum qui
dicaeus (i. e. δίκαιος) appellatus est quoniam cum Thebae ab Alexandro caperentur, aurum a fugiente conditum sinu eius celatum
esset." Floruit igitur Cleo quinto a. Chr. saeculo.

---

141. Thespiis in sacro Musarum. IV. fere saec.

Ἀμφότερ᾽, ὠρχεύμην τε καὶ ἐν Μώσαις ἐδίδασκον
ἄνδρας, ὁ δ᾽ αὐλητὰς ἦν Ἄνακος Φιαλεύς·
εἰμὶ δὲ Βακχιάδας Cικυώνιος· ἦ ῥα θεοῖcι
ταῖς Cικυῶνι καλὸν τοῦτ᾽ ἀπέκειτο γέρας.

Athen. 14 p. 629 a: *Ἀμφίων δὲ ὁ Θεσπιεὺς ἐν δευτέρῳ περὶ τοῦ
ἐν Ἑλικῶνι μουσείου ἄγεσθαί φησιν ἐν Ἑλικῶνι ⟨ἀνδρῶν καὶ add.
Kaib.⟩ παίδων ὀρχήσεις μετὰ σπουδῆς παρατιθέμενος ἀρχαῖον ἐπίγραμμα τόδε· ἀμφότερ᾽ κτλ.*

v. 1. ὠρχεύμαν Schweigh. | ἐν Μωσέων intellegendum esse recte adnotat
Kaibel; quod fortasse in textum recipiendum est. εὐμώσως Reisch griech. Weihg.
p. 53 ‖ v. 2. Φιαλεύς] cf. Bechtel ap. Collitz 1216 ‖ v. 3. δ᾽ βακχίδα cod. A,
corr. Meineke ‖ v. 4. ταισικνωνι A, corr. Kaibel, τοῖς Σικνῶνι Porson, καὶ Σι-
κνῶνι Iacobs animadv. 11, 385 | ἀνέκειτο Casaubonus. Displicet plusquam-
perfectum.

Quid velit epigramma, primus ostendit Kaibel: Bacchiades Si-
cyonius in musico certamine Heliconio (de quo egit Reisch, de mu-
sicis Graecorum certaminibus p. 57) saltaverat et virorum chorum
docuerat praemiumque acceptum Musis, quas patriae addicit, dedicat.

---

142. Delphis? V. saec.

Πέντ᾽ ἐπὶ πεντήκοντα πόδας πήδησε Φάϋλλος,
δίσκευσεν δ᾽ ἑκατὸν πέντ᾽ ἀπολειπομένων.

Schol. Aristoph. Acharn. 214: *Φαύλλῳ*] ὁ *Φάϋλλος* ἄριστος
δρομεὺς (ὀλυμπιονίκης, ὁπλιτοδρόμος περιώνυμος, ὃν ἐκάλουν ὀδό-
μετρον· ἦν δὲ πένταθλος)· ἐφ᾽ οὗ καὶ ἐπίγραμμα τοιόνδε· πέντ᾽ —
ἀπολειπομένων. Quae uncis inclusi, absunt a codice Ravennate. Inde
Suidas s. v. *Φάϋλλος*. Idem s. v. ὑπὲρ τὰ ἐσκαμμένα· ἀπὸ Φαύλλου
τοῦ πεντάθλου τοῦ Κροτωνιάτου, ὡς τὸ ἐπίγραμμα λέγει τῆς εἰκόνος
αὐτοῦ· πέντ᾽ — ἀπολειπομένων. Schol. ad Platon. Cratyl. p. 413 A:

... ὃν καὶ διὰ τοῦτο θαυμάσαντες οἱ πρὸς αὐτὸν ἁμιλλώμενοι στίχῳ
τὸ θαῦμα ἀοίδιμον τῷ μακρῷ καταλελοίπασι χρόνῳ· πέντ' — Φάϋλλος
ποιησάμενοι. Phot. lex. II p. 243 N: ὑπὲρ τὰ ἐσκαμμένα· ... λέγεται
δὲ ἀπὸ Φαΰλλου τοῦ πεντάθλου τοῦ Κροτωνιατοῦ εἰρῆσθαι ὃς πεντήκοντα ποδῶν πρότερον ὄντων τῶν σκαμμάτων, πρῶτος αὐτὸς ὑπερ-
έβαλε τοῖς πηδήμασι ταῦτα ὡς τὸ ἐπίγραμμα λέγει τῆς εἰκόνος αὐτοῦ·
πέντ' — ἀπολειπομένων. Inde Eustath. p. 1591,12, Apostol. 17,62,
Coll. prov. Bodl. 924, quae hexametrum tantum laudat. Tzetz.
chil. XII 644: τοῦ ἅλματος καὶ δίσκου δὲ τούτου τὸ μέτρον μάθε·
ἓξ — ἀπολειπομένων.

v. 1. ἓξ ἐπὶ π. Tzetzes Simonidis epitaphii (n. 254) reminiscens, v. Stern-
bach melet. gr. p. 158 | Φάϋλος Eust. ‖ v. 2. om. schol. Plat. et Bodl. proverb.
coll. | δίσκευσε Eust. et Apostolii cod. aliquis | ἀπολειπόμενος schol. Arist. ed. Dind.

Phayllum in pugna Salaminia unicae Crotoniatarum navi praefuisse refert Herodotus (8, 47). Qui cum eum ter Pythionicam vocet,
Pausanias autem Olympiae eum non vicisse tradat (10. 9. 2), certe
erravit Aristophanis scholiasta cum ὀλυμπιονίκην dicat.[1] Immo epigramma inscriptum fuerit Delphicae Phaylli statuae, quam commemorat Pausanias l. l.

De saltu hominis egerunt Kloss Jahrbücher für Turnwesen 1860
p. 5 sqq. et Boetticher Olympia p. 107. Ceterum quantum nomen
habuerit inter veteres Phayllus, videre licet ex vase fictili quod Monachii asservatur (n. 344), ubi discobolo adscriptum est ΦΑΥΛΟΣ;
O. Iahn in praef. catalogi p. CLXXXVII. — De dialecto versuum
v. proll. § 9 fin.

143. Delphis. IV. saec.

Ὑβλαίῳ κάρυκι τόδ' Ἀρχίᾳ, Εὐκλέος υἱῷ,
    δέξαι ἄγαλμ' εὔφρων, Φοῖβ', ἐπ' ἀπημοσύνᾳ,
ὃς τρὶς ἐκάρυξεν τὸν Ὀλυμπίᾳ αὐτὸς ἀγῶνα
    οὔθ' ὑπὸ σαλπίγγων οὔτ' ἀναδείγματ' ἔχων.

Pollux 4. 92: πρότερον δ' Ὀλυμπίασιν τῶν ἐπιχωρίων κηρυτ-
τόντων, ... πρῶτος τῶν ξένων ἠγωνίσατο τὰ Ὀλύμπια Ἀρχίας Ὑβλαῖος
καὶ τρεῖς ὀλυμπιάδας ἐφεξῆς ἐνίκα. ἐνίκα δὲ καὶ Πυθοῖ, καὶ εἰκών
τις ἦν αὐτῷ Πυθικὴ καὶ ἐπίγραμμα· Ὑβλαίῳ — ἔχων.

---

1) Aliter Wernicke, de Pausaniae studiis Herodoteis p. 77 sq., discrepantia
testimonia conciliare conatur, cum Phayllum Olympiae vicisse quidem, sed
statua caruisse censeat: quam ob rem eum a Pausania in Eliacis commemora-
tum non esse. Postea autem periegetam (10. 9. 2) Herodotei loci memorem
falso inde collegisse Phayllum Olympiae non vicisse.

v. 1. κήρυκι et v. 2. ἀπημοσύνῃ codd., correxi propter formam ἐκάρυξεν
v. 3, quam vix putes postea irrepsisse ‖ v. 3. ἐκάρυξε codd., corr. Casaub., ἐκή-
ρυξεν Iungermann | Ὀλυμπίας codd. ut videtur, quod explicaverunt Ὀλυμπίας΄(ι);
Ὀλυμπία Casaub., Ὀλυμπιάδ᾽ Seber ‖ v. 4. v. Hesych.: ἀναδείγματα· ταινίας περὶ
τραχήλοις (ἡνίας cod., corr. Iacobs); ἀναδήματ᾽ Kuehn.

Tempus quo hoc epigramma scriptum sit etsi non traditur,
tamen aliunde colligere possumus. Exstat enim hoc Phorystae Ta-
nagraei epigramma quarto saeculo non recentius (Kaibel EG 938,
cf. 938a, Loewy 119, cf. de aetate Phorystae idem 120):

> Εἰκόνα τήνδ᾽ ἀνέθηκε Φορύστας παῖς ὁ Τρίακος,
> κῆρυξ νικήσας καλὸν ἀγῶνα Διός·
> κτλ.

Quod Iovis certamen non aliud esse quam Olympicum recte mihi
censere videtur Loewy l. l. (cf. ep. n. 125). Atque cum Pollux tradat
Archiam Hyblaeum primum peregrinorum praeconem Olympiae vicisse,
inde sequitur eum ante Phorystam Tanagraeum coronatum esse.
Itemque constat eum vicisse post olympiadem XCVI (396), qua
olympiade praeconum certamina Olympiae instituta esse auctor est
Iulius Africanus. Cum autem verisimile non sit ipsa proxima post
institutum certamen olympiade peregrinos admissos esse et Archias
ter deinceps vicerit, medio fere quarto saeculo statuimus epigramma
scriptum esse.

Insculptos autem esse versus in statua Archiae, quae ei post Py-
thiam victoriam posita esset, tradit Pollux. Sed cum in iis solae
Olympicae victoriae afferantur, Pythica victoria in altero eiusdem
statuae titulo nunc quidem deperdito laudata esse videtur: nisi forte
conicis Pollucem Pythicam Archiae victoriam Pythicamque statuam
ex dei nomine v. 2 falso collegisse.

---

144. — V. vel IV. saec. [Simonidis (163 Bgk.)].

Πρόϲθε μὲν ἀμφ᾽ ὤμοιϲιν ἔχων τραχεῖαν ἄϲιλλαν
 ἰχθῦϲ ἐξ Ἄργουϲ εἰϲ Τεγέαν ἔφερον.

— — — — — —

Aristot. rhet. I 7 p. 1365a: ὅθεν καὶ τὸ ἐπίγραμμα τῷ ὀλυμ-
πιονίκῃ· πρόσθε — ἔφερον. Idem rhet. I 9 p. 1367b: καὶ τὸ τοῦ
ὀλυμπιονίκου· πρόσθε — τραχεῖαν καὶ τὸ τοῦ Σιμωνίδου· ep. 31, 3.
Eustath. ad Od. p. 1761, 25: ὁ δὲ τὸν σάνναν τοῦτον παρασημηνά-
μενος Ἀριστοφάνης ὁ γραμματικὸς καὶ ἄλλας ἐκτίθεται καινοφώ-
νους λέξεις, οἷον ἄσιλλαν, σκεῦός τι ἰχθυηρόν, οὗ χρῆσις παρὰ Σιμωνίδῃ ἐν τῷ· πρόσθε — ἔφερε.

v. 1. *τρηχεῖαν* Eustath. | cod. A (Aristotelis) in marg. *γρ. πρόσθεν μὲν τρα-χεῖαν ἔχων ὤμοισιν ἄσιλλαν* ‖ v. 2. *Τεγέην* Eust. | *ἔφερε* Eust.

Non integrum esse epigramma et alia et particula *μὲν* docent (cf. etiam quod attulit Schneidewin carmen Anth. Pal. VI 113); subsequebatur haec fere sententia: *νῦν δὲ τὰ Ὀλύμπια νικήσας τὰς μεγί-στας τιμὰς τιμῶμαι.* Versum autem in codice A a recentissima manu margini adscriptum: *νῦν δὲ κράτος φέρομεν μετὰ πᾶσιν ὀλυμπιονίκαις,* quem Victorius subditicium, genuinum autem Buhle censuerat (v. Animadversiones variorum in Aristot. rhet. Oxon. 1820 p. 106), ex ineptissimo scholio graeco sumptum esse demonstravit Spengel in editione rhetoricorum Aristotelis vol. II p. 126.

Idem Spengel statuit auctorem huius epigrammatis secundum Aristotelem diversum esse a Simonide recteque Ceo poetae carmen abiudicavit Kaibel Rh. M. 28, 452. Aristophanes enim Byzantius, qui Simonidi adscribit, cum non totum titulum, sed eandem partem exhibeat atque Aristoteles, sine dubio ex hoc ipso philosophi loco haurit quem neglegenter inspexisse putandus est.

3. Hominum honores.

145. Olympiae. VI. saec.

Πυθοκρίτου τοῦ Καλλινίκου μνᾶμα ταὐλητᾶ τόδε.

Paus. 6. 14. 9 sq.: *παρὰ δὲ τὸν Πύρρον ἀνὴρ μικρὸς αὐλοὺς ἔχων ἐστὶν ἐκτετυπωμένος ἐπὶ στήλῃ· τούτῳ Πυθικαὶ νῖκαι γεγόνασι τῷ ἀνδρὶ δευτέρῳ μετὰ Σακάδαν τὸν Ἀργεῖον· Σακάδας μὲν γὰρ ... στεφανίτας δύο ἐνίκησε· Πυθόκριτος δὲ ὁ Σικυώνιος τὰς ἐφεξῆς τούτων πυθιάδας ἕξ, μόνος δὴ οὗτος αὐλητής. δῆλα δὲ ὅτι καὶ ἐν τῷ ἀγῶνι τῷ Ὀλυμπίασιν ἐπηύλησεν τῷ πεντάθλῳ. Πυθοκρίτῳ μὲν γέγονεν ἀντὶ τούτων ἥ ἐν Ὀλυμπίᾳ στήλη καὶ ἐπίγραμμα ἐπ' αὐτῇ· Πυθοκρίτου κτλ.*

πυθοκρίτου μνάματα καλλινίκου MVa, πυθοκρίτου καλλινίκου μνάματα Vb Ag Lab | αὐλητὰ δὲ MVa Lb, αὐλῆτᾶ δὲ Ag, αὐλητά γε Vb, αὐλητᾷ γι La, quid rell. non liquet | Π. τοῦ Κ. μνάματ' αὐλητᾶ τάδε G. Hermann, Π. τοῦ Κ. μνᾶμα τωὐλητοῦ τόδε O. Müller, Π. τοῦ Κ. μνᾶμα ταὐλητᾶ τόδε Schubart-Walz. Omnes hi viri docti Πυθοκρίτου extra versum collocant, ut reliqua trimetrum iambicum comprehendant. At non video quidni tetrametrum trochaicum constituamus. Dactylus enim in prima sede in nomine proprio non offendit. — Clavierius scribit Πυθοκρίτω τῶ Καλλινίκω quod recipere nolui. Neque enim in titulis Sicyoniis genetivi exemplum exstat et videntur usi esse terminatione ον item ac Corinthii, quorum alphabeto certe Sicyoniorum simillimum est. Cf. titulus hominis Sicyonii IGA 326 et quae ad eum adn. R. Schoell, Aufs. f. E. Curtius p. 122.

Hoc Pythocriti Sicyonii monumentum neque sepulcrale est, quod ne putemus impedit loci sanctitas, neque propter Olympicam victoriam erectum est, quam Corsinii sententiam refutavit Krause (Olympia 366), sed in muneris memoriam, quo tibicen in certaminibus Olympiacis functus erat, ab ipso dedicatum est. De hac vocis μνῆμα notione v. Reisch, Weihgesch. p. 4.

---

146. Olympiae. c. 400 a. C. (cf. Paus. l. l. 15 et 16).

Ἐν πολυθαήτῳ τεμένει Διὸς ὑψιμέδοντος
ἕςτακ' ἀνθέντων δαμοςίᾳ Cαμίων.

Ἀθάνατον πάτρᾳ καὶ Ἀριστοκρίτῳ κλέος ἔργων,
Λύςανδρ', ἐκτελέςας δόξαν ἔχεις ἀρετᾶς.

Paus. 6. 3. 14: *Λύσανδρον δὲ τὸν Ἀριστοκρίτου Σπαρτιάτην ἀνέθεσαν ἐν Ὀλυμπίᾳ Σάμιοι· καὶ αὐτοῖς τὸ μὲν πρότερον τῶν ἐπιγραμμάτων ἐστίν· ἐν — Σαμίων· τοῦτο μὲν δὴ τοὺς τὸ ἀνάθημα ἀναθέντας μηνύει, τὸ δ᾽ ἐφεξῆς ἐς αὐτὸν ἔπαινός ἐστι Λύσανδρον· ἀθάνατον κτλ.*

I. v. 1. πολυθακτῷ Va, πολυθαητῷ Vb; πολυθαήτῳ in dorico epigrammate ut πυροφόροιο in attico n. 39 ‖ v. 2. ἔστηκ᾽ ἀνθέντων (sic) La, ἔστηκεν ἀναθέντων M Vab Lb, ἔστηκε δὲ ἀναθέντων Pc Ag, ἔστακ᾽ (prima persona) scripsi | δημοσίᾳ codd., δαμοσίᾳ ? Schubart.

II. v. 1. πάτραν M Pc Ag La | Ἀριστοκράτῳ M Vab Lb ‖ v. 2. Λύσανδρε Va Lab, Λύσανδρος Ag.

Epigrammata non dialecto dedicantium, sed eius qui honoratur scripta sunt. Cf. Kaibel 26, h. syll. n. 39.

---

147. Elide in foro. Medio IV. saeculo non recentior.

⟨Ὄξυλος⟩

Αἰτωλός ποτε τόνδε λιπὼν αὐτόχθονα δῆμον
κτήσατο Κουρῆτιν γῆν δορὶ πολλὰ καμών.
τῆς δ᾽ αὐτῆς γενεᾶς δεκατοσπόρος Αἵμονος υἱὸς
Ὄξυλος ἀρχαίην ἔκτισε τήνδε πόλιν.

Strabo 10. 3. 2 p. 463: (Ἔφορος [fr. 29]) *παρατίθησι δὲ τούτων μαρτύρια τὰ ἐπιγράμματα, τὸ μὲν … n. 164, τὸ δ᾽ ἐν τῇ ἀγορᾷ τῶν Ἠλείων ἐπὶ τῷ Ὀξύλου ἀνδριάντι· Αἰτωλός — πόλιν.* Idem 10. 3. 3: *τοῦτο δὲ καὶ τὸ ἐπίγραμμα μαρτυρεῖ τὸ παρὰ τοῖς Ἠλείοις· ὁ γὰρ Αἰτωλός, φησί, κτήσατο — καμών.*

Similiter genealogia exponitur in cp. 875 a Kaibel. — v. 2. δουρὶ altero loco C ‖ v. 3. δεκατοσπόρος] vid. Paus. 5. 3. 6. Aliam memoriam habet Apollod. 1. 7. 7.

Huic epigrammati additus erat sine dubio titulus legitimus sive metro sive soluta oratione compositus, cum ex versibus quos Ephorus tradit ne id quidem appareat utrum ad Aetoli an ad Oxyli statuam pertineant.

Ceterum Oxyli statua Pausaniae periegetae aetate fortasse non iam exstitit; is enim (6. 24. 9) in foro Eleorum templum quoddam commemorat quod Oxyli μνῆμα esse non alium ille testem affert quam senem quendam indigenam. Videtur igitur neque statua in eo fuisse neque inscriptio. — De Aetolorum et Eleorum cognatione v. Busolt gr. Gesch. I p. 87, 1.

148. Tegeae. II. saec.

Τοῦδ' ἀρετὰ καὶ δόξα καθ' Ἑλλάδα, πολλὰ μὲν ἀλκαῖς,
　　　πολλὰ δὲ καὶ βουλαῖς ἔργα πονησαμένου,
Ἀρκάδος αἰχματᾶ Φιλοποίμενος, ᾧ μέγα κῦδος
　　　ἔσπετ' ἐνὶ πτολέμῳ, δούρατος ἀγεμόνι.
5　　μανύει δὲ τρόπαια τετυγμένα δισσὰ τυράννων
　　　Σπάρτας· αὐξομέναν δ' ἄρατο δουλοσύναν.
ὧν ἕνεκεν Τεγέα μεγαλόφρονα Κραύγιδος υἱὸν
　　　στᾶσεν ἀμωμήτου κράντορ' ἐλευθερίας.

Paus. 8. 52. 6: τὸ δὲ ἐπίγραμμά ἐστιν ἐπὶ τῷ Φιλοποίμενι
τῷ (Schubart; τὸ codd.) ἐν Τεγέᾳ· τοῦδ' κτλ. Cf. c. 49. 1 οὐ πόρρω
δὲ τῆς ἀγορᾶς θέατρόν τέ ἐστι καὶ πρὸς αὐτῷ βάθρα εἰκόνων χαλκῶν.
αὐταὶ δὲ οὐκ εἰσὶν ἔτι αἱ εἰκόνες. ἐλεγεῖον δὲ ἐφ' ἑνὶ τῶν βάθρων
ἐστὶ Φιλοποίμενος τὸν ἀνδριάντα εἶναι. Duebner epigramma ex Ste-
phaniana et Wecheliana[1]) inseruit appendici Planudeae 26* p. 607; sed
in autographo Planudis non exstat.

v. 1. malim ἀλκᾷ ‖ v. 3. αἰχμητᾶ codd., correxi ‖ v. 4. ἔσπετ' Va M Lb |
πολέμῳ La | ἡγεμόνι Lb ‖ v. 5. post τυράννων distinguere mavult Schubart ‖
v. 6. Σπάρτης La | δ' αὐξομέναν δ' ἄρ. Va ‖ v. 7. ὧν ἕνεκ' αὖ Duebner ‖ v. 8.
στᾶσα ἐν Vb Lb, στᾶσ' ἐν Va | ἀμωμύτου κράντωρ' Ag, ἀμωμύτον κράντορες La,
ἀμωμήτου κράντορ' rell.; ἀμώμητον Schubart, cui recte adversatur Duebner, cum
dicat meram libertatem oppositam esse vanae speciei qualem Flamininus pronuntiavit.

---

149. Argis. —

Θεῖος Ὅμηρος ὅδ' ἐστίν, ὃς Ἑλλάδα τὴν μεγάλαυχον
　　　πᾶσαν ἐκόσμησεν καλλιεπεῖ σοφίῃ,
ἔξοχα δ' Ἀργείους, οἳ τὴν θεοτείχεα Τροίην
　　　ἤρειψαν ποινὴν ἠϋκόμου Ἑλένης.
5　　οὗ χάριν ἔστησεν δῆμος μεγαλόπτολις αὐτὸν
　　　ἐνθάδε καὶ τιμαῖς ἀμφέπει ἀθανάτων.

Certam. Hom. et Hesiod. 294 Nietzsche: τῶν δ' Ἀργείων οἱ
προεστηκότες ... αὐτὸν (Ὅμηρον) μὲν πολυτελέσι δωρεαῖς ἐτίμησαν,
εἰκόνα δὲ χαλκῆν ἀναστήσαντες ἐψηφίσαντο θυσίαν ἐπιτελεῖν Ὁμήρῳ
..... ἐπιγράφουσι δ' ἐπὶ τῆς εἰκόνος αὐτοῦ· θεῖος — ἀθανάτων.

v. 1. μεγαλαύχην cod. Idem Graeciae epitheton ep. n. 24; cf. n. 97. ‖ v. 2.
καλλιεπίηι σοφίηι τε cod., corr. Stephanus ‖ v. 4. ποινῆς cod., corr. Barnesius ‖
v. 5. ἔστησε cod. | μεγαλόπολις cod., corr. Stephanus, cf. μεγαλοπτόλιες Ἀθᾶναι
Pindar. Pyth. 7. 1.

1) Teste Stadtmuellero in Wecheliana (quam ego non vidi) post hoc epigr.
legitur ep. οὔρεά μεν καὶ πόντον κτλ. (A. P. VII 237) quod apud Plan. est Alphei
Mytilenaei. Facile igitur apparet, unde Salmasius habeat Philopoemenis statuae
titulum Alphei esse: id quod frustra quaesivit Iacobs (Animadv. 8, 351).

Argis cultum esse Homerum etiam Aelianus tradit v. h. 9. 15.
Quo tempore autem ei statua erecta sit nescimus.

---

150. Sicyone. c. 250.

Βουλαὶ μὲν καὶ ἄεθλα καὶ ἁ περὶ Ἑλλάδος ἀλκὰ
τοῦδ' ἀνδρὸς στάλαις πλάθεται Ἡρακλέους·
ἄμμες δ' εἰκόν', Ἄρατε, τεὰν νόστοιο τυχόντες
στάσαμεν ἀντ' ἀρετᾶς ἠδὲ δικαιοσύνας
5   σωτῆρος σωτῆρσι θεοῖς, ὅτι πατρίδι τᾷ σᾷ
δᾶμον ἴσον θείαν τ' ὤπασας εὐνομίαν.
⟨Sequebantur nomina dedicantium.⟩

Plut. Arat. 14: ... οἱ φυγάδες εἰκόνα χαλκῆν ἀναστήσαντες
ἐπέγραψαν τόδε τὸ ἐλεγεῖον· βουλαὶ κτλ.

$\overset{\sigma\tau\tilde{\alpha}\lambda\alpha\iota}{}$
v. 1. βουλὰς V | ἡ I || v. 2. στάλαις codd. Steph. Vx, στᾶλαι P, τᾶλλα A,
τᾶλλα SᵍBC, τᾶλλα D || v. 3. ἄμεις P, ἄμμες C; an ἄμες? || v. 4. ἀρετῆς SᵍP ||
v. 5. σωτῆρσι θεοῖς] fort. Dioscuris || v. 6. δαίμονι σῷ I, δαίμον' ἴσον cett.; δᾶμον
ἴσον (= τὴν τῶν πολιτῶν ἰσότητα) vel δαίμονα σὸν (genium tuum) Reiske, θεσμὸν
ἴσον Stadtmueller, δαιμόνιον Zeitz, ἁρμονίαν Iacobs Animadv. 12 p. 284 | Kaibel
242, 3 πατρίδι τὰν κλεινὰν ὤπασα[ν εὐνομίαν.

Qui Arati statuam dedicaverunt (v. 3 ἄμμες), eorum nomina aut
ante aut post epigramma inscripta fuisse necesse est.

---

151. Megaris. V. fere saec.

Ὀρρίππῳ Μεγαρῆς μεγαλόφρονι τεῖδ' ἀρίδηλον
μνᾶμα θέσαν φάμᾳ Δελφίδι πειθόμενοι,
ὃς δὴ μακίστους μὲν ὅρους ἀπελύσατο πάτρᾳ
πολλὰν δυσμενέων γᾶν ἀποτεμνόμενος·
5   πρᾶτος δ' Ἑλλάνων ἐν Ὀλυμπίᾳ ἐστεφανώθη
γυμνός, ζωννυμένων τῶν πρὶν ἐνὶ σταδίῳ.

CIG 1050: Marmor repertum in valle Megarensi, nunc Parisiis.
„Litterae sunt aetatis Byzantinae" Kaibel EG 843. Schol. in
Thucyd. 1. 6: ἀπὸ Ὀρσίππου Μεγαρέως ἐγυμνώθησαν ἐν τοῖς ἀγῶσιν, ὡς δηλοῖ καὶ τὸ ἐς αὐτὸν ἐπίγραμμα· Ὀρσίππῳ — πειθόμενοι et
πρῶτος — σταδίῳ. Cf. Paus. 1. 44. 1: Κοροίβου δὲ τέθαπται πλησίον Ὄρσιππος, ὃς περιεζωσμένων ἐν τοῖς ἀγῶσι κατὰ δή τι παλαιὸν
ἔθος τῶν ἀθλητῶν ἐν Ὀλυμπίᾳ ⟨πρῶτος add. E. Preuner⟩ ἐνίκα στάδιον δραμὼν γυμνός. φασὶ δὲ καὶ στρατηγοῦντα ὕστερον τὸν Ὄρσιπ-
πον ἀποτεμέσθαι χώραν τῶν προσοίκων.

v. 1. ΟΡΡΙΠΠΩ L(apis), de qua Megarica nominis forma disputavit Boeckh;
Ὀρσίππῳ schol | μεγαρεῖ schol. | με δαίφρονι L minus apte, neque lapidi Byzan-

tino maior fides habenda est quam codicibus | THΔE L, τῇδε schol., corr.
Boeckh; fortasse prisca inscriptio nondum ionico alphabeto scripta erat ||
v. 2. μνῆμα schol. || v. 3 et 4 om. schol. quippe qui ad Thucydidis verba ex-
plicanda nullius essent momenti | ἀπελύσατο] explicant: liberavit ab hostibus
(δυσμ. ἀποτεμνομένων v. infra) liberatosque restituit. Quod num significare
possit, dubito. Malim ἀνεσώσατο vel simile quid; ἀπεδάσσατο coll. Hom. X 118
Stadtm. || ἀποτεμνομένων L, corr. duce Pausania Siebelis. Neque enim lapidis
lectione servata praesens tempus ullo modo ferendum esset || v. 5. πρῶτος ϑ'
schol. | ἑλλήνων schol. | post ΟΛΥΜΠΙΑ tres litteras delevit sculptor: videntur
fuisse ΣΙΝ.

Monumentum, quod Orrippo instar sepulcri Megarenses exstruxerunt, Thucydidis scholiastae et Pausaniae notum erat; inscriptio
igitur Byzantina in valle Megarensi inventa non prisca illa Megarensium est, sed renovata inferiore aetate cum prior temporis iniquitate
oblitterata esset. Quod priscum monumentum non post ipsam Orrippi
victoriam quam vicit quinta decima olympiade (cf. Iul. Afric. p. 6
Rutgers) erectum est, sed tunc demum cum iussum esset exstrui a
Delphico oraculo (v. 2). Non aliter Oebotae Dymaeo qui sexta olympiade vicerat Apollinis iussu cives octogesima statuam dedicaverunt
(v. ep. n. 127). Huic igitur aetati fortasse etiam Orrippi μνῆμα tribuendum est. — Poetam epigrammatis esse Simonidem nescio unde
coniecit Boeckh.

---

152. Athenis in foro.   VI. aut V. saec.   Simonidis (131 Bgk.).

Ἦ μέγ' Ἀθηναίοισι φόως γένεθ', ἡνίκ' Ἀριστο-
    γείτων Ἵππαρχον κτεῖνε καὶ Ἁρμόδιος.

Hephaest. 29 (p. 16 ed. Westph. in scr. metr. gr.): πᾶν μέτρον
εἰς τελείαν περατοῦται λέξιν, ὅϑεν ἐπίληπτά ἐστι τὰ τοιαῦτα Σιμωνίδου ἐκ τῶν ἐπιγραμμάτων· ἦ μέγ' κτλ. Eustath. ad Il. p. 984, 7:
ὅπερ φασὶ ποιῆσαι τὸν Σιμωνίδην ἐν ἐπιγράμματι· ἔχοντι οὕτω· ἦ
μέγ' κτλ.

v. 1. φόως omiserunt nonnulli Heph. codd.; cf. Hom. O 669 .. μάλα δέ
σφι φόως γένετ' ἀμφοτέρωϑεν.

Distichum videtur pars esse tituli, quo Simonides paucis tyran-
nicidarum praeclarissimum factum et Atheniensium in eos honores
descripsit: cf. ep. n. 153 et Wachsmuth Stadt Athen. II 1, 397 sq.
Utrum autem versus ad priscas statuas, quas Xerxes abstulit, perti-
nuerint unaque cum statuis renovati sint an recentioribus demum
Critii et Nesiotae operibus anno a. Chr. 477 constitutis fuerint insculpti, incertum est: his tribuit Welcker Rh. M. 4 (1836) p. 473.
— De Simonide auctore v. proll. § 12.

---

153. Athenis in foro. Anno 476 (secundum alios 470/69).

I   Ἔκ ποτε τῆςδε πόληος ἅμ' Ἀτρείδῃςι Μενεςθεὺς
     ἡγεῖτο ζάθεον Τρωικὸν ἄμ πεδίον·
     ὅν ποθ' Ὅμηρος ἔφη Δαναῶν πύκα θωρηκτάων
     κοςμητῆρα μάχης ἔξοχον ἄνδρα μολεῖν.
5   οὕτως οὐδὲν ἀεικὲς Ἀθηναίοιςι καλεῖςθἀ
     κοςμητὰς πολέμου τ' ἀμφὶ καὶ ἠνορέης.

II   Ἦν ἄρα κἀκεῖνοι ταλακάρδιοι, οἵ ποτε Μήδων
     παιςὶν ἐπ' Ἠιόνι, Ϲτρυμόνος ἀμφὶ ῥοάς,
     λιμόν τ' αἴθωνα κρυερόν τ' ἐπάγοντες Ἄρηα
10   πρῶτοι δυςμενέων εὗρον ἀμηχανίην.
III   Ἡγεμόνεςςι δὲ μιςθὸν Ἀθηναῖοι τάδ' ἔδωκαν
     ἀντ' εὐεργεςίης καὶ μεγάλης ἀρετῆς.
     μᾶλλόν τις τάδ' ἰδὼν καὶ ἐπεςςομένων ἐθελήςει
     ἀμφὶ περὶ ξυνοῖς πρήγμαςι δῆριν ἔχειν.

Aeschin. III 184: ὅτι δ' ἀληθῆ λέγω, ἐξ αὐτῶν τῶν ποιημάτων
γνώσεσθε. ἐπιγέγραπται γὰρ ἐπὶ τῷ μὲν πρώτῳ τῶν Ἑρμῶν n. II,
ἐπὶ δὲ τῷ δευτέρῳ n. III, ἐπὶ δὲ τῷ τρίτῳ ἐπιγέγραπται Ἑρμῇ n. I.
Plut. Cimon 7: καὶ τοὺς Ἑρμᾶς αὐτῷ (sc. Κίμωνι) τοὺς λιθίνους
ὁ δῆμος ἀναθεῖναι συνεχώρησεν, ὧν ἐπιγέγραπται τῷ μὲν πρώτῳ n. II,
τῷ δὲ δευτέρῳ n. III, τῷ δὲ τρίτῳ n. I. Ex Aeschine Tzetz. schol.
ad Lycophr. v. 417 (p. 589 Müller): ἔστησαν τοῖς νικήσασιν οἱ λοι-
ποὶ Ἀθηναῖοι Ἑρμᾶς τρεῖς λιθίνους ἐπιγράψαντες ἐν ἑκάστῳ τῶν
Ἑρμῶν ἐπὶ μὲν τῷ πρώτῳ οὕτως n. II, ἐπὶ δὲ τῷ δευτέρῳ n. III, ἐπὶ
δὲ τῷ τρίτῳ n. I. Τούτων δὲ τῶν ἐπιγραμμάτων Αἰσχίνης ὁ ῥήτωρ
μέμνηται. Arsen. 8. 41o et 96a: II et III. Cf. Demosth. Lept. 112:
ἔστι τοίνυν τις πρόχειρος λόγος, ὡς ἄρα καὶ παρ' ἡμῖν ἐπὶ τῶν προ-
γόνων πόλλ' ἀγάθ' εἰργασμένοι τινὲς οὐδενὸς ἠξιοῦντο τοιούτου,
ἀλλ' ἀγαπητῶς ἐπιγράμματος ἐν ταῖς Ἑρμαῖς ἔτυχον· καὶ ἴσως τοῦθ'
ὑμῖν ἀναγνώσεται τοὐπίγραμμα.

Leviora omisi. v. 1. πόλεως Aeschin. codd. gm et Plut. || v. 2. ἐς πεδίον
Aeschin. klh et Plut. || v. 3. Hom. B 552 sq. | πύκα περφρονεόντων Aeschin. a, πύκα
χαλκοχιτώνων rell. Aesch. codd. et Tzetz. || v. 4. κοσμήτορα Aeschin. B et Tzetz. |
ἔξοχον ὄντα Plut. | v. 5 et 6 seclusit Weidner in Aesch. ed. Sed adversatur huic
opinioni ionicum illud οὐδὲν ἀεικές (cf. Kirchhoff Hermes V 57) et quod praeterea
attuli in commentario | ἀηθὲς Markland || v. 6. κοσμηταῖς Plut. || v. 7. καὶ κεῖνοι
Bergk || v. 9. κρατερὸν Aesch. Tzetz. || v. 10. πρῶτοι] πρώτῳ B. Schmidt Rh. M.
36, 1 sqq. ratus πρῶτον δυσμενέων esse Bogem fortissimum Eionis praefectum
(Herod. 7. 107), quem Athenienses fame subegerunt: quae coniectura est speciosior
quam verior; etsi enim Atheniensium ducum nomina de industria silentio praeter-
missa sunt, tamen nihil obstabat, quin hostis nomen epigrammati insereretur.
Et haud scio an non omnes aequales, ne dicam posteri illorum Atheniensium
sciverint, quis significaretur πρῶτος δυσμενέων. Immo sanus est versus, modo

πρῶτοι rettulerimus ad εὖρον quae est Graecorum tautologia; cf. ep. n. 178, Plut. de glor. Ath. 2 (v. ad n. 193), Clem. Alex. str. I p. 361 sqq.; πρῶτον ἄρχεσθαι ep. n. 73; πρῶτον ἱδρύεσθαι ep. n. 69; est igitur: effecerunt ut ἀμήχανοι essent hostes. — Pessime Bergk PL. III⁴ 519 πύργῳ δυσμενέων scribit et cum verbo ἐπάγοντες iungit, insuper verba εὖρον ἀμηχανίην ad voc. Μήδων παισὶν
χάριτος
v. 7 referens ‖ v. 12. μεγάλης ἀμοιβῆς Aeschin. cod. a, μεγάλων ἀγαθῶν Plut. ‖ v. 14. ἀμφὶ ξυνοῖσι Aesch. et Tzetz. nisi quod Aeschin. Aʰ et Arsenius χαίρων ἀμφὶ ξυνοῖς; ἀμφὶ πάτρας ξυνοῖς Dehèque apud Cougny | πράγμασι codd.; corr. Kirchhoff l. l. | μόχθον ἔχειν Aesch. (nisi quod μόθον l, πόνον a) et Tzetzes.

Titulus, quem summum illorum temporum honorem Cimoni et collegis concesserunt Athenienses, ex uno constat epigrammate — Aeschines enim et Demosthenes singulari numero (τὸ ἐπίγραμμα) utuntur —, cuius versus per tres hermas divisi erant. Quos versus et apud Aeschinem et apud Plutarchum falso ordine traditos esse et quae re vera prima esset, apud eos tertiam legi partem post Goettlingi dubitationem (ges. Abh. II 142) statuit Richter in Annal. philol. 93 p. 30 sqq. Qui manifestus error non ab Aeschine ipso, unde hausisse putabatur Plutarchus, commissus est, sed a grammatico, qui descripsit versus de hermis: quo eodem et Plutarchus usus est et ille qui titulum Aeschinis orationi inseruit.[1]) Natus autem est error fortasse inde, quod tres hermae trigoni forma collocatae erant hoc modo:

Etenim a qua herma inciperet, non loco poterat discernere is qui epigramma legebat, sed tantum eo quod exordium ex tribus distichis constabat, cum duae reliquae hermae bina disticha continerent. Facile igitur fieri poterat, ut a secunda herma aliquis initium sumeret.[2])

Cum monumentum sit Atticum, dialectus versuum Ionica, recte Kirchhoff in Hermae vol. V 48 sqq. statuit poetam Ionica ex patria ortum esse. Atque ille adscripsit Ioni Chio, cui opinioni propter temporum rationes adversatur Holzapfel (Unters. z. gr. Gesch. 129), Bergk III⁴ 518 de aliis quibusdam cogitavit.

154. Athenis prope curiam. 403 a. Chr.
Τούσδ' ἀρετῆς ἕνεκα στεφάνοις ἐγέραιρε παλαίχθων
δῆμος Ἀθηναίων, οἵ ποτε τοὺς ἀδίκοις
θεσμοῖς ἄρξαντας πόλεως πρῶτοι καταπαύειν
ἦρξαν κίνδυνον σώμασιν ἀράμενοι.
⟨Sequuntur nomina τῶν καταγαγόντων τὸν δῆμον⟩

1) Rosenberg ann. phil. 101 p. 530, B. Schmidt Rh. M. 36, 4 sqq.
2) Mire Richter et Schmidt hunc putant hermarum ordinem fuisse: 2 1 3; ubi neque iustum versuum ordinem neque eum qui traditus est quisquam invenerit.

Aeschin. III 187: *ἐν τοίνυν τῷ μητρώῳ παρὰ τὸ βουλευτήριον* (cf. Loeschcke Vermut. z. gr. Kunstg., Dorpat 1884 p. 15), *ἣν ἔδοτε δωρεὰν τοῖς ἀπὸ Φυλῆς φεύγοντα τὸν δῆμον καταγαγοῦσιν, ἔστιν ἰδεῖν* ... § 190. *Ἵνα δὲ μὴ ἀποπλανῶ ὑμᾶς ἀπὸ τῆς ὑποθέσεως, ἀναγνώσεται ὑμῖν ὁ γραμματεὺς τὸ ἐπίγραμμα ὃ ἐπιγέγραπται τοῖς ἀπὸ Φυλῆς τὸν δῆμον καταγαγοῦσιν. Ἐπίγραμμα. τούσδ᾽ κτλ.* Cf. schol. ad § 187 *ἔστιν ἰδεῖν*] *ἐν αὐτῷ τῷ ἱερῷ, ἐν ᾧ τὸ βουλευτήριόν ἐστιν, ἀνάκεινται γεγραμμένοι οἱ ἀπὸ Φυλῆς τὸν δῆμον καταγαγόντες.*

v. 2. τοῖς l | ἀδίκους c ‖ v. 3. θεσμοῖς] cf. R. Schöll in comment. Mommsen. p. 465 not. | πόλεως πρῶτοι Francke, πόλιος πρῶτοι hk, πόληος πρῶτοι el, πρῶτοι πόλεως rell. | καταπαύειν] cf. Xen. Hell. 2. 4. 23 (οἱ ἐν ἄστει) ἐψηφίσαντο ἐκείνους (sc. τοὺς τριάκοντα) καταπαῦσαι. ‖ v. 4. εἶρξαν p; ad locutionem πρῶτοι ἦρξαν cf. ἀρξάμενοι πρῶτοι in ep. n. 73 et Aristot. poet. 5.

Teste scholiasta Aeschinis praeter epigramma nomina virorum qui plebem Athenas reduxerant tabulae incisa erant. Hos igitur ostentat pronomen τούσδε (v. 1).

---

155. Athenis. IV. saec.

Ἥγνισα δ᾽ Ἑρμείαο δόμους ⟨σεμνῆς⟩ τε κέλευθα
Δάματρος καὶ πρωτογόνου Κούρας, ὅθι φασὶ
Μεσσήνην θεῖναι μεγάλαισι θέαισιν ἀγῶνα
Φλυάδεω κλεινοῖο γόνου Καύκωνος ⟨ἰδρείῃ⟩.
θαύμασα δ᾽ ὡς σύμπαντα Λύκος, Πανδιόνιος φώς,
Ἀτθίδος ἱερὰ ἔργα παρ᾽ Ἀνδανίῃ θέτο κεδνῇ.

Paus. 4. 1. 7: *ὡς δὲ ὁ Πανδίονος οὗτος ἦν Λύκος, δηλοῖ τὰ ἐπὶ τῇ εἰκόνι ἔπη τῇ Μεθάπου. ... ἀνέθηκε δὲ καὶ* (sc. *Μέθαπος*) *ἐς τὸ κλίσιον τὸ Λυκομιδῶν εἰκόνα ἔχουσαν ἐπίγραμμα ἄλλα τε λέγον καὶ ὅσα ἡμῖν ἐς πίστιν συντελεῖ τοῦ λόγου· ἥγνισα — κεδνῇ. τοῦτο τὸ ἐπίγραμμα δηλοῖ μὲν ὡς παρὰ τὴν Μεσσήνην ἀφίκετο ὁ Καύκων ἀπόγονος ὢν Φλύου, δηλοῖ δὲ καὶ ἐς τὸν Λύκον τά τε ἄλλα καὶ ὡς ἡ τελετὴ τὸ ἀρχαῖον ἦν ἐν Ἀνδανίᾳ.*

v. 1. δ᾽ Ἑρμοῖο Pcd Va, δὲ ἑρμοῖο Vb Lab Ag, δ᾽ Ἑρμείαο Amasaeus („Mercurii" vertens), quod idem num rell. codd. habeant, ex apparatu Schubarti non liquet. Mercurius socius Cereris et filiae occurrit etiam in magna mysteriorum inscriptione Andaniae inventa | δόμους τε κέλευθα codd., nisi quod δόμους κέλευθα τε Va, post δόμους inseruerunt μεγάλης Kuhn, Δηοῦς Porson, σεμνῆς Sauppe coll. Paus. 1. 31. 4, τέτυκον vel πέφραδον Buttmann, ἔτεμον Stadtm.; δρόμους σταδίου τε κ. Lobeck Aglaoph. 1251, δόμους μύστας τ᾽ ἐκάθηρα Kayser Z. f. A. 1848 p. 1004 collata § 6. Quid significet κέλευθα incertum; Sauppe de pompis errationes Cereris imitantibus cogitat: inde μυστῶν τε κέλευθα Menrad ‖ v. 2. πατρὸς codd., ματρὸς Clavier, ματρὸς καὶ δὴ Iacobs; Δήμητρος Lennep, Δάματρος Buttmann. Dubito Ionicam dialectum restituere in dearum nominibus, cum Andaniae certe Dorice Δαμάτηρ et Κούρα audirent. Eaedem formae nominum sunt in titulo

124   II. Tituli dedicatorii.

K. 785 qui in ceteris Dorice non est scriptus | ὅθι φασί] ὅθεν θεοῖσιν La ‖ v. 4.
φλυανδέω aut φλυὰν δέω M Lab Fab Va Pd; ut corripiatur prima syllaba, scribunt
πὰρ Φλυάδεω Kayser, καὶ Φλ. Bergk | κανκωνιάδα ὃ Fab, κανκωνίδα aut καν-
κωνίδαο rell. Hoc non dixisse poetam docent verba Pausaniae s. l.: ὡς παρὰ
τὴν Μεσσήνην ἀφίκετο ὁ Καύκων ἀπόγονος ὢν Φλυοῦ; itaque varie tentaverunt
locum viri docti: γόνον Καύκωνα διδάξαι Lennep, γόνῳ Καύκωνι δαεῖσαν Porson
et Kayser, γόνον Καύκωνος ἀπ᾽ ἴδμης Iacobs, γ. Καύκωνος ἔκατι Sitzler phil.
Rundschau 1890 p. 338, γόνῳ Καύκωνος ἰδρείῃ Sauppe; Κλεινοῖο (n. pr. resti-
tuebat etiam Schubart in versione Paus.) γόνῳ Καύκωνι ἀδοῦσαν Lobeck; καὶ
Φλυάδεω κλεινοῖο γόνῳ Κανκωνία δῖα Bergk Gratul.-schr. an Creuzer p. 21, adversatur Kayser l. l., σὺν Φλυάδεω κλεινοῖο γόνῳ Καύκωνι Κελαινοῦ Emperius
opusc. p. 342 (cf. Paus. 4. 1. 5) ‖ v. 5. πανδιώνιος Ag, πανδιόνιδος La, πανδίονος Pd; Πανδίονος υἱός Lennep ‖ v. 6. ἀνδάνῃ Ag Pd M Fab Vab Lab.

Optime de his versibus egit Sauppe in Abh. der k. Ges. d. W.
in Gött. 1858/59 p. 222 sq. Qui statuit κλείσιον Lycomidarum, ubi
posita erat Methapi statua, utpote familiae Atticae Phlyae in Attica
fuisse, non Andaniae, id quod ipsa Andaniae mentione refutaretur
neque diversum fuisse hoc aedificium a telesterio Lycomidarum, quod
Plutarcho teste (Them. 1) Themistocles exstruxit. Floruit autem
Methapus secundum eiusdem Sauppii opinionem Epaminondae temporibus. Etenim si quid concludere licet ex fabula illa qua praecepta
Cauconis dicuntur ab Aristomene defossa esse, ab Epitele, Epaminondae in Messenia restituenda socio, rursus effossa et ad renovanda
Andaniae sacra usurpata esse (Paus. 4. 20. 4; 26. 7 sqq.; 27. 5; 33. 5),
intermissa sunt Andaniae mysteria a secundo bello Messeniaco usque
ad libertatem recuperatam. Cum autem ante Aristomenem Methapum
vixisse nemo opinor censeat, verisimile inde fit eum Epaminondae
aetate Andaniae mysteria diu intermissa restituisse. Quodsi Welcker
Aesch. Tril. 270 et O. Kern (Hermes 1890, 1 sqq.) Onomacriti fere
temporibus Methapum assignant, hi solum id respexerunt quod Thebis
Cabirorum sacra instituisse dicitur neglegentes Messeniacas res. Potest
autem etiam Thebana sacra non nova instituisse, sed vetera renovasse
(cf. 9. 25. 6 sqq.).

---

156. Athenis in Eleusinio. IV. saec. (354 non recentior, cf.
Brunn K. G. I 386).

Τιμόθεος φιλίας τε χάριν cύνεςίν τε προτιμῶν
Ἰcοκράτους εἰκὼ τήνδ᾽ ἀνέθηκε θεαῖc.
Λεωχάρους ἔργον.

[Plut.] Isocrat. vit. p. 251, 101 West.: ἀνάκειται δ᾽ αὐτοῦ καὶ
ἐν Ἐλευσινίῳ εἰκὼν χαλκῆ ἔμπροσθεν τοῦ προστῴου ὑπὸ Τιμοθέου
τοῦ Κόνωνος καὶ ἐπιγέγραπται· Τιμόθεος — ἔργον. Inde Phot. bibl.

p. 488: ἀνάκειται . . . εἰκὼν χαλκῇ ἐπιγραφὴν ἔχουσα· Τιμόθεος — ἔργον.

v. 1. ξενίην τε Ps.-Plut. ‖ v. 2. εἰκώ forma occurrit etiam ap. Kaibel 246, 4 (Bithyn.), 805 a (add., Romae) a, 1, ath. Mitteil. V. 293 (Ath.). Quod Meisterhans[2] p. 103 dicit hanc formam Athenis imperatorum demum aetate inveniri, hoce Timothei titulo refutatur | θεῷ et Κλεοχάρους aperte falsa exhibet Phot. Ad θεαῖς cf. Meisterhans[2] p. 98, 4.

---

157. Athenis prope Olympieum. Paulo p. a. 338?

Ἰcοκράτουc Ἀφαρεὺc πατρὸc εἰκόνα τήνδ' ἀνέθηκε
Ζηνὶ θεούc τε cέβων καὶ γονέων ἀρετήν.

[Plut.] vit. Isocr. p. 252, 142 West.: (Ἀφαρεὺς) καὶ εἰκόνα αὐτοῦ χαλκῆν ἀνέθηκε πρὸς τῷ Ὀλυμπιείῳ ἐπὶ κίονος καὶ ἐπέγραψεν· Ἰσοκράτους — ἀρετήν. Inde Phot. bibl. p. 488: καὶ ἑτέραν δὲ εἰκόνα ἔστησεν αὐτοῦ πρὸς τῷ Ὀλυμπιείῳ ἐπὶ κίονος χαλκῆν ὁ θετὸς παῖς Ἀφαρεύς· . . . . ὁ τὴν εἰκόνα στησάμενος καὶ ἐπιγράψας· Ἰσοκράτους — ἀρετήν. Cf. Paus. 1. 18. 8: κεῖται δ' ἐπὶ κίονος (πρὸς τῷ Ὀλυμπιείῳ) Ἰσοκράτους ἀνδριάς.

---

158. Athenis. IV. saec. Astydamantis.

Εἴθ' ἐγὼ ἐν κείνοιc γενόμην ἢ κεῖνοι ἅμ' ἡμῖν,
οἳ γλώccηc τερπνῆc πρῶτα δοκοῦcι φέρειν,
ὡc ἐπ' ἀληθείαc ἐκρίθην ἀφεθεὶc παράμιλλοc·
νῦν δὲ χρόνῳ προέχουc' ᾧ φθόνος οὐχ ἕπεται.

Phot. lex. II 148 N. s. v. σαυτὴν ἐπαινεῖς, ὥσπερ Ἀστυδάμας ποτέ· Ἀστυδάμᾳ τῷ Μορσίμου εὐημερήσαντι ἐπὶ τραγῳδίας διδασκαλίᾳ Παρθενοπαίου δοθῆναι ὑπ' Ἀθηναίων εἰκόνος ἀνάθεσιν ἐν θεάτρῳ· τὸν δὲ εἰς αὐτὸν ἐπίγραμμα ποιῆσαι ἀλαζονικὸν τοῦτο· εἴθ' — ἕπεται. διὰ γοῦν τὴν ὑπερβάλλουσαν ἀλαζονείαν παραιτήσασθαι τὴν ἐπιγραφήν κτλ. Eadem Suidas s. v. σαυτὴν ἐπαινεῖς. Apostol. 15. 36. (Cf. etiam Zenob. 5. 100, Basil. ep. 39 col. 341 B, Schol. Liban. ep. 317 p. 153, Athen. 1 p. 33 F, Tzetzes in Cram. Anecd. Ox. IV 143, Iulian. ep. 12 p. 381 D, Eusta h. p. 121, 40 alia; Welcker gr. Trag. p. 1053 sqq.)

v. 1. γενοίμην Phot. et Suidae V. ‖ v. 2. δοκούσης Phot. | Bergk pro γλώσσης τερπνῆς exspectat τραγικῆς vel σεμνῆς τέχνης ‖ v. 3. ἀληθείης Suid. codd. praeter A | ἐκρίθη Phot. | ἐκρίθην ἀφεθεὶς παρ. „superior evaderem" Iacobs, cf. παραμιλλᾶσθαι = certamine superare; Hartung die gr El. I 308: „zugelassen zum Wettstreit", quod graeca verba significare non possunt ‖ v. 4. προσεχούσαις τοῖς χρόνοις Phot., χρόνῳ παρέχουσ' Suid., χρ. προσέχουσ' Apostol. nisi quod προέχουσ' R quod etiam invenerat Bentley | οἷς codd., ᾧ Bentl. emend. ad Menandr. p. 135. An ὁ φθόνος ut προέχουσ' sit dativus? | Eadem clausula in epitaphio Platonis n. 11.

Recepi quia ut inscriberetur destinatum erat.

Eiusdem fortasse statuae, ad quam hoc epigramma spectabat, basis nuper inventa est in theatro Atheniensi; cui inscriptum est ΑΣΤΥ⟨δαμας⟩: cf. U. Koehler Mitt. d. d. arch. Inst. in Ath. III 116, 1. Docuit autem Parthenopaeum Astydamas ol. 109, 4 (341 a. C.).[1]

---

159. Athenis in foro (cf. Gurlitt Pausanias 318). III. saec.

Εἴπερ ἴϲην γνώμη ῥώμην, Δημόϲθενεϲ, εἶχεϲ,
οὔποτ' ἂν Ἑλλήνων ἦρξεν Ἄρηϲ Μακεδών.

Plut. Demosth. 30: καὶ τὸ ἐπίγραμμα τὸ θρυλούμενον ἐπεγράφη τῇ βάσει τοῦ ἀνδριάντος· εἴπερ — Μακεδών. οἱ γὰρ αὐτὸν τὸν Δημοσθένην τοῦτο ποιῆσαι λέγοντες ἐν Καλαυρείᾳ μέλλοντα τὸ φάρμακον προσφέρεσθαι κομιδῇ φλυαροῦσι. Ps.-Plut. vit. X orat. p. 287, 158 West.: αἰτήσας τε γραμματεῖον ἔγραψεν, ὡς μὲν Δημήτριος ὁ Μάγνης φησί, τὸ ἐπὶ τῆς εἰκόνος αὐτοῦ ἐλεγεῖον ἐπιγεγραμμένον ὑπὸ τῶν Ἀθηναίων ὕστερον· εἴπερ — Μακεδών. κεῖται δ' ἡ εἰκὼν πλησίον τοῦ περισχοινίσματος καὶ τοῦ βωμοῦ τῶν ιβ' θεῶν ὑπὸ Πολυεύκτου πεποιημένη. Zosim. vit. Dem. p. 302, 145 West.: ἐπεγέγραπτο δὲ τῇ εἰκόνι αὐτοῦ τοῦτο τὸ ἐπίγραμμα· εἴπερ — Μακεδών. Anon. vita Dem. p. 308, 176 West.: ἐμνημόνευσαν δὲ τῆς τοῦ ῥήτορος ἀρετῆς οἱ πολῖται καὶ ἀνδριάντι αὐτὸν ἐτίμησαν στήσαντες ἐν τῇ ἀγορᾷ καὶ τοιοῦτον ἐπιγράψαντες ἐλεγεῖον· εἴπερ — Μακεδών. Suid. s. v. Δημοσθένης· ψηφίζονται . . . χαλκοῦν στῆναι αὐτὸν ἐν ἀγορᾷ καὶ ἐλεγεῖον τῇ βάσει τοῦ ἀνδριάντος ἐπέγραψαν· εἴπερ κτλ. Phot. bibl. p. 494 Bkk.: καὶ γραμματεῖον αἰτήσας γράψαι λέγεται τὸ ἐπὶ τῆς εἰκόνος αὐτοῦ ἐλεγεῖον ὅπερ· ὕστερον ὑπὸ τῶν Ἀθηναίων ἐνεκολάφθη· εἴπερ κτλ. Ἀλλὰ τοῦτο μὲν Δημήτριος ὁ Μάγνης λέγει. (Idem p. 495 B μεταφορὰν εἰς Ὑπερείδην affert: εἴπερ ἴσην γνώμῃ ῥώμην Ὑπερείδης εἶχεν κτλ.)[2]

De statua cf. Aristid. II 517 Dind.: δοκεῖ δέ μοι καὶ τὸ ἐπίγραμμα οὐκ ἔξω τῆς Δημοσθένους γνώμης ἔχειν [τὴν ἐπιγραφὴν], ὃ νῦν ἀναγιγνώσκομεν ἐν Κεραμεικῷ. Paus. 1. 8. 2: (in foro) ἔστι δὲ καὶ Δημοσθένης (= Δημοσθένους εἰκών).

v. 1. γνώμῃ ῥώμην Phot. (excepto cod. A qui ῥώμην γνώμῃ) Zos. An.; ῥώμην γνώμῃ Plut. Ps.-Plut. Suid. | ἔσχες Ps.-Plut. Zos. An. | Demosthenis cod. Par. 1773 priorem versum teste Cougny sic exhibet: εἰ μὲν ἴσην ἴσχυν [τῇ] γλώσσῃ, Δ., ἔσχες ‖ v. 2. Ἄρης plerique; codd. nonnulli Plutarchi Zosimi Anonymi habent ἀνήρ.

---

1) Cf. Koehler l. l. qui ad minorem natu Astydamantem totam Photii narrationem referendam esse censet.

2) Falso schol. Demosth. 57 affert Bergk II⁴ p. 331, qui fortasse meminit fragmenti 56 Baiter-Sauppe.

Epigramma, quod Demostheni ipsi falso tribuit Demetrius Magnes, statuae a Polyeucto factae[1]), quam Athenienses anno 280 in honorem oratoris decreverant, additum erat. Praeter hos versus verisimile est epitomen plebisciti in basi insculptam fuisse, qualis insculpta est in monumento ap. Kaibel 844 et aliis.

---

160. Athenis? III. saec. exeunte.

Τόνδε νέον Χρύσιππον Ἀριστοκρέων ἀνέθηκε
τῶν Ἀκαδημιακῶν στραγγαλίδων κοπίδα.

Plut. de Stoic. repugn. 2: Ἀριστοκρέων γοῦν, ὁ Χρυσίππου μαθητὴς καὶ οἰκεῖος, εἰκόνα χαλκῆν ἀναστηλώσας ἐπέγραψε τόδε τὸ ἐλεγεῖον· τόνδε — κοπίδα.

v. 1. τόνδ' ἐνεὸν Χρ. hunc mutum Chr. (i. e. statuam Chrysippi) Reiske; sed cf. Kaibel EG 311: τίς δ' ἡ ἐν τῇ στήλλῃ εἰκὼν νεότευκτος ὑπάρχει; ‖ v. 2. κοπίδα] i. e. qui quasi gladio Academicorum nodos perfregit; cf. Bernays Phokion 127, Heylbut Rh. M. 39, 159.

---

161. Thebis in arce. IV. saec.

⟨Ἐπαμεινώνδας
vel
Ἐπαμεινώνδαν οἱ πολῖται ἀρετῆς ἕνεκα⟩
Ἡμετέραις βουλαῖς Σπάρτη μὲν ἐκείρατο δόξαν,
Μεσσήνη δ' ἱερὴ τέκνα χρόνῳ δέχεται·
Θήβης δ' ὅπλοισιν Μεγάλη πόλις ἐστεφάνωται,
αὐτόνομος δ' Ἑλλὰς πᾶσ' ἐν ἐλευθερίῃ.

Paus. 9. 15. 6: τῷ δὲ ἀνδριάντι τοῦ Ἐπαμεινώνδου καὶ ἐλεγεῖα ἔπεστιν ἄλλα τε ἐς αὐτὸν λέγοντα, καὶ ὅτι Μεσσήνης γένοιτο οἰκιστὴς καὶ τοῖς Ἕλλησιν ὑπάρξειεν ἐλευθερία δι' αὐτοῦ. καὶ οὕτως ἔχει τὰ ἐλεγεῖα· ἡμετέραις — ἐλευθερίῃ. Cf. 9. 12. 6: τοῦτόν τε οὖν (i. e. Pronomum, cf. ep. 162) ἐνταῦθα (sc. in arce) οἱ Θηβαῖοι καὶ τὸν Ἐπαμεινώνδαν τὸν Πολύμνιδος ἀνέθεσαν. Aristid. 49. 400 (II p. 541 Dind.): τούτου (sc. Epan.in.) χωρὶς τῆς ἀπολογίας, ἧς ἀρτίως ἐμνήσθην, καὶ ἕτερόν ἐστιν ἐπίγραμμα κατηγοροῦν τὸ ἦθος ἐν Πελοποννήσῳ ... τί δὴ τοῦτό ἐστι τὸ ἐπίγραμμα, ὃ πάντες ἄδουσι; ἡμετέραις — δέχεται. Schol. Aeschin. III 211 (p. 47. 27 B.-S., p. 350 Schultz): ἐκείρατο] οἱ Ἕλληνες ἐν ταῖς εὐπραγίαις τὴν κόμην ἔτρεφον, ἐν δὲ

---

1) De qua conferatur Michaelis ad Schaeferi Dem. III² app. et Wachsmuth Stadt Athen II 1, 407 sq. — Falsam opinionem, quam Benndorf (de anth. epigr. 26, 1) habuerat de ὕστερον vocabulo, quo Demetrius Magnes (ap. Ps.-Plut. et Phot.) usus est, ipse correxit in Bulletino della commissione arch. di Roma 1886, 72.

ταῖς δυστυχίαις καὶ τῷ πένθει ἐκείροντο. Ὅμηρος αὐτοὺς πανταχοῦ
καρηκομόωντας καλεῖ, ἀνάπαλιν δὲ Ἐπαμεινώνδας· ἡμετέροις — δόξαν.
Plut. non posse suav. viv. p. 1098 A: εἰ δ᾽ οὖν ταῦτα φήσει τις
εὐφροσύνας καὶ χαρὰς, σκόπει τὰς ὑπερβολὰς τῶν ἡδονῶν ἐκείνων·
ἡμετέραις — δόξαν. Cic. tuscul. 5. 49: et est in aliqua vita praedi-
cabile aliquid aut gloriandum aut prae se ferendum, ut Epaminondas:
Consiliis nostris laus est attonsa Laconum.

v. 1. Σπάρτα Plut. | μὲν — v. 3 μεγάλη πόλις omiserunt Pausaniae H Va ‖
v. 2 — 4 omiserunt schol. Aesch. Plut. Cic. | ἱερὰ Aristid. et Paus. Pc Ag Lb La
(qui ἱρὰ), ἱερὴ Vb, ἱερὴ rell. ut videtur ‖ v. 3—4 om. Arist. | Θῆβαι codd.,
Θήβης Syll. qui etiam Μεγάλη πόλις pro μεγάλη πόλις. Pausaniam tamen Θῆβαι
et μεγάλη πόλις scripsisse putat Sylburg, quod in verbis quae epigramma
antecedunt, Megalopolis mentionem non faceret(?) | μεγαλόπολις Ag Lb, μεγάλη
πόλις cett.

Erravisse videtur Aristides cum statuam, in qua hi versus erant
insculpti, fuisse dicat in Peloponneso dissentiens cum gravi Pausaniae testimonio. Nec minus falso praeter Pausaniam omnes contendunt Epaminondam se ipsum hunc in modum laudavisse.

---

162. Thebis in arce.　　Ante a. 334.

⟨Πρόνομος⟩

Ἑλλὰς μὲν Θήβας προτέρας προὔκρινεν ἐν αὐλοῖς,
　　Θῆβαι δὲ Πρόνομον, παῖδα τὸν Οἰνιάδου.

Dio Chrysost. VII p. 263 sq. R.: ταύτην δὲ τὴν νίκην (ἐν τῇ
αὐλητικῇ) οὕτω σφόδρα ἠγάπησαν (οἱ Θηβαῖοι) ὥστε ἀναστάτου τῆς
πόλεως γενομένης . . . τῶν μὲν ἄλλων οὐδενὸς ἐφρόντισαν τῶν ἠφα-
νισμένων ἀπὸ πολλῶν μὲν ἱερῶν, πολλῶν δὲ καὶ στηλῶν καὶ ἐπιγρα-
φῶν, τὸν δὲ Ἑρμῆν ἀναζητήσαντες πάλιν ἀνώρθωσαν, ἐφ᾽ ᾧ ἦν τὸ
ἐπίγραμμα τὸ περὶ τῆς αὐλητικῆς· Ἑλλὰς — αὐλοῖς· καὶ νῦν ἐπὶ μέσης
τῆς ἀγορᾶς ἔστηκεν ἐν τοῖς ἐρειπίοις. Anth. Plan. f. 33ʳ (28 Iac.):
ἀδέσποτον· Ἑλλὰς — Οἰνιάδου.

v. 1. προτέρας Plan., νικᾶν Dio | προέκρινεν Dionis CMP, προυκρίνατο A,
προύκρινεν rell. et Plan. | ἐν om. Dio.

Haec herma eadem sine dubio est, quam Pausanias statuam
Pronomi dicit in arce Thebarum sitam (9. 12. 5 et 6). Quis autem ex
pluribus tibicinibus hoc nomine praeditis Thebanis (v. Pape-Benseler s. v.;
CIA II 3, 1234 Οἰνιάδης Προνόμου ηὔλει (anno 385/4) et 1292 Πρόνομος Θηβαῖος ἐδίδασκε) hoc epigrammate laudetur, discerni nequit.

163. Delphis. IV. saec. (a. 345/4, cf. Bergk Rh. M. 37, 359). Aristotelis.

⟨Ἑρμείαν Ἀριστοτέλης μνήμης ἕνεκα.⟩
Τόνδε ποτ' οὐχ ὁσίως παραβὰς μακάρων θέμιν ἁγνὴν
ἔκτεινεν Περςῶν τοξοφόρων βασιλεύς,
οὐ φανερῶς λόγχῃ φονίοις ἐν ἀγῶςι κρατήςας,
ἀλλ' ἀνδρὸς πίςτει χρηςάμενος δολίου.

Laert. Diog. V 6: *Ἀριστοτέλης . . ὑπεξῆλθεν εἰς Χαλκίδα, Εὐρυμέδοντος αὐτὸν τοῦ ἱεροφάντου δίκην ἀσεβείας γραψαμένου . . . ἐπειδήπερ τὸν ὕμνον ἐποίησεν εἰς τὸν προειρημένον Ἑρμείαν· ἀλλὰ καὶ ἐπίγραμμα ἐπὶ τοῦ ἐν Δελφοῖς ἀνδριάντος τοιοῦτον· τόνδε — δολίου* (= frgm. 674 Rose³ (1886) quem conferas).

v. 2. ἔκτεινε FP, corr. P² ‖ v. 3. φονίης F ‖ v. 4. δολίως cod. Cantabr. quod haud spernendum esse putat Huebner in app. crit.

Ex eiusmodi titulo prosaico, qualem supplebam, recte sine dubio concluserunt veteres ab Aristotele non solum statuam Hermiae dedicatam, sed etiam epigramma factum esse; cf. Simonidis in Megistiam epitaphium n. 20.

---

164. Thermi in Aetolia. Medio IV. saeculo non recentior.

Χώρης οἰκιστῆρα παρ' Ἀλφειοῦ ποτε δίναις
θρεφθέντα, σταδίων γείτον' Ὀλυμπιάδος,
Ἐνδυμίωνος παῖδ' Αἰτωλὸν τόνδ' ἀνέθηκαν
Αἰτωλοί, ςφετέρας μνῆμ' ἀρετῆς ἐςορᾶν.

Strabo 10. 3. 2 p. 463 (Ἔφορος fr. 29 Muell.): *παρατίθησι δὲ τούτων μαρτύρια τὰ ἐπιγράμματα, τὸ μὲν ἐν Θέρμοις τῆς Αἰτωλίας, ὅπου τὰς ἀρχαιρεσίας ποιεῖσθαι πάτριον αὐτοῖς ἐστιν, ἐγκεχαραγμένον τῇ βάσει τῆς Αἰτωλοῦ εἰκόνος· χώρης κτλ., τὸ δὲ* n. 147.

v. 1. δίνησι x ‖ v. 2. τραφέντα x, τραφέντα γρ. τρεφθέντα n, τρεθέντα rell., θρεφθέντα Brunck | σταδίων γ. Ὀ.]· i. e. Eleum; ad γείτονα cf. ep. n. 225. σταδίου Scaliger; Ὀλυμπιάς dea vel nympha est Olympiae; eandem habes Athen. 12, 534 d ‖ v. 3. αἰτωλὸν τόνδ' ἀν. αἰτωλοί Bkno, αἰτωλοὶ τόνδ' ἀν. αἰτωλόν rell. | v. 4. αἰτωλῶν Cl.

Vide ep. n. 147.

---

165. Byzantii. III. vel. II. saec.

Τὸν κρατερὸν Βύζαντα καὶ ἱμερτὴν Φιδάλειαν
εἰν ἑνὶ κοσμήσας ἄνθετο Καλλιάδης.

Hesych. Miles. de orig. Const. in FHG IV p. 152 Muell.: *Καλλιάδης στρατηγῶν τοῦ Βυζαντίου . . τὸ περιβόητον τοῦ Βύζαντος ἄγαλμα κατὰ τὴν καλουμένην Βασιλικὴν ἀνέθηκε καὶ ἐπέγραψεν οὕτως·*

τὸν κρατερὸν κτλ. Iisdem fere verbis Anthol. Plan. 66 Iac. Ex Hesychio sumpsit Codinus p. 12 Bonn.

v. 2. εἰν ἑνὶ Plan. et Hes., nisi quod ἐνθάδε cod. Vallicell.; κίονι Codin.;
intellege: uno monumento simul Byzantem et Phidaliam honoravit; cf. Kaibel
ep. 879 εἰν ἑνὶ Βιργιλίοιο νόον καὶ μοῦσαν Ὁμήρου, | Κλανδιανόν, Ῥώμη καὶ
βασιλῆς ἔθεσαν.

De Calliadis, Byzantii ducis, cuius hic est titulus, aetate nihil
constat, nisi quod ex Hesychio colligere possumus eum inter Charetis Atheniensis et Romanorum tempora floruisse. — Nicephorus Gre-
goras VIII 5 p. 305, 9 Bonn. tradit sua aetate Byzantis statuae basin
terra motam esse idemque de Phidaliae statua narrat Codinus p. 59.
Utrum autem hi duo scriptores ad idem spectent monumentum idque
monumentum sit illud Calliadis donarium necne, dubium est. —
Neque hoc certum est num Byzantiorum nummi, in quibus caput
Byzantis incusum est, exprimant statuae a Calliade positae typum:
quod censet Svoronos Eph. arch. 1889 p. 79.

---

166. Sinope. II. vel I. saec. Antiphili.

Γηράϲκει καὶ χαλκὸϲ ὑπὸ χρόνου, ἀλλὰ ϲὸν οὔτι
    κῦδοϲ ὁ πᾶϲ αἰών, Διόγενεϲ, καθελεῖ·
μοῦνοϲ ἐπεὶ βιοτᾶϲ αὐτάρκεα δόξαν ἔδειξαϲ
    θνατοῖϲ καὶ ζωᾶϲ οἶμον ἐλαφροτάταν.

Laert. Diog. VI 78 (unde Eudocia 142): ὕστερον δὲ καὶ οἱ πολῖται αὐτοῦ χαλκαῖς εἰκόσιν ἐτίμησαν αὐτὸν (sc. Διογένη) καὶ ἐπέγραψαν οὕτω· γηράσκει κτλ. Suid. s. v. Φίλισκος· (Διογένης) ἐτιμήθη
δὲ εἰκόνι παρὰ Σινωπέων καὶ ἐπίγραμματι· γηράσκει κτλ. Anth. Plan.
334 Iac.: εἰς τὸν αὐτὸν τοῦ αὐτοῦ (i. e. Ἀντιφίλου Βυζαντίου).

v. 1. Simile initium Anth. Pal. VII 225 et IX 704 (= Kaib. 889b) | γηράσει
Laertii PB (in hoc γηράσι) et Planudes | χρυσὸς Suidae BV, δώματ' Suid. E
et Kyriaci cod. | χρόνον Suid. V ‖ **v. 2.** καθέλη Laertii BF. De futuro ἐλεῖ cf.
Veitch greek Verbs 28 (Kaib. 1103, 2) ‖ **v. 3.** μοῦνος γὰρ (om. ἐπεὶ) Plan., ἐπὶ
Laert. BF | βιοτῆς Plan. et Suid. plur. codd., βιοτᾷ eiusdem BV ‖ **v. 4.** θνητοῖς
traditur, corr. Cobet | ζωᾶς Laertii F, ζωῆς omnes rell. | οἴμαν Laert. F | ἐλαφρο-
τάτην Plan. | θνητοῖς οἷς ζωῆς οἶμος ἐλαφροτάτη Suidae BVE. Eadem clausula
est in inscriptione Tralliana quam edidi in Meletematis de ep. gr. p. 47.

Dorica dialecto, quae offenderet in titulo Sinopensi saeculi quarti,
poeta inferioris aetatis qua statua erecta est, sive est Antiphilus sive
alius quis, usus esse videtur propter abstinentiam doricam Diogenis.

Hunc titulum se in lapide invenisse ementitus est Kyriacus, cf.
quae exposui in Meletematis de epigr. gr. Monach. 1890 p. 44 sq.
Exstat autem in codice latino Monacensi 716 f. 57ᵛ. „Apud Synopem:

ΓΗΡΑϹΚϹΙΚΑΙΔΟΜΑΤΥΠΟΧΡΟΝΟΥ
ΑΛΛΑΓΟΝΚΥΔΟϹΟΠΑϹΑΙΟΝΑΙΟΓΕϹ
ΟΝΚΑΟΑΛΕΙϹΙΤΑΛΟΙΠΑ"

i. e. γηράσκ(ε)ι καὶ δ(ώ)ματ᾽ ὑπὸ χρόνου, ἀλλὰ (σ)ὸν ⟨οὔτι⟩ | κῦδος ὁ πᾶς αἰ(ώ)ν, (Δ)ιόγ⟨εν⟩ες, [οὐ] κα(θε)λεῖ | (κα)ὶ τὰ λοιπά. Nimirum accidit ut in codice ex quo sumpsit Kyriacus non totum epigramma appositum esset, sed post prius distichum alterum omissum esse vocabulis καὶ τὰ λοιπὰ significaretur: quae ille ut erat homo graecae linguae non ita peritus epigrammatis esse partem putavit.

167. Colophone. —

Υἱὲ Μέλητος, Ὅμηρε, cὺ γὰρ κλέος Ἑλλάδι πάcῃ
καὶ Κολοφῶνι πάτρῃ θῆκαc ἐcαΐδιον·
καὶ τάcδ᾽ ἀντιθέῳ ψυχῇ γεννήcαο κούραc
διccὰc ἡμιθέων γραψάμενοc cελίδαc.
5   ὑμνεῖ δ᾽ ἡ μὲν νόcτον Ὀδυccῆοc πολυπλάγκτου,
ἡ δὲ τὸν Ἰλιακὸν Δαρδανιδῶν πόλεμον.

[Plut.] vit. Hom. p. 23, 71 West.: εἰσὶ δ᾽ οἳ καὶ Κολοφώνιον αὐτὸν ἀποδεικνύναι πειρῶνται, μεγίστῳ τεκμηρίῳ χρώμενοι πρὸς ἀπόδειξιν τῷ ἐπὶ τοῦ ἀνδριάντος ἐπιγεγραμμένῳ ἐλεγείῳ. ἔχει δ᾽ οὕτως· υἱὲ — πόλεμον. Anth. Plan. 292 Iac.: εἰς εἰκόνα Ὁμήρου. Syll. cod. Par. suppl. 352 (= Anecd. Cram. Par. 4, 378): εἰς τὸν Ὅμηρον. Syll. cod. Par. 1630 (cf. Dilthey ind. lect. 1887 p. 16): εἰς τὰς Ὁμηρικὰς δύο βίβλους.

v. 2. ἐς ἀΐδιον Plan. Plut., ἐναΐδιον Par. 352 ‖ v. 3. καὶ τάσδ᾽] κλειτὰς Francke ad Callin. p. 55 | κούρας] Iacobs confert Anth. Pal. IX 192 et VII 407, 10 ‖ v. 4. ἡμιθέων Plut., ἐκ στηθέων Plan. Par. 352 ‖ v. 5. πολύπλαγκτον auct., correxi. ‖ v. 6. Δαρδανίων Plut. Plan.

In monumento Homeri quod Colophonii erexerunt adstitisse vel adsedisse poetae ut in Archelai tabula Iliadem et Odysseam tertius versus (τάσδε κούρας) luculentissime docet. Quam ob rem epigramma certe non ante Alexandri aetatem scriptum est. — Falso Duebner lemma codicis Par. 1630 secutus putat epigramma ornasse librum duo Homeri carmina continentem.

168. Lindi. c. a. 208.

Οὗτός τοι Ῥώμης ὁ μέγας, ξένε, πατρίδος ἀστήρ,
Μάρκελλος κλεινῶν Κλαύδιος ἐκ πατέρων·
ἑπτάκι τὰν ὑπάταν δ᾽ ἀρχὰν ἐν Ἄρηϊ φυλάξας
καὶ πολὺν ἀντιπάλων ἐγκατέχευε φόνον.

Plut. Marcell. 30: ἐκεῖ δὲ (περὶ Λίνδον ἐν τῷ ἱερῷ τῆς Ἀθηνᾶς) αὐτοῦ καὶ ἀνδριάντι τοῦτ᾽ ἦν ἐπιγεγραμμένον, ὡς Ποσειδώνιός φησι, τὸ ἐπίγραμμα· οὗτος — φόνον. Τὴν γὰρ ἀνθύπατον ἀρχήν, ἢν δὶς ἦρξε, ταῖς πέντε προσκατηρίθμησεν ὑπατείαις ὁ τὸ ἐπίγραμμα ποιήσας. Tzetz. schol. in Homerica 48 (f. 47ʳ codicis Augustani 354): ἐπιγράμματα δὲ ἐπ᾽ Ἀρχιμήδους φέρονται μυρία ὧν οὐδὲν ἐπίσταμαι εἰπεῖν· φέρεται δὲ καὶ ἐπὶ Μαρκέλλου τόδε· οὗτος — φόνον. Inde cod. Matr. 72 f. 128 ap. Iriarte p. 261.

v. 1. ἀστός Plut. codd. aliquot teste Stephano | v. 2. κλεινὸς C, κλεινὸν PM | v. 3. ἑπτάκις Plut. codd. CPM, Tzetz. Matr. | τὰν] κτανθεὶς Matr. | ὑπάτων Plut. codd. aliquot teste Stephano, ὑπάταν rell., ὑπάταν δ᾽ scripsi; post prius enim distichon semicolon est ponendum | ἄρει Matr. ‖ v. 4. τὸν πολὺν ἀντιπάλοις ὃς κατέχενε φόνον Tzetz. Matr.; sed Tzetzem ex memoria versus attulisse ex ipsius antecedentibus verbis colligere possumus. καὶ Iacobsio (animadv. 12 (III, 2) 202) et Reiskio offensionem habere videtur itaque πάμπολυν scripsit Reiske; ego si quid mutandum esse censerem, praeferrem φύλαξε corrigere in versu antecedenti | ἐγκατέχεε Plut. cod. D, κατέχενε CP, εἷς κατέχενε Reiske; an ἐκκατέχενε ? εἰς πολὺν ἀντ. ἔγκατ᾽ ἔχενε φόνον Stadtm. coll. Λ 438.

---

169. Tloe in Lycia. III. fere saec.

Εἰμὶ Νεοπτόλεμος Κρεσσοῦ, τρισσῶν δ᾽ ἐν ἀδελφῶν
ἔστασαν Τλωεῖς κῦδος ἐμοῦ δόρατος,
οὕνεκεν ὧν Πισίδας καὶ ⟨Παίο⟩νας ἠδ᾽ Ἀγριᾶνας
καὶ Γαλάτας, τόσσους ἀντιάσας, στόρεσα.

Steph. Byz. s. v. Ἀγρίαι· .. λέγεται καὶ Ἀγριᾶνες ὡς ἐν τῷ ἐπιγράμματι γραφέντι εἰς Νεοπτόλεμον Πισίδην οὕτως· εἰμὶ — στόρεσα. (Inde recepit Lentz in Herodian. π. καθ. προσῳδίας p. 12, 7.)

v. 1. δ᾽ ἕν᾽ ἀδελφῶν codd., δ᾽ ἔμ᾽ ἀδ. Bergk Z. f. Alt. 1844 col. 271, δ᾽ ὁμαδελφῶν Gronov., δ᾽ ἐν ἀδελφῶν Haupt Herm. 2, 218 sq. (= opusc. 3, 378) i. e. in sacro trium fratrum: quod dubitanter recepi. Quam deorum vel dearum triadem venerati sint Lycii, nescimus. δ᾽ ἐναρ᾽ ἐθνῶν Stadtmueller ratus statuae addita esse trium gentium spolia ‖ v. 2. ἔστασαν V, ἔστασαν AR | ἐμὸν δόρατος codd., corr. Gronov. i. e. statuam posuerunt ut sit nuntia rerum a me gestarum; ἑλόντα δορὶ vel δορὸς Hecker² 77 ‖ v. 3. οὐνεκεναν ΠRV, οννεκεων cod. Salm., οὔνεκ .. A, οὔνεκ. ἐγὼ Bergk. Nempe magnus erat honor quod Tloenses Lycii Pisidae statuam erexerunt | καὶ ... ἄνες codd., καὶ Παίονας Salm., quae gens vicina erat Agrianum ex Macedonia ut videtur in Asiam profectorum; Ἀρκτάνας vel Σατριάνους Gronov. Fort. in καὶ ἄνες latet Λαιαίους quae gens una cum Agrianibus affertur a Thucyd. 2. 96. | v. 4. τοˢσοὺς R, τοσσοὺς AV, τοσσοῖς H; τρισσοὺς Haupt, ideo statuam in trium fratrum sacro positam esse ratus quod tres gentes vicisset: sed ita evadit similitudo verborum magis quam rei. Immo Neoptolemus, etsi civis non erat, ideo honoratus est, quod eius virtus solito maior fuerat.

Neoptolemus dux Galatas duasque alias gentes vicisse censendus

est tertio fere a. C. saeculo; quo facto etiam Tloenses Lycios adiuvisse
videtur.

_____

170. Syracusis. —

Εἴ τι παραλλάσσει φαέθων μέγας ἅλιος ἄστρων
καὶ πόντος ποταμῶν μεῖζον᾽ ἔχει δύναμιν,
φαμὶ τοσοῦτον ἐγὼ σοφίᾳ προέχειν Ἐπίχαρμον,
ὃν πατρὶς ἐστεφάνωσ᾽ ἅδε Συρακοσίων.

Laert. Diog. 8. 78: *καὶ αὐτῷ ἐπὶ τοῦ ἀνδριάντος ἐπιγέγραπται
τόδε· εἴ τι — Συρακοσίων.* Inde Anth. Pal. VII 125: *εἰς Ἐπίχαρμον*
Am^c | *τὸν Συρακούσιον* Lm^c· *εἴ τι — Συρακοσίων.* Anth. Plan.
εἰς Ἐπίχαρμον· εἴ τι — Συρακοσίων.

v. 1. εἴ τι in ras. F | παραλλάσει Anth. Pal., σ suprascr. C | ἥλιος Plan. ‖
v. 2. ἔχη Laert. B ‖ v. 3. φαμὶ] sic codd. | ἐγώ] i. e. titulus ipse, cf. ep. n. 83 ‖
v. 4. ἐστεφάνωσ᾽] ωσ᾽ in ras. Laert. B | ἅδε Anth. Pal. ˜ perfecit C; sed displicet
ἅδε; an ὧδε ut στεφανοῦν idem sit ac τιμᾶν ? | σύρηκοσίων Laertii P, συρρακου-
σίων F; Συρακόσιον Boissonade.

Quando Syracusani Epicharmum statua honoraverint nescimus.
Praeter hoc pulcherrimum epigramma traditur etiam Theocriti carmen (epigr. n. 18 Ziegl., Anth. Pal. IX 600), quod utrum alii eiusdem
poetae statuae insculptum fuerit — quod putat Iacobs animadv. 7, 203
— an sit demonstrativi generis, discerni nequit.

_____

171. Syracusis? —

_ _ _ _ _ _ _

Δωρίδος ἐκ μητρὸς Φοίβου κοινώμασι βλαστών.

Plut. de Alex. s. virt. II 5: *Διονύσιος δὲ ὁ νεώτερος Ἀπόλλωνος υἱὸν ἑαυτὸν ἀνηγόρευσεν ἐπιγράψας· Δωρίδος κτλ.* Respicit
auctor epist. Socr. 35 (quem locum laudavit Bergk): *ἀνδρὸς* (i. e.
Διονυσίου) Φοίβου κοινώμασι βλαστόντος.

„Fecit autem hoc fortasse in basi statuae, de qua loquitur Stephanus in schol. ad Aristot. rhet. 3. 2. 11 (Cram. Anecd. Paris. I
p. 303): *ἐν δὲ τῇ στήλῃ γοῦν οἶμαι τοῦ Διονυσίου ἐγράφησαν ἐλεγεῖα
τοιόνδε τὸν νοῦν· ὅτι, ὦ ξένε, ὦ ὁδῖτα, προσαγορεύω σε ἐγὼ ὁ χαλκοῦς Διονύσιος. ἐρωτᾷς δέ με τίς εἰμι, ὦ ξένε; ἐγὼ ὁ βασιλεὺς Σι-
κελῶν, τιμήσας καὶ τοὺς λόγους καὶ τὸν ποιητήν.“* Welcker Spicil.
I 36 (Rh. Mus. 1 p. 219). Huius fortasse scholii Bergk meminerat qui
PL. II⁴ 324 totum alicubi epigramma legisse sibi visus est.

172. — II p. C. saec.

Εἰμὶ Χάραξ ἱερεὺς γεραρῆς ἀπὸ Περγάμου ἄκρης,
ἔνθα ποτὲ πτολέμιξεν ᾿Αχιλλῆι πτολιπόρθῳ
Τήλεφος ῾Ηρακλῆος ἀμύμονος υἱὸς ἀμύμων.

Suid. s. v. *Χάραξ· Περγαμηνὸς ἱερεὺς καὶ φιλόσοφος, ὡς εὗρον
ἐν ἀρχαίῳ βιβλίῳ ἐπίγραμμα οὕτως ἔχον· εἰμὶ — ἀμύμων.*

v. **2.** *πτολέμιξεν* AC, *πτολέμιζεν* rell. | v. **3.** ῾Ηρακλῆς B, ῾Ηρακλῆς υἱὸς ha-
buerat E, sed *υἱὸς* erasum. | pro *ἀμύμων* Bernhardy *ἀγανός* vel simile quid pro-
ponit. Sed haud scio an poeta iterato eodem nomine splendorem aliquem dare
versui voluerit. — Similis clausula Hom. *O* 641.

Potest esse inscriptio statuae Characis qui secundum Muellerum
Fr. H. Gr. III 636 Hadriani aetate floruit.

173. — V. p. C. saec. Synesii.

Τῆς χρυσῆς εἰκὼν ἢ Κύπριδος ἢ Cτρατονίκης.

Synes. epist. 75 p. 685 Herch.: *τοὐπίγραμμά μου* (*σου* cod.,
Petavius corr.) *τὸ κλεινόν ... τῆς — Στρατονίκης ἐπίστασαι πάντως
ὅτι καὶ εἰς ἐμὴν ἀδελφὴν ἐποιήθη παρ᾿ ἐμοῦ τότε παρὰ τοῦ στίχου
μαθών. Ταύτη τῇ φιλτάτῃ μου τῶν ἀδελφῶν ἦν καὶ εἰκόνος ἠξίωσα
καὶ τοῦ στίχου κτλ.* Anth. Plan. 79 Iac.: *Συνεσίου φιλοσόφου εἰς
εἰκόνα τῆς ἀδελφῆς.*

Hunc versum quem Stratonicae sororis effigiei subscripsit Synesius expressisse videtur ex epigrammate quale est Asclepiadae vel
Posidippi Anth. Plan. 68 Iac.:

Κύπριδος ἅδ᾿ εἰκών· φέρ᾿ ἰδώμεθα μὴ Βερενίκας·
διστάζω ποτέρᾳ φῇ τις ὁμοιοτέραν.

III. Tituli reliqui.

1. Artificum artiumque tituli.

174. Olympiae. V. saec.

Εὐτελίδας καὶ Χρυσόθεμις τάδε Γέργα τέλεσσαν
Ἀργεῖοι τέχναν εἰδότες ἐκ πατέρων.

Paus. 6. 10. 5: τὴν δὲ εἰκόνα Θεοπόμπου μὲν τοῦ παλαίσαντος τὸν ποιήσαντα οὐκ ἴσμεν· τὰς δὲ τοῦ πατρὸς αὐτοῦ (= Θεοπόμπου) καὶ τοῦ πάππου (i. e. Δαμαρέτου) φησὶ τὸ ἐπίγραμμα Εὐτελίδα τε εἶναι καὶ Χρυσοθέμιδος Ἀργείων. οὐ μὴν παρ᾽ ὅτῳ γε ἐδιδάχθησαν δεδήλωκεν. ἔχει γὰρ δὴ οὕτως· Εὐτελίδας κτλ.

v. 1. ἔργα codd. | τέλεσαν M Vab ‖ v. 2. ἐκ προτέρων codd.; ἐκ πατέρων Schubart assentiente Bergkio PL. III⁴ 433**.

Epigramma inscriptum erat in basi communi statuarum Damareti eiusque filii Theopompi. Unde verisimile est has statuas uno tempore dedicatas esse. Cum autem inter patris victorias, quae erant sexagesima quinta et sexta olympiade (Paus. l. l. § 4), et filii victoriam sine dubio aliquot interfuerint olympiades, initio quinti saeculi hae statuae videntur erectae esse.

---

175. Olympiae. V. saec.

Πολλὰ μὲν ἄλλα σοφῶ ποιήματα καὶ τόδ᾽ Ὀνάτα
Αἰγινάτα, τὸν γείνατο παῖδα Μίκων.

Paus. 5. 25. 10: τοῦτο (n. 58) μὲν δὴ ἐνταῦθά ἐστι γεγραμμένον, ὁ δὲ ἀγαλματοποιὸς ὅστ ς ἦν ἐπὶ τοῦ Ἰδομενέως γέγραπται τῇ ἀσπίδι· πολλὰ κτλ.

v. 1. σοφοῦ codd., correxi | ὀνάτου Vb | particulae μὲν oppositum est καὶ τόδε; cf. Xen. Cyr. 1. 4. 3 πολλὰ μὲν — καὶ ὅσα, Kuehner gr. Gramm. II p. 813 | ποίημα etiam in Critonidis Parii titulo (Loewy n. 6). Fortasse noverat poeta Phocylidis carminum exordia: καὶ τόδε Φωκυλίδεω. ‖ v. 2. ἔργον αἰγεινήτου εἰσεγείνατο Ag, ἔργον αἰγινήτου ὃν ἐγείνατο M Va, ἔργον αἰγινή ἐγείνατο Pc, ἔργον αἰγινήτεω τὸν ἐγείνατο Vb, ἔργον αἰγεινοτέω τὸν γείνατο La, ἔργον αἰγινήτου ὃν ἐγείνατο Lb; ἔργον ἐν Αἰγίνῃ τὸν τέκε Aldina, ἔργον ὃν Αἰγίνη γείνατο Buttmann O. Mueller Schubart, ἔργμ᾽, ὃν ἐν Αἰγίνᾳ γ. Stadtm., Αἰγινήτεω τὸν γ. Kayser

Rh. M. 5, 359 sq., quod ita recepi ut Doricum genetivum scriberem. Nam in Buttmanni coniectura *Αἰγίνῃ* offendit, quod dativus mirum sane sensum inferret, pro locativo autem vix usurpari potest. Omnes porro codices gentile *Αἰγινήτου* exhibent nec, qua de causa librarius aliquis *τὸν* post *Αἰγινήτου* inseruerit, facile esset ad explicandum. Immo pron. *τὸν* si quid aliud genuinum est, *ἔργον* autem vocabulum a librario aliquo interpolatum. Quodsi versus parum elegans est, hoc in artificis inscriptione minime offendit. Possis etiam conicere: *Αἰγινάτας τὸν.*

O. Mueller in Aegineticis p. 105: „Quantopere Böttiger errat hos versiculos ipsius esse Onatae, ne temporis quidem Onatae sunt, quod credere videtur Winckelmann IV p. 23." Qua in re mire falsus est vir doctus. Minime enim offendit artificem se ipsum laudare — conferas epigrammata n. 178, 181—184 — atque inde quod multa alia opera Onatae esse dicuntur, solum hoc sequitur monumentum ad quod hi versus pertinent non ab adolescente artifice factum esse. Immo certe genuinus est titulus, etsi hoc in medio relinquitur, num ab Onata ipso compositus sit.

176. Olympiae. V. saec.

a)　Υἱὸς μέν με Μίκωνος Ὀνάτας ἐξετέλεccεν
　　　νάcῳ ἐν Αἰγίνᾳ δώματα ναιετάων.

Paus. 8. 42. 10: *Ὀνάτα καὶ ταῦτα ποιήματα* (sc. Hieronis anathemata), *καὶ ἐπιγράμματα ἐν Ὀλυμπίᾳ, τὸ μὲν ὑπὲρ τοῦ ἀναθήματός ἐστιν αὐτῶν· σόν κτλ.* (= n. 126), *τὸ δὲ ἕτερον λέγει τῶν ἐπιγραμμάτων· υἱός κτλ.*

v. 1. *μὲν* (om. *με*) Pc Va, *με* (om. *μέν*) M Vb Vn Ag Lab; *μέν με* Hermann, *μέν γε* Sylburg, *ἐών με* Kayser Rh. Mus. N. F. 5, 359 | *ἐξετέλεσσε* Iacobs ‖ v. 2. *νάσῳ* om. Va Lb | *Αἰγίνῃ* codd., corr. Iacobs.

b)　Υἱὸς μέν με Μίκωνος Ὀνάτας ἐξετέλεccεν
　　　αὐτὸς ἐν Αἰγίνᾳ δώματα ναιετάων.

Paus. 5. 25. 13: *τῷ δὲ ἀναθήματι τῷ ἐς Ὀλυμπίαν Θασίων ἔπεστιν ἐλεγεῖον· υἱός κτλ.*

v. 1. *μὲν* (om. *με*) Pc Ag Lb Va, *μέν γε* Vb La M ‖ v. 2. *αὐτὸ* Lab M Ag Vab; *νάσῳ* hic quoque scribendum esse putant Kayser l. l. et Bergk PL. III⁴ 433*; neque tamen opus est artificem epigramma ad verbum repetiisse. Fortasse *ἀστὸς* scripsit | *Αἰγίνῃ* codd.

177. Olympiae. V. saec.

　　　Φειδίας Χαρμίδου υἱὸς Ἀθηναῖός μ' ἐποίηcε.

Paus. 5. 10. 2: *Φειδίαν δὲ τὸν ἐργασάμενον τὸ ἄγαλμα εἶναι καὶ ἐπίγραμμά ἐστιν ἐς μαρτυρίαν ὑπὸ τοῦ Διὸς γεγραμμένον τοῖς ποσίν· Φειδίας κτλ.*

Χαλμίδου Vab | aut ἐποίησε quod codd. exhibent, scribere poterat aut ἐπόησε; cf. Kaibel 759, 3 Εὔφρων ἐξεποίησ' et Meisterhans[2] p. 44. De ν ephelcystico in enuntiati fine quinto saeculo saepius neglecto quam posito cf. idem p. 89.

Hic Phidiae versus Iovis scabello inscriptus nihilo deterior est quam ille quem Athenodorus et Asopodorus artifices composuerunt IGA 41.

---

178. Athenis. —

Ὃς τὴν ἱππάφεϲιν ἐν Ὀλυμπίᾳ εὕρατο πρῶτοϲ,
τεῦξέ με Κλειοίταϲ υἱὸϲ Ἀριϲτοκλέοϲ.

Paus. 6. 20. 14: τὸ μὲν δὴ ἐξ ἀρχῆς Κλεοίτας ἐστὶν ἄφεσιν μηχανησάμενος, καὶ φρονῆσαί γε ἐπὶ τῷ εὑρήματι, ὡς καὶ ἐπίγραμμα ἐπὶ ἀνδριάντι τῷ Ἀθήνησιν ἐπιγράψαι· ὃς κτλ.

v. 1. τὰν et πρᾶτος corrigere dubitavi, cum qua aetate Cleoetas vixerit plane incertum sit | ἱππάθεσιν ἐν Ag (?), ἱππάφεσίν γε Vb, ἱππάφεσιν rell., corr. Koraes, ἱππάφεσίν σεν, Ὀλυμπία Ald. | ὀλυμπία La | εὕρατο Dorice; sed inferiore aetate occurrit etiam apud ceteros Graecos; v. Meisterhans[2] 147 et Veitch greek verbs s. v.; εὗρε τὸ πρῶτον Koraes, εὗρετο falso Cougny ‖ v. 2. τοῦ ξέμε Lb, cf. Loewy n. 59 ἔτευξε IV. saec. (quod contra Gurlittium, Pausanias p. 321, affero hoc verbum multo inferioris aetatis esse censentem); fort. τεῦξεν ἐμὲ Κλέοιτας | Ἀριστοκλέους codd., quod correxi cum non putem filii nominis formam Doricam fuisse, patris Atticam.

Hoc epigramma fortasse insculptum fuit in illa Cleoetae statua Atheniensi, quam in arce collocatam esse tradit Pausanias 1. 24. 3: ὅστις δὲ τὰ σὺν τέχνῃ πεποιημένα ἐπίπροσθε τίθεται τῶν ἐς ἀρχαιότητα ἡκόντων καὶ τάδε ἐστίν οἱ θεάσασθαι· κράνος ἐστὶν ἐπικείμενος ἀνήρ, ⟨ἔργον⟩ Κλεοίτου κτλ. Ex his verbis verisimile fit Cleoetam a periegeta artificibus vetustioribus i. e. sexti vel quinti sacculi adscriptum non esse (cf. Gurlitt Pausanias p. 320). Falsa igitur est eorum opinio, qui eius patrem Aristoclem illum Atheniensem esse putant sexagesima quinta fere olympiade florentem (Loewy n. 9 et 10). Atque Atticum non esse Cleoetam ipsa nominis forma docet. — De carceribus quos Olympiae exstruxit v. Brunn Künstlerg. II 367.

---

179. Delphis in lescha. V. saec. Simonidis (160 Bgk.).

Γράψε Πολύγνωτοϲ, Θάϲιοϲ γένοϲ, Ἀγλαοφῶντοϲ
υἱὸϲ, περθομένην Ἰλίου ἀκρόπολιν.

Paus. 10. 27. 4: κατὰ τοῦτο τῆς γραφῆς (i. e. a dextra parte tabulae) καὶ ἐλεγεῖόν ἐστι Σιμωνίδου· γράψε κτλ. Plut. de defect. oracul. 47 p. 436 A: καὶ μὴν τῶν γε μιμημάτων τούτων καὶ εἰδώλων

ὁ ποιητὴς καὶ δημιουργὸς ἐπιγέγραπται· γράψε — ἀκρόπολιν. ὡς
ὁρᾶται γράψας. Schol. ad Plat. Gorg. 448 B: Πολύγνωτος . . οὗ
ἐν Δελφοῖς ἡ θαυμαστὴ γραφή, ᾗ ἐπιγέγραπται· γράψε κτλ. Anth.
Pal. IX 700: Σιμωνίδου Bmᵒ. Cf. Photius lex. I p. 273 N.: Θάσιος
παῖς Ἀγλαοφῶντος· Πολύγνωτος ὁ ζωγράφος οὕτως ἐπεγέγραπτο. (Idem
ap. Hesych. s. v. Θάσιος, cf. Schneidewin coniect. crit. p. 174.) Respi-
cere annotavit Bergk Philostratum vit. Apollon. 6. 11 p. 222 Kayser²:
οὔτε τὴν ἁλισκομένην Ἰλίου ἀκρόπολιν, ἣν Πολύγνωτος ἐκεῖ γράφει.

v. 1. γράψαι Pausaniae Va M Lb, γράψεν Anth. | ἀρίγνωτος Anth. | δ᾽ ἀγλαο-
φῶντος Pausaniae Lb Vab, δὲ ἀγλαοφῶντος eiusdem Ag; fort. Ἀγλωφῶντος quod
exhibent tituli Thasii (Bechtel Gött. G. d. W. 1885) || v. 2. περθομέναν Plut.,
quod receperunt Schneidewin et Bergk; at quomodo Dorica forma possit explicari, cum et Simonides et Polygnotus Ionica essent patria nati, ego intellegere
nequeo. | ἠλίου Anth.

Simonidem huius epigrammatis auctorem esse consentiunt Pausanias et Anthologia. Unde colligere licet fuisse distichon in Simonideorum sylloge Alexandrina.¹)

---

180. Delphis. —

Τεῦξ᾽ Ἑλικὼν Ἀκεσᾶ Cαλαμίνιος, ᾧ ἐνὶ χερcὶ
πότνια θεcπεcίην Παλλὰc ἔχευε χάριν.

Athen. 2 p. 48 b: ἤκμασε δ᾽ ἡ τῶν ποικίλων ὑφή, μάλιστα ἐν-
τέχνων περὶ αὐτὰ γενομένων Ἀκεσᾶ καὶ Ἑλικῶνος τῶν Κυπρίων.
ὑφάνται δ᾽ ἦσαν ἔνδοξοι· καὶ ἦν Ἑλικὼν υἱὸς Ἀκεσᾶ, ὥς φησιν Ἱερώ-
νυμος (fr. 32 Hi.). ἐν Πυθοῖ γοῦν ἐπί τινος ἔργου ἐπιγέγραπται·
τεῦξ᾽ κτλ. Inde Eustath. od. 1400, 13: . . ὡς ἐδήλου ἐπίγραμμα ἐν
Πυθοῖ ἐπί τινος ἔργου τοιοῦτον·· τεῦξ᾽ κτλ.

v. 1. ὧν ἐνὶ Eust. || v. 2. ἔτευξε codd. quod manifesto ex hexametro
sumptum; ἔτεγξε Hecker I 67 inepte, ἔπνευσε Kaibel quod de poetis dici memini,
de artificibus non item neque quadraret dativus ἐνὶ χερσί; ἐπηῦξε Stadtm., ἔχευε
Menrad coll. Hom. β 12 (θ 19, ρ 63): θεσπεσίην δ᾽ ἄρα τῷ γε χάριν κατέχευεν
Ἀθήνη: quod recepi haud ignarus aliam h. l. χάριν vim habere aliam apud Homerum.

De Helicone et Acesa haec narrat Zenobius 1, 56 (= Diogenian.
2, 7): Ἀκεσέως καὶ Ἑλικῶνος ἔργα ἐπὶ τῶν θαύματος ἀξίων· οὗτοι
γὰρ πρῶτοι τὸν τῆς Πολιάδος Ἀθηνᾶς πέπλον ἐδημιούργησαν, ὁ μὲν
Ἀκεσεὺς γένος ὢν Παταρεύς, ὁ δὲ Ἑλικὼν Καρύστιος. Sed haud scio
an veteres nihil certi compertum habuerint de his artificibus. Etenim quod ad eorum aetatem attinet, Plutarchus Heliconem vocat τὸν
παλαιόν (Alex. 32) neque inde quod utrumque peplum Minervae Πο-

---

1) Boissonade ap. Duebnerum adnotat egisse de hoc ep. Gedoynum in
Memor. acad. Inscr. tom. VI p. 458: quam commentationem frustra quaesivi.

λιάδος texuisse tradunt, aliud colligere possumus quam satis antiquis
temporibus eos floruisse, cf. Studniczka altgr. Tracht. I 136.[1]) Plura
vel etiam nimia comperimus de eorum patria cum aliam dicat epigramma, alias paroemiographi. Atque utrius partibus accedendum
esset, facile discerni posset, si ipse Helico illos versus operi Delphico
intexuisset. Quos spurios esse iudico, non quo artificis nimia ipsius
laude offendar (v. ad ep. 175), sed quod veri dissimillimum est per-
vetustis temporibus, septimo vel sexto saeculo, disticho textorem
vestem exornasse neque satis habuisse suum nomen dedicandique verbum acu inscribere. Quam ob rem Hillero assentior, qui (in satur.
philol. Sauppio obl. p. 115) epigramma non ab ipso Helicone, sed
postea demum texturae adiectum esse censet.

----

181. 182. 183. Lindi aliisque locis. IV. saec. Parrhasii.

Ἁβροδίαιτος ἀνὴρ ἀρετήν τε cέβων τόδ' ἔγραψα
  Παρράcιος κλεινῆc πατρίδος ἐξ Ἐφέcου.
οὐδὲ πατρὸc λαθόμην Εὐήνορος, ὅc μ' ἀνέφυcε
  γνήcιον, Ἑλλήνων πρῶτα φέροντα τέχνηc.

Εἰ καὶ ἄπιcτα κλύουcι, λέγω τάδε· φημὶ γὰρ ἤδη
  τέχνηc εὑρῆcθαι τέρματα τῆcδε cαφῆ
χειρὸc ὑφ' ἡμετέρηc· ἀνυπέρβλητος δὲ πέπηγεν
  οὖροc· ἀμώμητον δ' οὐδὲν ἔγεντο βροτοῖc.

Οἷοc δ' ἐννύχιος φαντάζετο πολλάκι φοιτῶν
  Παρραcίῳ δι' ὕπνου, τοῖος ὅδ' ἐcτὶν ὁρᾶν.

Ad 181—183. Athen. 12 p. 543 c: (Παρράσιος) ἐπέγραφε τοῖς ὑφ'
αὑτοῦ ἐπιτελουμένοις ἔργοις· ἀβροδίαιτος — ἔγραψα. καί τις ὑπεραλ-
γήσας ἐπὶ τούτῳ παρέγραψε ῥαβδοδίαιτος (v. Brunn hist. artif. II 119)
ἀνήρ. (Haec ex Clearcho sumpsit, quae sequuntur, ex alio auctore.)
ἐπέγραψε δὲ ἐπὶ πολλῶν ἔργων αὑτοῦ καὶ τάδε· ἀβροδίαιτος — τέχνης.
ηὔχησε δ' ἀνεμεσήτως ἐν τούτοις· εἰ καὶ — βροτοῖς. Paulo post: τερα-
τευόμενος δ' ἔλεγεν, ὅτε τὸν ἐν Λίνδῳ Ἡρακλέα ἔγραψεν, ὡς ὄναρ
αὐτῷ ἐπιφαινόμενος ὁ θεὸς σχηματίζοι αὐτὸν πρὸς τὴν τῆς γραφῆς
ἐπιτηδειότητα. ὅθεν καὶ ἐπέγραψε τῷ πίνακι· οἷος — ὁρᾶν. Plin.
n. h. 35. 71: (Parrhasius) fecundus artifex, sed quo nemo insolentius
usus sit gloria artis, namque et cognomina usurpavit *habrodiaetum*
se appellando aliisque versibus *principem artis* et *eam ab se consum-*

----

1) Certe peplum Athenienses illis artificibus solum ideo tribuebant, quod
erat θαύματος ἄξιον ἔργον.

matam et super omnia *Apollinis* se *radice ortum*[1]) et *Herculem*, qui
est Lindi, *talem a se pictum, qualem saepe in quiete vidisset.*

Ad 181. Athen. 15 p. 687 b: Παρράσιος . . ἀντελάβετο τῆς ἀρετῆς
ἐπιγραψάμενος τοῖς ἐν Λίνδῳ πᾶσιν αὐτοῦ ἔργοις· ἁβροδίαιτος —
Παρράσιος· ᾧ κομψός τις, ὡς ἐμοὶ δοκεῖ . . παρέγραψε τὸ ῥαβδοδίαιτος ἀνήρ. . . . ταῦτα μὲν ὁ Κλέαρχος.

Ad 182. Aristid. II p. 520 D: ἀλλ' ἐμὲ πρῴην ἀνὴρ ἑταῖρος,
ὃς οὑτωσὶ καθῆστο μάλα πλησίον, ζωγράφου τι ἐπίγραμμα ἐξεδίδασκε
τοιοῦτον· εἰ καὶ — βροτοῖς.

181. v. 1. ἀρετὴν δὲ Bergk II⁴ 320 | τόδ' Clearchus sec. Ath. 543, τάδ' rell. |
ἔγραψε codd., corr. O. Iahn Ber. d. s. G. d. W. 1856 p. 286 ‖ v. 3. λιπόμην O.
lahn ap. Benndorf de anth. epigr. 29 | ὅς μ' ἀνέφυσε Hecker² 126, ὃς ἀνέφυσε A
(cod. Ath.), ὅς γ' ἀνέφυσε dett. codd., ὅς νιν ἔφυσεν Iacobs, ὅς ῥα μ' ἔφυσε Meineke ‖ v. 4. quod spurius esset, exprobratum esse putat Parrhasio Bergk.

182. Leviora omisi: v. 1. τάδε omis. Ath. ‖ v. 2. τῆς τέχνης Aristid. codd.
praeter Θ ‖ v. 4. ἐγένετο Aristid. codd. praeter Θ.

183. v. 1. ἐννύχιον codd., corr. Cobet prosopogr. Xen. p. 51.

Primi epigrammatis initium Athenaeus affert ex Clearcho,
cuius verba bis — p. 543 et pleniora p. 687 — exhibet, totum novit
ex alio auctore quo p. 543 d usus est inde a verbis ἐπέγραψε δὲ ἐπὶ
πολλῶν κτλ. et ex quo eodem hausit Plinius: Antigonum esse Cary-
stium putat Robert, Theophrastum Klein, ego quis sit me nescire
fateor. Atque uterque auctor inscriptum fuisse epigramma multis
Parrhasii tabulis contendit neque est cur eorum testimonio diffidamus.

Item Athenaei auctori fides est habenda, cum versus, quos ille
tertio loco refert, a Parrhasio Lindii Herculis imagini subscriptos esse
dicat. Exordium quidem epigrammatis apparet noniam exstare: quodsi
Clearchus recte traderet omnibus Lindi tabulis Parrhasium ἁβροδίαιτος κτλ. subscripsisse, hos versus disticho οἷος κτλ. praeisse necesse
esset; sed minime est probabile bis in titulo pictoris nomen scriptum
fuisse; immo periisse videtur tale quid: ὁ δεῖνα ἀνέθηκε τόνδε Ἡρα-
κλέα· οἷος κτλ.

Secundum vero epigramma inscriptum fuisse neque Athenaeus
contendit neque qui idem tradit, Aristides. Certe non est legitimus
tabulae alicuius titulus, neque vero quidquam obstare confitemur,
quin legitimo titulo adscriptum fuerit, quemadmodum ep. n. 189 in
statua Praxitelis Amoris.[2])

Attamen longe aliter et de hoc et de primo epigrammate sensit
Otto Iahn (Ber. d. sächs. G. d. W. ph. h. Kl. 1856, 284 sqq.). Is enim

---

1) Quod in perditis versibus dixisse videtur.
2) De ratione quae inter hoc et Zeuxidis epigramma intercedit, vide quae
ad illud adnotavi n. 184.

haec duo tetrasticha non Parrhasii titulos, sed reliquias esse censet
Nicomachi pictoris elegiae, in qua clarissimi pictores loquentes et de
principatu certantes inducti essent: praeter hos octo versus fragmenta
eiusdem elegiae esse etiam Zeuxidis epigramma (n. 184) et distichon
quod de Apollodoro exstat apud Hephaestionem (de metr. 4, 3) et
ea quae poetico quodam colore tincta Plinius 35, 61 de Apollodoro
et Zeuxide tradit. Plura his addidit Benndorf de Anth. ep. p. 26 sqq.,
qui in eo tantum dissentit ut Nicomachi esse elegiam incertum esse
dicat. Re vera omnia quaecunque Iahn et Benndorf proferunt, in-
certa sunt: coniectura eorum etsi speciosa est tamen ne uno quidem
nititur firmiore argumento. Certe valde mirum esset, ut hoc unum
dicam, quod versus illos esse elegiae fragmenta non solum apud
Athenaei Pliniique auctorem, sed etiam apud Clearchum et Aristidem
nullum exstat vestigium. Sed cum nemo fere quod sciam recentiorum[1]) in Iahnii et Benndorfii partes iverit, superfluum puto esse
refellendi munus quo Bergk functus est, denuo suscipere. Versus
sunt si qui alii genuini ingenuamque artificis superbiam spirant.

----

184. — c. 400. Zeuxidis.

'Ηράκλεια πατρίς· Ζεῦξις δ' ὄνομ'· εἰ δέ τις ἀνδρῶν
    ἡμετέρης τέχνης πείρατά φησιν ἔχειν,
δείξας νικάτω· . . . .
    _ ∪· δοκῶ δ' ἡμᾶς οὐχὶ τὰ δεύτερ' ἔχειν.

Aristid. II 521: ἄκουε δὴ καὶ ἑτέρου ζωγράφου, ὡς μὲν σὺ
φαίης ἂν ἀλαζονευομένου, ὡς δὲ οἱ ταῦτα δεινοὶ λέγουσιν, οὐ μεῖζον
ἢ προσῆκον φρονήσαντος· λέγει δὲ τί; 'Ηράκλεια — νικάτω· δοκῶ δὲ,
φησίν, ἡμᾶς — ἔχειν· καὶ τοῦτο τὸ ἐπίγραμμα οὔτ' ἐκεῖνος ἀπώκνη-
σεν ὡς θρασὺ οὔτε τις αὐτῷ τῶν ἑταίρων ἀπαλεῖψαι συνεβούλευσεν,
ἐπειδή γε ἐποίησεν.

Epigramma tabulae alicui adpictum esse a Zeuxide Aristidis
verba (ἀπαλεῖψαι) idqie legitimum artificis titulum fuisse primus
docet versus. Carpit autem Zeuxis hac inscriptione Parrhasii carmen
n: 182, quo ille se fastigium artis assecutum esse gloriatus erat,
eumque provocat ad certamen (v. 3). Certamina enim artificum instituta esse post inventum Paeonii titulum Olympicum nemo iam
negabit. Atque similiter inter se cavillati sunt Iphio et Mico pictores

----

1) Flach Gesch. d. gr. Lyr. 457 sq., Bergk PL. II, Robert Arch. Märchen
79 not., Klein Arch.-epigr. Mitteil. a. Oest. 12, 114 sqq. — Unus Mart. Hertz in
ind. lect. Vratisl. 1867 p. 15, 21 Iahnio assensus est.

Anth. Plan. 84 et Pal. IX 757; cf. Klein Arch.-ep. Mitt. aus Oesterr.
1887 p. 204 et 211.

―――――

185. — I. vel ante vel post C. saec.?

Γραμμαὶ Παρρασίοιο, τέχνα Μυός· ἐμμὶ δὲ εἰκὼν
    Ἰλίου αἰπεινᾶς, ἂν ἕλον Αἰακίδαι.

Athen. 11 p. 782 b: *ἔνδοξοι δὲ τορευταὶ Ἀθηνοκλῆς . . καὶ Μῦς,
οὗ εἴδομεν σκύφον Ἡρακλεωτικὸν τεχνικῶς ἔχοντα Ἰλίου ἐντετορευ-
μένην πόρθησιν, ἔχοντα ἐπίγραμμα τόδε· γραμμαί κτλ.*

v. 1. *γραμμά* cod., corr. Bergk PL. II⁴ 232, *γράμματα* Iacobs (cf. Anth. P.
VI 352), *γράμμα τὸ* Merrick in diss. ad Tryphiod. p. XL not. m. teste Cougny |
Πηρασίοιο cod., corr. Iacobs exercitat. crit. II p. 152, cf. Paus. 1. 28. 2 . . . *τῷ
δὲ Μυῖ ταῦτά τε καὶ τὰ λοιπὰ τῶν ἔργων Παρρασίον καταγράψαι τὸν Εὐήνορος.*
Sed Bergk Meinekio duce codicis lectionem servandam esse Pausaniamque „cum
legisset Perasio socio laboris fere usum esse Myn nominis similitudine deceptum
Parrhasium Euenoris substituisse" putat. Quam ad opinionem adductus est, ni
fallor, temporum ratione, cum Minervae propugnatricis statua, cuius clipeum
caelasse Myn Pausanias tradit, Cimone auctore erecta esset, Parrhasius autem
hoc tempore nondum natus vel certe ea aetate fuerit, qua huius statuae perfi-
ciendae vix particeps fuisse putandus esset. Sed ego optione data multo veri-
similius esse censeo clipeum Minervae multis annis post ipsam statuam a Mye
caelatum esse (cf. Overbeck G. d. gr. Pl. I³ 252, Lange Arch. Ztg. 1881 p. 199)
quam novum aliquem Perasium, de quo ne id quidem constat num nomen sit
graecum, artificum numero adscribendum esse. | *ἐμμὶ*] propter hanc formam
aeolicam Hecker² 355 scribit *Παρρασίω* et *Ἰλίω*, quas coniecturas propter aeta-
tem tituli (v. infra) superfluas esse iudico | *ἔργον* cod., corr. Meineke exerc. in
Ath. II p. 20 sq., *ἐμμὶ δ' ἀπαρχῶν* Thiersch Abh. d. B. Ak. phil. Kl. 5, 2 p. 138,
ἐμμὶ δὲ πέρσις Schweighaeuser ‖ **v. 2.** *ἕλεν Αἰακίδας* Hecker l. l., Neoptolemum
significari ratus, et consentire videtur calix argenteus Monacensis, cf. Baumeister
Denkm. I 743. Sed nescio an Achillem et Neoptolemum dicere voluerit poeta.

    Valde dubito num hic calix Heracleoticus Myos fuerit opus.
Quarto enim saeculo poculo non ita magno, quale erat σκύφος, totum
distichum incisum esse vix est credibile. Et accedit quod verba τέχνα
τινός quibus poëta in primo versu utitur, in artificum titulis imperatorum demum aetate inveniuntur.[1]) Atque notum est ex Propertii
et Martialis carminibus homines tunc libenter Myos opera caelata
iactasse, quae magnam partem non archetypa, sed adulterina puto
fuisse (cf. Mart. 8. 34). His igitur etiam hunc calicem Heracleoticum
adscripserim.

    Exstat in antiquario Monacensi calix argenteus, opus Graeci
artificis, in quo Troiae expugnatio efficta est (v. Baumeister Denkm.

―――――

1) E dialecto nihil possumus colligere, cum cuias fuerit Mys nesciamus.
Quodsi Kirchhoff *Μῦν Ἑρμίου ἰσοτελῆ* CIA II 2, 741 Add. p. 511 recte eundem
atque artificem esse censet, is non fuit Atheniensis.

I 743). Cui num praeter rem etiam arte fuerit similis calix ille
Heracleoticus, prorsus nescimus; cf. etiam Brunn Sb. d. Bayr. Ak. 1868
I p. 235 sqq.

186. Olympiae. VI. saec. Eumeli?

Paus. 5. 17. 5: τῶν δὲ ἐπὶ τῇ λάρνακι ἐπιγράμματα ἔπεστι τοῖς
πλείοσι γράμμασι τοῖς ἀρχαίοις γεγραμμένα· καὶ τὰ μὲν ἐς εὐθὺ αὐτῶν
ἔχει, σχήματα δὲ ἄλλα τῶν γραμμάτων βουστροφηδὸν καλοῦσιν Ἕλληνες. ... γέγραπται δὲ ἐπὶ τῇ λάρνακι καὶ ἄλλως τὰ ἐπιγράμματα ἑλιγμοῖς
συμβαλέσθαι χαλεποῖς.

A. Τῆς δευτέρας χώρας.

1) Ἴδας Μάρπησσαν καλλίσφυρον, ἅν Ϝοι Ἀπόλλων
ἅρπασεν, ἐκ ναϜοῦ ἀνάγει πάλιν οὐκ ἀϜέκουσαν.

Paus. 5. 18. 2: τὰ δὲ ἐς τὸν ἄνδρα τε καὶ τὴν γυναῖκα ἑπομένην
αὐτῷ τὰ ἔπη δηλοῖ τὰ ἑξάμετρα· λέγει γὰρ δὴ οὕτως· Ἴδας — ἀέκουσαν.

v. 1. εἴδας Lb Ag Pc M Vab Fab, ἴδα La | Μάρπησαν La Ag Vb | ἅν M Pc
Ag Fab Lab, τάν Vb | οἱ πόλλων La, οἱ Ἀπόλλων rell., fort. Ϝοι Ἀπέλλων; de
Roberti coni. v. comm. ‖ v. 2. ἥρπασεν ἐκ ναοῦ πάλιν ἄγει Vb, ἅρπασε τὰν ἐκ
ναοῦ πάλιν ἄγει rell.; ἅ. τ. ἐ. ν. ἄγει πάλιν Musurus, ἅ. ἐκ ναοῦ πάλιν ἐξάγει
Dindorf in ed. praef. p. IX, .. πάλιν ἄψ ἄγει Stadtm. coll. Σ 280, ἐκ ναϜοῖο
πάλιν ἄγει Menrad (πάλιν ut Hom. Κ 281, cf. Hartel hom. Stud. I² 109); quae
in textu posui, ipse conieci | οὐκ ἀέκουσαν codd., οὐκ ἐθέλουσαν Dindorf.

Robert in Herma 23, 440 sqq. corruptissimum putat hoc epigramma esse; laedi enim non solum metrum (πάλιν ἄγει), sed veri
dissimillimum esse Marpessam ab Apolline in templo esse servatam.
Ἑλιγμοὺς igitur quosdam a periegeta, qui quin Polemo sit, ille quidem non dubitat, male intellectos pluraque verba pessime esse lecta.
Immo versus sic fere restituendos esse:

Ἴδας Μάρπησσαν καλλίσφυρον Εὐανίναν,
ἅν οἱ Ἀπόλλων ἅρπασ’ ΒΤΑΝΒΚΝΑϜΟ οὐκ ἀέκουσαν.

Εὐανίναν enim, quod ex versu homerico sumpsit (I 557) litteris Corinthiacis sic scriptum ΝΑΝϟΝΑΥϟ Polemonem a sinistra orsum
ΓΑΛϟΝΑΙΒ = πάλιν ἄγει legisse. Quid vero in τὰν ἐκ ναϜοῦ lateat
se non expedivisse conitetur Robert. Multa sane ex illis ἑλιγμοῖς, quos
quomodo hoc in epigrammate curvatos esse putandum sit ego nescio,
eruere potuit vir doctus! Sed quid tandem profecimus addito Εὐανίναν vocabulo? Nonne maiore cum probabilitate, si πάλιν ἄγει corruptum esse censebimus, genuina verba eodem loco collocata fuisse
contendemus intactumque relinquemus priorem versum, cuius verba
integra esse Robert ipse concedit? Et lenissime sane versus secundus
corrigi potest, cum meo iudicio nihil offendat quod Idas dicitur Marpessam ex templo educere. In arca enim secundum Pausaniae verba

Apollo ipse non effictus erat, sed vir et femina illum sequens i. e.
Idas et Marpessa.   Finxit igitur anaglyphi artifex virginem e templo
excedentem, ut deo eam eripi significaret.

2) Μήδειαν Ἰάσων γαμέει, κέλεται δ' Ἀφροδίτα.

Paus. 5. 18. 3: *Μηδείας δὲ ἐπὶ θρόνου καθημένης Ἰάσων ἐν
δεξιᾷ. τῇ δὲ Ἀφροδίτῃ παρέστηκε· γέγραπται δὲ καὶ ἐπίγραμμα ἐπ'
αὐτοῖς· Μήδειαν κτλ.*

Ἰάσων] ι consonantis locum tenet | γαμίει Vb fort. recte | ἀφροδίτη Lb.

3) Λατοΐδας οὗτός γα Ϝάναξ ϜεκάϜεργος Ἀπόλλων·
Μοῦσαι δ' ἀμφ' αὐτὸν χαρίεις χόρος αἷσι κατάρχει.

Paus. 5. 18. 4: *πεποίηνται δὲ καὶ ᾄδουσαι Μοῦσαι καὶ Ἀπόλλων
ἐξάρχων τῆς ᾠδῆς· καί σφισιν ἐπίγραμμα γέγραπται· Λατοΐδας κτλ.*

v. 1. οὗτος τάχ' codd.; οὗτος ὄγ' Siebelis, αὐτὸς τάδ' Unger Philol. 33, 367,
οὗτός γα Ϝάναξ Haupt opusc. 3, 466: ΙΑϜ enim a periegeta falso ΤΑ+ lectum
esse. De particula γε v. infra n. 6 et Kaibel 742 | ἑκάεργος codd. ‖ v. 2. Μοισᾶν
Lennep | ἀφ' αὐτὸν χαρίει M.

4) Ἄτλας οὐρανὸν οὗτος ἔχει, τὰ δὲ μᾶλα μεθήσει.

Ibidem: *Ἄτλας δὲ ἐπὶ μὲν τῶν ὤμων κατὰ τὰ λεγόμενα οὐρανόν
τε κατέχει καὶ γῆν, φέρει δὲ καὶ τὰ Ἑσπερίδων μῆλα, ... γέγραπται
δὲ καὶ ἐπὶ τούτοις· Ἄτλας κτλ.*

Cf. Hesiod. theog. 517: *Ἄτλας οὐρανὸν εὐρὺν ἔχει κρατερῆς ὑπ' ἀνάγκης* |
οὐρανὸν om. Pc | μᾶλα μαθήσει La.

B. Τῆς τετάρτης χώρας.

5) Τυνδαρίδα Ϝελέναν φέρετον Αἴθραν τ' Ἀφίδναθεν [ἕλκετον].

Paus. 5. 19. 2 sq.: *εἰσὶ δὲ ἐπὶ τῇ λάρνακι Διόσκουροι, ὁ ἕτερος
οὐκ ἔχων πω γένεια, μέση δὲ αὐτῶν Ἑλένη. Αἴθρα δὲ ἡ Πιτθέως
ὑπὸ τῆς Ἑλένης τοῖς ποσὶν εἰς ἔδαφος καταβεβλημένη μέλαιναν ἔχουσά
ἐστιν ἐσθῆτα. ἐπίγραμμα δ' ἐπ' αὐτοῖς, ἔπος τε ἐξάμετρον καὶ ὀνό-
ματός ἐστιν ἑνὸς ἐπὶ τῷ ἐξαμέτρῳ προσθήκη· Τυνδαρίδα κτλ.* Cf.
Dio Chrysost. 51 p. 325 R.: *εἶπον .. ὅτι αὐτὸς ἑωρακὼς εἴην ἐν
Ὀλυμπίᾳ ἐν τῷ ὀπισθοδόμῳ τοῦ νεὼ τῆς Ἥρας ὑπόμνημα τῆς ἁρπαγῆς
ἐκείνης ἐν τῇ ξυλίνῃ κιβωτῷ τῇ ἀνατεθείσῃ ὑπὸ Κυψέλου τοὺς Διοσ-
κούρους ἔχοντας τὴν Ἑλένην ἐπιβεβηκυῖαν τῇ κεφαλῇ τῆς Αἴθρας
καὶ τῆς κόμης ἕλκουσαν καὶ ἐπίγραμμα ἐπιγεγραμμένον ἀρχαίοις
γράμμασιν.*

Ἑλέναν codd., corr. Robert | Αἴθλαν δ' Ag, Αἴθραν δ' rell., nisi quod δὲ
Va | ἕλκετον Ἀθάναθεν M Pc Ag Lab Fab, ἕλκε τὴν Ἀθήναθεν Va; Ἀθάναθεν
(‿ ‿ ⌣ ‿) ἕλκετον Vb et vulgo; ἑλκεῖτον Ἀθ. Weber; ἀπ' Ἀθανᾶν | ἕλκετον Dindorf
in ed. praef.; Αἴθραν τ' Ἀφίδναθεν [ἕλκετον] Bergk PL. III⁴ p. 19 cum ἕλκετον
ab artifice interpolatum esse censeat eique assensus est Hecker² 33; praeclare Ἀφίδναθεν, sed ἕλκετον nihil est nisi pervetustum glossema verbi φέρετον, quod iam

Pausanias in eo, quo usus est libro invenerat; consimilem interpolationem vide infra in apparatu ep. n. 8. Quo verbo secluso Ἀφίδναθεν non iam ad solam Aethram, id quod habuit offensionis aliquid, sed ad utramque spectat mulierem. Robert (Hermes 23, 436 sqq.) memor Dionis Chrysostomi (Ἑλένην — ἕλκουσαν) misere corruptum esse putat titulum et ita fere restituendum: Τυνδαρίδα Ϝελέναν φέρετον ⟨Σπάρτανδ’⟩ Ἀφίδναθεν | Αἴθραν δ’ ἕλκει ΤΟΝ ... pessimo et rhythmo et sermone; debuit certe ἃ δ’ Αἴθραν ἕλκει ... Cf. commentarium.

Maass in Parergis Atticis (ind. schol. Gryphisw. 1889/90) demonstravit fabulae versionem, quae refert Athenas abductam esse Helenam a Theseo et inde a Dioscuris reductam una cum Aethra, conformatam esse a Lacedaemoniis; bene igitur in titulo Cypselidarum cistae, quae esset Corinthiaca vel certe Peloponnesiaca, legi Ἀθάναθεν quam codicum lectionem ne corrigeremus cavendum esse. Sed quomodo versus restituendus esset, ille quidem quaerere omisit; satis habuit Bergkii coniecturam Ἀφίδναθεν reicere. Concedimus si de Laconica Aphidna cogitaremus, magnas orituras esse difficultates, et recte huius sententiae auctorem Robertum vituperavit Maass; sed Atticam si cum Bergkio ponimus Aphidnam, non video quid rei offendat in versu. Quodsi Maass hanc de Aphidna narrationem Atticam esse contendit fabulamque Atticam in vetusto monumento Peloponnesiaco exstare posse negat, respondeo non modo Atticos, sed etiam Dores, Megarenses dico Atheniensibus inimicos, Aphidnae pugnatum esse tradidisse auctore Pausania (1. 41. 4), cuius verba ipse quoque Maass affert.

Neque alterum quo ille Bergkii emendationem refutare studet cum dicat ne ita quidem inducta correptione ante ὄν quam vocant Attica versus bonitati provisum esse, satis grave est argumentum: certe eiusmodi correptionem a cistae titulorum auctore usurpari minus mirabimur quam illam codicum systolen (Ἀθάναθεν). Ac correptiones quidem brevium syllabarum ante mutam cum liquida ab elegiarum et praecipue ab epigrammatum poetis aliquanto magis quam ab epicis usurpari inprimis in nominibus propriis (cf. Kaibel 740, 741, 750, 751, Simon. fr. 136 etc. etc.) iam Godofredus Hermann dixit in Orphicis p. 764, velut ipse de quo agimus poeta (n. 9) in voce Λοκρός priorem syllabam contra Homeri morem corripuit. Et exstat epigramma in quo ante easdem fere litteras correptionis exemplum reperitur apud Kaibel. 774, 3 saec. IV vel III:

$$\Theta\epsilon\sigma\mu o\varphi\acute{o}\rho o\upsilon\varsigma \ \tau\epsilon \ \dot{\alpha}\gamma\nu\dot{\alpha}\varsigma \ \pi o\tau\nu\acute{\iota}\alpha\varsigma \ \ddot{\epsilon}\mu \ \varphi\acute{\alpha}\rho\epsilon\sigma\iota \ \lambda\epsilon o\kappa o\tilde{\iota}\varsigma.$$

Praefero[1]) igitur Bergkii coniecturam, qua recepta titulus neque metro neque rebus quas enarrat offendit, lectioni vulgatae cuius verba hexametro includi recusant.

---

1) Mecum consentire video Toepfferum in „Arch. Beitr. Robert gewidmet" p. 36 sqq. [Maassio assentitur R. Wagner, Apollodori epit. Vat. p. 153.]

Pauca addamus de anaglypho. Discrimen quod intercedere videbatur inter Pausaniae Dionisque narrationem et cistae titulum, cum
illi Aethrae ab Helena iniuriam inferri referant, hic a Dioscuris,
facilius sane verbo ἕλκετον eiecto sustulimus quam iis quae Robert
audacius quam felicius tentavit. Neque enim opus est omnia quae
imagine expressa erant, ab epigrammate fuisse relata. Φέρειν autem
hoc loco non portandi vim habet, sed movendi et deducendi quae
notio et ad Helenam mediam inter fratres ingredientem et ad Aethram
ipsam quoque inter Dioscuros sub Helenae pedibus humi stratam
quadrat.

6) Ἰφιδάμας οὗτός γα, Κόων περιμάρναται αὐτοῦ.

7) Οὗτος μὲν Φόβος ἐςτὶ βροτῶν, ὁ δ᾿ ἔχων Ἀγαμέμνων.[1])

Paus. 5. 19. 4: Ἰφιδάμαντος δὲ τοῦ Ἀντήνορος κειμένου μαχό-
μενος πρὸς Ἀγαμέμνονα ὑπὲρ αὐτοῦ Κόων ἐστί· Φόβος δὲ ἐπὶ τοῦ
Ἀγαμέμνονος τῇ ἀσπίδι ἔπεστιν, ἔχων τὴν κεφαλὴν λέοντος. ἐπιγράμματα δὲ ὑπὲρ μὲν τοῦ Ἰφιδάμαντος νεκροῦ· Ἰφιδάμας — αὐτοῦ·
τοῦ Ἀγαμέμνονος δὲ ἐπὶ τῇ ἀσπίδι· οὗτος κτλ.

6. οὗτός τε codd., οὗτός γε Heyne, γα scripsi | fort. περιβάρναται ‖ 7. Dis-
plicet βροτῶν; Φόβος ἀμφίβροτος Menrad coll. B 389, Λ 32.

8) Ἑρμείας ὅδ᾿ Ἀλεξάνδρῳ δείκνυσι διαιτῆν
   τοῦ Γείδους Ἥραν καὶ Ἀθάναν καὶ Ἀφροδίταν.

Paus. 5. 19. 5: ἄγει δὲ καὶ Ἑρμῆς παρ᾿ Ἀλέξανδρον τὸν Πριά-
μου τὰς θεὰς κριθησομένας ὑπὲρ τοῦ κάλλους· καὶ ἔστιν ἐπίγραμμα
καὶ τούτοις· Ἑρμείας κτλ.

v. 1. δείκνυσι διακρίνειν τὴν τοῦ Fab Pd Ag, δείκνυσι κρίνειν διὰ ταύ τοῦ
Pc, δείκνυσι διαιτεῖν τοῦ Va, δείκνυσι διαιτῆν τοῦ rell. ‖ v. 2. ἀθανᾶν Pc Vb Ag
La, ἀθηνᾶν Lb M Va Fab | ἠδ᾿ Ἀφρ. Menrad ne fiat hiatus | ἀφροδίτην Ag Va.

9) Αἴας Κασσάνδραν ἀπ᾿ Ἀθαναίας Λοκρὸς ἕλκει.

Ibidem: πεποίηται δὲ καὶ Κασσάνδραν ἀπὸ τοῦ ἀγάλματος Αἴας
τῆς Ἀθηνᾶς ἕλκων· ἐπ᾿ αὐτῷ δὲ καὶ ἐπίγραμμά ἐστιν· Αἴας κτλ.

Fort. Αἴϝας, v. Cauer[2] 77, Collitz 3122, 3128, 3133, 3142 | Ἀθηναίας M Vab |
ἕλκε M Vab Fa.

Etsi non prorsus certum est arcam, in qua erant hae inscriptiones, a Cypselidis, Corinthi tyrannis, dedicatam esse (cf. Gurlitt Pausanias 352), tamen ea a Corinthiis artificibus facta esse videtur. Exstant
enim in Pausaniae codicibus planissima Doricae dialecti vestigia eamque
Corinthiorum fuisse ex periegetae in tertio epigrammate legendo errore

---

1) Exstat Callimachi versus fr. 226: Εἰμὶ τέρας Καλυδῶνος, ἄγω δ᾿ Αἰτωλόν
Ἄρηα. Quem num poeta in clipeo quodam inscriptum esse finxerit, valde incertum est.

colligere possumus. Neque neglegendum est eiusdem inscriptionum generis, quo quid homines efficti agant, explicatur, alterum quoque exemplum exstare in vase Corinthio, cuius titulos primus edidit Kretzschmer in Zeitschrift f. vergl. Spr. 1888 p. 166 sq. Duorum ibi pugilium, qui numero duali πύκτα vocantur, uni Ϝιώκει, alteri φεύγει adscriptum est. Desinant igitur dubitare quin Corinthiorum qui soli tum Doriensium artem colebant, opus fuerit arca (Wilisch ann. philol. 123 p. 176, Kalkmann Pausanias p. 100, 1).

Versus in secundo tantum et quarto spatio (χώρᾳ) figuris additi erant, quod recte illustravit L. Mercklin Arch. Zeit. 1860 p. 101 sqq., qui idem in adverso latere hos omnes inscriptos fuisse censet (v. etiam Robert Herm. 23, 441). Quod vero idem putat p. 106 sq. titulos praeter sextum septimumque subscriptos fuisse singulis spatiis, id recte iam Schubart ann. philol. 1861 p. 314 reiecit. Etenim ἑλιγμοὺς illos inprimis ad versus inter figurarum spatia adscriptos vel potius adpictos — neque enim quisquam Overbeckio assentietur aureas fuisse litteras (Abh. d. sächs. G. d. W. IV 652) — spectare nemo hodie negabit (v. Robert l. l. 438, 3).

De epigrammatum auctore haec habet Pausanias 5. 19. 10: τὰ ἐπιγράμματα δὲ τὰ ἐπ᾽ αὐτῆς τάχα μέν που καὶ ἄλλος τις ἂν εἴη πεποιηκώς, τῆς δὲ ὑπονοίας τὸ πολὺ ἐς Εὔμηλον τὸν Κορίνθιον εἶχεν ἡμῖν, ἄλλων τε ἕνεκα καὶ τοῦ προσοδίου μάλιστα ὃ ἐποίησεν ἐς Δῆλον. Quae coniectura num probabilis sit, nos quippe ignari Deliaci illius hymni discernere non possumus.[1])

187. Taenari. —

Ἀθανάτων πομπαῖσιν Ἀρίονα Κυκλέος υἱὸν
ἐκ Σικελοῦ πελάγους σῶσεν ὄχημα τόδε.

Aelian. hist. anim. 12. 45: τὸ τῶν δελφίνων φῦλον ὥς εἰσι φιλῳδοί τε καὶ φίλαυλοι τεκμηριῶσαι ἱκανὸς καὶ Ἀρίων ὁ Μηθυμναῖος ἔκ τε τοῦ ἀγάλματος τοῦ ἐπὶ Ταινάρῳ καὶ τοῦ ἐπ᾽ αὐτῷ γραφέντος ἐπιγράμματος· ἐστὶ δὲ τοῦτο· ἀθανάτων — τόδε. Tzetz. schol. in chil. I 393 (Anecd. Oxon. Cram. III 352 = Pressel Tzetz. epist. p. 100): (vocis Ἀρίονος paenultimam corripi) καὶ τὸ ἐπὶ Ταινάρῳ ἐν χαλκῷ δελφῖνι Ἀρίονος αὐτοῦ ἐπίγραμμα δηλοῖ· ὃ ἐπίγραμμα σημείωσαι ἵνα ἐξ αὐτοῦ γινώσκοις ὅτι Ἀρίονος τὸ ο μικρὸν δεῖ γράφειν ... · ἀθανάτων — τόδε.

---

1) Haud opus est Iunghahnium de Sim. Cei epigr. p. 13 refellere qui ut pronomen οὗτος Simonidis aetate nondum demonstrative usitatum esse demonstret, Cypseli arcae inscriptiones post Simonidem demum confectas esse contendit.

v. 1. πομπῆσιν Gesner | 'Αρίωνος Tzetz. | Κύκλονος Ael. Tzetz., ex Suida corr. Salmasius.

Epigramma inferiore aetate (v. Benndorf p. 62) notae[1]) illi aeneae imagini inscriptum est, quam Arionem exprimere ab eoque dedicatam esse putabant veteres. Immo fuerit Neptuni statua; v. Studniczka Kyrene 184.

---

188. Athenis. IV. saec. recentior.

Ἑρμῆ τετρακέφαλε, καλὸν Τελεσαρχίδου ἔργον,
    πάνθ᾽ ὁράᾳς. . . .

Eustath. in Il. p. 1353, 8: Ἑρμῆς τετρακέφαλος ἐν Κεραμεικῷ, Τελεσαρχίδου ἔργον, ᾧ ἐπεγέγραπτο· Ἑρμῆ — ὁράᾳς. Cf. Photius s. v. Ἑρμῆς τετρακέφαλος· ἐν Κεραμεικῷ Τελεσαρχίδου ἔργον.

v. 1. τετρακέφαλε] de productione paenultimae cf. Naber ad Phot. l. l., Goettling ind. schol. Ien. 1861/62 p. 3 (= opusc. acad. 243), Rzach ad Hesiod. th. 287; τετρακάρηνε Heyne ‖ v. 2. ludens supplevit Goettling ὅσα πρόσθ᾽ ὅσα τ᾽ ἐν μέσῳ ὅσσα τ᾽ ὄπισθεν.

Hunc quadricipitem hermam, quem Telesarchides, statuarius ceterum ignotus[2]), fecerat, iam Aristophanis temporibus exstitisse concludi solet ex his Hesychii verbis s. v. Ἑρμῆς τρικέφαλος· Ἀριστοφάνης ἐν Τριφάλητι (fr. 553 Kock) τοῦτο ἔφη παίζων κωμικῶς· παρόσον τετρακέφαλος Ἑρμῆς ἐν τῇ τριόδῳ τῇ ἐν Κεραμεικῷ ἵδρυτο. Sed recte Wachsmuth (die Stadt Athen im Altertum II 1 p. 293 not. 2) animadvertit grammaticum quo Hesychius hoc loco usus est perperam quadricipitem Ceramici hermam attulisse cum deberet afferre tricipitem, quem Pisistrati aetate Proclides in pago Ancylensi dedicavit. Aristophanes igitur comice hermam τρικέφαλον dixit τριφάλητα. Quadriceps autem longe post Aristophanem in Ceramico positus est, id quod et versuum genus demonstrativum quo in inscriptionibus ab Alexandri demum aetate usi sunt (cf. Benndorf de anth. gr. epigr.) et forma epica ὁράᾳς luculenter docent.

---

189. Thespiis. III. saec. [Simonidis.]

Πραξιτέληc ὃν ἔπαcχε διηκρίβωcεν ἔρωτα
    ἐξ ἰδίηc ἕλκων ἀρχέτυπον κραδίηc,
Φρύνη μιcθὸν ἐμεῖο διδοὺc ἐμέ· φίλτρα δὲ βάλλω
    οὐκέτ᾽ ὀϊcτεύων, ἀλλ᾽ ἀτενιζόμενος.

---

1) Herodot. 1. 24, Pausan. 3. 25. 7, Ps.-Dio or. Corinth. p. 102 R., Gell. 16. 19, Serv. ad Verg. ecl. 8. 55, Solin. 7. 6, Philostr. imag. 1. 19 fin.

2) Idem fortasse nomen habemus apud Plin. n. h. 35. 156 inter torentas, ubi codd. *hedystrachides* exhibent, *Telesarchides* coniecit Dilthey apud Benndorf de anth. ep. p. 53.

Athen. 13, 591 a: καὶ Πραξιτέλης δὲ ὁ ἀγαλματοποιὸς ἐρῶν
αὐτῆς (sc. Φρύνης) τὴν Κνιδίαν Ἀφροδίτην ἀπ᾽ αὐτῆς ἐπλάσατο, καὶ
ἐν τῇ τοῦ Ἔρωτος βάσει τῇ ὑπὸ τὴν σκηνὴν τοῦ θεάτρου ἐπέγραψε·
Πραξιτέλης — ἀτενιζόμενος. Anth. Plan. 204 Iac.: εἰς τὸν αὐτόν·
Σιμωνίδου.

v. 1. Cf. Anth. Plan. 172 et 342, 1 ἀπηκριβώσατο | fort. διηκρίβωσέ μ᾽ Ἔρωτα
Kaibel ‖ v. 3. τίκτω Plan. ‖ v. 4. οὐκέτι τοξεύων Plan.; „ὀιστεύων sc. βολαῖς ὀμ-
μάτων" Iacobs in delectu, quod parum dilucide esset dictum | ἀτενιζόμενος pas-
sivum esse cum Woltersio Arch. Ztg. 1885, 88 et Roberto Arch. Märchen 167
contendo. Hac enim sola interpretatione ὀιστεύων et ἀτενιζόμενος vere sunt
opposita.

Ut de Simonide taceam ne Praxitelem quidem hos versus conscripsisse manifestum est, cuius aetate demonstrativa epigrammata
statuis insculpta non esse docuit Benndorf de anth. epigr. quae ad
art. spectant p. 25 sq., cf. Bulletino della commiss. arch. 1886 p. 66 sqq.
Idem propter Leonidae Tarentini imitationem Anth. Plan. 206 tertio
fere a. C. saeculo recte mihi videtur epigramma assignare (Bulletino
p. 72). Tunc igitur vetustiori titulo dedicatorio additum est.[1])

Ceterum ut de statuae specie aliquid dicam, οὐκέτ᾽ ὀιστεύων
verba post alios Robert (Arch. Märchen p. 167 sq.) ad opus Praxitelis
referens sequi inde dicit statuam arcu et sagittis fuisse ornatam.
Sed rectius mihi Wolters (Arch. Z. 1885 p. 88) videtur disseruisse
non quae Cupido Praxitelius antea egerit describi, sed quod egerit
Cupido, priusquam Praxiteles statuam illam effinxisset. Antea enim
deo sagittis et arcu opus fuisse ad amorem excitandum, nunc sufficere
si conspiciatur. Necessariam esse hanc interpretationem hoc ipso
οὐκέτι demonstratur quod ad praecedentia nimirum verba διδοὺς ἐμὲ
μισθὸν (i. e. me effingens) referendum est. Etsi autem verba sic ex-
plicamus, minime cum Benndorfio opinari licet poetam omnes dicere
ante Praxitelem artifices Cupidinem cum arcu et sagittis expressisse.[2])
Neque enim agitur de artificum operibus, sed de habitu quo poeta
eiusque aequales deum incedere cogitabant.

---

1) Mire Stark (Ber. d. sächs. Gesellsch. 1866 p. 164) conicit Amoris statuam, quam Praxiteles Phrynae fecisset, Thespiis in templo fuisse, illam autem,
in qua fuisset id de quo agimus epigramma, collocatam esse in theatri Atheniensis hyposcenio (cf. Athen. l. l.) neque Praxitelis esse opus. At nemo auctorum Praxitelis Amorem in templo a Phryna positum esse tradit neque quidquam
obstat quominus eum in theatri Thespiensis hyposcenio fuisse statuamus.

2) Falso Robert p. 168 hanc opinionem etiam Woltersio subdit qui nihil
dicit de artificibus Praxitele vetustioribus.

190. Ad Bosporum prope Chrysopolim. —

Ἰναχίης οὐκ εἰμὶ βοὸς τύπος οὐδ' ἀπ' ἐμεῖο
    κλήζεται ἀντωπὸν Βοσπόριον πέλαγος.
κείνην γὰρ τὸ πάροιθε βαρὺς χόλος ἤλασεν Ἥρης
    ἐς Φάρον· ἥδε δ' ἐγὼ Κεκροπίς εἰμι νέκυς.
εὐνέτις ἦν δὲ Χάρητος, ἔπλων δ' ὅτ' ἔπλωεν ἐκεῖνος
    τῆδε Φιλιππείων ἀντίπαλος σκαφέων.
Βοΐδιον δὲ καλεῦμαι ἔθ' ὡς τότε· νῦν δὲ Χάρητος
    εὐνέτις ἠπείροις τέρπομαι ἀμφοτέραις.

Dionys. Byzant. 111 (p. 34 ed. Wescher): (ἐν τῷ „Βοΐ" καλουμένῳ ἀκρωτηρίῳ ἐστὶ) καὶ κίων λίθου λευκοῦ, καθ' ἧς βοῦς Χάρητος
Ἀθηναίων στρατηγοῦ παλλακὴν ('coniugem' Gillii versio) Βοΐδιον
ἐνταῦθα καμοῦσαν ἀποκηδεύσαντος· σημαίνει δ' ἡ ἐπιγραφὴ τοῦ λόγου
τἀληθές· οἱ μὲν γὰρ εἰκαίαν καὶ ἀταλαίπωρον ποιούμενοι τὴν ἱστορίαν
οἴονται τῆς ἀρχαίας λήξεως εἶναι τὴν εἰκόνα πλεῖστον ἀποπλανώμενοι
τἀληθοῦς. Hic subicit vetus Gillii interpretatio: *Inscripti enim in
columnae basi hi versus sunt*: Ἰναχίης κτλ. Textus graecus hoc quidem
loco versus omittit, addit autem in fine operis p. 36 Wescher: διόρ-
θωται οὐ πρὸς πάνυ σπουδαῖον ἀντίγραφον· τὸ ἐπίγραμμα τὸ ἐπὶ τῆς
λιθίνης βοὸς δηλοῦν τίνων ἐστηλώθη χάριν· Ἰναχίης κτλ. Hesych.
Mil. FHG IV p. 151: ἔνθα (i. e. prope Chrysopolim) δὴ τὴν ἑπομένην αὐτῷ γυναῖκα νόσῳ βληθεῖσαν ἀποβαλὼν (sc. Chares) κατέθηκεν
ἐν τάφῳ ἀναστήσας αὐτῇ βωμὸν καὶ κίονα σύνθετον ἐν ᾧ δάμαλις
δείκνυται ἐκ ξεστοῦ λίθου ἀνακειμένη. οὕτω γὰρ ἐκείνη τὴν ἐπωνυ-
μίαν ἐκέκλητο, ἥτις διὰ τῶν ἐγγεγραμμένων στίχων μέχρι τῶν καθ'
ἡμᾶς διασώζεται χρόνων. εἰσὶ δὲ οἱ στίχοι οὗτοι· Ἰναχίης κτλ. Hesychium fere ad verbum exscripsit Codinus de orig. Const. p. 10 Bonn.
Anth. Pal. VII 169: εἰς τὴν δάμαλιν τὴν ἱσταμένην πέραν τοῦ Βυζαντίου ἐν Χρυσοπόλει. ἐπὶ τοῦ κίονος Lmᵉ. Anth. Plan. εἰς τὴν
πέραν Κωνσταντίνου πόλεως δάμαλιν. Ex Anthologia hausit Suidas
qui affert s. v. ἀντωπεῖ finem vers. 1 et versum 2 et s. v. Βοΐδιον
versum 7 et v. 8 primum vocabulum. Constantin. Porphyrog. de
themat. II 12 (p. 63 Bonn.): δύο δέ εἰσι Βόσποροι, εἷς μὲν ὁ Κιμμέ-
ριος, . . . ἕτερος δ' ἐν Βυζαντίῳ . . . μαρτυρεῖ δὲ καὶ τὸ ἐπίγραμμα
τοῦ κίονος τῆς ἀντιπέραν γῆς Χρυσοπόλεως, ἐν ᾧ μαρμαρίνη δάμαλις
ἵδρυται, φάσκον οὕτως· Ἰναχίης κτλ. In Stephano Byz. s. v. Βόσπορος librariorum vitio excidit, ex Constantino supplevit Meineke.

v. 1. βοὸς οὐκ εἰμὶ τύπος hoc ordine Dion. Constant. ‖ v. 2. Βοσπόριον
ἀντωπὸν κέκληται πέλαγος Const. ‖ v. 3. ἤγαγεν Anth. Pal. A, λασεν super γαγεν
scr. C, om. Gillius ‖ v. 4. εἰς Gill. | Φάρον] πάφον Const. cod. A'| ἄδε ᵈ ἐγὼ Anth.
Pal. C, ἄδ' ἐγὼ Aᵃᶜ, ἥδε δ' ἐγὼ Dion. Plan. et Hesych. cod. Par., ἤδε ἐγὼ eiusdem codd. rell. et Constant. cod. C (ἡ δὲ ἐγὼ Codin. ut videtur), ἄδε ἐγὼ Const.

A, οὔ γε ἐγώ Gill. || v. 5. ἦν δὲ] δὲ om. Gill., ἀδὲ Anth. Pal. (C, ἄδε Aᵃʳ), sed supra α signum corruptelae scr. C, qui mⁱ addit: ἦν δὲ | ἔπλων] ἔπλουν Const. A, ἔπλεον Gill. | ἔπλωεν] ἔπλοεν Const. A, πλόεν eiusdem C, ἐπλώθει Gill. || v. 6. τῆσδε Anth. Pal. Aᵃʳ || v. 7. βοίδιον δὲ καλεῦμαν ἐγώ τότε A. Pal., sed καλεῦμαι Aᵃᶜ, mutavit C, βοΐδιον δὲ καλεύμην (καλεύμαν cod. Par.) τότε ἐγώ Suid., β. δὲ καλεύμαν ἐγώ (om. τότε) Constant., β. οὔνομα δ' ἦεν ἐμοὶ τότε Dionys. Hes., β. δ' ἤκονον ἐγώ τότε Codin. Plan. Gillius (qui ἐγώ omisit); οὔνομα δ' ἦν Δάμαλις τότε· νῦν δὲ χαραχθέν | βοίδιον Heyne comm. Gotting. XI (1790/91) hist. philol. p. 6 not.; β. δὲ καλεῦμ' ἐγώ ὡς τότε Iacobs, β. δὲ καλεῦμαι ἔθ' ὡς τότε Hecker² p. 77 quod recepi cum Duebnero (i. e. et viva Boidion nominabar et nunc propter bovis statuam; verba νῦν δὲ etc., ut Iacobs optime animadvertit, praecedentibus non sunt opposita, sed novum quid addunt) || v. 8. εὖνις (= priva), ἴθ' Stadtmüller coll. Aesch. choeph. 247, 795.

Dionysius Byzantius, auctorum qui hoc epigramma tradunt vetustissimus, narrat esse quosdam qui illam de Boidio¹) Charetis Atheniensium ducis paelice historiam vanam iudicent et bovis marmoreum monumentum spectare putent ad priscam illam vaccam, quae Bosporum tranando colonis viam monstraverat. Quorum grammaticorum curae non perierunt, immo exstat hoc Arriani fragmentum quod servavit Eustath. in comment. ad Dion. Per. 140: ... κατὰ θεοφορίαν ἥτις διεκελεύετο βοῦν ἡγεμόνα καταστῆσαι τῆς ὁδοῦ. ὅ καὶ ποιήσαντες ἐκεῖνοι διεπεραιώσαντο ἀσφαλῶς, καὶ μνῆμα, φησίν (ˢc. Arrianus), τοῦ πόρου τούτου ἔστηκε βοῦς χαλκῆ, ὑστέρῳ ποτὲ χρόνῳ ὑπὸ Χαλκηδονίων ἱδρυθεῖσα καὶ τάχα ἐκ ταύτης καί τις ἐκεῖ τόπος καλεῖται Δάμαλις²) ἕως καὶ νῦν. Quod monumentum quin idem sit atque illud, quod reliqui describunt, propter loci notitiam dubitari non licet — ei enim qui dubitant, non respexerunt neminem ex multis scriptoribus, qui hanc regionem describunt, de duabus columnis loqui, omnes unam columnam unumque vaccae afferre monumentum. Itaque quod χαλκῆν dicit Arrianus δάμαλιν, non μαρμαρίνην, id aliunde explicandum est, fortasse inde quod post Arriani tempora monumentum renovatum est. Arriano igitur teste vaccae statua non ad Boidion

---

1) Boidion audivisse mulierculam, quod nomen tradit Dionysius, ex primo disticho, ubi in voce βοῦς ludit poeta, et ex ultimo facile elucet. (Idem nomen habes ClA II 3, 3557, Plut adv. Epic. beat. 16 p. 1097ᵈ.) Heyne in comm. soc. reg. Gott. recent. I (1808—1811) hist. et philol. p. 677—679 („de Damalide Charetis uxore") perperam Hesychium Milesium secutus est.

2) Promunturium prope Chrysopolim Δάμαλις vel Βοῦς nomine commemoratur etiam a Polybio 4, 4, 3 et Dion. Byz. l. l., qui Βοῦς nomen exhibent, deinde a Cinnamo 2, 16 et 7, 2, Tzetz. chil. 829, Leone gramm. p. 291 Bonn. Damalida appellantibus. Quodsi Wieseler in ind. Gotting. 1875 p. 18 alterum quoque in Bosporo locum a bove cognominatum esse putat ratus in Dion. Byz. c. 52 „Vacca" pro Bacca scribendum esse, id locupletiore graeco textu, quo nunc uti licet refellitur. Ibi enim legitur: ἀπὸ δὲ τῶν ἐποικησάντων αὐτῷ (sc. τῷ Μητρὸς θεῶν ἱερῷ) Βάκα τοὔνομα: ergo scribendum est Baccha.

Charetis uxorem vel paelicem, sed ad vaccam illam colonis viam monstrantem spectat. Eandem bovis statuam chronographus quidam Byzantinus a Lambecio ex cod. Par. editus (cf. Hes. Mil. ed. Orelli p. 233) ad Ionem buculam rettulit: ταύτης (sc. Ἰοῦς) ἐπώνυμος ὁ Βόσπορος ἐκλήθη τοῦ Βυζαντίου, ἀφ᾽ οὗ στήλην ἔστησαν δαμάλεως ἐν κίονι πρὸς ἀντιπέραν τῆς ἀκροπόλεως Βυζαντίου. Quam vaccam fabulosam, sive est Io sive illa viae dux, expressam videmus in nonnullis nummis Byzantiorum.[1]

Quaeritur igitur utrum recte his grammaticis fidem derogaverit Dionysius necne. Atque Stephani (tit. graec. III 21 sqq.)[2] Arrianum secutus statuit tum ipsum cum monumentum renovaretur marmoreaque poneretur statua, propter causas, quarum plures excogitari possent, novam interpretationem a ficta Charetis uxore petitam atque epigrammate basi insculpto defensam esse. Qui vir doctus inferiore aetate epigramma insculptum esse rectissime statuisse mihi videtur. Nisi enim plane hariolabantur grammatici quos impugnat Dionysius, eorum dissensio non aliunde potest profecta esse nisi inde quod eorum temporibus inscriptio nondum exstabat aut si exstabat, tamen eam recens esse insculptam compertum habebant. Et multa sane repugnant quominus quarto a. Chr. saeculo hos versus scriptos esse putemus. Apparent enim cum epicae dialecti vestigia, tum inferioris graecitatis vocabula ut εὐνέτις et βοΐδιον pro βοΐδιον (CIA II 3, 3537, cf. Lobeck ad Phryn. p. 86). Adde ineptam loquacitatem et artificiosam illam priorum versuum locutionem. Quid enim sibi vult particula γὰρ in versu tertio? Quae cum debeat causam afferre antecedentis enuntiati, versus ita interpretandi sunt ut Ionis hoc loco monumentum exstare negetur quippe quae non ibi mortua et sepulta sit. Quantae ineptiae, a quarto quidem saeculo alienae, sed profectae a grammatico quodam inferioris aetatis![3]

Sed unde, quaerent, illa nova vaccae interpretatio, qua poetam usum esse videmus, hausta est? Quod nisi ostenderimus nihil egisse videbimur Weishaeuplio[4], qui, cum persuadere sibi non posset ut

---

1) Cf. Svoronos Ἐφημ. ἀρχ. 1889 p. 80 sq., qui nummos recte ad statuam refert, sed falso hanc statuam Boidii imaginem exprimere putat.

2) Stephanium de epigrammate disseruisse comperi ex Weishaeuplio Grabgedichte der Anthol. p. 58, 1; ego Stephanii sententiae nescius idem fere protuli in Meletem. de epigr. Gr. p. 42 sqq.

3) Forbiger Handbuch d. alt. Geogr. II 390 l epigramma novicium esse iudicabat, quod vix credibile esset Βοΐδιον nomen bovis statua quasi expressum esse: sed exstant plura eiusmodi exempla: CIA II 1. 71 et alia apud Stephanium tit. gr. III 19 sq., Weishaeupl l. l. p. 58.

4) Quodsi Weishaeupl l. l. dicit „Die Reihe Anth. VII 160 — 350 besteht fast (!) durchgängig aus meleagrischen und philippischen Gedichten", hoc nihil

plane fictam cum Stephanio putaret Charetis uxorem, inde genuinum
esse epitaphium effecit. Certe minime est probabile a grammatico
hanc mulierculam prorsus fictam esse, ut vaccae symbolum interpretaretur; unde enim eum Chareti potissimum Boidion affinxisse
explicaveris? Quam Boidion locupletissimus testis Dionysius non mulierem Charetis, sed paelicem fuisse tradit, id quod maiorem habet
veritatis speciem, cum novum sane esset a ducibus Atheniensium
coniuges esse in bellum ductas. Et bene notum Charetem tibicinas
psaltrias infimas denique meretrices secum duxisse et propter luxuriem ab Heraclide comico esse perstrictum (Theopomp. ap. Athen.
12. 532c, Heraclid. ibid. 532e). Conicio igitur comoediae poetarum
aliquem statuam fabulosae illius vaccae, quam bene novisse Athenienses propter continua in illis regionibus bella non est quod miremur, irridendi causa ad Boidion meretricem rettulisse et lusisse Charetem ad tantam progressum esse lasciviam, ut huic suae paelici
statuam erigeret. Quo ludibrio deceptus ineptus quis inferiorum temporum grammaticus hos versiculos, de quibus agimus, composuit:
qui columnae inscripti esse videntur; neque enim eis, quae plures
tradunt scriptores, fides despondenda est.

---

191. Magnesiae ad Maeandrum. c. 40 a. C. Homeri.

"Ητοι μὲν τόδε καλὸν ἀκουέμεν ἐςτὶν ἀοιδοῦ
τοιοῦδ' οἷος ὅδ' ἐςτὶ θεοῖς ἐναλίγκιος αὐδῆ.

Strabo 14 p. 648: καὶ ἡ πατρὶς (Μαγνησία ἡ ἐπὶ Μαιάνδρῳ)
δ' ἱκανῶς αὐτὸν ('Αναξήνορα τὸν κιθαρῳδὸν) ηὔξησε . . . ἔστι δὲ καὶ
χαλκῆ εἰκὼν ἐν τῷ θεάτρῳ ἐπιγραφὴν ἔχουσα· ἤτοι — αὐδῇ. οὐ
στοχασάμενος δὲ ὁ ἐπιγράψας τὸ τελευταῖον γράμμα τοῦ δευτέρου
ἔπους παρέλιπε, τοῦ πλάτους τῆς βάσεως μὴ συνεξαρκοῦντος· ὥστε
τῆς πόλεως ἀμαθίαν καταγιγνώσκειν παρέσχε διὰ τὴν ἀμφιβολίαν τὴν
περὶ τὴν γραφήν, εἴτε τὴν ὀνομαστικὴν δέχοιτο πτῶσιν τῆς ἐσχάτης
προσηγορίας, εἴτε τὴν δοτικήν· πολλοὶ γὰρ χωρὶς τοῦ ι γράφουσι τὰς
δοτικάς κτλ. Quae perperam interpretatus est Eustath. p. 1612, 36:
'Αναξήνορος γοῦν τοῦ Μάγνητος γραπτή τις, φασίν, ἦν εἰκὼν ἔχουσα
εἰς ἀοιδόν τινα ἐπίγραμμα τὰ ἐνταῦθα ἐπιφωνηθέντα τῷ ἀοιδῷ ἔπη,
ἤγουν τὸ ἤτοι — αὐδήν· ὅτε φασὶ διὰ τὴν στενοχωρίαν τοῦ ὑπο
κειμένου πίνακος γράψας ὁ τεχνίτης 'θεοῖς ἐναλίγκιος αὐδή' γέλων
ὤφλησε τοῖς ἀναγιγνώσκουσιν. Quo loco nisus Strabonisque testimonii ignarus in pictorum numerum Anaxenorem recepit Welcker

probat: debebat enim constare omnia praeter 169 epigrammata ex Meleagro vel
Philippo sumpta esse.

Rh. M. N. F. 6 p. 389, alii. Cf. Rayet révue des études grecques II (1889) p. 101.

Sunt Homeri versus α 370 sq. ι 3 sq. — **v. 1.** ἀκούομεν cod. F Strabonis ‖ **v. 2.** αὐδὴν Homeri codd., Eust., cod. E Strabonis, αὐδῇ rell.

Scilicet hi versus legitimo titulo additi erant.

---

192. Crotone. IV. saec. Homeri.

Οὐ νέμεcιc, Τρῶαc καὶ ἐϋκνήμιδαc Ἀχαιοὺc
τοιῇδ᾽ ἀμφὶ γυναικὶ πολὺν χρόνον ἄλγεα πάcχειν.

Aristid. 49 p. 521 D (post ea, quae ad n. 184 attuli, pergit): οἷον δ᾽ αὖ καὶ τόδε ἔρεξε (sc. Ζεῦξις) καὶ ἔτλη ὁ ὑβριστὴς ἐκεῖνος ἐγγράψαι· ποιήσας γὰρ αὖ τὴν τῆς Ἑλένης εἰκόνα προσπαρέγραψε τὰ τοῦ Ὁμήρου ἔπη· οὐ νέμεσις — πάσχειν. ὥσπερ τὸ αὐτὸ ποιοῦν εἰκόνα τε Ἑλένης ποιῆσαι καὶ τὸν Δία Ἑλένην αὐτὴν γεννῆσαι. Val. Maxim. III 7 ext. 3: Zeuxis autem cum Helenam pinxisset, quod de eo opere homines sensuri essent, expectandum non putavit, sed protinus hos versus adiecit: οὐ νέμεσις κτλ.

Sunt versus Iliadis Γ 156 sq.

De loco, quo Helena Zeuxidis collocata erat, egerunt Brunn hist. artif. II p. 80 sq. et Wachsmuth Stadt Athen II 1 p. 458.

---

193. — c. 400.

Μωμήcεταί τιc μᾶλλον ἢ μιμήcεται.

Plut. de glor. Athen. 2: ·καὶ γὰρ Ἀπολλόδωρος ὁ ζωγράφος ἀνθρώπων πρῶτος ἐξευρὼν φθορὰν καὶ ἀπόχρωσιν σκιᾶς Ἀθηναῖος ἦν· οὗ τοῖς ἔργοις ἐπιγέγραπται· μωμήσεται κτλ. Hesych. s. v. σκιαγραφίαν· ἐλέγετο δέ τις καὶ Ἀπολλόδωρος ζωγράφος σκιαγράφος ἀντὶ τοῦ σκηνογράφος· .. καὶ ἐν τοῖς ἔργοις ἐπιγράφεται· μωμήσεται κτλ. Plin. 35. 63: Zeuxis fecit et ... athletam, adeoque in illo sibi complacuit, ut versum subscriberet celebrem ex eo *invisurum aliquem facilius quam imitaturum.*

Utrum Apollodorus an Zeuxis hunc versum tabulae vel tabulis suis pictis adscripserit, discerni nequit; sed probabilius est Graecis scriptoribus esse fidem habendam et Plinium neglegentia artifices confudisse (Klein, arch.-epigr. Mitt. aus Oest. 12, 91). — Sententia saepe a veteribus affertur varieque tractatur: cf. quae congesserunt Benndorf de anth. ep. p. 27, 3 et Bergk PL. II⁴ 318.

---

194. 195.

— c. 400 p. C. Synesii.

Ἡ σοφίη στίβον εὗρεν ἐc οὐρανόν· οὐ μέγα θαῦμα·
καὶ νόοc ἐξ αὐτῶν ἦλθεν ἐπουρανίων.
ἠνίδε καὶ γυρὰ cφαίραc ἐπετάccατο νῶτα,
ἶcα δὲ κύκλα τομαῖc οὐχ ὁμαλαῖcι τέμε.
5   cκέπτεο τείρεα πάντα πρὸc ἄντυγα, τῆc ἔπι Τιτὰν
νύκτα ταλαντεύει καὶ φάοc ἐρχόμενοc.
δέξο Ζωοφόρου λοξώcιαc οὐδέ cε λήcει
κλεινὰ μεcημβρινῆc κέντρα cυνηλύcεωc.

— II. p. C. saec. Ptolemaei.

Οἶδ᾽ ὅτι θνατὸc ἐγὼ καὶ ἐφάμεροc, ἀλλ᾽ ὅταν ἄcτρων
ἰχνεύω πυκινὰc ἀμφιδρόμουc ἕλικαc,
οὐκέτ᾽ ἐπιψαύω γαίηc ποcίν, ἀλλὰ παρ᾽ αὐτῷ
Ζηνὶ διοτρεφέοc πίμπλαμαι ἀμβροcίηc.

Synes. de don. astrol. col. 1585 B Migne: *τῶν δὲ ἐπιγραμμάτων (ἐπὶ τοῦ ἀστρολάβου) ἃ διὰ χρυσοῦ στερεοῦ ταῖς σχολαζούσαις
ἀστέρων χώραις κατὰ τὸν ἀναρκτικὸν κύκλον ἐγκολάψαντες ἐνεθή-
καμεν, τὸ μὲν ὕστερον τὸ τετράστιχον ἀρχαῖόν ἐστιν, ἁπλούστερον
ἔχον εἰς ἀστρονομίαν ἐγκώμιον· οἶδ᾽ — ἀμβροσίης· τὸ δ᾽ ἡγούμενον
αὐτοῦ τὸ ὀκτάστιχον ἐποιήθη μὲν ὑφ᾽ οὗ τὸ ἔργον, ἐμοῦ ... ἐστὶ δὲ
τόδε (γεγράφθω δὲ τῶν ὕστερον ἀναγνωσομένων εἵνεκα, ἐπεί σοί γε
κἂν τῷ πίνακι κείμενον ἐξαρκεῖ)· ἡ σοφίη — συνηλύσεως.* Anth. Pal.
IX 577: *Πτολεμαίου εἰς ἑαυτόν* Bm^e: *οἶδ᾽ — ἀμβροσίης.* Anth. Plan.
(aut. app.): *Πτολεμαίου· οἶδ᾽ — ἀμβροσίης.* Cod. Laurent. Bandini
I p. 489: *Πτολεμαῖος· οἶδ᾽ — ἀμβροσίης*: et II p. 582: *Ἕτερον ὃ εἶπε
Πτολεμαῖος πρὸς ἑαυτόν· οἶδ᾽ — ἀμβροσίης.*

194. v. 1. *ἃ μέγα* vulg., corr. Schaefer; cf. ep. n. 96, 3 || v. 3. *ἐπετάσσατο*]
a *πετάννυμι*; *ἐπετάξατο* Brunck. „Sapientia rotundam sphaerae superficiem ordi-
navit" Iacobs || v. 4. *ὁμαλαῖς ἔτεμε* Iacobs | *κύκλα ἴσα* „circuli meridiani", *τομαὶ
οὐχ ὁμαλαὶ* „circuli tropici et polares" Iac. || v. 5. *ἄντυξ* „gyrus in quo collo-
catus Phoebus noctis et diei horas exaequat, cf. Colum. 10. 42" Iac. || v. 7. *δέξο*
„disce" Iacobs, antea (10, 294) *δέρκεο* malebat. | *ζωοφόρου* cod. ad quod multa
congessit Iacobs in Appe d. 92; *ζωδιακοῦ* Brunck || v. 8. „polus uterque quod
in iis omnes meridiani concurrunt" Iac.

195. Versus restituebam, non quales Ptolemaeus fecit, sed quales Synesius
inscripsisse videtur. v. 1. cf. Sardanapalli epit. n. 232 | *θνητὸς* Anth. Pal. et
codd. Laur. | *ἐγὼ*] *ἔφυν* codd. Laur. | *ἐφήμερος* codd. Laur. || v. 2. *ἰχνεύω*] *μα-
στεύω* Anth. Pal. et Plan., codd. Laur. | *πυκινὰς* codd. Laur. || v. 3. *ποσὶ γαίης*
Anth. Pal. et Plan. | *γαῖαν* Laur. II || v. 4. *Ζανὶ* Anth. Pal. | *διοτρεφέος*] Plan.,
διοτροφέος Syn., *θεοτροφέος* Laur. I, *θεοτροφίης* Anth. Pal., *θεοτρεφενης* Laur. II,
inde *θεοτρεφέος* Dindorf in Thesauro s v.

Tetrastichon iure ab Anthologiis Ptolemaeo adscribi exposuit
Buttmann, Museum d. Altertumswissenschaft II 470.

196. — —

Εὗρε coφὸc λιμοῦ με παραιφαcίην Παλαμήδηc.

Orion etymol. p. 127, 3 ed. Sturz: *εὗρε δὲ αὐτὴν* (sc. *τὴν πετ-τείαν*) *Παλαμήδης ὡς εἴρηται παλαιῷ ⟨στίχῳ⟩· εὗρε — Παλαμήδης. καί ἐστιν ὁ στίχος γραμμάτων λϛʹ ἰσάριθμος τοῖς τόποις.* Paulo aliter eiusdem Orionis codex quem Larcherus contulit et cum Brunckio (ad Aristoph. Eccl. 987) communicavit: *εὗρε δὲ αὐτὴν Π. ὡς εἴρηται ἐν ἡρωικῷ στίχῳ παλαιῷ γραμμάτων τριάκοντα ἓξ ⟨ἰσαρίθμῳ⟩ πρὸς τοὺς τόπους οὓς ἔχει τὸ Παλαμήδειον ἀβάκιον· εὗρε — Παλ.* Cf. Etymol. M. p. 666, 19.

παραίφασιν codd. plerique; *παραιφασίην* Ruhnken et Brunck uterque ex codice ut videtur.

Potest versus saepius abacis inscriptus fuisse.

2. Hermae tropaea priscae aetatis monumenta.

197. Athenis. VI. saec.

a) . . . . ῾Ερμῆς·

μνῆμα τόδ᾽ ῾Ιππάρχου· στεῖχε δίκαια φρονῶν.

b) . . . . ῾Ερμῆς·

μνῆμα τόδ᾽ ῾Ιππάρχου· μὴ φίλον ἐξαπάτα.

Plato Hipparch. 227 D: (῞Ιππαρχος) . . ἔστησεν ῾Ερμᾶς κατὰ τὰς ὁδοὺς ἐν μέσῳ τοῦ ἄστεως καὶ τῶν δήμων ἑκάστων, κἄπειτα τῆς σοφίας τῆς αὑτοῦ ἥν τ᾽ ἔμαϑε καὶ ἣν αὐτὸς ἐξεῦρεν, ἐκλεξάμενος ἃ ἡγεῖτο σοφώτατα εἶναι, ταῦτα αὐτὸς ἐντείνας εἰς ἐλεγεῖον αὑτοῦ ποιήματα καὶ ἐπιδείγματα τῆς σοφίας ἐπέγραψεν. . . . . ἐστὸν δὲ δύω τὠπιγράμματε· ἐν μὲν τοῖς ἐπ᾽ ἀριστερὰ τοῦ ῾Ερμοῦ ἑκάστου ἐπιγέγραπται λέγων ὁ ῾Ερμῆς, ὅτι ἐν μέσῳ τοῦ ἄστεος καὶ τοῦ δήμου ἕστηκεν, ἐν δὲ τοῖς ἐπὶ δεξιά· μνῆμα — φρονῶν φησίν· ἐστὶ δὲ τῶν ποιημάτων καὶ ἄλλα ἐν ἄλλοις ῾Ερμαῖς πολλὰ καὶ καλὰ ἐπιγεγραμμένα· ἔστι δὲ δὴ καὶ τοῦτο ἐπὶ τῇ Στειριακῇ ὁδῷ, ἐν ᾧ λέγει· μνῆμα — ἐξαπάτα. CIA I 522 ex schedis Fourmonti, qui dicit titulum in regione „Cato Vraona" inventum esse:

\IHΕϞⓈHᐸΕ⊙ΡΙΕϞΤΕΚΑΙΑϞΤΕ⊙
ϞΛΝ∠Ρ⊙⊙ΓΕΡΜΕϞ

v. 1. Ex Fourmonti schedis certe agnosci possunt . . καὶ ἄστεος et ῾Ερμῆς. Ex reliquis literarum frustulis ego certum aliquid eruere posse despero. Hoc tantum secundum Platonis locum constat infuisse in hexametro etiam praeter pagi nomen verba ἐν μέσῳ et ἔστηκα vel simile quid (prima persona: cf. λέγων ὁ ῾Ερμῆς). En varia virorum doctorum conamina, quibus novum addere nolo [1]): ἐν μέσσῳ γε Θρίης τε καὶ ἄστεος, ἄνερ, ὅϑ᾽ ῾Ερμῆς Boeckh CIG 12; μέσσοι ἔστηκε Θρίης τε καὶ ἄστεος, ἄνερ, ὅδ᾽ ῾Ερμῆς Osann syll. inscr. p. 241 sq. [2]); ἐς μέσον

1) Collegit Wachsmuth Stadt Athen. im Altert. I p. 498 not. 3. Praemitto, id quod post Kruseum Kirchhoff vidit (Hermes V p. 54), Θρίης nullo modo eruendum esse, cum nec locus ubi titulus inventus sit conveniat neque formam Ionicam in Attico titulo exstare putandum sit. Ex eadem causa non ausim ἐν μέσσῳ scribere.

2) Ut μέσσοι sit locativus = ἐν μέσσῳ; primam ἔστηκε syllabam corripi posse putat Osann, neque tamen convenit versus quem attulit Ἀγαμέμνονα στῆσαν Ἀχαιοί: cf. ad n. 198.

εἶ Θρίης τε καὶ ἄστεος, ἄνερ, ὅθ' Ἑρμῆς G. Hermann über Boeckhs Behandlung etc. p. 52; ἐν μέσῳ εἰμὶ Θρίης τε καὶ ἄστεος, ἄνερ, ὅδ' Ἑρμῆς Franz elem. epigr. Gr. p. 100; τῇδ' ἕστηκα Θρίης τε καὶ ἄστεος ἐν μέσῳ Ἑρμῆς Sauppe ed. Platon. Tur. XI p. VIII; eadem nisi quod ἕστηκε Froehlich Iahns Archiv f. Philol. 5 p. 336; ἐν μέσσῳ Κεφαλῆς τε καὶ ἄστεος . . . Ἑρμῆς Kirchhoff Hermes 5, 55 et CIA I 522, Kaibel EG 1042; ἐν μέσσῳ Κεφαλῆς τε καὶ ἄστεως λάινος Ἑρμῆς coll. Kaib. 108 (. . τύπους δείκνυσιν ὁ λάινος Ἑρμῆς) Gomperz Z. f. oest. Gymn. 29 (1878) p. 440.

---

198. Athenis. VI. vel V. saec.

Ἀντ' εὐεργεςίας Ἀγαμέμνονα δῆςαν Ἀχαιοί.

Harpocr. s. v. Ἑρμαῖ· Μενεκλῆς ἢ Καλλικράτης (καλλιστράτης cod. A, καλλιστάτης pr. B, ἀλλικράτης D, om. N) ἐν τῷ περὶ Ἀθηνῶν γράφει ταυτί· ἀπὸ γὰρ τῆς Ποικίλης καὶ τῆς τοῦ βασιλέως στοᾶς εἰσὶν οἱ Ἑρμαῖ καλούμενοι· διὰ γὰρ τὸ πολλοὺς κεῖσθαι, καὶ ὑπὸ ἰδιωτῶν καὶ ἀρχόντων ταύτην τὴν προσηγορίαν εἰληφέναι συμβέβηκεν. ἐφ' ἑνὸς δὲ αὐτῶν ἐπιγέγραπται γράμμασιν ἀρχαίοις· ἀντ' εὐεργεσίης κτλ. Zenob. 2. 11: Ἀντ' — δῆσαν] αὕτη κατὰ τῶν ἀχαρίστων λέγεται. φασὶ δὲ αὐτὴν ὑπὸ Μαίσωνος (cod. Μέσωνος; emend. Meineke frgm. com. I 23) τοῦ Μεγαρέως πεποιῆσθαι. Idem in Coll. Bodl. 143. Inde etiam Phot. et Suid. s. v. ἀντ' εὐεργεσίας Ἀγ. τῖσαν Ἀχαιοί· ἡ παροιμία κατὰ τῶν τοὺς ἀχαρίστους προπηλακιζόντων ἤγουν ὑβριζόντων. Cf. Liban. epit. in Iulian. p. 556 R. (p. 285 Mor.): ἀντὶ γὰρ εὐεργεσίας οὐκ ἔδησαν (sic scripsi cum Fabricio, ἐδέησαν cod. Bavar. et Reiske, ἐδεήθησαν Morelli) κατὰ τὴν παροιμίαν, ἀλλ' ἐβουλήθησαν ἀποκτεῖναι. Idem epist. 194: οἱ πολλὰ δὴ παρ' αὐτοῦ χρηστὰ παθόντες — ἀντ' εὐεργεσίας Ἀγαμέμνονά φασιν.

εὐεργεσίης Harpocr. Zenob. Bodl. | τῖσαν Suid. et Phot.; στῆσαν Welcker Syll.[2] 175 cui coniecturae repugnat Libanius; cf. etiam Schneidewin coni. crit. p. 128.

Ex egregio periegetae testimonio discimus hunc titulum hermae forensi ἀρχαίοις γράμμασι i. e. ante Euclidem archontem insculptum esse. Quis eius fuerit auctor, in maimore additum non fuisse neque inferioribus temporibus quemquam potuisse scire apparet. Quodsi paroemiographi Maesonem Megarensem auctorem esse referunt, grammaticorum haec est coniectura, quam reiectis aliorum sententiis (Schneidewini coni. crit. p. 120—129, cf. Lorenz Epicharm p. 37—39) bene perspexit Wilamowitz (Hermes 9, 340). Nempe cum versus, qui quam ad fabulam spectet nescimus, inconcinnam sententiam continere videretur, proverbium esse putabatur eiusmodi, qualia in theatro ex Maesonis, personae comicae, ore audiri solebant (Μαισωνικὴ παροιμία Corp. Paroem. Gott. I p. 178). Unde facile videmus quomodo Maeso poeta effictus sit. Quod enim Hiller in ann. philol. 113 p. 784 sqq. grammaticum quendam putat versum, ne auctore careret, cuilibet poetae comico adscripsisse Maesonemque, quem comicum esse accepisset, propter priscam eius aetatem elegisse, hoc omni ratione mihi carere videtur. Nam ut omittam valde mirum esse si quis sua ex coniectura comico hexametrum tribuit, id ipsum nescimus, num quis ante illum grammaticum Maesonem pro poeta habuerit.

Pertinet autem versus ad fabulam quae nobis ignota in epico fortasse cyclo tradita erat (in *νόστοις*? Welcker Ep. Cycl. II p. 295 sq.).[1]) Neve miremur hermae insculptum esse versum proverbialem; quem morem apud Graecos valuisse testantur et tituli Hipparchi et Sodami hermarum (n. 197 et 65) et Diogenianus in prooemio Proverbiorum: οἱ ἄνθρωποι ὅσα κοινωφελῆ εὕρισκον, ταῦτα κατὰ λεωφόρους ὁδοὺς ἀνέγραφον· οὕτω καὶ τὰ τῶν Σοφῶν ἀποφθέγματα γνωσθῆναί φασι καὶ τὰ Πυθαγορικὰ παραγγέλματα. Neque enim Schneidewino aut Hillero assentiri possum qui ad res Atheniensium, ille ad Pisistratidas expulsos, hic ad Miltiadem in carcerem coniectum, hexametrum spectare volunt: obliti sunt viri docti in foro publico hermam esse constitutam.

199. Ad Marathonem. V. saec. [Simonidis (90 Bgk.).]

Ἑλλήνων προμαχοῦντες Ἀθηναῖοι Μαραθῶνι
χρυσοφόρων Μήδων ἐστόρεσαν δύναμιν.

Lycurg. in Leocr. 109: τοιγαροῦν ἐπὶ τοῖς ὁρίοις τοῦ βίου μαρτύρια ἔστιν ἰδεῖν τῆς ἀρετῆς αὐτῶν ἀναγεγραμμένα ἀληθῆ πρὸς ἅπαντας τοὺς Ἕλληνας, ἐκείνοις μὲν· ὦ ξεῖν᾿ κτλ. (ep. 21), τοῖς δ᾿ ὑμετέροις προγόνοις· Ἑλλήνων κτλ. Aristid. 46. 156 (II 511 D): ἆρά σοι καὶ τὰ τοιάδε δόξει ἀλαζονεία τις εἶναι· Ἑλλήνων κτλ.; Schol. Aristid. p. 289 Frommel: ἐπίγραμμα εἰς στήλην Περικλέους· (Christodor. 117 sq.). ἕτερον εἰς Ἀθηναίους· Ἑλλήνων κτλ. Suid. s. v. Ποικίλη· στοὰ ἐν Ἀθήναις, ἔνθα ἐγράφησαν οἱ ἐν Μαραθῶνι πολεμήσαντες· εἰς οὕς ἐστιν ἐπίγραμμα τόδε· Ἑλλήνων κτλ.

v. 2 qualem recepi, solus Lycurgus exhibet; ἔκτειναν Μήδων ἐννέα μυριάδας Aristid., ἔκτ. Μ. εἴκοσι μυριάδας schol. et Suid., ἔκλιναν Bergk. Cf. infra.

Epigramma tropaeo Marathonio incisum erat. Atque ex Lycurgo facile concludere possis sepulcralem esse titulum conclusitque Bergk: neque tamen ullum verbum distichi ad mortuos spectat. Idem Bergk falli videtur in iis quae de versu secundo disserit. Meo enim iudicio

---

1) Buecheler me monuit illius pervetustae fabulae, quam de Iove vincto narrat Homerus. Et notum est Spartae Iovem Agamemnonem honoribus affectum esse (Tzetz. Lycophr. 335. 1123. 1369).

inde quod inferioris aetatis scriptores pentametrum longe alium tradunt quam Lycurgus, nihil aliud docemur quam libros iam apud
veteres magnopere esse interpolatos. Nam teste Herodoto 6. 117
ἑξακισχίλιοι καὶ τετρακόσιοι Persae necati sunt, qui numerus multum
distat a nonaginta ne dicam ducentis milibus. Bergk autem, ne
interpolatum esse versum diceret, duo diversa esse carmina statuit,
quorum alterum sepulcrale fuisse, alterum — idque mutilum —
dedicatorium. Sed quae proposuit, poetae magis sunt quam hominis
criticam artem exercentis; neque aliter iudicare possumus de Goettlingii coniectura (ges. Abh. II 150 sqq.): is enim epigramma quale
Aristides tradit, loco Aeschyleae vitae nisus[1]) putat a Simonide esse
confectum et subscriptum tabulae illi poeciles, qua Marathonia pugna
depicta erat[2]), alterius autem cuiusdam epigrammatis, cuius pentametrum solum nossemus ex Lycurgo, Aeschylum esse auctorem,
qui cum Simonide certavisset, sed ab eo superatus esset. Cf. quae
contra Bergkium et Goettlingium disputavit Hiller in Philologo 48
p. 239 sqq.

   200. Ad Thermopylas. Ⅴ. saec. Simonidis? (91 Bgk.).

     Μυριάcιν ποτὲ τεῖδε τριακοcίαιc ἐμάχοντο
        ἐκ Πελοποννάcου χιλιάδεc τέτορεc.

   Herod. 7. 228: θαφθεῖσι δέ σφι αὐτοῦ ταύτῃ τῇπερ ἔπεσον, καὶ
τοῖσι πρότερον τελευτήσασι ἢ τοὺς ὑπὸ Λεωνίδεω ἀποπεμφθέντας
οἴχεσθαι, ἐπιγέγραπται γράμματα λέγοντα τάδε· μυριάσιν κτλ. Diodor.
11. 33: ἐπέγραψαν δὲ καὶ τοῖς ἐν Θερμοπύλαις ἀποθανοῦσι κοινῇ μὲν
ἅπασι τόδε· μυριάσιν κτλ. Aristid. 49. 380 (Dind. II 512): σὺ δ'
οὖν ἐξέταζε τὰ Δώρια, εἰ βούλει καὶ τὰ Λακωνικά· μυριάσιν κτλ.
Anth. Pal. VII 248: Σιμωνίδου C | εἰς τοὺς μετὰ Λεωνίδην (sic)
μαχεσαμένους πρὸς Πέρσας L | ἐν Θερμοπύλαις C; cf. ad ep. n. 21.
Anth. Plan.: εἰς τοὺς ἐν Θερμοπύλαις ἀποθανόντας.[3]) (Inde cod.
Matr. 24 f. 103, p. 91 Iriarte.)

   v. 1. τῇδε omnes auct., correxi, τҫ̣δε Schneidewin | τριακοσίαις Plan. et
Matr., τριηκοσίαις Herod. Anth. Pal., τριηκοσίης Aristid., διηκοσίαις Diod. cod.
Patmius, διακοσίαις eiusdem vulg., τριακόντοις coni. Bergk, ne nimia sit Grae-
corum vaniloquentia; neque autem haec est vaniloquentia, quod numerus tricies

---

   1) p. 380 Kirchh.; sed ibi agitur de ἐλεγείῳ εἰς τοὺς ἐν Μαραθῶνι τεθνη-
κότας.

   2) Cui opinioni Suidae locus licet primo tantum obtutu favere videtur.

   3) „Post vocem τέτορες clausulae signum, quod appictum erat, erasum est
una cum lemmate insequentis epigrammatis (εἰς τοὺς αὐτούς, v. ad n. 21), ita
ut nunc AP. VII 248 et 249 tetrastichon instar unius epigrammatis in Plan.
exstent." Stadtmueller.

centenorum milium praedicatur, immo illius aetatis Graeci numerum Persarum nequaquam recte taxare poterant: cf. Delbrück de bellis Persicis et Burgundiacis 1887 ‖ **v. 2.** *Πελοποννάσου* Herod. cod. class. *α*, Anth. Pal., *Πελοποννήσου* rell.; Kaibel EG. 47, 2 *ἐκ Πελοποννήσου* in eadem versus parte | *τέτταρες* Aristid.

Recte Kirchhoff animadvertit (Monatsber. d. Berl. Akad. 1878 p. 3 not.) epigramma non titulum sepulcralem esse, id quod Herodotus contendit, sed *μνῆμα* tantum pugnae inter Peloponnesios et Persas commissae. De auctore cf. ad n. 20.

---

201. In Hungaria. XII. saec.

Ἐνθάδε Παννονίης ποτὲ ἄκριτα φῦλα γενέθλης
δεινὸς Ἄρης καὶ χεὶρ ἔκτανεν Αὐσονίων,
Ῥώμης ὁππότε κλεινῆς δῖος ἄνασσε Μανουήλ,
Κομνηνῶν κρατόρων εὖχος ἀριστονόων.

Ioann. Cinnam. hist. VI 3 (p. 261 ed. Mein.): (Pannonios Ioanne Duca duce Byzantii vicerunt) *μέλλοντές τε ἤδη ἐκεῖθεν ἀπαίρειν σταυ-ρὸν ⟨ἐκ⟩ χαλκοῦ πεποιημένον ἐνταῦθα ἀναστήσαντες τοιάδε τινὰ ἔγραψαν· ἐνθάδε — ἀριστονόων.*

v. 3. *Μανουήλ* sc. *Κομνηνός* 1143—1180.

---

202. Olympiae. —

Καὶ γὰρ ἐγὼ κλεινῶν εἰμ᾽, ὦ ξένε, λείψανον οἴκων,
στυλὶς ἐν Οἰνομάου πρίν ποτ᾽ ἐοῦσα δόμοις·
νῦν δὲ παρὰ Κρονίδην κεῖμαι τάδ᾽ ἔχουσα τὰ δεσμά
τίμιος· οὐδ᾽ ὀλοὴ δαίσατο φλόξ με πυρός.

Paus. 5. 20. 6: .. *οὗτος ὁ κίων ἐν οἰκίᾳ τοῦ Οἰνομάου, καθὰ λέγουσιν, εἱστήκει· κεραυνώσαντος δὲ τοῦ θεοῦ τὴν μὲν ἄλλην ἠφάνισεν οἰκίαν τὸ πῦρ, ὑπελίπετο δὲ τὸν κίονα ἐξ ἁπάσης μόνον. πινάκιον δὲ πρὸ αὐτοῦ χαλκοῦν ἐλεγεῖα ἔχει γεγραμμένα· καὶ γὰρ ἐγὼ κτλ.*

Hecker I 44 et Benndorf de anth. ep. p. 33 censent periisse ab initio distichum, quo hoc fere dictu n esset: „Viator (?) siste et contemplare me". Certe tali sententia particula *γὰρ* explicanda est, neque tamen opus est eam verbis expressam fuisse. — **v. 1.** *κείνων* vel *ἐκείνων* codd., corr. Clavier., *κίων* Iacobs ‖ **v. 2.** *στῦλος* codd., corr. Dorville ad Charit. p. 74, quod *στῦλος* nunquam gen. femin. esset (*ἐοῦσα*); eandem ob causam Iacobs A. Pal. III p. 935 *κίων* v. 1 inseruit; neque magis placet altera eiusdem sententia (Animadv. 11, 401) hanc vocem non inserendam, sed subaudiendam esse: *ἐγὼ ἡ κίων* [poetae feminino genere uti solent], *ἐοῦσα πρὶν στῦλος ἐν Οἰνομάου δόμοις, εἰμὶ λείψανον κλεινῶν οἴκων.* | *ἐοῦσα* codd., *ἐγοῦσα* vulg. ‖ **v. 3.** *παρὰ Κρονίδην* i. e. prope Iovis templum ‖ **v. 4.** *δέξατο* codd., corr. Sylburg.

203. Athenis in via sacra. —

Ἐνθάδ' ἄναξ ἥρως Φύταλός ποτε δέξατο σεμνήν
Δημήτραν, ὅτε πρῶτον ὀπώρας καρπὸν ἔφηνεν,
ἣν ἱερὰν συκῆν θνητῶν γένος ἐξονομάζει·
ἐξ οὗ δὴ τιμὰς Φυτάλου γένος ἔσχεν ἀγήρως.

Paus. 1. 37. 2: *ἐν τούτῳ τῷ χωρίῳ Φύταλόν φασιν οἴκῳ Δήμη-*
τρα δέξασθαι καὶ τὴν θεὸν ἀντὶ τούτων δοῦναί οἱ τὸ φυτὸν τῆς
συκῆς. Μαρτυρεῖ δέ μοι τῷ λόγῳ τὸ ἐπίγραμμα τὸ ἐπὶ τῷ Φυτάλου
τάφῳ· ἐνθάδ' κτλ.

v. 2. *Δήμητρα* La Va, in hoc littera *ν* erasa; *Δήμητρ' ᾧ τότε* Meineke vind.
Strabon. p. 45, *Δήμητρ' ὁππότε* Dindorf de sermone Diod. p. XI (Diod. ed. Vogel l
p. XXXIV) et Cobet Mnem. vet. ser. 10 p. 312, ego corrigere non audeo cum forma
Δήμητραν (vel potius *Δημήτραν*) non librarii sed temporum vitio tribuenda esse
videatur ‖ v. 3. Locus quo prima ficus sata erat, *ἱερὰ συκῆ* audiebat apud
Athenienses, v. Athen. 3 p. 74 d, Philostr. vitt. soph. 2. 20. 3.

Fallitur Meineke l. l., cum satis vetustum putet esse epigramma:
inferiorem enim aetatem produnt et fabula ipsa litteris consignata et
forma *Δημήτραν*, qua Graeci ante Alexandrinorum quae dicuntur
tempora non videntur usi esse.[1]) Monumentum autem in quo hoc
epigramma inscriptum erat, falso a Pausania dicitur sepulcrum: erat
μνῆμα quale Orrippo Megarenses exstruxerunt (n. 151).

204. Thebis. p. C.

Αἵδ' εἰσὶν μακάρων νῆσοι, τόθιπερ τὸν ἄριστον
Ζῆνα, θεῶν βασιλῆα, Ῥέη τέκε τῷδ' ἐνὶ χώρῳ.

Tzetz. schol. ad Lycophr..1194: *γενεθλίαν δὲ πλάκα τὰς Θήβας*
λέγει, ὅτι κατά τινας ὁ Ζεὺς ἐν Θήβαις ἐτέχθη καὶ τὰς μακάρων
νήσους ἐν Θήβαις εἶναί φασι. καὶ τὴν μὲν Διὸς γέννησιν οἱ μὴ
εἰδότες τίς ἐστιν ὁ Ζεὺς οἱ μὲν ἐν Κρήτῃ, οἱ δ' ἐν Ἀρκαδίᾳ, ὁ δὲ
Λυκόφρων ἐν Θήβαις ταῖς Βοιωτίας φησὶν ἔνθα καὶ ἐπιγέγραπται
τάδε· αἵδ' κτλ.

v. 1. *εἰσὶ* codd. et edd. | *ἄριστον*] cf. Hom. Ξ 213 *Ζηνὸς γὰρ τοῦ ἀρίστου.*

Epigramma satis recenti aetate confectum et insculptum est. —
Veterum locos de beatorum insulis Thebis in urbe collocatis collegit
Creuzer comment. Herod. I p. 90.

─────────

1) Cf. G. Meyer gr. Gr.² § 329 (ubi Cyprii tituli et Platonis locus incertis-
simus nihil huc faciunt), Lobeck parall. 142 (qui falso. hanc formam negat
ullo poetarum Atticorum exemplo comprobatam esse), Bernardakis ed. Plut.
Moral. I p. LXXVII.

205. Thebis. —

Ἀμφιτρύων ὅτ' ἔμελλ' ἀγαγέσθαι δεῦρο γυναῖκα
Ἀλκμήνην, θάλαμόν τοι ἐλέξατο τοῦτον ἑαυτῷ·
Ἀγχάσιος δ' ἐποίηcε Τροφώνιοc ἠδ' Ἀγαμήδηc.

Paus. 9. 11. 1: καὶ τῆς Ἀλκμήνης ἐστὶν ἔτι ὁ θάλαμος ἐν τοῖς
ἐρειπίοις δῆλος. οἰκοδομῆσαι δὲ αὐτὸν τῷ Ἀμφιτρύωνι Τροφώνιόν
φασι καὶ Ἀγαμήδην, καὶ ἐπίγραμμα ἐπ' αὐτῷ ἐπιγραφῆναι τόδε·
Ἀμφιτρύων κτλ.

v. 1. ἀμφιτρύων͡ός τ' ἔμελλεν Va, ἀμφιτρύωνός τ' ἔμελλεν Lb M R Ag, ἀμφι-
τρίωνός τε ἔμελλεν Vb, Ἀμφιτρύων ὅτ' ἔμελλ' rell. et marg. R | ἀναθέσθαι Vab
M Pc Ag Lab ‖ v. 2. ϑ' εἰλίξατο M Vb Lb, ϑ' ἱλίξατο Va, τ' εἰλίξατο Pc Ag, γ'
εἰλίξατο La, γελλέξατο Ald.; γ' ἐλλέξατο Iacobs, γ' ἐκλέξατο Brunck, τοι ἐλέξατο
dubitanter scripsi; τειδ' εἴσατο Bergk PL. III⁴ p. 433**; οἳ ἐλέξατο τοῦτον ὂν
αὐτῷ Ἀγχάσιός τ' κτλ. G. Hermann violentius ‖ v. 3. ἀγχάσιος] Vb Pc Ag La,
R marg., ἀγχιάσιος M, ἀγχιασίως R, ἀγχασίως Va Lb; Ἀγχίσιος Lobeck ab Anchi-
sia Arcadiae urbe; Ἀγχόϊος ab Anchoe Boeotiae urbe Siebelis et O. Müller Orchom.²
238. Adverbium quale ἀσπασίως in vocabulo corrupto latere putant Schubart-
Walz, quibus assentior. ἀγχινόως Weyman coll. Kaibel EG 403, 6 | Clausula ex
hymno homerico in Apoll. Pyth. 118.

Fr. A. Wolf prolegg. in Homer. p. LVI not. 20: „Illorum versuum novitatem plane prodit una contractio ἑαυτῷ." Sed nihilo secius
insculptum erat epigramma ut multa id genus Thebis fuisse scimus,
cf. p. 67 not.

206. Oncis prope Thebas. —

Ὄγκας νηὸς ὅδ' ἐστὶν Ἀθήνηc, ὅν ποτε Κάδμος
εἵσατο βοῦν θ' ἱέρευcεν, ὅτ' ἔκτιcεν ἄcτυ τὸ Θήβηc.

Schol. Eurip. Phoen. 1062 (I p. 360 Schwartz): δοκεῖ γὰρ Ἀθηνᾶ
συμπρᾶξαι τῷ Κάδμῳ κατὰ τῶν Σπαρτῶν· διὸ καὶ ἱδρύσατο ταύτην,
Ὄγκαν προσαγορεύσας τῇ τῶν Φοινίκων διαλέκτῳ· ἐπεγέγραπτο δὲ τῷ
ἱερῷ τούτῳ (τῇ τῶν Φοινίκων διαλέκτῳ add. cod. A)· Ὄγκας — Θήβης.

v. 1. ὅ ἐστιν cod. A (= Vatic. 909) | afferunt Nonnum 44. 39 Λάϊνος Ὀγκαίης
ἐλελίζετο βωμὸς Ἀθήνης, ὅν ποτε Κάδμος ἔδειμεν...

De hoc templo cf. Paus. 9. 12. 2, de Onca nomine Steph. Byz.
p. 482, 20 Mein.

3. Aedificia fontes pontes.

207. Epidauri in Asclepieo. V. fere saec.

Ἁγνὸν χρὴ νηοῖο θυώδεος ἐντὸς ἰόντα
ἔμμεναι· ἁγνείη δ' ἐcτὶ φρονεῖν ὅcια.

Porphyr. de abstin. 2. 19 (p. 149 ed. Nauck[2]): *ἐν γοῦν Ἐπιδαύρῳ προεγέγραπτο· ἁγνὸν κτλ.* (Ex Porphyr. sumpsit Cyrill. contr. Iul. 9 p. 310.) Clem. Alexandr. strom. 5. 1 p. 652 Dind.: *καὶ τοῦτο ἦν ὃ ἠνίξατο, ὅστις ἄρα ἦν ἐκεῖνος ὁ ἐπιγράψας τῇ εἰσόδῳ τοῦ ἐν Ἐπιδαύρῳ νεώ· ἁγνὸν κτλ.* Cf. idem strom. 4. 22 p. 628 Dind.: *ἁγνεία δέ ἐστι φρονεῖν ὅσια.*

v. 1. ναοῖο Porph. ‖ v. 2. ἐμφάμεναι Porph. | ἁγνεία Porph. et Clem. altero loco.

Cum Porphyrium hanc libelli partem ex Theophrasti opere *περὶ εὐσεβείας* sumpsisse post Bernaysium (Theophrastos' Schrift über Frömmigkeit) constet, epigramma medio quarto a. Chr. saeculo vetustius esse apparet. Et verisimile est versus tunc ipsum cum Asclepii templum circa a. 420 (v. Furtwängler Berl. philol. Wochenschr. 1888 col. 1484) perficeretur, inscriptos esse. Quod autem Dorica in civitate hac aetate poetam non Dorica dialecto uti videmus, Ionicum poetam colligere debemus pulcherrimum[1]) distichon conscripsisse.

208. Delphis. VI. vel V. saec.

Ἐγγύα, πάρα δ' ἄτα.

Plat. Charm. p. 165 a: .. *οἱ τὰ .. γράμματα ἀναθέντες τό τε μηδὲν ἄγαν καὶ τὸ ἐγγύη πάρα δ' ἄτη.* Diodor. 9. 10. 1: *ὅτι Χίλων ἀφικόμενος εἰς Δελφοὺς .. ἐπέγραψεν ἐπί τινα κίονα τρία ταῦτα· Γνῶθι σεαυτὸν καὶ Μηδὲν ἄγαν, καὶ τρίτον Ἐγγύα πάρα δ' ἄτα.* Cf. ibid. 4: *καὶ Εὐριπίδης· οὐκ ἐγγυῶμαι· ζημία φιλέγγυον | σκοπεῖν· τὰ Πυθοῖ δ' οὐκ ἐᾷ με γράμματα.* Reliqua permulta testimonia afferre supersedeo, cum ea sedulo collegerit Brunco Acta Erlang. III p. 394 sq., quibus addo Eustath. Od. p. 1599, 62, Kaibel Inscr. Sic. et Ital. 673.

---

1) De quo non minus pulchrum est Bernaysi iudicium l. l. p. 77 (cf. p. 176).

Variant auctores inter Aeolicas quas dicunt et Ionicas formas; sed illas utpote in inscriptione Delphica genuinas esse recte censet Brunco l. l.

De tribus Delphicis praeceptis hoce unum fortasse metro inclusum exemplumque est brevium illorum versuum, quibus antiquitus Graecos usos esse et Bergk demonstravit et Usener ($\smile\cup | \smile\cup\cup | \smile$ _). — Goettlingi (Ges. Abh. I 221 sqq.) sententiam, qui γνῶθι σεαυτόν, μηδὲν ἄγαν, ἐγγύα πάρα δ' ἄτα hexametrum esse vult, haud tanti esse videtur refellere.

209. Deli in Letoo. V. saec. non recentior.

Κάλλιστον τὸ δικαιότατον, λῷστον δ' ὑγιαίνειν,
ἥδιστον δὲ πέφυχ', οὗ τις ἐρᾷ, τὸ τυχεῖν.

Aristot. eth. Nicom. I 8: ἄριστον ἄρα καὶ κάλλιστον καὶ ἥδιστον ἡ εὐδαιμονία καὶ οὐ διώρισται ταῦτα κατὰ τὸ Δηλιακὸν ἐπίγραμμα· κάλλιστον — τυχεῖν. (Aspas. in eth. Nic. p. 23, 23: οὐκ ὀρθῶς ὁ ἐν Δήλῳ ἐπιγράψας· κάλλιστον τὸ δικαιότατον καὶ τὰ ἑξῆς.) [Aristot.] eth. Eudem. I 1: ὁ μὲν ἐν Δήλῳ παρὰ τῷ θεῷ τὴν ἑαυτοῦ γνώμην ἀποφηνάμενος συνέγραψεν ἐπὶ τὸ προπύλαιον τοῦ Λητῴου, διελὼν οὐχ ὑπάρχοντα πάντα τῷ αὐτῷ, τό τε ἀγαθὸν καὶ τὸ καλὸν καὶ τὸ ἡδύ, ποιήσας· κάλλιστον — τυχεῖν. ἡμεῖς δ' αὐτῷ μὴ συγχωρῶμεν. ἡ γὰρ εὐδαιμονία κάλλιστον καὶ ἄριστον ἁπάντων οὖσα ἥδιστόν ἐστιν. Theogn. v. 255 sq. Bgk.: κάλλιστον — τυχεῖν. Stob. anth. CIII 8: Θεόγνιδος· κάλλιστον κτλ.

Leviora omisi. **v. 1.** ῥᾷστον δ' ὑγιαίνειν Stob. ‖ **v. 2.** sic codd. eth. Nic. nisi quod ἔραται vel ἐρᾶται τυχεῖν H^a M^b N^b P^2 et ἐρᾶι τυχεῖν ΓΠ^2; πάντων ἥδιστον δ' vel πάντων δ' ἥδιστον οὔ τις ἐρᾶται vel ἔραται τυχεῖν codd. eth. Eud.; πρῆγμα δὲ τερπνότατον τοῦ τις ἐρᾷ τὸ (vel ἔραιτο) τυχεῖν Theogn.; ἥδιστον δὲ τυχεῖν ὧν τις ἕκαστος ἐρᾷ Stob.

Hilleri sententiae (Philol. Anzeiger 13 p. 21) accedo, qui genuinam inscriptionis formam in ethicis Nicom. servatam esse ait, Eudemum autem ex memoria afferre versus, suo denique arbitrio immutasse qui Theognidea primus collegisset et Stobaeum. — Trimetris reddidit titulum Sophocles in his Creusae versibus, quos Stobaeus (103, 15) servavit:

Κάλλιστόν ἐστι τοὔνδικον πεφυκέναι,
λῷστον δὲ τὸ ζῆν ἄνοσον· ἥδιστον δ' ὅτῳ
πάρεστι λῆψις ὧν ἐρᾷ καθ' ἡμέραν.

210. Byzantii in Sergii templo. VI. p. C. saec.

Ἄλλοι μὲν βασιλεῖς ἐτιμήσαντο θανόντας
ἀνέρας, ὧν ἀνόνητος ἔην πόνος· ἡμέτερος δὲ
εὐσεβίην σκηπτοῦχος Ἰουστινιανὸς ἀέξων
Σέργιον αἰγλήεντι δόμῳ θεράποντα γεραίρει
5   Χριστοῦ παμμεδέοντος, τὸν οὐ πυρὸς ἀτμὸς ἀνάπτων,
οὐ ξίφος, οὐχ ἑτέρη βασάνων ἐτάραξεν ἀνάγκη,
ἀλλὰ θεοῦ τέτληκεν ὑπὲρ Χριστοῖο δαμῆναι,
αἵματι κερδαίνων δόμον οὐρανοῦ. ἀλλ᾽ ἐνὶ πᾶσι
κοιρανίην βασιλῆος ἀκοιμήτοιο φυλάξοι
10   καὶ κράτος αὐξήσειε θεοστεφέος Θεοδώρας,
ἧς νόος εὐσεβίῃ φαιδρύνεται, ἧς πόνος ἀεὶ
κἀκτεάνων θρεπτῆρες ἀφειδέες εἰσὶν ἀγῶνες.

Kaibel E. G. 1064 (ex CIG 8639) in stephano moscheae Kut-
schuk Aja Sofia, in quam Sergii templum mutatum est: *ἄλλοι κτλ.*
Ioh. Scylitza in Cedreni edit. Bekk. II p. 238: *ἐδομήθη δὲ ἐκ*
καινῆς (sc. ὁ Σεργίου καὶ Βάκχου νεώς) *κατὰ τὸ σχῆμα τῆς μεγάλης*
ἐκκλησίας ὑπὸ Ἰουστινιανοῦ τοῦ μεγάλου, καθὼς ἡ ἐπὶ στεφάνου τῆς
τοιαύτης ἐκκλησίας ἐπιγραφὴ μαρτυρεῖ ἔχουσα οὕτως· ἄλλοι κτλ.

v. 1. βασιλῆες Sc(ylitzes) et Kirchhoff in CIG, sed forma quae est in lapide
βασιλεῖς, non tam sculptoris vitium quam aetatis esse videtur, cf. v. 5 et 11 ‖
v. 5. ὃν restituebat Kirchhoff | ἄτμοι ἀνάπτον Sc. ‖ v. 8. οὐρανὸν Sc. ‖ v. 10. Θεο-
δώρης Sc. ‖ v. 11. αἰεὶ Sc. et Alemannus (in CIG) ‖ v. 12. ἀκτεάνων Sc., καὶ κτεά-
νων legit Hammer Constantinopel und der Bosporus I p. XII, quem sequuntur
Kirchhoff et Kaibel; κακτεανων Alemannus, i. e. κἀκτεάνων = καὶ ἀκτεάνων ut
sit: cuius opera et infessi labores pauperes nutriunt (?).

Sergii, qui c. 300 p. C. supplicio affectus est (v. Joh. Wolf die
hl. Märtyrer Sergius u. Bacchus Göttingen 1823), templum a Iustiniano erectum esse tradit etiam Procopius de aed. I 4.

---

211. Byzantii. VI. p. C. saec. Agathiae.

Ὁππόθι τεμνομένης χθονὸς ἄνδιχα πόντον ἀνοίγει
πλαγκτὸς ἁλικλύστων πορθμὸς ἐπ᾽ ἠιόνων,
χρύσεα συλλέκτρῳ τάδ᾽ ἀνάκτορα θῆκεν ἀνάσσῃ
τῇ πολυκυδίστῃ θεῖος ἄναξ Σοφίῃ.
5   ἄξιον, ὦ Ῥώμη μεγαλόκρατες, ἀντία σεῖο
κάλλος ἀπ᾽ Εὐρώπης δέρκεται εἰς Ἀσίην.

Zonar. 14. 10: *ἦν δὲ τούτου* (i. e. imperatoris Iustini) *γαμετὴ*
Σοφία .., *ἧς ὀνόματι καὶ τὸν λιμένα τῶν Σοφιῶν ᾠκοδόμησε καὶ*
βασίλεια πρὸ τῆς πόλεως, Σοφιανὰς δι᾽ ἐκείνην καὶ ταῦτα καὶ τὸν
τόπον κατονομάσας, ἐν οἷς καὶ ἐπίγραμμα παρὰ Ἀγαθίου ἐγένετο

τόδε· ὁππόθι — Ἀσίην. Anth. Pal. IX 657: Μαριανοῦ Σχολαστικοῦ
εἰς τὸ παλάτιον Σοφιανῶν B in textu: ὁππόθι — Ἀσίην. Idem lemma
in Plan.

v. 2. Iacobs Anth. 10, 84 censet ἁλικλύστων ἐπ᾽ ἠιόνων cum θῆκε v. 3
iungendum esse, quod fieri nequit; immo iungas cum πλαγκτὸς | πορμός A. Pal. ||
v. 5. μεγαλοκρατές Plan. || v. 6. δέρκεται A. Pal. et Zonar., δέρκεαι Plan. et edi-
tores; sed dicit poeta: pulchrum opus te, o Roma potens, dignum spectat ab
Europa in Asiam; etenim in Europa ad Bosporum exstructum erat palatium,
v. Ducange Const. Christ. IV 12 p. 171 | Ἀσίην] in Anth. Pal. man. rec. supra
ultimam syll. posuit α.

Nihil obstat quominus inscriptos fuisse censeamus hos versus in
Palatio; etsi certi nihil de ea re dici potest. Sane Agathiae maiore
cum iure eos attribuit Zonaras quam Anthologia Mariano, qui iam
Anastasio rege floruit: duorum horum poetarum nomina facile confundi poterant cum utrique cognomen Σχολαστικοῦ esset.

212. In Asia minore. II. p. C. saec.[1])

Φοῖβος ἀκερϲεκόμηϲ λοιμοῦ νεφέλην ἀπερύκει.

Lucian. Alex. 36: ἕνα δέ τινα χρησμόν, αὐτόφωνον καὶ αὐτόν,
ἐς ἅπαντα τὰ ἔθνη ἐν τῷ λοιμῷ διεπέμψατο (sc. Ἀλέξανδρος)· ἦν δὲ τὸ
ἔπος ἕν· Φοῖβος — ἀπερύκει. καὶ τοῦτο ἦν ἰδεῖν τὸ ἔπος πανταχοῦ
ἐπὶ τῶν πυλώνων γεγραμμένον ὡς τοῦ λοιμοῦ ἀλεξιφάρμακον. Affert
Mart. Capella 1. 9. 19: Virtus — Graium versum Mercurio compro-
bante commemorat: Φοῖβος — ἀπερύκει.

ἀκειρεκόμης T | λοιμοῖο H, λιμοῦ Ψ | Kaib. 375, 2 Aezanis λοιμοῦ νεφέλῃ
in eadem versus sede, cf. adnot. editoris | ἀπερύκει Φ sec. m., ἀπερύκοι F.

213. In multis aedificiis.

Ὁ τοῦ Διὸς παῖϲ καλλίνικοϲ Ἡρακλῆϲ
ἐνθάδε κατοικεῖ· μηδὲν εἰϲίτω κακόν.

Laert. Diog. 6. 39 (Arsen. p. 206, 5): ἀνθρώπου (sic Nauck
Philol. 5, 560 pro εὐνούχου) μοχθηροῦ ἐπιγράψαντος ἐπὶ τὴν οἰκίαν·
μηδὲν εἰσίτω κακόν· ὁ νῦν κύριος, ἔφη (sc. Διογένης), τῆς οἰκίας
ποῦ εἰσέλθοι; Idem 6. 50: νεογάμου ἐπιγράψαντος ἐπὶ τὴν οἰκίαν·
ὁ — κακόν (sic PF, Ἡρακλ. καλλ. B) ἐπέγραψε· μετὰ τὸν πόλεμον ἡ
συμμαχία. [Diog.] epist. 36 p. 249 Herch.: ἦκον εἰς Κύζικον καὶ

---

1) Huc faciunt etiam versus magici, quales medici in amuletis inscribi
iubent, veluti Marc. Empir. 15. 89 p. 149 Helmr. (Ilberg Berl. ph. Wochenschr.
1890 col. 1462); 15. 108; 29. 23; cf. R. Heim in sched. philol. Usenero obl. p. 119 sqq.

διαπορευόμενος τὴν ὁδὸν ἐθεασάμην ἐπί τινος θύρας ἐπιγεγραμμένον·
ὁ — κακόν· paulo infra: καὶ μικρὸν προελθὼν ἑτέραν θύραν θεωρῶ
τὸ αὐτὸ ἰαμβεῖον ἔχουσαν ἐπιγεγραμμένον; v. etiam sqq. Clem.
Alexandr. strom. 7. 4. 26: ἀστείως πάνυ ὁ Διογένης ἐπὶ οἰκίᾳ
μοχθηροῦ τινος εὑρὼν ἐπιγεγραμμένον· ὁ ⟨τοῦ Δ. π.⟩ κ. — κακόν·
καὶ πῶς, ἔφη, ὁ κύριος εἰσελεύσεται τῆς οἰκίας; Inde Theodoret.
vol. IV. col. 961. Gnomolog. Vatican. 564 ed. Sternbach Wien. Stud.
11. 238 (= Vind. 167. cod. Laur. 87. 16, f. 352ᵛ. Urbin. gr. 95 f. 77ᵛ):
Ἀττικὴ γυνὴ ἰδοῦσα γράμμα ἐπὶ θυρῶν μέλλοντος γαμεῖν· Ἡρακλῆς
ἐνθάδε — κακόν, εἶπεν· νῦν οὖν ἡ γυνὴ οὐ μὴ εἰσελεύσεται. Kaibel
Ep. Gr. 1138 in pariete Pompeiano: τ. Δ. π. καλλινεικος Η. ε[νθ]αδαι
κ. μ. εισειαιτω κακομ. Eosdem versus agnovit Kaibel l. l. in titulo
provinciae Kurdistan CIG 4673. Vetustam translationem affert Buecheler Rh. M. 12, 248, cf. Dilthey ind. Gotting. 1878/79 p. 6 (Orelli-
Henzen III 7287):

     [Felicitas] hic habitat; nihil int[e]ret mali.

De more hos similesque[1]) versus supra ianuas inscribendi disputavit Dilthey in ind. Gott. 1878/79 p. 4 sqq.

In Excerptis de sententiis (p. 225 ed. Mai in Vet. scr. nov. coll. II),
quae perperam Dioni Cassio adscribuntur, refertur imperatorem Com-
modum quondam Herculis colosso Romano caput sustulisse suamque
effigiem imposuisse: ἐφ᾽ ᾧ τὸ φερόμενον ἐπίγραμμα γέγονεν (AP
XI 269):

     ὁ τοῦ Διὸς παῖς καλλίνικος Ἡρακλῆς
     οὐκ εἰμὶ Λούκιος, ἀλλ᾽ ἀναγκάζουσί με.

214. Taphi. IV. saec. non vetustior.

     Ὠκεανοῦ θυγάτηρ καὶ Τηθύος εἰμὶ Νύχεια
     κρήνη· Τηλεβόαι γάρ με τόδ᾽ ὠνόμασαν.
     Νύμφαις μὲν προχέω λουτρόν, θνητοῖσι δ᾽ ὑγείην,
     θῆκε δ᾽ ἐμὲ Πτερέλας υἱὸς Ἐνυαλίου.

Schol. Dion. Thr. in Bekk. Anecd. p. 784 (= Anecd. Oxon.
Cram. IV 320): ἀλλὰ καὶ ἐν Πυθοῖ ἦν λέβης ἐπιγεγραμμένος· Ἀμφι-
τρύων κτλ. (n. 79) καὶ ἐν Τάφῳ τῇ νήσῳ· Ὠκεανοῦ κτλ. Anth. Pal.
IX 684: εἰς τὴν ἐν Τάφῳ (cod. πάφῳ, corr. Brunck) τῇ νήσῳ κρήνην
B in t. Anth. Plan. (aut. app.) sine lemm.

     v. 1. ὠκεανῶ cod. Bekk. | νυχεία cod. Cram. ‖ v. 3. προχέων Cram. | θνητῷ
δ᾽ ὑγείην Cram., θνητοῖς δ᾽ ὑγιείην Bekker; Anthologiae lectio firmatur imita-

---

1) Cf. Iulian. orat. VI p. 200 B: ἐπὶ τούτου (sc. Κράτητος) φασὶ τοὺς Ἕλληνας
ἐπιγράφειν τοῖς ἑαυτῶν οἴκοις ἐπὶ τῶν προπυλαίων· εἴσοδος Κράτητι ἀγαθῷ δαίμονι.

tione quam legimus in epigrammate Naupacti, oppidi vicini, Kaibel 1071: *Λου-τρὸν μὲν προχέω Νύμφαις, θνητοῖσι δ᾽ ὑγείην* ‖ **v. 4.** *δε με* Anth. Pal. *δέ με* schol. et Plan., corr. Brunck.

Hoc epigrammate fonti in insula Tapho adscripto scholiasta Dionysii haud feliciter usus est ut scripturam iam antiquitus inter Graecos usitatam fuisse demonstraret. Scripti enim sunt versus, id quod ex ipsa dialecto videmus, vix ante Alexandrum Magnum.

215. Clitoriis in Arcadia. II. fere saec.

Ἀγρότα, cὺν ποίμναιc τὸ μεcημβρινὸν ἤν cε βαρύνῃ
  δίψοc ἀν᾽ ἐcχατιὰc Κλείτοροc ἐρχόμενον,
τῆc μὲν ἀπὸ κρήνηc ἄρυcαι πόμα καὶ παρὰ Νύμφαιc
  ὑδριάcι cτῆcον πᾶν τὸ cὸν αἰπόλιον.
5 ἀλλὰ cὺ μὴ ποτὶ λουτρὰ βάλῃc χροί, μή cε καὶ αὔρη
  πημήνῃ τερπνῆc ἐντὸc ἰόντα μέθηc·
φεῦγε δ᾽ ἐμὴν πηγὴν μιcάμπελον, ἔνθα Μελάμπουc
  λουcάμενοc λύccηc Προιτίδαc ἀρτεμέαc
πάντα καθαρμὸν ἔκρυψεν ἀπόκρυφον· αἱ γὰρ ἀπ᾽ Ἄργουc
10 οὔρεα τρηχείηc ἤλυθον Ἀρκαδίηc.

Ps.-Sotio (i. e. Isigonus Nicaeensis) p. 186 ed. Westermann para-doxogr.: *ἐν Κλειτορίοις δὲ τῆς Ἀρκαδίας κρήνην φασὶν εἶναι, ἀφ᾽ ἧς τοὺς πίνοντας μισεῖν τὸν οἶνον, ἐπικεχαράχθαι δὲ ἐπ᾽ αὐτῆς ἐπί-γραμμα τοιόνδε· ἄγροτα — Ἀρκαδίης.* Vitruv. 8. 3. 21: Arcadia vero civitas est non ignota Clitorii, in cuius agris est spelunca profluens aqua, e qua qui bibunt, fiunt abstemii. ad eum autem fontem epi-gramma est in lapide inscriptum hac sententia versibus graecis, eam non esse idoneam ad lavandum, sed etiam inimicam vitibus, quod apud eum fontem Melampus sacrificiis purgavisset rabiem Proeti filiarum restituissetque earum mentes in pristinam sanitatem. epi-gramma autem est id quod est subscriptum: *ἀγρότα — ἀπόκρυφον* (v. 9).

Vitruvii codicum affero quae ex Gudiano et Harleiano annotavit Rose-Müller Strübing neglectis 'evioribus, omitto reliquorum lectiones corruptissimas; Isigoni codicis Florentini scripturam exhibeo secundum Westermannum collatis

quae correxit Müller in edit. Vitruvii p. VII. **v. 3.** ΤΑc *ΙΙΓ* ‖ **v. 5.** ΝΑΜΑCΙ-

N
ΜΗΤΕΠΙΔΟΥΤΡΑΒΑΤΙΤΕΧΡΑΜΗCΗΚΑΙΔΥΡΗ *H*, suprascripsi discrepantias cod. *G*, *ἀλλὰ cὺ μήτ᾽ ἐπὶ λουτρὰ βάλῃς χροὶ* Isig.; *ἀ. c. μὴ ποτὶ λ. β. χρ.* Hecker² 81, recte *μήτ᾽* ineptum esse hoc loco dicens; confert Anth. P. IX 330, 5; Eur. Or. 305, quibus addam ep. n. 217, 3, alia v. ap. Iacobsium animadv. III 1 p. 405 ‖ **v. 6.** *πημήνῃ — ἐμὴν* (v. 7) om. *G*, ΠΗΝΗCΝΤΥC *H*, *πημήνῃ τερπνῆς ἐντὸς ἐόντα μέ-θης* Isig.; quod recepi nisi quod *ἰόντα* scripsi; neque enim tum solum cum in fonte essent, aura vini offendebantur, sed etiam cum excessissent. Atque iun-

gendum esse αὔρη τερπνῆς μέθης contra Iacobsium recte contendit Hecker[2] 81
coll. Nonn. Dionys. 14. 416 et 16. 111 μέθης εὐώδεες αὖραι. Itaque idem est ac
quod Steph. Byz. et Phylarch. (v. adnotat.) dicunt, eos qui biberint οὐδὲ ὀδμὴν
τοῦ οἴνου tolerare posse | μή σε παραντὰ πημήνῃ θερμῆς ἀντιόοντα μέθης
Wakefield | πημαίνῃ Hecker | ἐγγὺς pro ἐντὸς Ellis Journ. of philol. 6. 277, cf.
lectionem cod. II ‖ v. 8. ἀΥCΑΜΕΝΟCΑΥCΕΗC II, ἀΜΕΝΟ CΑΤ CΕΝC G, λουσάμενος Isig.; λυσάμενος vel παυσάμενος Heringa, ῥυσάμενος Schaefer; λουσάμενος,
quod firmare videtur quod locus, ubi Proetidae lustratae sunt, Λουσοὶ vocabatur
(cf. Paus. 8. 18. 7), recepi etsi num aliis locis cum genetivo iungatur nescio |
λύσσῃς] στῆσεν Schneider | ἀΡΤΕΜΕΙἀC G II, ἀργαλέης Isig.; ἀρτεμίας Schneider
(cf. etiam Ellis l. l.), cui lectioni, quae per prolepsin explicanda est, patrocinari
videntur Vitruvii verba „restituisset in pristinam sanitatem" ‖ v. 9. CΚΟΨΕΝ
ΕΠἀΧΡΥΨΟΝ omissa reliqua parte versus G II; ἔκοψεν ἀπόκρυφον αγὰρ ἀπ' ἄργους
Isig., quod recte Heringa legerat αἱ γὰρ (item Ellis l. l.); pro ἔκοψεν, quod
ineptum est, ἔκρυψεν Hecker coll. Eur. Herc. 1070; ἔβαψεν Schaefer; πᾶν τὸ
κάθαρμ' ἐνέκρυψεν ἀπορριφὲν Wakefield | αἱ γὰρ] εὖτ' ἄν vel ἡνίκ' Brunck,
εὖτ' ἄρ' Schaefer, ᾗ γὰρ Wakefield ‖ v. 10. om. G II | ἤλυθον Isig., ἤλυθεν (et
supra εὖτ' ἄρ') Iacobs rell.; neque tamen est cur codicis lectionem mutemus;
nam etiam Proetidae ex Argolide venerant: Apollodor. 2. 2. 2.

Mirum sane est omnes auctores[1]) Vitruvio non excepto contendere eos qui ex hoc fonte biberint abstemios fieri, cum epigramma
ipsum potionem noxiam esse neget, lavari autem vetet ne abste-
mius fias. Qui primus igitur de fonte scripsit, is epigramma secundo
fere a. Chr. n. saeculo insculptum nondum novisse putandus est; addidit demum Isigonus neque tamen pristinam illam incolarum narra-
tiunculam immutavit. Ex Isigono Varronem, ex Varrone Vitruvium
hausisse putat Val. Rose Aristot. Pseudep. p. 280. Quod purgamen-
tis, quibus Proetides lustratae sunt, immissis fons vitibus inimicus
factus esse dicitur, memineris Proeti filiabus propter Bacchi cultum
neglectum rabiem esse iniectam. ˙

---

1) Fontem respiciunt etiam Steph. Byz. s. v. Ἀζανία· ἔστι κρήνη τῆς Ἀζα-
νίας, ἢ τοὺς γευσαμένους τοῦ ὕδατος ποιεῖ μηδὲ τὴν ὀδμὴν τοῦ οἴνου ἀνέχεσθαι, εἰς ἣν λέγουσι Μελάμποδα ὅτε τὰς Προιτίδας ἐκάθηρεν, ἐμβαλεῖν τὰ ἀπο-
καθάρματα. Phylarch. FHG I 354 (Athen. 2 p. 43 f): φησὶν ἐν Κλείτορι εἶναι
κρήνην, ἀφ' ἧς τοὺς πίνοντας οὐκέτ' ἀνέχεσθαι τὴν τοῦ οἴνου ὀδμήν. Ovid.
met. 15. 322 sq.:

> Clitorio quicunque sitim de fonte levarit
> Vina fugit, gaudetque meris abstemius undis:
> Seu vis est in aqua calido contraria vino,
> Sive, quod indigenae memorant, Amythaone natus,
> Proetidas attonitas postquam per carmen et herbas
> Eripuit furiis, purgamina mentis in illas
> Misit aquas odiumque meri permansit in undis.

Plin. n. h. 31. 16: Vinum taedio venire iis qui ex Clitorio lacu biberint ait
Eudoxus.

216. In insula Cia. III. saec. non recentior.

Ἡδεῖα ψυχροῦ πόματος λιβάς, ἢν ἀναβάλλει
πηγή, ἀλλὰ νόῳ πέτρος ὁ τῆςδε πιών.

Ps.-Sotio (Isigonus) 25 (paradoxogr. ed. W. p. 187): Ἀρίστων
δὲ ὁ Περιπατητικὸς φιλόσοφος (qui et ipse Ceus praefuit scholae
inde ab anno 226 a. Chr. n.) ἐν τῇ Κείῳ πηγήν φησιν ὕδατος εἶναι,
ἀφ' ἧς τοὺς πίνοντας ἀναισθήτους γίνεσθαι ταῖς ψυχαῖς· εἶναι δὲ
καὶ ἐπὶ ταύτης ἐπίγραμμα τοιόνδε· ἡδεῖα κτλ. Vitruv. 8. 3. 22: Item
est in insula Cia fons, e quo qui imprudentes biberint, fiunt insi-
pientes, et ibi est epigramma insculptum ea sententia iucundam eam
esse potionem fontis eius, sed qui biberit, saxeos habiturum sensus.
Sunt autem versus hi: ἡδεῖα κτλ. Cf. Plin. n. h. 31. 15: Varro tradit
— in Cea insula fontem esse, quo hebetes fiant.

v. 1. quae in textum recepi Isigonus exhibet nisi quod in eo est ψυχροῖο
ποτοῦ; Η̇αϵΛΠΟΥΥΧΡΟΥΠΟΜΑΤΟCαιΒαCααΝαΒαΙΝCΙ ΙΙ (Η̇αϵαΠΟΥΥΧΡΟΥ
ΠΟΜΑΤΟΓ̇αΒΤαCααΝ · ΙΝϵΙ G) quas litteras Ellis in Journal of Philol. 6, 275
sic legi vult: Ἡδέ' ἀπὸ ψυχροῦ πόματος λιβὰς ἂν ἀναφαίνει; ego Isigoni lectionem retinui cum λιβὰς ἀπὸ πόματος vix dici possit; sed ἀναφαίνει fortasse
genuinum est (ἀνίησι Iacobs); ἡδέα τοι ψυχροῦ κτλ. Salmasius ad Solin. p. 724 G ‖
v. 2. πηγή — νόῳ om. Vitruvii codd.; Isigoni lectionem πηγὴ ἀλλὰ νόῳ interpolationem librarii esse putat Ellis l. l. conicitque ⟨πέτρος ὅδ'· ἀλλ' ἐν νοῦ⟩
πέτρος κτλ. Cui coniecturae Vitruvii interpretatio („eius fontis") praesidio non
est; pro πηγὴ Hecker² 84 πιδαξ requirit, ut hiatum vitet | πέτρος] ΝϵΝΡΟC G,
πηρὸς Toup. | τίνδε (ΤΗΝαϵ) Vitr., τῆσδε Sotio.

217. Susis in Perside. II. fere saec.

Ὕδατα κρανάεντα βλέπεις, ξένε, τῶν ἄπο χερσὶν
λουτρὰ μὲν ἀνθρώποις ἀβλαβῆ ἔστιν ἔχειν·
ἢν δὲ βάλῃς κοίλης κατὰ νηδύος ἀγλαὸν ὕδωρ
ἄκρα μόνον δολιχοῦ χείλεος ἀψάμενος,
5   αὐτῆμαρ πριστῆρες ἐπὶ χθονὶ δαιτὸς ὀδόντες
πίπτουσιν γενύων ὀρφανὰ θέντες ἔδη.

Ps.-Sotio (Isigonus) 26 (Westerm. paradox. p. 187): ἐν δὲ Σού-
σοις τῆς Περσίδος[1] ὕδωρ εἶναι λέγουσιν, ὃ τῶν πιόντων ἐκπίπτειν
ποιεῖ παραχρῆμα τοὺς ἐμπροσθίους ὀδόντας. κεχάρακται δὲ καὶ ἐπὶ
ταύτης τὸ ἐπίγραμμα τόδε· ὕδατα κτλ. Vitruv. 8. 3. 23: Susis autem,
in qua civitate est regnum Persarum, fonticulus est, ex quo qui
biberint amittunt dentes. Item in eo est scriptum epigramma quo

---

1) „ἐν δὲ Λυκοσούρᾳ τῆς Παρρασίδος" Hecker audacius quam verius coniecit. Neque enim post Alexandri Magni tempora mirum est versus Graecos in
Perside lapidi insculptos esse.

significant hanc sententiam, egregiam esse aquam ad lavandum, sed
ea si bibatur excutere e radicibus dentes. Et huius epigrammatos
sunt versus graece: ὕδατα κτλ.

v. 1. κραναεντα *G H*, ταῦτα βλέπεις φοβερά, ξένε, Isig., quae manifesta
est interpolatio; rectum latere in κρανάεντα puto cum Heckero[2] 83, neque tamen
expedio; κρηνήεντα Cougny, κηραίνοντα Brunck. ‖ v. 2. ς ἀβλαβῆ ἔστιν ἔχειν
om. *G H* ‖ v. 3. ΗΝϑΕΜΒΗΟΚΟΙΛΟΥΒΟΤὰΝΗΛΕΟϹὰΤΜΟΝΥΔϢΡ *G H* (ubi *G*
discrepat, eius lectiones suprascripsi): quae Ellis Journal of Philol. 6, 274 sic
legenda esse censet: ἢν δ' ἐμβῇς κοίλου βοτανώδεος ἄστομον ὕδωρ („but if
you step into the mouth-destroying water of the weedy hollow"); ἢν δὲ βάλῃς
κοίλης ποτὶ νηδύος ἄγλαον ὕδωρ Isig. Recte Hecker disertam hance oppositio-
nem requirit: „manus hoc fonte lavare sine damno licet, sed eiusdem aqua
pota nocet." Quare Heckeri coniecturam κατὰ νηδύος recepi ‖ v. 4. om. *G H* ‖
ἄκρα cum Herwerdenio (stud. crit. in epigr. gr. p. 62) adverbii loco positum
esse censeo, velut ap. Meleagr. Anth. Pal. VII 428 ‖ δολιχοῦ corruptum videtur
esse; διεροῦ Hecker ‖ ἀψάμενον Herwerden; ἀρσαμένῳ Hecker totum versum cum
verbis ὀδόντες πίπτουσιν coniungens ‖ v. 5. ἐπὶ χθονὶ δαιτὸς ὀδόντες om. *G H* ‖
πριστῆρες δαιτὸς ὀδόντες sunt dentes qui cibum digerunt ‖ v. 6. πίπτουσι Isig.,
πειπτουσιν *G H*.

---

218. Ad Sangarium flumen. VI. p. C. saec. Agathiae.

Καὶ σὺ μεθ' Ἑσπερίην ὑψαύχενα καὶ μετὰ Μήδων
    ἔθνεα καὶ πᾶσαν βαρβαρικὴν ἀγέλην,
Σαγγάριε, κρατεραῖϲι ῥοὰϲ ἁψῖϲι πεδηθεὶϲ
    οὕτω ἐδουλώθηϲ κοιρανικῇ παλάμῃ.
5   ὁ πρὶν γὰρ ϲκαφέεϲϲιν ἀνέμβατος, ὁ πρὶν ἀτειρὴϲ
    κεῖϲαι λαϊνέῃ ϲφιγκτὸϲ ἀλυκτοπέδῃ.

Zonar. 14. 7: (Ἰουστινιανὸς) καὶ γέφυραν ἔκτισε κατὰ τὸν Σαγ-
γάριον ποταμὸν, ἐν ᾗ καὶ ἐπίγραμμα παρὰ Ἀγαθίου ἐγένετο τόδε· καὶ
σὺ κτλ. Constantin. Porph. de themat. orient. 6 (p. 27, 11 ed.
Bonn.): . . . ἐπιγραφὴ, ἥτις γέγραπται ἐν μιᾷ τῶν πλακῶν οὑτωσὶ
λέγουσα· καὶ σὺ κτλ. Anth. Pal. IX 641: εἰς γέφυραν τοῦ Σαγγα-
ρίου. Ἀγαθίου σχολαστικοῦ Bm°. Idem lemma in Plan.

v. 1. δήμων Anth. Pal. ‖ v. 2. πᾶσα βαρικὴν cod. C Constantini, πᾶσαι βαρ-
βαρικὴν Plan. ‖ v. 3. κρατερῇσι Zonar. et Anth. P. et Pl. | ἀψῖσι Anth. Pal. ‖
v. 4. οὕτως Anth. Pal. et Const. C, αὐτὸς Const. editt. et Plan. | τυραννικῇ
Const. C ‖ v. 5. πρὶν δὲ Const. C, Zonar., Anth. Pal. et Plan. | ἀναίματος Const. C |
ἀτηρής Const. C et Zonar. ‖ v. 6. σφριγκτὸς Constant.

De hoc ponte a Iustiniano facto agunt Procop. de aedif. 5, 3,
Paul. Silent. descr. S. Sophiae p. 513 sqq.

4. Inscriptiones parietariae et irrisoriae.

219. Athenis. 67 a. C.

a) Ἐφ' ὅσον ὦν ἄνθρωπος οἶδας, ἐπὶ τοσοῦτον εἶ θεός.

b) Προσεδοκῶμεν, προσεκυνοῦμεν, εἴδομεν, προπέμπομεν.

Plut. Pomp. 27: (Πομπήϊος ἐξ Ἀθηνῶν) ἀπιὼν ἀνεγίνωσκεν εἰς αὐτὸν ἐπιγεγραμμένα μονόστιχα, τὸ μὲν ἐντὸς τῆς πύλης· ἐφ' — θεός. τὸ δ' ἐκτός· προσεδοκῶμεν κτλ.

v. 2. προσδοκῶμεν C.

Hi trochaici tetrametri fortasse non lapidi insculpti erant, sed ad tempus coloribus inscripti.

---

220. Thermi in Aetolia. 218 a. C. Sami.

Ὁρᾷς τὸ Δῖον οὗ βέλος διέπτατο;

Polyb. 5. 9. 4: κατέγραφον δὲ (sc. Macedones qui Thermum expugnatam iisdem iniuriis afficiebant quibus olim Aetoli Dium) εἰς τοὺς τοίχους καὶ τὸν περιφερόμενον στίχον, ἤδη τότε τῆς ἐπιδεξιότητος τῆς Σάμου φυομένης, ὃς ἦν υἷος μὲν Χρυσογόνου, σύντροφος δὲ τοῦ βασιλέως (Φιλίππου). ὁ δὲ στίχος ἦν· ὁρᾷς — διέπτατο.

Toup in Opusculis criticis in Suidam ad v. Σῆμος (ed. Lps. 1780 p. 413) vidit versum esse Euripidis Suppl. 860, quem elegantissima parodia Samus poeta ad Dium urbem rettulisset. Eiusdem Sami est epigramma Anth. Pal. VI 116.

---

221. Tarsi. c. 30. a. C.

Ἔργα νέων, βουλαὶ δὲ μέσων, πορδαὶ δὲ γερόντων.

Strabo XIV p. 674 sq.: (Athenodorus Tarsi praefecturam ab Augusto nactus Boethum Antonii amicum eiusque socios ex urbe expulerat.) οἱ δὲ πρῶτον μὲν κατετοιχογράφησαν αὐτοῦ τοιαῦτα· ἔργα — γερόντων. ἐπεὶ δ' ἐκεῖνος ἐν παιδιᾶς μέρει δεξάμενος ἐκέλευσε παρεπιγράψαι — βρονταὶ δὲ γερόντων, καταφρονήσας τις τοῦ ἐπιεικοῦς κτλ.

Versus structura eadem est quae apud Hom. Z 181: πρόσθε λέων, ὄπιθεν δὲ δράκων, μέσση δὲ χιμαίρα, cuius fortasse meminerunt Boethi socii.

De Athenodoro Sandonis filio egit Westermann in Pauly RE I² 2 p. 1990 sq.

222. In Aegypto. p. C.

Μνήματα Καιφρῆνός τε καὶ ἀντιθέου Μυκερήνου
καὶ Χέοπος κατιδὼν Μάξιμος ἠγασάμην.

Schol. Clem. Alexandr. I p. 429 ed. Dind.: *πυραμίδες οἰκοδο-
μήματα ἐν Αἰγύπτῳ ἅπερ ᾠκοδομήθη εἰς μνημάτων χώραν* (monumentorum loco) *ὡς μαρτυρεῖ τὸ ἐν αὐταῖς ἐπίγραμμα οὕτως ἔχον· μνήματα κτλ.*

v. 1. *καὶ Φρηνὸς* cod., *Κεφρῆνος* et *Μυκερίνου* Welcker Rh. M. 1836 p. 421, quae recipere dubitavi, cum in inferioris aetatis titulis saepe αι pro η et η pro ι usurparetur ‖ v. 2. *ἠγεσάμην* cod., corr. Osann Inscr. 413 et post eum Cobet *Λόγιος Ἑρμῆς* I p. 213.

223. Romae. 121 a. C.

Ἔργον ἀπονοίας ναὸν ὁμονοίας ποιεῖ.

Plut. C. Gracch. 17: .. *νυκτὸς ὑπὸ τὴν ἐπιγραφὴν τοῦ νεὼ
παρενέγραψάν τινες τὸν στίχον τοῦτον· ἔργον — ποιεῖ.*

„Senarius in templo Concordiae ab Opimio, exstirpata nobilitatis studio ex animo humanitate, post immanem civium factam stragem condito, sub dedicationis formula noctu adscriptus." Welcker Syll.² n. 233.

224. 225. Byzantii. VI. p. C. saec.

Εἰκόνα σοί, βασιλεῦ κοσμοφθόρε, τήνδε σιδήρου
στήσαμεν ὡς χαλκῆς οὖσαν ἀτιμοτέραν,
ἀντὶ φόνου πενίης τ᾽ ὀλοῆς λιμοῦ τε καὶ ὀργῆς,
οἷς πάντα φθείρει σὴ φιλοχρημοσύνη.

Γείτονα τῆς Σκύλλης ὀλοὴν ἀνέθεντο Χάρυβδιν,
ἄγριον ὠμηστὴν τοῦτον Ἀναστάσιον.
δείδιθι καὶ σύ, Σκύλλα, τεαῖς φρεσί, μή σε καὶ αὐτὴν
βρώξῃ χαλκείην δαίμονα κερματίσας.

Lyd. de magistr. III 46: *καὶ πολὺς ἦν λόγος ἀπληστίας κατη-
γορῶν τὸν Ἀναστάσιον* († 518). *ὡς καὶ ἐλεγείας τινὰς ἐπὶ τοῦ ἱππο-
δρομίου ἀνατεθῆναι πρὸς τοῦ δήμου κατ᾽ αὐτοῦ, εἰκόνος* (Theophan. I 149, 10 de Boor) *αὐτῷ σιδηρᾶς ἐπὶ τοῦ ἱπποδρόμου ἀνατεθείσης.*

οἱ δὲ στίχοι τοῦ λεγομένου παρὰ τοῖς Ῥωμαίοις φαμῶσου, καθ' ἡμᾶς
δὲ βλασφημίας οἵδε· εἰκόνα — κερματίσας (non disiunctis duobus epigrammatis). Anth. Pal. XI 270: εἰς εἰκόνα Ἀναστασίου βασιλέως
ἐν τῷ Εὐρίππῳ B in textu: Εἰκόνα — φιλοχρημοσύνης sine clausulae
signo; immo subsequitur 271 sine lemmate: ἐγγύθι — κερματίσας.
Anth. Plan.: εἰς εἰκόνα Ἀναστασίου βασιλέως ἐν τῷ Εὐρίπῳ· εἰκόνα
— φιλοχρ., εἰς τὸ αὐτό· γείτονα — κερματίσας.

224. v. 2. ἄνθεσαν ὡς χαλκοῦ πολλὸν ἀτιμοτέρην Anth. Pal. et Pl. ‖ v. 3.
τ' post πενίης omis. Plan. | δὲ ὀλοῆς λοιμοῦ C(aseolinus) cod. Lydi ‖ v. 4. ἡ πάντα
φθειρέσει C, corr. Fussius, οἷς πάντα φθείρεις ἐκ φιλοχρημοσύνης Anth. Pal. et
Plan., nisi quod haec πάντας.

225. v. 1. γείτονα] ἐγγύθι Anth. Pal. et Pl. | τῆς] δὲ Lyd. | χαλεπὴν στή-
σαντο Χάρυβδιν Anth. Pal. et Pl.; nempe prope Scyllae statuam stabat Anastasii ‖
v. 2. ὠμιστὴν Anth. Pal. ‖ v. 3. αὐτῆς Anth. Pal. Bᵃᶜ, αὐτὴν Bᵖᶜ et rell.

Haec duo irrisoria carmina si Lydo fides habenda est inscripta
fuerunt statuae in hippodromo Constantinopolitano positae. Neque
enim eius verba „ἀνατεθῆναι ἐπὶ τοῦ ἱπποδρομίου" aliter explicari
possunt.

EPIGRAMMATA

QUAE VETERES FALSO CONTENDUNT

LAPIDIBUS INSCRIPTA ESSE.

I. Epitaphia.

1. Deorum et heroum, regum et imperatorum.

226. In Iovem.

Πυθαγόρας τῷ Διΐ.

Ὧδε θανὼν κεῖται Ζάν, ὃν Δία κικλήσκουσιν.

. . . . .

Porphyr. vit. Pythag. 17: (*Πυθαγόρας εἰς τὸ Ἰδαῖον καλούμενον ἄντρον καταβὰς*) *ἐπίγραμμα ἐνεχάραξεν ἐπὶ τῷ τάφῳ ἐπιγράψας· Πυθαγόρας τῷ Διΐ, οὗ ἡ ἀρχή· ὧδε — κικλήσκουσιν.* Cyrill. contr. Iulian. 10 p. 342c (vol. IX col. 1028 Migne) totum hunc Porphyrii locum exscripsit. Anth. Pal. VII 746 (ex Porphyrio, cum et ipsa initium solum epigrammatis exhibeat): *εἰς τὸν τοῦ Διὸς τάφον ἐν Κρήτῃ. — Πυθαγόρου* Lm^c: *ὧδε κτλ.*[1]) Respicit sine dubio Chrysost. homil. 3 (vol. 62 col. 676 Migne): *οἱ Κρῆτες τάφον ἔχουσι τοῦ Διὸς ἐπιγραφέντα* (Nauck Mél. Gr.-R. III 572; *ἐπιγράφοντα* cod.) *τοῦτο· ἐνθάδε Ζὰν κεῖται, ὃν Δία κικλήσκουσιν.*

θανὼν Porphyr., μέγας Cyrill., Anth. Cf. inscriptiones quas infra adscribam ex Diodoro et Philochoro | κικλήσκουσι Anth. man. rec. (cf. not. 1).

Quae Porphyrius de Pythagorae in Iovis tumulo inscriptione tradit, nobis non ipsa per se considerare licet, sed conferre debemus cum eis quae idem paulo ante c. 16 profert: *ὡς δὲ (Πυθαγόρας) πλέων Δελφοῖς προσέσχε, τὸ ἐλεγεῖον τῷ τοῦ Ἀπόλλωνος τάφῳ ἐπέγραψε, δι' οὗ ἐδήλου ὡς Σειληνοῦ μὲν ἦν υἱὸς Ἀπόλλων, ἀνῃρέθη δὲ ὑπὸ Πύθωνος, ἐκηδεύθη δ' ἐν τῷ καλουμένῳ Τρίποδι, ὃς ταύτης ἔτυχε τῆς ἐπωνυμίας διὰ τὸ τὰς τρεῖς κόρας τὰς Τριόπου θυγατέρας ἐνταῦθα θρηνῆσαι τὸν Ἀπόλλωνα.* Atque hoc inter omnes constat Pythagoram ipsum neutrum horum titulorum scripsisse. Inferiore igitur aetate nescio quis utrumque epitaphium philosopho subdidit. Neque vero credibile est hunc falsarium, ut mendacio suo maiorem

---

1) „Hunc versum scripsit A; repetit versum in marg. inf. manus rec. (nullo lemmate), denique eadem manus rec. subiungit irridendi causa tertium versum: *ὧδε μέγας κεῖται βοῦς ὃν Δ. κ.* iteratque lemma (*Πυθαγόρου* omisso).“ Stadtmueller.

daret veri speciem, duobus locis et Cretae et Delphis versus lapidi in-
cidendos curavisse. Quos nunquam inscriptos fuisse in marmore, sed
tantum in libris exstitisse alterum quoque accedit argumentum.
Eodem enim loco quo Delphis Apollinis sepulcrum fuisse Pythagoras
dixisse fertur, alii testes iique multi (cf. Rohde Psyche p. 123 sq.
cum notis) Bacchum sepultum esse contendunt. Ex quibus Philochorus haec (fr. 22, ap. Malal. chron. 2 p. 45 Dind.): ἔστιν ἰδεῖν τὴν
ταφὴν αὐτοῦ (sc. Διονύσου) ἐν Δελφοῖς παρὰ τὸν Ἀπόλλωνα τὸν
χρυσοῦν (cf. Rohde l. l.)· βάθρον δέ τι εἶναι ὑπονοεῖται ἡ σορός, ἐν
ᾧ γράφεται· ἐνθάδε κεῖται θανὼν Διόνυσος ⟨ὁ⟩ ἐκ Σεμέλης
|cf. Petersen Philol. 15, 77 sqq.]. Itane? Putasne in templo sanctis-
simo Apollinis ad tripodem duas fuisse inscriptiones quarum una
Bacchum, altera Apollinem illic conditum esse nuntiaret? Immo neque
hoc neque illud, ne dicam utrumque ibi inscriptum esse potest. Apparet autem, quod in Delphicum, idem cadere etiam in Cretense Pythagorae epitaphium. Videtur quidem in Iovis sepulcro, quod in antro
Idaeo monstrabant Cretenses[1]), dei nomen sed hoc solum inscriptum
fuisse: cuius rei auctores sunt Pomp. Mela 2. 7. 112, schol. in Luc.
Iup. trag. p. 185 Iac., Ennius Euhem. fr. 13 V. (= fr. 526 Bähr.; cf. schol.
ad Callim. hymn. in Iov. 8). Pythagorae autem epigramma et quae
alibi[2]) ut inscripta traduntur temere ficta sunt.

227. In Ascalaphum.

Cᾶμ' Ἄρεως ἔτυμον βεβοημένον Ἑλλάδι φήμη,
οὕνεκ' Ἄρης ταύτῃ τέκνον ἔχωσε πόλει.

Etym. M. p. 708, 5: Σαμάρεια πόλις· εἴρηται ἀπὸ τοῦ σήματος
τοῦ Ἄρεως· ὅτι ἐν αὐτῇ Ἄρης Ἀσκαλάφῳ τῷ υἱῷ τύμβον ἔχωσεν, ἐν
ᾧ καὶ ἐπέγραψε τοῦτο· σᾶμ' κτλ. Cf. Schol. B et L Hom. O 112:
φασὶ δὲ τὸν Ἀσκάλαφον εἰς Ἑβραΐδα τετάφθαι γῆν· διὸ καὶ Σαμάρειαν καλεῖσθαι διὰ τὸ σῆμα ὃ Ἄρης ἐποίησεν. Eustath. p. 1009, 33:
τὸν δὲ ῥηθέντα τοῦ Ἄρεως υἱὸν Ἀσκάλαφόν φασιν εἰς Ἑβραίαν μετα-
κομισθέντα τετάφθαι, ἀφ' οὗ καὶ Σαμάρειαν κληθῆναι διὰ τὸ ἐκεῖ
σᾶμα τὸν Ἄρην, τουτέστι σῆμα, ποιῆσαι τῷ υἱῷ.

1) Cf. Höck Kreta III 336 sq. Locos collegit Rohde Psyche p. 122 not. 2
(addo Lucian. Philops. 3, Philopatr. 10). Etiam hodie in Ida monte Iovis sepulcrum ostendi narrat Pashley travels in Creta I 211.

2) Diodorus ap. Ioann. Antioch. in F. H. G. IV 542 (= Anecd. Par. Cr. 2. 236)
. . . . κτίσαντες αὐτῷ (sc. τῷ Πίκῳ) ναὸν οἱ αὐτοῦ παῖδες ἔθηκαν αὐτὸν ἐκεῖ ἐν
τῇ Κρήτῃ ἐν μνήματι. Ὅπερ μνῆμά ἐστιν ἕως τοῦ παρόντος ἐν Κρήτῃ. ἐν τῷ
μνήματι ἐπιγέγραπται· Ἐνθά⟨δε⟩ κεῖται θανὼν Πῖκος [ὁ καὶ Ζεύς], ὃν καὶ
Δία καλοῦσι. (Inde chron. pasch. p. 44 Ducange, Cedren. I p. 37, 17 Bonn.,
Eudocia p. 311 Flach.)

v. 1. σῆμ' cod., σᾶμ' scripsi collato Eustathio | „φωνῇ Meineke in biblioth. critic. Hildesheim. 1823 I 159" Welcker Syll.² n. 213 ‖ v. 2. Ἄρης τέκνον ἔχωσε πόλ.. cod.; ταύτῃ et πόλει suppl. Sylburg. Certe dici potest γωννύναι τινά pro θάπτειν, cf. Anth. VII 277, Kaibel 497 a, 5 (in addendis), sed pessime ταύτῃ πόλει pro ἐν τ. πόλει; neque tamen ausim corrigere ταύτῃ τύμβον ἔχωσε τέκνῳ vel simile quid, immo barbariae haec tribuenda esse puto. Barbari quoque est tumulum a Marte erectum dicere σᾶμ' Ἄρεως.

Ficta inscriptio non tam epitaphium est Ascalaphi quam ad urbem ipsam spectat.

228. In Erythram.

Ἐνθάδε τύμβος ἁλὸς πάςης μεδέοντος Ἐρύθρου.

Etym. M. p. 79, 13: Ἐρυθραῖον πέλαγος, ἀπὸ Ἐρυθραίου τινὸς βασιλέως· ἀποθανόντος γὰρ αὐτοῦ, ἔρριψαν αὐτὸν ἐν τῇ θαλάσσῃ, ἐπιγράψαντες τῷ τάφῳ· ἐνθάδε κτλ.

τύμβος cod. Par., τάφος rell. | παμμεδέοντος codd., corr. Meineke; τοῦ παμμεδέοντος Sturz, sed mirum παμμεδέων esse coniunctum cum genetivo. πέλεται μεδέοντος Sylburg, cf. Alex. Eph. versum infra l. et versum ap. schol. Pind. Nem. 3. 40: ἁλὸς μεδέοντι. | Ἐρυθροῦ editt.; sed Ἐρύθρου aut Ἐρύθρα scribendum est. Vocatur enim rex Ἔρυθρος a Steph. Byz. s. v. Ἐρύθρά, Ἐρύθρας ab Alex. Ephesio (v. infra), Strabone (16. 766 Ὤγυριν, ἐν ᾗ τάφος Ἐρύθρα δείκνυται, χῶμα μέγα ἀγρίοις φοίνιξι κατάφυτον), Plinio (n. h. VI 28. 32. 153), Arriano, Agatharchide, Mela (3. 8. 79).

Vix credas tumulo Erythrae regis, quem Arrianus in Oaracta insula (cf. Fränkel Quellen der Alexanderhistor. p. 350), plures Oagyride fuisse volunt, hunc versiculum fuisse inscriptum; immo tamquam titulus effictus esse videtur ex his versibus Alexandri Ephesii (Eustath. ad Dion. Per. 606 coll. Meinekio anall. Alex. p. 376):

Ἀγχιβαθὴς δ' ἄρα νῆσος ἁλὸς κατὰ βένθος Ἐρυθρῆς
Ὤγυρις, ἔνθα τε τύμβος ἁλὸς μεδέοντος Ἐρύθρα.

229. In Ereuthalionem.

Ἐνθάδ' Ἐρευθαλίωνι φίλοις τ' ἐπὶ τύμβον ἔθηκαν
Ἀρκαδίης βασιλῆς, γένος ἔξοχον Ἀμφιδάμαντος,
οἵ ποτε Νέστορα καὶ λαοὺς πολέμῳ δαμάσαντο.

Schol. A ad Iliad. Δ 319: Πύλιοι καὶ Ἀρκάδες περὶ γῆς ὅρων ἐπολέμουν περὶ τὸ καλούμενον Ἀγκαῖον (Λυκαῖον?) ὄρος. Νέστωρ δὲ μονομαχήσας ἐκ προκλήσεως Ἐρευθαλίωνα τὸν Ἱππομέδοντος ἢ ὡς ἔνιοι Ἀφείδαντος ἀνεῖλε καὶ ὑπὸ χαρᾶς τὸ περιορισθὲν χωρίον παρεξῆλθεν, οἱ δὲ Ἀρκάδες, ἔτι σκαρίζοντος τοῦ Ἐρευθαλίωνος, ἐφορμήσαντες τοῖς Πυλίοις συνέβαλον καὶ οὕτως ἐνίκησαν. Θάψαντες δὲ

τὸν Ἐρευθαλίωνα καὶ τοὺς φίλους ἐπέγραψαν τῷ τάφῳ τόδε τὸ ἐπί-
γραμμα· ἐνθάδ' — δαμάσαντο. ἱστορεῖ Ἀρίαιθος (FHG IV 318).
Eadem similibus etsi non iisdem verbis exstant apud Schol. BTL et
ap. Eustath. in Il. p. 477. Cod. Matrit. p. 110 Iriarte: ἐπίγραμμα
εἰς Ἐρευθαλίωνα ὑπὸ Νέστορος κταθέντα· ἐνθάδ' κτλ.

    v. 1. Ἐρευθαλίωνα φίλους τ' ἐπὶ L Eustath., Ἐρευθαλίωνα φίλοι περὶ B,
Ἐρευθαλίωνι φίλοι περὶ T, Ἐρευθαλίωνα φίλον περὶ Matr. ‖ **v. 2.** Ἀρκαδίης]
ἀρκάδες Eust. | βασιλῆες γένος ἔξοχον ἱππομέδοντος Λ, βασιλῆος γ. ἔ. ἱππομέδοντος
Eust., βασιλῆα γ. ἔ. ἀμφιδάμαντος B, βασιλῆες ἔξοχον γένος ἀμφιδάμαντα T, βασιλῆα γένος ἔξοχον ἱπποδάμαντα Matr., βασιλῆα γ. ἔ. ἱπποδάμαντος L. Etsi in
reliquis codicem A secutus sum, tamen in nomine proprio BT genuinam lectionem servasse censeo, cum Amphidamantem ex aliis quoque scriptoribus vetustissi-
mum Arcadum regem esse sciamus. Hippomedon autem pater Ereuthalionis,
non origo regum Arcadum putabatur et ex textu epigramma praecedente falso
illatus est. Denique Hippodamas nihil est nisi Hippomedontis varia lectio ‖ **v. 3.**
ὅς ποτε et δαμάσσατο Matr.

    Hos versus ex carmine epico desumptos esse conicio, quo res
Arcadum vetustissimae celebrabantur. Ceterum eadem pugna, quae ab
Ariaetho, videtur commemorari apud Pausan. 5. 18. 6 in descriptione
Cypseli arcae, cuius tertiam imaginem quosdam ad pugnam inter
Arcades et Pylios rettulisse narrat periegeta. — Ariaethus Tegeates,
Arcadicorum scriptor, floruit ante Dionysium Halicarnassium: cf.
Münzel quaest. mythogr. p. 16, Kalkmann Paus. p. 126.

---

230. In Asbolum.

    Ἄσβολος οὔτε θεῶν τρομέων ὄπιν οὔτ' ἀνθρώπων
    ὀξυκόμοιο κρεμαστὸς ἀπ' εὐλιπέος κατὰ πεύκης
    ἄγκειμαι μέγα δεῖπνον ἀμετροβίοις κοράκεσσιν.

    Philostr. heroic. 478 (p. 328 ed. Kayser[1], p. 214[2]): τὸν Ἡρα-
κλέα φασὶν ἀνασταυρώσαντα τὸ Ἀσβόλου τοῦ Κενταύρου σῶμα ἐπιγράψαι αὐτῷ τόδε τὸ ἐπίγραμμα· Ἄσβ. κτλ. Tzetz. exeg. in Iliad.
p. 24 (ed. Herm. in Dracontis Straton. editione): εἴπωμεν οὖν χάριν
ὑμῶν καὶ Ἡρακλέος ἔν τι ἐπίγραμμα, ἐπιγραφὲν ἐπὶ τῇ ἀνασταυρώσει
τοῦ Ἀσβόλου Κενταύρου· Ἄσβ. κτλ. Idem. epist. ed. Pressel p. 3 et
chiliad. 5. 128: Ἄσβολον δ' ὡς πρωταίτιον τῆς συρραγῆς τῆς μάχης |
ἀνασταυρώσας, ἔγραψεν ἐπίγραμμα πρεπῶδες | αὐτὸς αὐτοῦ ὁ Ἡρα-
κλῆς. . . . | κεῖται δὲ τὸ ἐπίγραμμα ἐν τῷ ἐπιστολίῳ· Ἄσβολος κτλ.

    v. 2. ὑψικόμοιο Tzetz. chil. et epist. | ἀπ' εὐλιπέος Tzetz. chil. et epist. et
Philostrati codd. plerique, ἀπ' εὐλικέος eius cod. φ, ἀπ' εὐλιπέον eiusdem g,
ἀπελίπεο Tzetz. exeges.; ἀπ' εὐλιπέος Brunck Boissonade Iacobs, ut sit pro
ἀποκρέμαστος, ὅδ' εὐλιπέος Kayser; at fortasse abundantia praepositionum laben-
tis Graecitatis propria est; cf. Hecker (1842) 213, qui hunc versum affert ad
Anth. Pal. VII 225, 4 | κατὰ] μάλα Hamaker, Bibl. Crit. Nov. 4 p. 382 ‖

v. 3. ἄγκειμαι Philostr. codd. plerique, ἄγκειται Tzetz. chil. cod. A (in cuius margine συγ) Tzetz. exeg., ἄγκειμαι Philostr. cod. φ, ἄγκειτο Tzetz. epist., ἔγκειμαι Philostr. 1p d E, σύγκειται Tzetz. chiliadum codd. reliqui | ἀμετροβίοις Tzetz. et Philostr. codd. plerique (cuius ψ ἀμετροβίοιο), ἀμετροβόαις Phil. 1π B, ἀμετροβόοις eiusdem γ et g γφ.

Pausanias 6. 21. 3 tradit prope Olympiam fuisse sepulcrum Sauri latronis ab Hercule necati. Possis igitur conicere etiam Asbolo monumentum aliquod erectum et hos tres hexametros inscriptos fuisse. Cui coniecturae obstat quod neque Philostratus neque Tzetza quidquam referunt de regione vel oppido ubi fuerit epigramma, sed uterque sine dubio putavit Herculem titulum ipsi cruci addidisse. Qua de re videntur mihi versus nunquam usquam inscripti esse, sed efficti a poeta: sunt fortasse fragmentum Heracleae alicuius.

---

231. In Macrosiridem.

Τέθαμμ' ὁ Μακρόcιριc ἐν νήcῳ μικρᾷ
ἔτη βιώcαc πεντάκιc τὰ χίλια.

Phleg. Trall. mirab. 17 (p. 81 ed. Keller): Ὁ δὲ αὐτός (Apollonius?) φησιν πλησίον Ἀθηνῶν νῆσόν τινα εἶναι, ταύτην δὲ τοὺς Ἀθηναίους βούλεσθαι τειχίσαι· σκάπτοντας οὖν τοὺς θεμελίους τῶν τειχῶν εὑρεῖν σορὸν ἑκατὸν πηχῶν, ἐν ᾗ εἶναι σκελετὸν ἴσον τῇ σορῷ, ἐφ' ἧς ἐπιγεγράφθαι τάδε· τέθαμμ' κτλ.

v. 1. μακρόσειρις cod., corr. Hercher, μάκαρ Ὄσειρις vel μακρὸς Ὄσειρις Meineke Philol. 14 p. 14 | μακρᾷ cod. quod de Helena insula, quae et Μακρίς nominabatur, dictum esse putat Mein.; μικρᾷ Hercher.

O. Keller in Praef. scriptorum rer. nat. p. XVII putat hanc narrationem inde ortam esse quod elephantorum primigenorum vel similium priscarum bestiarum ossa prope Athenas inventa essent. Certe inscriptio prorsus ficta est. Macrosiridi autem i. e. μακρῷ Ὀσίριδι corpus adscriptum esse fortasse explicaveris ex multis huius dei sepulcris; cf. Stackelberg Gräber der Hellenen p. 20. Alia de inventis corporibus vastis tradunt Plinius n. h. 7. 73 sq. et Pausanias compluribus locis: cf. Rohde Psyche p. 151 not. et Lasaulx Stud. d. class. Alt. p. 5 sqq.

---

232. In Sardanapallum. Choerili?

Εὖ εἰδὼc ὅτι θνητὸc ἔφυc còν θυμὸν ἄεξε
τερπόμενοc θαλίηcι· θανόντι τοι οὔτιc ὄνηcιc.
καὶ γὰρ ἐγὼ cποδόc εἰμι · Νίνου μεγάληc βαcιλεύcac·
κεῖν' ἔχω ὅcc' ἔφαγον καὶ ἀφύβριca καὶ còν ἔρωτι

5   τέρπν' ἔπαθον· τὰ δὲ πολλὰ καὶ ὄλβια πάντα λέλυνται.
[ἥδε coφὴ βιότοιο παραίνεcιc, οὐδέ ποτ' αὐτῆc
λήcομαι· ἐκτήcθω δ' ὁ θέλων τὸν ἀπείρονα χρυcόν.]

Locos fere omnes collegit G. Kinkel ep. Gr. frgm. p. 310, cf.
etiam Nauck Mél. Gr.-R. II p. 736, Bergk PLG II⁴ 368. Athen. 8
p. 335 f: ἐφ' οὗ τοῦ τάφου ἐπιγεγράφθαι φησὶ Χρύσιππος τάδε· 1—7.
Schol. Aristoph. av. 1021: λέγουσιν ἐν τῷ τάφῳ αὐτοῦ ἐπιγεγράφθαι
τοῦτο τὸ ἐπίγραμμα· 1—7. Scholiastam ad verbum descripsit Eudocia p. 372 Flach (nisi quod v. 2 τοι excidit), quamobrem eam in
apparatu critico non afferam. (Etiam Phavorinum afferre super-
sedi.) — Anth. Plan. 27: εἰς Σαρδανάπαλλον· 1—6. Inde Strabonis interpolator XIV p. 672 (v. infra): v. 1—6. — Diodor. II 23:
Ἐπὶ τοσοῦτο δὲ προήχθη (sc. Σαρδανάπαλλος) τρυφῆς . . . ὥστε ἐπικήδειον εἰς αὐτὸν ποιῆσαι καὶ παραγγεῖλαι τοῖς διαδόχοις τῆς ἀρχῆς
μετὰ τὴν ἑαυτοῦ τελευτὴν ἐπὶ τὸν τάφον ἐπιγράψαι τὸ συγγραφὲν
μὲν ὑπ' ἐκείνου βαρβαρικῶς, μεθερμηνευθὲν δὲ ὕστερον ὑπό τινος
Ἕλληνος· 1—5 (secundae classis codices om. v. 1—3). Tzetz. chil.
3.450 (ex Diodoro, propterea Tzetzam non afferam in apparatu critico):
(ὁ Σικελὸς Διόδωρος) γράφει καὶ τὸ ἐπίγραμμα τὸ τοῦ Σαρδαναπάλ-
λου | ὃ γεγραμμένον πέφυκε γράμμασιν Ἀσσυρίοις | κἂν ἐξελληνιζό-
μενον ταῦτα δηλοῖ τὰ ἔπη· 1—5. — Eustath. Od. p. 1447, 30: ὁ δὲ
Σαρδανάπαλλος . . . ἔφη· 1—2 (-θαλίῃσι). — Clem. Alex. p. 177 Sylb.
(I col. 1061 M.): οὗ (sc. Sard.) τὸν βίον δηλοῖ τὸ ἐπίγραμμα· v. 4. 5. 3;
eodem ordine Theodoret. graec. aff. cur. XII (IV col. 1149 M.,
4, 2 p. 1039 ed. Schulze): Τῷ γὰρ δὴ ἐκείνου (sc. Sard.) ἐπιγέγραπται
τάφῳ· 4. 5. 3 et Georg. Hamartol. ap. Cramer. A. O. IV 219 (Corp.
Scr. H. B. 14 p. 19, 9 = Migne col. 56): οἱ δὲ κόλακες . . ἐπέγραψαν,
ὡς ἐξ αὐτοῦ δῆθεν τῷ τάφῳ αὐτοῦ τοιάδε· v. 4. 5. 3 (pedestri oratione). — Saepissime versus 4 et 5: Strab. XIV 672: καὶ δὴ
καὶ περιφέρεται τὰ ἔπη ταυτί· 4. 5; hoc loco codices aliquot v. 1—6
margini adscripserunt. Dio Chrysost. or. IV (I p. 89 D.): καὶ τὸ
τοῦ Σαρδαναπάλλου προφέρεται πολλάκις ἐλεγεῖον· 4. 5. Anth. Pal.
VII 325: εἰς τὸν Σαρδανάπαλλον Lmᵉ: 4. 5. Unde et in codice
Matritensi p. 450 Iriarte. Steph. Byz. s. v. Ἀγχιάλη· οὗ (sc. Σαρδαναπάλλου) ἐστι καὶ τὸ ἐπίγραμμα ὧδε· v. 4. 5. Cic. Tusc. 5. 35:
ex quo Sardanapali opulentissimi Syriae regis error agnoscitur, qui
incidi iussit in busto:

      haec habeo quae edi quaeque exsaturata libido
      hausit. at illa iacent multa et praeclara relicta.

quid aliud, inquit Aristoteles (frgm. 90 R³), in bovis, non in
regis, sepulcro inscriberes? Idem de fin. 2. 106: non intellego

cur Aristoteles Sardanapali epigramma tanto opere derideat, in
quo ille rex Syriae glorietur se omnes secum libidinum voluptates
abstulisse. Ex Cicerone novit Augustin. de civit. dei II 20. Codex
bibl. Escurial. 227 s. XIV/XV ap. Miller. p. 174: τὸ ἐν μνήματι
τοῦ Σαρδαναπάλλου ἐπίγραμμα· v. 4. 5. — Polyb. 8. 12: οὗ τὴν ἐν
τῷ βίῳ προαίρεσιν καὶ τὴν ἀσέλγειαν διὰ τῆς ἐπιγραφῆς ἐπὶ τοῦ τάφου
τεκμαιρόμεθα. λέγει γὰρ ἡ ἐπιγραφή· ταῦτ' ἔχω — ἔπαθον. Plut.
mor. p. 546 A (de se ipso laud. 17): πάνυ δὲ χαριέντως καὶ ὁ Κράτης
πρὸς τὸ Ταῦτ' ἔχω — ἔπαθον ἀντέγραψε κτλ. Plut. mor. p. 330 F:
τοῖς Σαρδαναπάλλου μνημείοις ἐπιγέγραπται· ταῦτ' ἔχω, ὅσσ' ἔφαγον
καὶ ἐφύβρισα. Nicet. Chon. p. 417, 11 (Migne I col. 677): ἔχαιρε δὲ
κατὰ Σαρδανάπαλλον ταῖς ἀνέσεσιν, ὃς τόσσ' ἔχειν, ὅσσ' ἔφαγε καὶ
ἐφύβρισε τῷ ἐπιταφίῳ ἐνεκόλαπτε γράμματι. Eustath. Il. p. 766, 55:
.. πρὸς ὅπερ ἔοικεν ἀπερεῖσαι τὸν νοῦν καὶ ὁ εἰπών· τοσαῦτ' ἔχω,
ὅσ' ἔφαγόν τε καὶ ἔπιον. Eustath. Il. p. 224, 36: ἔφη γὰρ (sc. Sar-
danap.) τὸ τοσαῦτ' ἔχω ὅσα ἔφαγόν τε καὶ ἔπιον καὶ τὰ ἑξῆς. Suid.
s. v. Σαρδανάπαλλος· οἱ δὲ κόλακες ἐπέγραψαν ὡς ἐξ αὐτοῦ δῆθεν (cf.
Georg. Hamartol.) τῷ τάφῳ αὐτοῦ τὰ Τόσσ' ἔχω καὶ τὰ ἑξῆς.

Imitatores: Alexis ap. Athen. 8. 336 f (Com. II 306 K.):
ἕξεις δ' ὅσ' ἂν φάγῃς τε καὶ πίῃς μόνα· | σποδὸς δὲ τἆλλα, Περικλέης
Κόδρος, Κίμων. Phoenix ap. Ath. 12. 530 e (quae transscribere
longum est). Chrysippus ap. Ath. 8. 337a: εὖ εἰδὼς ὅτι θνητὸς
ἔφυς, σὸν θυμὸν ἄεξε, | τερπόμενος μύθοισι· φαγόντι σοι οὔτις ὄνη-
σις. | καὶ γὰρ ἐγὼ ῥάκος εἰμί, φαγὼν ὡς πλεῖστα καὶ ἡσθείς. | ταῦτ'
ἔχω ὅσσ' ἔμαθον καὶ ἐφρόντισα καὶ μετὰ μουσῶν | τέρπν' ἐδάην· τὰ
δὲ πολλὰ καὶ ὄλβια τῦφος ἔμαρψεν. Duos postremos versus ex iis
versibus qui Crateti a Laertio Diog. 6. 86 (cf. Bergk PL. II⁴ p. 368)
adscribuntur et qui a Chrysippi parodia non diversi esse videntur,
emendavi. Theocrit. 16. 42: τὰ πολλὰ καὶ ὄλβια τῆνα λιπόντες,
cf. v. 22 δαιμόνιοι, τί δὲ κέρδος ὁ μυρίος ἔνδοθι χρυσὸς | κείμενος;
οὐχ ἅδε πλούτου φρονέουσιν ὄνασις (attulit Buecheler Rh. M. 30, 54).
Antipater Thessal. A. P. VII 286: τὰ δ' ὄλβια κεῖνα μέλαθρα
φροῦδα .. Kaibel epigr. gr. 546b, 15: τἆλλα τε πάντα λέλοιπα κτλ.
Cf. etiam Leibnitii versiculos Rh. M. 19, 296 (= Bernays Ges. Abh.
2, 354).

v. 1. εἰδώς] δεδαὼς sch. Arist. | σὸν] ὃν sch. Arist., τὸν Anth. Pl. et duo
codd. interpolatoris Strab. | δέξαι Diod. || v. 2. τοι] σοι Ath. (cuius epitome C
τοι) Diod. | ὀνήσει Diod. || v. 3. καὶ γὰρ νῦν Hamart. | βασιλεύων schol. Aristoph. ||
v. 4. κεῖν'] solus Athen., τόσσ' Anth. P. et Pl. Theodoret., Nic. Chon., Dio Chr.,
Suid. Hamart. cod. Escur., τοσαῦτ' Eust., ταῦτ' reliqui. | καὶ ἀφύβρισα] sic vel
κἀφύβρισα codd. plerique Strabonis et Aristoteles, quod ex Ciceronis versione
cognoscimus, cf. I. Bernays Dial. d. Aristot. p. 160; καὶ ἐφύβρισα omnes reliqui;
nisi quod (ἔφαγόν) τε καὶ ἔπιον Anth. P. et Eust., cf. Hamartolum qui epi-

gramma pedestri oratione reddit: ὅσ' ἐφύβρισα καὶ ἔφαγόν τε καὶ ἔπιον καὶ μετ'
ἔρωτος τερπνοῦ ἐπολιτευσάμην. καὶ ἐβρόχθισα Nauck Mél. Gr.-R. II 736 | σὺν
ἔρωτι] solus Ath., μετ' ἐρώτων schol. Aristoph., Anth. P., μετ' ἔρωτος rell. ‖ **v. 5.**
τέρπν' ἔπαθον] τερπνὰ πάθον Steph. B., τέρπν' ἐδάην Anth. P. et Pl. | πολλὰ]
λοιπὰ Dio Chr. | πάντα λέλυνται] Ath., πάντα λέλειπται (cf. Hom. § 213) Anth. Pal.
Cmᶜ (in textu τάφος ἔμαρψε ab eodem C in ras. scriptum scilicet ex 326, 2;
pristina lectio A item erat τάφος ἔμαρψεν) cod. Esc. Dio Theodor. Hamart.,
κεῖνα λέλειπται rell. (etiam Aristot.) et Theocr. Versuum 4 et 5 igitur duplex
exstat forma: cum enim plerique scriptores ταῦτ' vel τόσσ' — μετ' ἔρωτος — κεῖνα
(πάντα) λέλειπται exhibeant, Chrysippus ap. Athen. tradit κεῖν' — σὺν ἔρωτι —
πάντα λέλυνται. Utrum autem Chrysippus genuinam formam servaverit, reliqui
versus quales in vulgi ore ferebantur, tradiderint, an ille mutaverit, discerni
non potest. Id certe constat lectionum varietatem non inde explicari posse,
quod duo poetae Assyrium, quod fuisse putant, epitaphium in Graecos versus
transtulerint: quae fuit olim Naekii sententia ‖ **v. 6 et 7** del. Nauck l. l. recte
sine dubio, cum mortuus se obliturum non esse dicere nequeat. ‖ **v. 6.** οὐδέ ποτ'
αὐτῆς Ath., οὐδέ ποτ' ἐσθλή schol. Arist. quod ex Hesiod. Opp. 640 irrepsisse
putat Flach ad Eudociam p. 372, (παραίνεσις) ἀνθρώποισιν Anth. Pl., Strab. interp. ‖
v. 7. λήσομαι] Ath., λησάμεθ' Hecker² p. 35 (at cf. p. 344), λήσεαι Meineke;
totum versum sic exhibet schol. Aristoph.: κεκτήσθω δ' ὁ θέλων σοφίης τὸν
ἀπείρονα πλοῦτον, quam formam Cratetis parodiae adscribit Bergk.

Sardanapalli luxuriae, quam finxerant Graeci, iidem tamquam
fastigium imponebant ementiti epitaphia, quae sepulcro regis inscripta
essent. Quorum tria historicorum libris ad nos pervenerunt: primum
habes apud Athenaeum 12. 529 e: Ἀμύντας ἐν τρίτῳ Σταθμῶν ἐν
τῇ Νίνῳ φησὶν εἶναι χῶμα ὑψηλόν . . . . λέγεσθαι δὲ τὸ χῶμα τοῦτ'
εἶναι Σαρδαναπάλλου τοῦ βασιλεύσαντος Νίνου, ἐφ' οὖ καὶ ἐπιγεγράφθαι ἐν στήλῃ λιθίνῃ Χαλδαϊκοῖς γράμμασιν, ὅ μετενεγκεῖν
Χοιρίλον ἔμμετρον ποιήσαντα. εἶναι δὲ τοῦτο· „ἐγὼ δὲ (?) ἐβασίλευσα
καὶ ἄχρι ἑώρων τοῦ ἡλίου φῶς, ἔπιον ἔφαγον ἠφροδισίασα, εἰδὼς
τόν τε χρόνον ὄντα βραχὺν ὅν ζῶσιν οἱ ἄνθρωποι, καὶ τοῦτον πολλὰς
ἔχοντα μεταβολὰς καὶ κακοπαθείας, καὶ ὧν ἄν καταλίπω ἀγαθῶν, ἄλλοι
ἕξουσι τὰς ἀπολαύσεις. διὸ κἀγὼ ἡμέραν οὐδεμίαν παρέλιπον τοῦτο
ποιῶν." Commemorat autem Amyntas hoc loco alterum quoque epitaphium, metricam dico Choerili versionem, quam hos ipsos, de
quibus agimus, versus esse summam habet probabilitatis speciem,
dummodo statuamus poetam non verba, sed rem reddere voluisse.¹)
Tertius accedit titulus, quem primus Callisthenes, deinde multi
alii historiae rerum ab Alexandro gestarum intexuerunt: de quo fuse
egit Niese in Indice Marburgensi 1880 (cf. Fränkel die Quellen der
Alexanderhistoriker p. 10—12 et p. 230); est autem talis (Callisth.

---

1) Ex Amyntae consimili auctore hausit Strabo 14 p. 672: Μέμνηται δὲ
καὶ Χοιρίλος τούτων (Sardanapalli sepulcri). Deinde pergit: καὶ δὴ καὶ περιφέρεται τὰ ἔπη ταυτί· ταῦτ' ἔχω — λέλειπται (v. 4—5). Qui versus Straboni ἀδέσποτοι erant, ut erant omnibus qui eos memorant scriptoribus.

fr. 32 Muell.): ἐν Νίνῳ ἐπὶ τοῦ μνήματος αὐτοῦ τοῦτ᾽ ἐπιγέγραπται·
Ἀνακυνδαράξου παῖς Ταρσόν τε καὶ Ἀγχιάλην ἔδειμεν ἡμέρῃ μιῇ· ἔσθιε
πῖνε ὄχευε ὡς τά γ᾽ ἄλλα οὐδὲ τούτου ἐστὶν ἄξια τουτέστιν τοῦ τῶν
δακτύλων ἀποκροτήματος· τὸ γὰρ ἐφεστὸς τῷ μνήματι ἄγαλμα ὑπὲρ
τῆς κεφαλῆς ἔχον τὰς χεῖρας πεποίηται ὡς ἂν ἀποληκοῦν τοῖς δακτύ-
λοις. ταὐτὸ καὶ ἐν Ἀγχιάλῳ τῇ πρὸς Ταρσῷ [1]) ἐπιγέγραπται ἥτις νῦν
καλεῖται Ζεφύριον.

Quo tertio epigrammate non sola regis luxuries quemadmodum
in duobus aliis depingitur, sed commemoratur etiam simulacrum regis,
Anchiale et Tarsus oppida ab illo condita afferuntur, monumentum
et epitaphium etiam Anchialae esse dicitur. Quae Ed. Meyer (Gesch.
d. Alt. I 471 sq. coll. Abyden. fr. 7 et Beros. fr. 12) recte animadvertit ex itineribus Alexandri Magni explicanda esse; prope Anchia-
lam enim statuit Graecos monumentum Assyrii cuiusdam regis vidisse
et inde illa nova affinxisse Sardanapalli sepulcro et titulo. Verisimile
inde fit duo alia epitaphia, quae solam luxuriem regis depingunt,
iam ante Alexandri tempora conficta esse. Quae negabit Buecheler:
contulit enim is Rh. M. 30, 54 Theocriti versum τὰ πολλὰ καὶ ὄλβια
τῆνα λιπόντες (v. p. 185 inter imitatores) qui versus necesse est aut ex
epitaphii versu quinto imitatione expressus sit aut obversatus sit epitaphii auctori; atque hoc quidem putat Buecheler ex versus Theocritei
indole sequi et Ciceroni (v. p. 184 inter testim.) Aristotelis testimonium
afferenti credi vetat, „cum is etiam in aliis multis auctorem iactet
alium, alium transscribat". Sed Aristotelem de Sardanapallo locutum
esse constat (v. fr. 90 R³ et Bernays die Dial. des Aristot. p. 84 sq.),
ut Ciceroni bis Aristotelem diserte nominanti diffidere non liceat.
Accedit quod Alexin comicum (v. imitatores) Theocrito uti potuisse
veri dissimile est. Et nonne potest poeta egregius ita alius verba
carmini suo intexere, ut insciis imitationis vestigia appareant nulla?
Meo quidem iudicio non possumus non statuere Theocritum epitaphii
versus meminisse.

Quodsi recte versus ante Aristotelis et Alexandri tempora facta
esse contendimus, altera solvitur quaestio de Choerilo poeta, cui
probabiliter versus tribui posse supra diximus. Corruit enim Naekii
sententia (Choer. frgm. p. 196—256) Choerilum Iasensem, Alexandri
comitem, fuisse poetam epitaphii, qui sine dubio Callisthenis pres-
sisset vestigia, et relinquitur Samius, Herodoti aequalis, quem in
Persicis de Sardanapallo locutum esse putamus.

---

1) De monumento, quod nunc Tarsi Sardanapalli sepulcrum dicitur, egit
Koldewey in „Archaeol. Beitr. Robert gewidmet" p. 178.

233. In Midam. [Cleobuli.]

Χαλκέη παρθένος εἰμί, Μίδεω δ᾽ ἐπὶ ϲήματι κεῖμαι.

       Ὄφρ᾽ ἂν ὕδωρ τε νάῃ καὶ δένδρεα μακρὰ τεθήλῃ,
5   αὐτοῦ τῇδε μένουϲα πολυκλαύτῳ ἐπὶ τύμβῳ
       ἀγγελέω παριοῦϲι, Μίδηϲ ὅτι τῇδε τέθαπται.

|3   καὶ ποταμοὶ πλήθωϲι περικλύζῃ τε θάλαϲϲα,
4   ἠέλιοϲ δ᾽ ἀνιὼν λάμπῃ λαμπρά τε ϲελήνη,]

Plato Phaedr. p. 264 C: *Σω.: εὑρήσεις τοῦ ἐπιγράμματος οὐδὲν διαφέροντα, ὃ Μίδᾳ τῷ Φρυγί φασίν τινες ἐπιγεγράφθαι. Φαι.: ποῖον τοῦτο καὶ τί πεπονθός; Σω.: ἔστι μὲν τοῦτο τόδε· χαλκῆ — τέθαπται. ὅτι δ᾽ οὐδὲν διαφέρει αὐτοῦ πρῶτον ἢ ὕστατόν τι λέγεσθαι, ἐννοεῖς που, ὡς ἐγῷμαι.* [Dio Chrysost.] 37 p. 120 R (vol. II p. 304· Dind.): *ὁ δὲ ποιητὴς ἄλλως ἐκόμπαζεν ὁ τοῦτο τὸ ἐπίγραμμα ποιήσας, ὅ φασιν ἐπὶ τῷ Μίδα σήματι γεγράφθαι· χαλκῆ — τέθαπται. ἀλλ᾽, ὦ παρθένε, τοῦ μὲν ποιητοῦ ἀκούομεν, σὲ δὲ ζητοῦντες οὐχ εὕρομεν οὐδὲ τὸ σῆμα τοῦ Μίδου.* Anth. Pal. VII 153: *εἰς Μίδαν Ὁμήρου* A | *οἱ δὲ Κλεοβούλου τοῦ Λινδίου* L | *τὸ σχῆμα κύκλος* C: *χαλκῆ — τέθαπται.* Anth. Plan. (aut. app.) f. 92ʳ. Laert. Diog. 1. 6. 89: *καὶ τὸ ἐπίγραμμά τινες τὸ ἐπὶ Μίδᾳ τοῦτόν* (i. e. *Κλεόβουλον*) *φασι ποιῆσαι· χαλκῆ — τέθαπται. φέρουσι δὲ μαρτύριον Σιμωνίδου ᾆσμα ὅπου φησί·* (n. 57 Bgk., cf. infra p. 190). *οὐ γὰρ εἶναι Ὁμήρου τὸ ἐπίγραμμα, πολλοῖς ἔτεσι προέχοντος, φασί, τοῦ Μίδα.* Ps.-Herodoti vita Homeri p. 5, 24 West.: *(Ὅμηρος) ὡς Κυμαῖοι λέγουσι τῷ Φρυγίης βασιλῆι Μίδῃ τῷ Γορδίεω, δεηθέντων πενθερῶν αὐτοῦ, ποιεῖ τὸ ἐπίγραμμα τόδε τὸ ἔτι καὶ νῦν ἐπὶ τῆς στήλης τοῦ μνήματος τοῦ Γορδίεω ἐπιγέγραπται· χαλκῆ — τέθαπται.* Certamen 252 Nietzsche, 250 Rz.: *οἱ Μίδου τοῦ βασιλέως παῖδες Ξάνθος καὶ Γόργος παρακαλοῦσιν αὐτὸν ἐπίγραμμα ποιῆσαι ἐπὶ τοῦ τάφου τοῦ πατρὸς αὐτῶν. ἐφ᾽ οὗ ἦν παρθένος χαλκῆ τοῦ Μίδου θάνατον οἰκτιζομένη. καὶ ποιεῖ οὕτως· χαλκῆ — τέθαπται.* (Ex Herod. et Certamine insertum est Homeri epigrammatis, n. 3.) Primum versum affert, quattuor respicit Ioh. Philopon. in Aristot. anal. post. p. 34 b (schol. ed. Brandis p. 217 A): *κύκλον δέ φησι* (Ἀριστοτέλης) *τὰ ἔπη ἤτοι τὰ ἐπιγράμματα τὰ οὕτω πεποιημένα, οὐχ ὡς τῇ κατὰ τὸ τέλος τοῦ πρώτου στίχου λέξει ἀκολουθούσης τῆς ἀρχῆς τοῦ δευτέρου καὶ τούτῳ τοῦ τρίτου καὶ ἐφεξῆς, ἀλλ᾽ ὡς δύνασθαι τὸν αὐτὸν στίχον καὶ ἀρχὴν καὶ τέλος ποιεῖσθαι, οἷόν ἐστι καὶ τοῦτο· χαλκῆ — κεῖμαι. λέγει δὲ Ἡρόδοτος ἐν τῷ βίῳ τοῦ Ὁμήρου εἶναι τὸ ἐπίγραμμα εἰς Μίδαν τῶν Φρυγῶν βασιλέα.* Secundum versum laudant [Longin.] de subl. 36. 2; Sext. Empir. hypot. 2. 37 (p. 35 Bk.), adv. math. p. 327 Bk.,

Liban. I p. 519 R.; quintum et sextum Suidas. s. v. *Αὐτοῦ* et *Μίδας*.

v. 1. om. Herod. codd. R^{ab} L^b et Hermiae codex Platonicus | χαλκὴ Anth. Pal. et Laertii B, χαλκῇ rell., χαλκέη Brunck | *Μίδεω* Herod. cod. B, *Μίδα* Plato (nisi quod B μίδᾳ) Anth. P. et Pl. Dio, *Μίδου* Cert. Herod. codd. rell. Philop. | ἐνὶ (sic) σήματι κεῖμαι Philop., ἐπὶ σήματος ἧμαι Cert. ‖ **v. 2.** ὄφρ' Plat. Liban., ἔστ' Herod. (L^b σῶτ') Cert. Dio. Laert. Anth. Pal. Longin., εὖτ' Plan. | νάῃ Plat. Sext. hypot. Liban. Cert. Anth. P. et Plan. Dio, ῥέῃ Laert. Herod. codd. RP (ῥέοι ABML), Longin. Sext. adv. math. | τεθήλοι Herod. ABML, τεθήλει eiusdem R. Ad clausulam conf. Hom. η 114 ‖ **v. 5.** πολυκλαύτῳ ἐπὶ τύμβῳ Anth. Pal. Suid. Cert. Laert. PB. Dio, πολυκλαύστῳ ἐ. τ. Plan., πολυκλαύτον ἐπὶ τύμβον Plat. Herod., cf. Kaibel 539, 3 πολυκλαύστῳ ἐπὶ τύμβῳ et A. P. VII 476, 3 πολυκλαύτῳ ἐ. τ. ‖ **v. 6.** ἀγγελέω Plato Herod. (nisi quod L^b ἀγγέλλω, quod probare studet Hermann) Dio Laert. Anth. Pal. et Pl. Suid., σημανέω Cert.; cf. Kaibel 206, 3 προσημαίνω παριοῦσιν | *Μίδης* Herod. Cert., *Μίδας* rell.

v. 3 et 4. om. Plato Anth. P. et Plan. Dio; immutato ordine exhibet Laert. ‖ **v. 3.** om. Herod. | καὶ ποταμοὶ ῥέωσιν Laertii PB (γε ῥέωσιν F ut videtur, ῥείωσιν Röper Philol. 3, 43), ἀνακλύξῃ δὲ Laert., nisi quod ἀνακλύξει B et δὲ ex τε corr. P ‖ **v. 4.** ἠέλιος τ' l. l. nisi quod η in ras. Laertii B et ἥλιος τ' eiusdem F; corr. Westermann | λάμποι Herod. codd. ABL, Diog. ed. Colon. Lugd. Antv., φαίνῃ Cert. | λαμπρῇ Goettl., codicum lectionem λαμπρά defendit G. Herm. op. 6, 153, cf. Rzach Wien. Stud. 5, 184 (Hesiod. th. 18, Ilias parv. fr. 11 K.); λιπαρά hic fuisse putat Stadtmueller Berl. phil. Woch. 1890 col. 304, si recte Bergk in Simonidis carmine λιπαρᾶς supplevit.

Socrates ille Platonicus in Phaedro Lysiae de amore declamationem perstringens reprehendit auctorem quod initium fecerit ab iis sententiis quibus concludere debuit orationem neque ullam omnino viam ac rationem secutus esse videatur in singulis componendis partibus (p. 264 A: ἄρχεται ἀφ' ὧν πεπαυμένος ἂν ἤδη ὁ ἐραστὴς λέγοι. 264 B: σὺ δ' ἔχεις τινὰ ἀνάγκην λογογραφικήν, ᾗ ταῦτα ἐκεῖνος οὕτως ἐφεξῆς παρ' ἄλληλα ἔθηκεν;). Neque quidquam differre eius declamationem ab epigrammate quod in Midae Phrygis sepulcro nonnulli dicant inscriptum esse: huius enim utrum aliquam partem primo an ultimo posueris loco nihil interesse ad significationem. Liquet igitur exhibere Platonem exemplum eius figurae, quae postmodo κύκλος apud rhetores audit, qua enuntiatum etiam ordine partium immutato eandem retinet sententiam. Quam figuram cum respuant duo illi versus qui in aliorum scriptorum codicibus post alterum hexametrum insequuntur, fieri non posse perspicuum est ut ei infuerint in antiquo epigrammate.[1] Nam si consulto non integrum carmen

---

1) Eos corrigendos esse censet Schleiermacher ad Plat. Phaedri versionem p. 383: „Was die beiden vor den zwei letzten vom Platon ausgelassenen Zeilen betrifft, so bedürfen sie wahrscheinlich einer kleinen Veränderung, um auch in das Gesetz des Gedichtes zu passen." Sed quomodo corrigendos putaverit, omisit adnotare vir doctissimus neque quisquam probabilem coniecturam pro-

apposuisset philosophus, sed suo arbitrio hunc vel illum versum
omisisset, misere profecto claudicaret comparatio. Alia autem est
quaestio de primo versu. Etsi enim concedendum est contineri posse
cycli figuram quattuor qui apud Platonem exstant versibus — iisque
contineri putant Corrector Anthologiae et Philoponus —, tamen facile
quivis videbit viditque id Ioannes Schmidt (diss. Hal. 2, 169) primo
demum versu sublato luculenter expressam esse figuram. Cuius sententiae poterat Schmidt veteris scriptoris testimonium afferre, Hermiae
dico qui ad Phaedri locum hunc in modum disserit (p. 188 ed. Ast
in calce Phaedri): ἔξεστι τῷ πρώτῳ ὡς δευτέρῳ χρήσασθαι καὶ οὐδὲν
διαφέρει τοῦ ἐπιγράμματος οὗ ἐκτέθειται ἐν τοῖς ῥητοῖς. ἔξεστι γὰρ
τῶν τριῶν στοίχων (scribe στίχων) τῶν ἐν τῷ ἐπιγράμματι, ὃν ἂν
ἐθέλῃς, προτάξαι ὅπερ οὐκ ἔστιν εἱρμοῦ οὐδὲ τάξεως· ὅθεν τινὲς τὰ
τοιαῦτα ἐπιγράμματα τρίγωνα καλοῦσιν, ἐπειδὴ ὅθεν ἂν ἐθέλῃς δύνα-
σαι ἄρξασθαι. Inde verisimile fit exemplum cycli vel trigoni, quod
Plato profert, constare ex versibus secundo quinto sexto. Primus
autem versus a figura ipsa alienus est et seiungendus ab illis tribus
hexametris[1]), quamquam nihilo minus spectat ad hanc figuram. Assentior enim Stadtmuellero (Berl. phil. Woch. 1890 col. 304) qui eum
exemplar fuisse censet rei per cyclum tractandae ita ut quod hoc uno
versu dictum sit, varietur tribus. Nihil igitur mirari debemus quod in
Platonis textu etiam primus occurrit versus qui cycli ipsius pars non
est: ubi versus propositus et ex eo quasi nata figura una afferuntur.

　　Quodsi recte exposuimus quattuor solos versus antiquos esse, ne
licebit quidem eos Cleobulo Lindio adscribere, cui adscribit Laertius
Diogenes documento usus hisce versibus Simonideis frgm. 57 Bgk.:

　　Τίς κεν αἰνήσειε νόῳ πίσυνος Λίνδου ναέταν Κλεόβουλον
　　ἀενάοις ποταμοῖς ἄνθεσί τ᾿· εἰαρινοῖσιν
　　ἀελίου τε φλογὶ χρυσέᾳ ⟨λιπαρᾶς⟩ τε σελάνας
　　καὶ θαλασσαίαισι δίναις ἀντία θέντα μένος στάλας;
5　ἅπαντα γάρ ἐστι θεῶν ἥσσω· λίθον δὲ
　　καὶ βρότεοι παλάμαι θραύοντι· μωροῦ φωτὸς ἄδε βουλά.

Inde dubium esse non potest, quin Cleobulus verbis, quae perstrinxit
Simonides, cuiusdam hominis cippum tot annos duraturum pronun-

---

ponere possit. Rectissime vero idem: „Es ist aus mehreren Gründen nicht zu
vermuten, dafs Platon in dem Gedicht diese Eigenschaft nur zufällig sollte auf-
gefunden, noch weniger, dafs er sie ihm sollte angedichtet haben."

　1) Dubium est utrum in Hermiae codice Platonis primus versus omissus
fuerit an eum ut a cyclo alienum neglexerit commentator. Sed hoc minime inde
colligere nobis licet, primum versum afuisse a genuino Platonis ipsius textu.
In quo tetrastichon infuisse testes sunt Meleager atque Ps.-Dio qui eo auctore
usi totidem exhibent versus.

tiaverit quot mansura essent flumina et plantae, sol et luna maris-
que turbines. Simile quiddam laudatur in Midae quod dicunt epitaphio, sed cum ad id quattuor versus pertinere supra demonstratum
sit, in quibus nihil memoratur praeter aquam et arbores, hi quidem
Cleobuli esse non possunt.[1]) Immo aut fallor aut inferiore aetate
grammaticorum aliquis cum similitudinem quandam inter Midae epitaphium et Cleobuli carmen, quod ex sola Simonidis cavillatione
noverat, intercedere animadvertisset, non diversa esse carmina ratus
epitaphio, ut Simonidis verbis responderet, alterum distichon inseruit,
minime curans sic tertio versu idem pleniore ore dici quod iam secundi
verbis ὕδωρ τε νάῃ continetur.[2])

Quanta autem est veterum auctorum dissensio in textu epigrammatis tradendo, tantus omnium in eo est consensus, quod in sepulcro
Midae Phrygum regis versus insculptos esse contendunt. Quid quod
Ps.-Herodotus sua aetate eos in cippo exstare ait. Neque quisquam
fere eorum, qui de epigrammate egerunt[3]), ullam dubitationem movit:
veluti Bergk et Weishäupl ad eum Midam qui una et vicesima olympiade irrumpentibus in Lydiam Cimmeriis mortuus est, referendum
esse putaverunt, Duncker vero ad eiusdem nominis regem qui circa
annum 600 (ol. 45) vixisset.[4]) Quibus ego accedere non possum:

1) Saepius cippus ut ἀθάνατος mortalibus opponitur, v. Ps.-Simon. 123 Bgk,
Kaibel EG 21 et 70.

2) cf. Hiller Rh. Mus. 33, 524. Neque potuit Simonides si inscriptionem
qua aeneum monumentum omnia alia superare praedicatur, irrisisset, de solo
lapide (v. 5) loqui. — Bergk gr. Lit. 1, 799 Cleobuli versus, quos Ceus poeta
perstringit, titulum sepulcralem ignoti cuiusdam Rhodii hominis esse censet
assentiturque Io. Schmidt (l. l.), qui et Midae epitaphii auctorem et Cleobulum
vetustum quoddam populare carmen imitatione expressisse putat.

3) Unus quod sciam dubitavit Sittl gr. Litt.-Gesch. 1, 239: „Es ermangelt
indes so sehr aller persönlichen Beziehungen, dafs man billig daran zweifeln
darf, ob es lange vor der attischen Periode, in welcher das Epigramm seinen
epideiktischen Charakter gewann, gedichtet sei." Stadtmueller tres quidem cycli
versus demonstrative esse factos vidit, sed primum ipse quoque genuinum esse
putat titulum sepulcralem.

4) Exstant in valle Doghanlu plura Phrygiae regum sepulcra, in quorum
uno Phrygia lingua sed litteris Graecis epitaphium inscriptum est Midae regis
Gordii filii. Inter haec sepulcra ipsum quoque olim positum fuisse monumentum
cum aenea illa virgine et Graeco epigrammate sententia est Dunckeri (Gesch. d.
Altert. I⁵ p. 454). Rathgeber (59 Silbermünzen der Athenaeer p. VIII) id quidem
vidit non posse Graeca verba in Midae sepulcro insculpta esse: immo Homeri-
dam quendam Aeolum epigramma Graece conscripsisse, quod in Phrygiam linguam versum subter virginem aeneam insculptum esse: quam opinionem refellere supersedeo. — Ceterum adnotare liceat morem ex quo mulierum statuae
sepulcris imponuntur etiam aliunde notum esse — cf. Brückner Ornament und

etenim Phrygum regis epitaphium non potuit non Phrygia lingua
conscriptum esse neque regem iacere sub tumulo in regis titulo
potuit omitti. Non audiendus igitur Ps.-Herodotus quod suis temporibus inscriptionem exstare dicit, cum id facile effinxerit ex versibus
qui monumentum aere perennius fore praedicant. Immo quattuor
versus confectos esse conicio a sophista quodam exeuntis quinti saeculi qui cum exemplum rhetorici illius cycli requireret Midae celeberrimo nomine hanc ad rem usus est. Qui num idem commentus
sit Homerum Cumis hos versus iussu Midae filiorum, Xanthi et Gorgi,
fecisse, in medio relinquo: sed haud inepte quis coniectet eundem qui
γρίφους illos Certaminis ab Homero profectos esse finxit (v. Rohde
Rh. M. 36 p. 566), tales quoque lusus principi poetarum tribuisse.

234. In Cyrum.

Ἐνθάδ' ἐγὼ κεῖμαι, Κῦρος βασιλεὺς βασιλήων.

Strabo 15 p. 730: (Aristobulus) καὶ τὸ ἐπίγραμμα δὲ ἀπομνη-
μονεύει τοῦτο· ʽὦ ἄνθρωπε, ἐγὼ Κῦρός εἰμι, ὁ τὴν ἀρχὴν τοῖς Πέρσαις
κτησάμενος καὶ τῆς Ἀσίας βασιλεύσας· μὴ οὖν φθονήσῃς μοι τοῦ
μνήματος.' Ὀνησίκριτος δὲ τὸν μὲν πύργον δεκάστεγον εἴρηκε . . .
ἐπίγραμμα δὲ εἶναι· ἐνθάδ' — βασιλήων· καὶ ἄλλο περσίζον πρὸς
τὸν αὐτὸν νοῦν. Eustath. in Dion. Per. p. 396 Müller: εἶχε δὲ, φασί,
καὶ ἐπίγραμμα Ἑλληνικὸν Περσικοῖς γράμμασιν· ἐνθάδ' κτλ.

Versus ab Onesicrito, homine mendacissimo (cf. Geier Alexand.
histor. scriptores p. 76 sq.), fictus esse videtur.

---

235. In Dionem. [Platonis.]

Δάκρυα μὲν Ἑκάβῃ τε καὶ Ἰλιάδεσσι γυναιξὶν
  Μοῖραι ἐπέκλωσαν δὴ τότε γεινομέναις·
σοὶ δέ, Δίων, ῥέξαντι καλῶν ἐπινίκιον ἔργων
  δαίμονες εὐρείας ἐλπίδας ἐξέχεαν.
κεῖσαι δ' εὐρυχόρῳ ἐν πατρίδι, τίμιος ἀστοῖς,
  ὦ ἐμὸν ἐκμήνας θυμὸν ἔρωτι Δίων.

Laert. Diog. 3. 29 sq.: Ἀρίστιππος δ' ἐν τῷ τετάρτῳ περὶ

Form der att. Grabstelen p. 35 — neque opus esse sirena aut sphinggem χαλκῇ
παρθένῳ significari quod putat Benndorf gr. u. sic. Vasenb. p. 39 not. aliique
multi. Goettling (Ges. Abh. 1, 148) conicit nympham Ariadnae illi statuae Vati-
canae consimilem in sepulcro impositam fuisse, murmure fontis ex urna, quam
manu teneret, prosilientis consopitam: coniectura, opinor, speciosior quam verior.

παλαιᾶς τρυφῆς φησιν αὐτὸν (sc. Πλάτωνα) Ἀστέρος .. ἐρασθῆναι, ἀλλὰ καὶ Δίωνος τοῦ προειρημένου ... δηλοῦν δὲ τὸν ἔρωτα αὐτοῦ τάδε τὰ ἐπιγράμματα ἃ καὶ πρὸς αὐτοῦ γενέσθαι εἰς αὐτούς· ἀστέρας κτλ. (Anth. Pal. VII 669 u. 670): εἰς δὲ τὸν Δίωνα ὧδε· δάκρυα — Δίων. τοῦτο καὶ ἐπιγεγράφθαι φησὶν ἐν Συρακούσαις ἐπὶ τῷ τάφῳ. Anth. Pal. VII 99: εἰς Δίωνα τὸν Συρακόσιον Amᶜ | Πλάτωνος φιλοσόφου Lmᵉ; | deinde ad vers. 3—6: οὗτος ὁ Δίων ἑταῖρος ἦν Πλάτωνος τοῦ μεγάλου Lmᶜ: δάκρυα — Δίων. Anth. Plan.: εἰς Δίωνα τὸν Συρακούσιον Πλάτωνος. Cod. Matr. p. 104 Iriart. et Vindob. 311: δάκρυα — Δίων. Apul. apolog. c. 12: et ne pluris commemorem, novissimum versum eius de Dione Syracusano si dixero, finem faciam: κεῖσαι — Δίων. Suid. s. v. γειναμέναις· δάκρυα — γειναμέναις.

v. 1. μὲν codd., μὴν Iacobs, σοί θ᾽ Ἑκάβῃ καὶ Hartung die gr. Eleg. I 331, μέν θ᾽ Ἑκάβῃ Wernicke de Pl. epigr. p. 8, δάκρυ᾽ ἅδην Bergk | ἰλιάδεσι γυναιξί Laertii F ‖ v. 2. ἐπεκλώσαντο Suid. | δή ποτε Laert. Pl.; (ἐπεκλώσαντ᾽) εἴποτε Bergk | γειναμέναις Vindob., Suid. nisi quod γεινομένοις cod. A, γινομέναις Laertii B ‖ v. 3. καλ᾽ Plan. | ἔργων Pl., ἔργων ω in ras. Laertii P² ‖ v. 4. εὐροίας Herwerden ‖ v. 5. εὐρυχώρῳ Laertii B | ἐν] eras. B, ἐνὶ Plan., νῦν F. W. Schmidt St. z. d. gr. Dramat. III p. 123.

Quivis videt versus non iustam Dionis sepulcri inscriptionem esse posse (alienum ὦ ἐμόν, deest etiam ἐνθάδε vel simile quid), sed epicedium esse quod et ipsum cippo insculptum fuisse haud verisimile putaverim. Neque Platonis esse recte contendunt Wernicke de Plat. epigr. p. 8 et Bergk PL. II⁴ 298, ille propter ultimum inprimis versum, hic quod Gellius et Apuleius philosophum adulescentulum talia lusisse dicant, at hoc epigramma post Dionis mortem ol. 106, 3 Plato senex scripsisse fingatur. Ego ut subditos censeam versus, adducor non tam extremis ambiguis sane verbis, unde nihil de Platonis moribus corruptis colligi licet — quamquam Aristippus his ipsis nisus integritatem philosophi aggressus esse videtur[1] — neque altera quam Bergk affert causa: sed carmen tam inconcinnum et insulsum est ut viro divino adscribi non possit. Sufficiat Iacobsii Anth. VI 353 verba afferre, qui de origine non dubitaverat: „Antithesis in prioribus duobus distichis non satis perspicua est. Hecubae quidem, ait, et Troianis mulieribus fatum iam inde ab earum natalibus lacrimas et mala destinaverat; Dionis autem post egregie facta conceptas spes deorum quaedam malevolentia praecidit. — Hic ergo antithesis in verbis est magis quam in rebus. Nonne etiam Troianae mulieres ante belli initium omni felicitatis genere floruerunt? nonne illas quoque multa designasse et longas spes animo concepisse dicamus? Et quid est,

1) Aristippus certe epigramma non effinxit.

quod poeta illis tantum nascentibus mala et labores destinatos fuisse dicat; quasi, cum Dioni fatale fuisset ad speratum finem pervenire, invida quaedam fortuna, ipso fato invito, in eum irruperit?"

Quae si considero, intellegere non possum quomodo Flach Gesch. d. gr. Lyr. II 451 epigramma summis laudibus efferre et genuinum iudicare possit.

236. In Demonassam.

Coφὴ μὲν ἤμην, ἀλλὰ πάντ' οὐκ εὐτυχής.

Dio Chrysost. or. 64 (II p. 207 Dind.): (Demonassa, Cypriorum legislatrix) τήξασα χαλκὸν εἰς αὐτὸν ἥλατο. καὶ ἦν ἐκεῖ πύργος ἀρχαῖος, ἀνδριάντα χαλκοῦν ἔχων χαλκῷ ἐντετηκότα καὶ πρὸς ἀσφάλειαν τοῦ ἱδρύματος καὶ πρὸς μίμημα τοῦ διηγήματος· ἐπιγραφὴ δὲ ἐπί τινος στήλης πλησίον· σοφὴ — εὐτυχής. „Eundem locum ex cod. Paris. suppl. gr. 134 protulit E. Miller Mélanges orientaux p. 221." Nauck tragic. frgm.[2] adesp. 124.

σοφοὶ — ἤμεν — εὐτυχεῖς Heerwerden Mnemosyne n. s. 17, 274; de forma ἤμην, quam antiquiores respuebant scriptores, cf. G. Meyer[2] § 486. | ἀλλὰ οὐ πάντα εὐτ. cod. Par. 134 | πάντ'] τἆλλ' vel τἆργ' F. W. Schmidt Krit. Stud. zu d. gr. Trag. III 30.

Mirum erat statuam aeneam aeneae et ipsi crepidini esse infusam. Quod ut explicarent fabulam illam de muliere in liquefactum aes saliente excogitabant. Num autem Dioni fides sit habenda versum illum inscriptum fuisse, non magis discerni potest quam num inscriptio, id quod putat Nauck, tragici poetae versum referat. Ad nomen Demonassae R. Schoell me conferre iussit Demonactem Cyrenensium legislatorem Herod. 4. 161.

237. In Cn. Pompeium Magnum.

Τῷ ναοῖς βρίθοντι πόση cϊάνιc ἔπλετο τύμβου.

Appian de b. c. II 86 p. 770 ed. Mendelss.: τὸ δὲ λοιπὸν σῶμά (τοῦ Πομπηίου) τις ἔθαψεν ἐπὶ τῆς ἠιόνος καὶ τάφον ἤγειρεν εὐτελῆ. καὶ ἐπίγραμμα ἄλλος ἐπέγραψε· τῷ ναοῖς κτλ. Dio Cass. 69. 11: ἀφικόμενος ('Αδριανός) εἰς τὴν Ἑλλάδα ἐπώπτευσε τὰ μυστήρια· διὰ δὲ τῆς 'Ιουδαίας μετὰ ταῦτα εἰς Αἴγυπτον παριὼν καὶ ἐνήγισε τῷ Πομπηίῳ· πρὸς ὃν καὶ τουτὶ τὸ ἔπος ἀπορρῖψαι λέγεται· τῷ ναοῖς κτλ. Anth. Pal. IX 402: 'Αδριανοῦ Καίσαρος A*m^c | εἰς τὸν τάφον Πομπηίου ἐν Αἰγύπτῳ A* in marg. sup.; epigramma ipsum idem A* scripsit. Anth. Plan.: εἰς τάφον Πομπηίου ἐν Αἰγύπτῳ.

Ἀδριανοῦ βασιλέως. Syll. cod. Laur. 57, 29 f. 143ʳ (cf. proll. § 11 adnot.) sine lemmate.

Hecker² p. 22 Appianum secutus contendit hunc versum Pompei sepulcro incisum esse. Sed rectius sine dubio Dio Cassius et Anthologia cum demonstrativis epigrammatis adscripserunt. Utrum autem Hadrianus ipse versum fecerit an ex memoria recitaverit, in medio relinquo. Ceterum similia in Pompeium epigrammata exstant in Anth. Lat. I n. 400 sqq. (Riese), inprimis 404, 2: Quantus quam parvo vix tegeris tumulo.

2. Epitaphia virorum litteris clarorum.

238—247. Lobonis? (cf. ad 247).

238. In Musaeum.

Εὐμόλπου φίλον υἱὸν ἔχει τὸ Φαληρικὸν οὖδας,
Μουσαίου φθίμενον cῶμ᾿ ὑπὸ τῷδε τάφῳ.

Laert. Diog. prooem. 3: *τοῦτον τελευτῆσαι Φαληροῖ* (cf. Paus. 1.
25. 7) *καὶ αὐτῷ ἐπιγεγράφθαι τόδε τὸ ἐλεγεῖον· Εὐμόλπου κτλ.*
Anth. Pal. VII 615: *ἀδέσποτον* Cmᶜ | *εἰς Μουσαῖον τὸν Εὐμόλπου
υἱόν* Lmᵉ. Anth. Plan. (app.): *εἰς Μουσαῖον.* (Hoc et insequentium
aliquot habent etiam cod. Vind. phil. n. 311 aliique; in scholia Aristo-
phanea ran. 1033 intulit Musurus, v. Dübner ad schol. p. 532.)

v. 2. *μουσαιῶν φθιμένων* Anth. Pal. (˘ et ° C), *μουσαῖον φθίμενον* Plan. et
Laert. nisi quod *φθινόμενον* F, *Μουσαίον φθιμένον* Iacobs et Hübner, *Μουσαίον
φθίμενον* Bergk PL. II⁴ 356 coll. Kaibel EG 261, 9 et 12, adde 88, 8 | *σῶμα*
Laertii P, α eras. P².

---

239. In Linum.

Ὧδε Λίνον Θηβαῖον ἐδέξατο γαῖα θανόντα
Μούcηc Οὐρανίηc υἱὸν ἐϋcτεφάνου.

Laert. Diog. prooem. 4: *τὸν δὲ Λίνον τελευτῆσαι ἐν Εὐβοίᾳ
τοξευθέντα ὑπὸ Ἀπόλλωνος· καὶ αὐτῷ ἐπιγεγράφθαι· ὧδε κτλ.* Anth.
Pal. VII 616: *ὁμοίως* Cmᶜ | *εἰς Λῖνον τὸν υἱὸν μούσης τῆς Οὐρα-
νίας* Lmᵉ. Anth. Plan. (aut app.)· *εἰς Λῖνον.*

v. 1. *ἥδε* Plan. et Laertii F ‖ **v. 2.** *ἐϋστέφανον* Laertii B vix recte, nam
hoc adiectivum praecipue de mulieribus usurpatur.

---

240. In Linum.

Τὸν πολυθρήνητον Λίνον αἲ Λίνον ἥδε πατρῴα
Φοιβείοιc βέλεcιν γῆ κατέχει φθίμενον.

Schol. Townl. in Il. Σ 570: *φασὶ δὲ αὐτὸν ἐν Θήβαις ταφῆναι
καὶ τιμᾶσθαι ὑπὸ ποιητῶν θρηνώδεσιν ἀπαρχαῖς. ἐπιγραφή ἐστιν ἐν*

Θήβαις· ὦ Λίνε κτλ. (= ep. n. 18). ἄλλως· κρύπτω τὸν θεὸν ἄνδρα Λίνον μουσῶν θεράποντα (= n. 248)· τὸν πολυθρήνητον κτλ. Hoc distichum ab antecedente hexametro (κρύπτω κτλ.) segregandum esse vidit Spitzner Hom. Il. I 4 p. 65.

v. 1. αἴλινον cod. et Schneidew. Eust. prooem. p. 48, αἲ Λίνον editiones ‖ **v. 2.** φοιβίοις cod.

Ut in peplo saepius duo in eundem epitaphia feruntur, ita hic in Linum, unum ad Chalcidense (239), alterum ad Thebanum sepulcrum spectans. Cf. n. 18 et 248.

241. In Thaletem.

Τόνδε Θαλῆν Μίλητος Ἰὰς θρέψασ᾽ ἀνέδειξεν,
ἀcτρολόγων πάντων πρεcβύτατον cοφίῃ.

Laert. Diog. 1. 34: τὰ δὲ γεγραμμένα ὑπ᾽ αὐτοῦ φησὶ Λόβων ὁ Ἀργεῖος εἰς ἔπη τείνειν διακόσια· ἐπιγεγράφθαι δ᾽ αὐτοῦ ἐπὶ τῆς εἰκόνος τόδε· τόνδε κτλ. Anth. Pal. VII 83: εἰς Θαλῆν Amᶜ. Idem lemma in Plan.

v. 1. τῷδε Laertii F | θρέψας F, θρέψασα‖/ ἔδειξεν B ‖ **v. 2.** ἀστρόλογον Laert., ἀστρολόγων Anth. Plan. et Pal., sed in hac ων a C, ον? (seu ωι) Aᵃʳ | σοφίᾳ Laertii P et B.

242. In Solonem.

Ἡ Μήδων ἄδικον παύcαc᾽ ὕβριν ἥδε Cόλωνα
τόνδε τεκνοῖ Cαλαμὶc θεcμοθέτην ἱερόν.

Laert. Diog. 1. 62: ἐπὶ δὲ τῆς εἰκόνος αὐτοῦ ἐπιγέγραπται τόδε· ἥδε κτλ. Anth. Pal. VII 86: εἰς Σόλωνα Amᶜ (1) et post IX 595 (p. 458 codicis): εἰς εἰκόνα Σόλωνος B in textu (2).[1]

v. 1. η nullo spiritu Anth. Pal. 2 | τὴν ἄδικον παύσασα‖‖/ (παύσασαν Aᵃʳ) ὕβριν ποτὲ ἥδε Σόλωνα Anth. Pal. 1: unde Iacobs: τὴν Μήδων ἄδικον παύσας᾽ ὕβριν ἥδε Σ. ‖ **v. 2.** τόνδε τ᾽ ἔχει Anth. Pal. 1, sed ετ᾽ ἔ scripsit C in ras., τὸν δὲ ἔχει? Aᵃʳ: inde Iacobs ιίνδ᾽ ἐπέχει quod parum aptum est in statuae titulo. Ad τεκνοῖ cf. θρέψασα in ep. 241 et 243. | σαλμὶς Anth. Pal. 2.

Erat Salamine statua Solonis (Overbeck Schriftqu. 1395 sq.); sed ibi hoc distichum inscriptum non esse — quod putat Weishäupl Grabged. d. Anth. p. 45 — vel una vox ἱερός docet.

---

1) Falso Finsler Krit. Unters. z. Anth p. 84 altero loco lemma exstare negat.

243. In Chilonem.

Τόνδε δορistέφανος Cπάρτα Χείλων' ἐφύτευcεν,
ὅc τῶν ἑπτὰ coφῶν πρῶτοc ἔφυ coφίᾳ.

Laert. Diog. 1. 73: *ἐπὶ δὲ τῆς εἰκόνος αὐτοῦ ἐπιγέγραπται τόδε·*
τόνδε κτλ. Anth. Pal. IX 596: *εἰς εἰκόνα Χείλωνος* Bmᶜ.

v. 1. δορυστέφανος Laertii F; cf. δοριθρασύς Lobeck Phryn. p. 535 | Χείλωνα
φύτευσεν Anth. Pal. et Laertii B ‖ v. 2. σοφίῃ Laertii F et P², σοφίαι rell. et Anth.

---

244. In Pittacum.

Οἰκείοιc δακρύοιc ἁ γειναμένα κατακλαίει
Πιττακὸν ἥδ' ἱερὰ Λέcβοc ἀποφθίμενον.

Laert. Diog. 1. 79: *καὶ αὐτῷ ἐπὶ τοῦ μνήματος ἐπιγέγραπται τόδε·*
οἰκείοις κτλ.

v. 1. οἰκεῖοι//// (fuit οἰκείοι////) B | δακρύοισιν B et P¹ in marg., δακρύοις F
et P² in lit., δαπέδοις Roeper Phil. 30, 573 | ἁ γειναμένη P, sed corr. η in α P²,
ἡ γηναμένη F, λιγαίνομεν ἦ B | κατακλαίει B (sed αι in ras.) et P ut ex vestigiis
apparet, sed erasis κλαί subst. θάπτ P², καταθάπτει F; κατακεύθει Roeper ‖
v. 2. totum versum sic exhibet vulg. (F?): *ἐνθάδε Πίττακον ἥδ' ἱερὰ Λέσβος.*
Sed ἐνθάδε om. B P, rest. P². ἀποφθίμενον Cobet ex insequenti Laertii vocabulo ἀπόφθεγμα optime restituit. Reicienda igitur quae alii temptavere: *ἐνθάδε*
Λέσβος υἱὸν, Πιττακὸν Ὑρραδίου Menag., *ἥδ' ἱερὰ Λέσβος Πιττακὸν Ὑρραδίου*
Welcker zur Syll. p. 70, *Πιττακὸν Ὑρραδίου Λέσβος ἀποφθίμενον* Roeper.

---

245. In Biantem.

Κλεινοῖc ἐν δαπέδοιcι Πριήνηc φύντα καλύπτει
ἥδε Βίαντα πέτρη, κόcμον Ἴωcι μέγαν.

Laert. Diog. 1. 85: *καὶ αὐτὸν μεγαλοπρεπῶς ἔθαψεν ἡ πόλις*
καὶ ἐπέγραψεν· κλεινοῖς κτλ. Anth. Pal. VII 90: *εἰς Βίαντα* Amᶜ.
Idem lemma in Plan.

v. 1. κλεινῆς Laertii P et F | δαπέδοις πρηήνης Anth. Pal. ‖ v. 2. πέτρα
Laert., πάτρη Schneidewin Philol. 1, 21 e᷎, Roeper ibidem 30, 575.

---

246. In Cleobulum.

Ἄνδρα coφὸν Κλεόβουλον ἀποφθίμενον καταπενθεῖ
ἥδε πάτρα Λίνδοc πόντῳ ἀγαλλομένη.

Laert. Diog. 1. 93: *ἐτελεύτησε δὲ γηραιός, ἔτη βιοὺς ο'· καὶ*
αὐτῷ ἐπεγράφη· ἄνδρα κτλ. Anth. Pal. VII 618: *ὁμοίως* C | *εἰς*
Κλεόβουλον τὸν Λίνδιον Lmᶜ.

v. 1. ἀποφθινόμενον Laert. F, ἀποφθιμένον Anth. Pal. Λᵃᶜ, corr. C | κατα-
πένθει Anth. Λᵃᶜ, κατὰ πενθεῖ C ut solet; κατακεύθει Roeper.

247. In Periandrum.

Πλούτου καὶ σοφίας πρύτανιν πατρὶς ἥδε Κόρινθος
κόλποις ἀγχίαλος γῆ Περίανδρον ἔχει.

Laert. Diog. 1. 96 sq.: *Κορίνθιοι δὲ ἐπί τι κενοτάφιον ἐπέγρα-
ψαν αὐτῷ τόδε· πλούτου κτλ.* Anth. Pal. VII 619: *ὁμοίως* C | *εἰς
Περίανδρον τὸν Κορίνθιον* Lmᵉ.

v. 1. *σοφίης* Laertii F ut vid. et P² ‖ v. 2. *ἀγχιάλοις* auct. (nisi quod
Laertii B hoc ex *ἀγχίλλοις* correxit); *ἀγχίαλος* Iacobs; cf. Kaibel 30, 3 *ἀγχιάλου
Σαλαμῖνος*; *ἀμφιάλοις* Roeper Philol. 3, 45, qui quod dicit *κόλποις* epitheto carere
non posse, afferre licet Kaibel 56, 88, Aristot. pepl. 63, huius syll. n. 12, alia.

238—247. Haec decem disticha non esse inscriptiones et ex
multis aliis sequitur et inde quod nemo non videt omnia eadem in
incude esse tornata: in omnibus enim subiecti locum significatio
patriae, obiecti nomen hominis obtinet (Hiller Rh. M. 33, 521). Quis
fuerit poeta, nescimus, sed verisimilis est Benndorfi coniectura (de
anth. epigr. p. 34, cf. Hiller l. l. p. 518 sqq.) Lobonem Argivum, menda-
cissimum illum biographum, quem Laertius sibi auctorem epigrammatis 241 esse dicit, non modo tradidisse, sed etiam effinxisse omnia
epitaphia. Certe a poeta non meliore facta sunt quam pepli Aristotelii epigrammata, cui Schneidewin Philol. I p. 43 n. 1 et 2 inserere
voluit.

248. In Linum.

Κρύπτω τὸν θεὸν ἄνδρα Λίνον, Μουσῶν θεράποντα.

Schol. Townl. in Iliad. Σ 570. Locum exscripsi ad n. 240.

κρύπτω] cf. n. 258 | *ἔνθεον* olim Schneidewin; at conf. Gött. Anz. 1836
p. 1925. Hecker¹ 379 sq. affert Nonn. paraphr. 1, 19 et 157 *θεὸς ἀνήρ* (de Christo;
de eodem Gregor. Naz. III 1073 A *ἄνθρωπος θεός*); sed aptius conferas Hes.
opp. 141 *μάκαρες θνητοί*, Isocr. Euag. 72 *δαίμων θνητός*, Rhes. 971 *ἀνθρωποδαί-
μων* (Rohde Psyche 94 sq.). Soph. Phil. 726 *ἀνὴρ θεός* est Nauckii coniectura.
Pars epitaphii in Linum Lobonis more confecti.

249. In Hesiodum. [Pindari.]

Χαῖρε, δὶς ἡβήσας καὶ δὶς τάφου ἀντιβολήσας
Ἡσίοδ᾽, ἀνθρώποις μέτρον ἔχων σοφίης.

App. prov. 4. 92 (Bodl. et Vatic.): *τὸ Ἡσιόδειον γῆρας· Ἀριστοτέλης* (fr. 565 R³) *ἐν Ὀρχομενίων πολιτείᾳ δὶς τετάφθαι φησὶ τὸν
Ἡσίοδον καὶ ἐπιγράμματος τοῦδε τυχεῖν· χαῖρε κτλ. παρόσον τό τε
γῆρας ὑπερέβη* (Rose; *ἀπέβη* codd.) *καὶ δὶς ἐτάφη.* Suidas s. v.

Ἡσιόδειον γῆρας· ... φέρεται καὶ Πινδάρου ἐπίγραμμα τοιοῦτο·
χαῖρε κτλ. Tzetz. vit. Hesiod. p. 49 West. post ep. n. 19 pergit: ἐπέγραψε δὲ καὶ Πίνδαρος· χαῖρε κτλ.

v. 1. τάφον Bodl. et Vat., τάφων Suid. codd. ABE | ἀντιοώσας Erasm.
Adag. 2. 7. 61 fortasse ex illa proverbiorum collectione quae nunc perdita tum
etiam exstabat ‖ v. 2. ἀνθρώποις] = ἐν ἀνθρ., cf. tit. in B. di corr. arch. 1882
p. 102; ἀμβροσίης Iacobs an. 6. 277, ἀνδρομέης Boissonade ed. Eunap. p. 253 | μέτρον
ἔχον Suid. cod. BV, μέτρα χέων cod. quidam Voss., quem teste Cougny Graevius
attulit in lect. Hesiod. VII p. 34, idem coniecit Brunck. Flach affert epigr. tabulae
Iliacae K. n. 1093 .. ὄφρα δαεὶς πάσης μέτρον ἔχῃς σοφίης, cf. K. 442 ἄκρον
ἔχων σοφίης.

Constabat apud veteres bis sepultum esse Hesiodum et Oenoae
prope Naupactum et Orchomeni (cf. supra n. 19, Paus. 9. 38, 3, Tzetz.
vit. Hesiod l. l., Certam. v. 220 sqq.). Inde huius distichi auctor non
ita lepide finxit etiam bis vixisse ideoque δὶς ἡβῆσαι poetam.[1]) Inscriptum autem esse epigramma in Hesiodi sepulcro una cum titulo
n. 19, id quidem neque Suidas neque codices Bodleianus aut Vaticanus
tradunt, sed solus tradit Tzetzes, quem sequuntur Hulleman (Bedenkingen
tegen de echtheid van den zoogenamden Peplos van Ar. p. 21 not.)
et Bergk PL. I⁴ p. 479 (idem antea dubitaverat gr. Liter. I p. 923).
At Tzetzes, auctor fide indignissimus, deceptus esse videtur vocabulo χαῖρε, quod etsi persaepe in epitaphiis lapidariis occurrit, tamen
inde inscriptos fuisse versus minime sequitur.

Pindarum fuisse distichi poetam falso iactant idem Tzetzes
et Suidas. Etenim mortuos in epigrammatis voce χαῖρε salutari quarti
et insequentium saeculorum est mos, non Pindari aetatis.[2]) Cui adscriptum est utpote Boeoto, veluti alterum in Hesiodum epigramma
n. 19 Chersiae Orchomenio. Cf. proll. § 11.

---

250. In Thaletem.

> Ἡ ὀλίγον τόδε σᾶμα — τὸ δὲ κλέος οὐρανόμακες —
> τῶ πολυφροντίστω τοῦτο Θάλητος ὀρῆς.

1) Paroemiographi quidem his verbis proverbium illud Ἡσιόδειον γῆρας
explicare conantur iisque mire sane putant significari Hesiodum ad tantam
senectutem venisse ut alteram quasi iuventutem vixisse putandus esset. Sed
recte, opinor, Goettling-Flach in ed. Hes. (1878) p. XVI dicunt proverbiale illud
dictum non hoc epigrammate explicandum esse, sed fragmento 163 (= 203 Rz.).

2) Quinti saeculi nullum inveni titulum sepulcralem, in quo exstet haec
mortui appellatio (de χαῖρε in titulis Atticis egerunt Gutscher in att. Grabschr.
(I p. 24, II p. 13) et Loch de titulis graecis sepulcral. p. 33). Simonideum
enim 108 Bgk. a Kaibelio recte ob alias causas adulterinum iudicatur. Unum
epigr. h. syll. n. 140 dedicatorium inferioris aetatis usum quasi praenuntiat. —
Quae Rathgeber Androklos p. 100 not. 361 de hoc epitaphio hariolatur, refellere
non tanti est.

Laert. Diog. 1. 39: καὶ αὐτοῦ (sc. Θάλητος) ἐπιγέγραπται τῷ
μνήματι· ἦ ὀλίγον κτλ. Anth. Pal. VII 84: εἰς τὸν αὐτὸν Amᶜ.
Anth. Plan.: εἰς τὸν αὐτόν.

v. 1. ἦ ὀλίγον Laertii P, ἦ ᾧ ὀλίγον Plan., ἦ λιτὸν Schmidt Stud. z. d. gr.
Trag. III p. 120 ut hiatus vitetur coll. Anth. Pal. VII 591, 3 aliisque locis | τόδε]
τῶδε Laertii F, γε τὸ Steph. in ed. Anth. | σῆμα Anth. Pal. et Plan., Laertii F, η in
lit. P², σῶμα B, σᾶμα Steph. Brunck | οὐρανόμηκες Anth. Pal. et Plan. et Laert.
F, οὐρανόμακες eiusdem PB, quod iam Iacobs proposuerat. Cf. ep. n. 140, 3. ||
v. 2. τῶι δὲ πολυφροντίστωι Laertii BF, τῶ πολυφροντίστω, π in lit. duarum litt.
(ergo δὲ deletum) P², τοῦ πολυφροντίστου Anth. Pal., τοῦ πολυφροντίστου Plan.,
τοῦ πολυφροντίστα Hübner in append. crit. | τούτω Laertii F, τοῦδε Plan. | ὄρη
Anth. Pal. et Plan. et Laert. P, sed erasum η, ὄρει P²F, ορη eiusdem B; ὄρης
Casaub., ὀρῆς Cobet, ὄρης aeolismo poetam usum esse putat Roeper Zeitschr. f.
Altertumsw. 1852 p. 452.

Et alia et ipsa dialectus docent epigramma in Milesii Thaletis
sepulcro insculptum non fuisse.

251. In Pherecydem.

Τῆς coφίηc πάcηc ἐν ἐμοὶ τέλοc· ἦν δέ τι ⟨πάcχω⟩,
Πυθαγόρῃ τὠμῷ λέγε ταῦθ᾽ ὅτι πρῶτος ἁπάντων
ἐcτὶν ἀν᾽ Ἑλλάδα γῆν· οὐ ψεύδομαι ὧδ᾽ ἀγορεύων.

Laert. Diog. 1. 120: σώζεται δὲ καὶ ἡλιοτρόπιον (sc. Φερεκύδους)
ἐν Σύρῳ τῇ νήσῳ. Φησὶ δὲ Δοῦρις (fr. 51 M.) ἐν τῷ δευτέρῳ τῶν
ὡρῶν (Cobet, ἱερῶν codd.) ἐπιγεγράφθαι αὐτῷ τὸ ἐπίγραμμα τόδε·
τῆς — ἀγορεύων. Ex Laertio (cf. Weishäupl d. Grabged. d. Anth.
p. 48) Anth. Pal. VII 93: εἰς Φερεκύδην A | τὸν Σύριον φιλόσοφον
Lmᶜ: τῆς — ἀγορεύων.

v. 1. σοφίας F | ἦν δέ τι πλεῖον Anth. et Laertii PB, ἦν δέ τι πλεῖστον F,
ἦν δ᾽ ἔτι πλεῖον Menag., ἦν δέ τι πάσχω Cobet || v. 2. ἀπαντῶν Laertii B ||
v. 3. ἔστιν Laert. | ἐς Anth. Pal. A, ἀν supraser. C.

Falluntur et Cephalas qui inter sepulcralia inseruit epigramma
et ei qui verba Laertii ἐπιγεγράφθαι αὐτῷ ad solarium modo com-
memoratum pertinere putant. Neque magis Goettling (de Pherecydis
Syrii epigrammate progr. Ien. 1851) audiendus est qui αὐτῷ pro ὑπ᾽
αὐτοῦ hoc loco dictum esse ratus ad calcem heptamychi a philosopho
adscriptum esse epigramma mire contendit. Immo hoc voluit Duris
in Pherecydem esse scriptos versus: quos attulit ni fallor Samio-
rum tyrannus, ut Pythagoram civem hoc vaticinio laudibus efferret;
cf. n. 108.

252. In Anaxagoram.

Ἐνθάδε πλεῖςτον ἀληθείας ἐπὶ τέρμα περήςας
οὐρανίου κόςμου κεῖται Ἀναξαγόρας.

Aelian. V. H. 8. 19: ὅτι τοῦτο ἐπιγέγραπται Ἀναξαγόρᾳ· ἐνθάδε κτλ. Laert. Diog. 2. 15: τελευτήσαντα δὴ αὐτὸν ἔθαψαν ἐν-
τίμως οἱ Λαμψακηνοὶ καὶ ἐπέγραψαν· ἐνθάδε κτλ. Anth. Pal. VII 94:
εἰς Ἀναξαγόραν A | τὸν Κλαζομένιον Lmᶜ: ἐνθάδε κτλ.

v. 1. ἐνθάδ᾽ ὁ Aelian. | τέρμα τα Anth. Pal., cf. Kaibel EG. 501, 5 ἐπὶ
τέρμα πέρησε ‖ v. 2. οὐϝῑόνϭ Laertii F.

Ne hoc epigramma genuinum Anaxagorae sepulcri titulum exi-
stimem, moveor et reliquis apud Laertium in vetustiores philosophos
epitaphiis, quae adulterina sunt, et quod philosophi tantum magni-
tudo illustratur, de homine autem i. e. quis fuerit pater, quae patria
(neque enim in patria urbe sepultus est), nihil commemoratur a versuum auctore.

253. In Timocreontem.　　Simonidis (169 Bgk.).

Πολλὰ φαγὼν καὶ πολλὰ πιὼν καὶ πολλὰ κάκ᾽ εἰπὼν
ἀνθρώπους κεῖμαι Τιμοκρέων Ῥόδιος.

Athen. 10. 415F: καὶ Τιμοκρέων δ᾽ ὁ Ῥόδιος ποιητὴς καὶ ἀθλη-
τὴς πένταθλος ἄδην ἔφαγε καὶ ἔπιεν ὡς τὸ ἐπὶ τοῦ τάφου αὐτοῦ
ἐπίγραμμα δηλοῖ· πολλὰ κτλ. Anth. Pal. VII 348: Σιμωνίδου τοῦ
Κήου Cmᶜ | εἰς Τιμοκρέοντα τὸν Ῥόδιον, οὗτινος τὴν γνώμην πᾶσαν
καὶ τὴν συνήθειαν (?)[1] εἶχεν ὁ θεῖός μου. Anth. Plan. (aut. app.):
Σιμωνίδου.

v. 1. πολλὰ πιὼν καὶ πολλὰ φαγὼν Ath. et Anth. P.; Planudeae lectionem
recte secutus est Bergk, cf. Anth. P. VII 349 βαιὰ φαγὼν καὶ βαιὰ πιὼν et oraculum ap. schol. Aristoph. eqq. 1010 et Aristid. III p. 341 D (= Anth. App.
Didot. VI 246): πολλὰ ἰδὸν καὶ πολλὰ παθὸν καὶ πολλὰ μογῆσαν. ‖ v. 2. ἀνθρώποις Anth. Pal.

Et alia (n. 260, 266) et hoc distichum Athenaeus falso titulum
sepulcralem fuisse putat; immo irrisit Timocreontem poeta, quem
Simonidem fuisse tradit Corrector Palatinae. Huic etsi soli non
magnam fidem nobis habere licet, tamen eidem auctori epigramma
tribuitur a Planude: quem consensum non plane neglegendum esse
recte animadvertit Finsler Krit. Stud. z. Anth. 134 sq. Qua de re
Kirchhoffio assentiri non possum epigramma Simonidi abroganti

---

1) „Post συν in ultima marginis ora duae litterae scriptae erant, altera
erat certe ϑ, prior fort. η." Stadtmueller.

(Hermes XI 46, 1), cum eius nomen propter inimicitias, quas inter poetas fuisse tradunt, a Correctore additum esse perhibeat. Quem contra A. Bauer Themistokles p. 12 (cf. etiam Mohr Qu. des plut. u. nepot. Themistocles p. 26) recte contendit inimicos fuisse poetas ex epigrammate demum conclusum esse posse. Certe Simonidi maiore cum iure attribuemus quam cui adscribere vult Kirchhoff, Posidippo; absurdaque est eorum sententia qui omnino quinto saeculo derisoria epigrammata scripta esse negant.

254. In Simonidem.

Ἒξ ἐπὶ πεντήκοντα, Cιμωνίδη, ἤραο νίκας
καὶ τρίποδας· θνήσκεις δ᾽ ἐν Cικελῷ πεδίῳ.
Κείοις δὲ μνήμην λείπεις, Ἕλλησι δ᾽ ἔπαινον
εὐξυνέτου ψυχῆς cῆς ἐπιγεινομένοις.

Tzetz. chil. 1. 634: οὗτος ὁ Σιμωνίδης μὲν ἐν Σικελίᾳ θνή-σκει· | ἐπίγραμμα δὲ γέγραπται τόδε τῷ τάφῳ τούτου· | ἒξ κτλ.

v. 3. *Κείῳ* cod., correxi.

Schneidewin (ed. Sim. p. XXIII, cf. Welcker A. Denkm. 5, 167 et Duebner ad Anth. VI 213) genuinum putat esse epitaphium. Quem contra Bergk PL. III⁴ p. 495* recte Callimachi fr. 71 attulit: οὐδὲ τὸ γράμμα | ἠδέσθη τὸ λέγον μ᾽ νἶα Λεωπρέπεος | κεῖσθαι Κήϊον ἄνδρα. Unde verus sepulcri titulus erui potest. Versus autem a Tzetze tra-ditos male ex epigrammate Simonideo (?) 145 expressos esse idem Bergk probabiliter contendit.

255. 256. In ignotum hominem a latronibus necatum. [Simo-nidis. (128. 129 Bgk.).]

Οἱ μὲν ἐμὲ κτείναντες ὁμοίων ἀντιτύχοιεν,
Ζεῦ ξένι᾽, οἱ δ᾽ ὑπὸ γᾶν θέντες ὄναιντο βίου.

Οὗτος ὁ τοῦ Κείοιο Cιμωνίδεω ἐcτὶ cαωτήρ,
ὃς καὶ τεθνηὼς ζῶντ᾽ ἀπέδωκε χάριν.

Anth. Pal. VII 516: τοῦ αὐτοῦ (i. e. Simonidis) Cm⁰ | εἰς τινὰ ὑπὸ λῃστῶν ἀναιρεθέντα Lm⁰: οἱ μὲν — βίου. Anth. Plan.: Σιμω-νίδου· οἱ μὲν — βίου. Anth. Pal. VII 77: εἰς Σιμωνίδην Σιμωνίδου Am⁰: οὗτος κτλ. Ibidem in margine scholion a C scriptum: Σιμω-νίδης εὑρὼν νεκρὸν ἐν νήσῳ τινὶ θάψας ἐπέγραψεν· οἱ μὲν — βίου. ὁ ταφεὶς νεκρὸς ἐπιφανεὶς Σιμωνίδῃ ἐκώλυσε πλεῖν· διὸ τῶν συμ-πλεόντων μὴ πεισθέντων, αὐτὸς μείνας σῴζεται καὶ ἐπιγράφει τόδε τὸ ἐλεγεῖον τῷ τάφῳ· οὗτος — χάριν. Eodem auctore usus est (cf. Hiller Philol. 48 (N. F. 2) p. 230) Schol. Aristid. p. 201 Frommel

(III 533 Dind.): πλέων Σιμωνίδης προσέσχε τινὶ τόπῳ καὶ λείψανον
εὑρὼν κοσμήσας ἔθαψε καὶ κοιμηθέντι παρέστη τοῦ λειψάνου τὸ εἴδω-
λον . . . . καὶ ἐπὶ τούτῳ τιμᾷ Σιμωνίδης αὐτὸν ἐπιγράμματι· οὗτος
— χάριν. Tzetz. chil. I. 24. 632: candem historiam ex schol. Arist.
desumptam (non ex Aristide ipso, quem laudat) narrans his verbis
alterum affert epigr.: εὐχάριστον δ' ἐπίγραμμα γράψας ὁ Σιμωνίδης |
τῇ στήλῃ παρενέγραψε νεκροῦ τοῦ σεσωκότος· | οὗτος — χάριν.
Unde recte Bergkius conclusit etiam alterum epigramma Tzetzae
notum fuisse. Respicit Libanius IV p. 1101 R: . . . Σιμωνίδης δὲ
στεφάνους τῇ στήλῃ περιέθηκε καὶ ἐναγίσας τῷ νεκρῷ σωτῆρα αὑτοῦ
τὸν κείμενον ἐκήρυξεν ἐπιγράμματι· καὶ τοῦτο ἡ στήλη δείκνυσιν.
Tzetz. in Lycophr. 805 (p. 794 Muell.)[1]: ὡς νεκρὸς ἐκεῖνος, ὁ σωτὴρ
Σιμωνίδου, καὶ νῦν αὕτη (sc. Κίρκη) τῷ Ὀδυσσεῖ τεθνηκυῖα χάριτας
παρέχει.

    255. v. 2. nota doricam formam γᾶν | βίον Anth. Pal. VII 516, βίου Corr.
in schol. et rell.

    256. v. 1. τοῦ om. schol. Arist. | Κείου vel Κίον schol. Arist. Tzetz. | Σι-
μωνίδου Anth. Pal. ‖ v. 2. τεθνηιώς Anth. P. in t, τεθνειώς Corrector Anth. in
scholio et Tzetz. | ζῶντι παρέσχε schol. Arist. et Tzetz. ex coniectura opinor:
quam sequuntur Schneidewin et Hecker[1] 38.

    Valerius Maximus tradit 1, 7 ext. 3 Simonidem memorem bene-
ficii, quo ipse a mortuo quondam affectus erat, elegantissimo carmine
aeternitati illud consecrasse, melius et diuturnius in animis hominum
sepulcrum constituentem quam in desertis et ignotis harenis struxisset.
Quod elegantissimum carmen intellegi carmen lyricum recte vidit
Schneidewin Sim. rell. 172. Eo igitur poeta se quondam a mortuo
servatum esse narraverat, sive id revera factum sive ab ipso fictum
erat (cf. Cic. de divin. 1. 56, 2. 134). Epigrammata autem, quae veteres tradunt, a Simonide esse insculpta ne Bergk quidem post Iung-
hahni (de Sim. epigr. p. 15—17) et Kaibeli (ann. phil. 105, 795 sq.)
argumenta, quae repetere superfluum est, contendit, sed censet „prius
epitaphium poetam inter comites iecisse, postea cum fama de somnio
Simonidis pervagata esset, in memoriam rei pilam erigentes non solum
nobile illud epigramma (οἱ μὲν κτλ.) inscripsisse, sed praeterea alterum distichum (οὗτος κτλ. ab alio homine factum) addidisse." Quae
nihil est nisi levis coniectura neque ea probabilis. Certe nomen Simonidis testimoniis nititur auctorum fide indignorum. Immo videtur
inferiore aetate aliquis elegantissimi Simonidis carminis memor haec
duo epigrammata fecisse, quae nunquam cippo insculpta erant.

---

    1) Quem locum novi ex nota manuscr. Welckeri, quam suo Simonidis
Schneidewiniani exemplari nunc Bonnae asservato adscripsit.

257. In Aeschylum.

Αἰετοῦ ἐξ ὀνύχων βρέγμα τυπεὶς ἔθανεν.

Vit. Aeschyl. 91 West. (p. 381 Kirchh.): *ἐπιγέγραπται τῷ τάφῳ
αὐτοῦ· αἰετοῦ κτλ.* [Cod. Par. 2789 s. XVI et Matrit. 47 a Wester-
mannio laudati sunt recentissimi neque, quod ex eius verbis facile
credas, solum epigramma, sed totam vitam exhibent.]

ἔθανεν Mediceus, *ἔθανον* codd. recc.

Respicit versus ad notam illam de Aeschyli morte fabulam, de
qua egit E. Rohde in Fleckeiseni annalibus 121, 22 sqq. Videtur igitur
fragmentum esse recentioris alicuius in poetam epigrammatis, etsi
concedo potuisse aliquem hunc solum pentametrum effinxisse. De
epigrammatis quae ex uno pentametro constant vide Allen greek
versification in inscr. p. 43.

258. In Sophoclem. Lobonis.

Κρύπτω τῷδε τάφῳ Σοφοκλῆ πρωτεῖα λαβόντα
τῆς τραγικῆς τέχνης, σῶμα τὸ σεμνότατον.

Vita Soph. p. 131 ed. West., v. 84 Iahn in ed. Electr.: *Λόβων
δέ φησιν ἐπιγεγράφθαι τῷ τάφῳ αὐτοῦ τόδε· κρύπτω κτλ.* (*Λόβων*
Bergk, *λαβὼν* codd.; *Πολέμων δέ φησιν* Westermann, *Ἰοφῶν δέ φασιν
ἐπέγραψε* idem; *Ἰοφῶν δέ, φησὶν* **, *ἐπέγραψε* Leutsch Philol. 1, 132.
Reliqua vide apud Iahnium.)

v. 1. *τῷδε τῷ τάφῳ* Gac | *Σοφοκλῆ* P, *σοφοκλεῖ* G, *σοφοκλέα* M, *σοφο-
κλῆα* V, *σοφοκλῆν* alterius classis codices ‖ v. 2. *τῇ τραγικῇ τέχνῃ* P, *ἐν τῇ τρα-
γικῇ τέχνῃ* MG alteraque classis, *ἐν τραγικῇ τέχνῃ* V; *τῆς τραγικῆς τέχνης* Bergk |
σχῆμα codd., correxi coll. ep. n. 238. Etenim quid *σχῆμα* velit ignoro. Relaturo
ad personam loquentem, ut sit appositio subiecti, obstare videtur quod siren
aliudve animal se ipsum statuam appellare non potest nisi notione personifica-
tionis quam dicunt perturbata. Aliam autem vim vox cum subiecto coniuncta
hic habere nequit (*σχῆμα* = statua Kaib. 955, 874a). Neque magis probabile
est quod Bergk et alii censuerunt *σχῆμα* obiecti (*Σοφοκλῆ*) esse appositionem
et coniungendum esse cum vocab. *τῆς τραγ. τέχνης* aut alio genetivo (velut *πατρίδος ἀρχαίης*), qui uno vel duobus distichis deperditis noniam exstaret. Valde
enim incertum est, num *σχῆμα* decus significare possit.

Bergk in Vitae textu corruptum illud *λαβὼν* correxit in *Λόβων*,
qua emendatione auctor biographi fit Lobo Argivus, homo mendacis-
simus qui non pauca epitaphia in Laertii Diogenis libro primo servata effinxit (cf. ad ep. n. 247). Quam emendationem certissimam
esse duco propter similitudinem, quae intercedit inter illa et Sophoclis epitaphium. Hoc igitur non minus quam illa a Lobone ipso

conditum esse recte censet Bergk.[1]) Etenim quinto saeculo insculptum non esse epigramma aliud quoque probat, accusativum dico Σοφοκλῆ minime atticum.[2]) Nihil igitur moveor ea re quod Bergk postea suam ipse coniecturam reiecit (PL. II⁴ 285) et Westermanni Ἰοφῶν δέ, φασὶν, ἐπέγραψε probavit.[3]) Quam ad sententiam adductus est hoc Valerii Maximi loco (8. 7 ext. 12): *Sophocles quoque gloriosum cum rerum natura certamen habuit, tam benigne ille mirifica opera sua exhibendo quam illa eius tempora liberaliter subministrando. Prope enim centesimum annum attigit, sub ipsum transitum ad mortem Oedipode Colonco scripto; qua sola fabula omnium eiusdem studii praeripere gloriam potuit; idque ignotum esse posteris filius Sophoclis Iophon noluit, sepulcro patris quae rettuli insculpendo.* Ego ut concedam certa atque explorata tradere Valerium, tamen distichum a biographo traditum primordium Iophontis epitaphii esse propter dialectum praefracte nego. Immo de duobus agitur epigrammatis: quorum unum, quod a biographo traditur, adulterinum est et ni fallor a Lobone fictum, alterum, quod novit Valerius, Iophonti adscribebatur a veteribus, quod haud scio an et ipsum demonstrativi generis fuerit.

---

259. In Euripidem. [Thucydidis vel Timothei.]

Μνῆμα μὲν Ἑλλὰς ἅπας' Εὐριπίδου, ὀστέα δ' ἴσχει
γῆ Μακεδών· τῇ γὰρ δέξατο τέρμα βίου.
πατρὶς δ' Ἑλλάδος Ἑλλάς, Ἀθῆναι· πλεῖστα δὲ Μούσαις
τέρψας ἐκ πολλῶν καὶ τὸν ἔπαινον ἔχει.

Vita Eurip. 1, 35 West.: *κενοτάφιον δ' αὐτοῦ ἐν Ἀθήνῃσιν ἐγένετο καὶ ἐπίγραμμα ἐπεγέγραπτο Θουκυδίδου τοῦ ἱστοριογράφου ποιήσαντος ἢ Τιμοθέου τοῦ μελοποιοῦ· μνῆμα κτλ.* Thom. Mag. Vita Eur. 38 West.: *κενοτάφιον δ' αὐτοῦ Ἀθήνῃσι γέγονεν, ἐφ' οὗ ἐπέγραψε Θουκυδίδης ὁ συγγραφεὺς ἢ Τιμόθεος ὁ μελοποιὸς τάδε· μνῆμα κτλ.* Anth. Pal. VII 45: *εἰς τὸν αὐτὸν* A | *Θουκυδίδο-) τοῦ ἱστορικοῦ* Cmᵉ. Anth. Plan.: *εἰς αὐτόν.* Anthologiam respicit Athen. 5 p. 187 D: *τὴν Ἀθηναίων πόλιν .. ὁ μὲν Πίνδαρος Ἑλλάδος ἔρεισμα ἔφη, Θουκυδίδης δὲ ἐν τῷ εἰς Εὐριπίδην ἐπιγράμματι Ἑλλάδος Ἑλλάδα:* quae exscripsit Eustath. Il. p. 284, 6.

---

1) Legitimum Sophoclis monumenti titulum esse putant Welcker Rh. M. N. F. 6 p. 104 sq. et Nauck in ed. Soph. Aiantis⁸ (Berl. 1882) p. 19.

2) Meisterhans² p. 105 docuit, accusativum syllaba -κλῇ terminatum nusquam exstare in Atticis titulis, -κλῆν inde a tertio saeculo, ante hoc tempus solam formam -κλέα inveniri.

3) Huic Bergkii sententiae accessit Flach Gesch. d. gr. Lyr. II 432 not. 1.

v. 1. μνᾶμα Anth. P. et Pl. | ἅπασα Vitae cod. H(auniensis) ‖ **v. 2:** Μακεδόνων Vit. | ἢ γὰρ Anth. P. (sic Aᵃᶜ, ἢ γὰρ Cᵖᶜ), ἡ γὰρ Plan. (et Elmsley), ὕπερ vel ἤ που περ vel ἤ περ codd. vit. (haec lectio probatur Osanno et Schmidtio Studien z. d. gr. Tr. III p. 115), ἤπερ Thom. cod. Mon.; τῇ γὰρ Iacobs | τέρμα βίου δέχεσθαι = τελευτᾶν ut Simon. fr. 107, 2 Bgk. μοῖραν θανάτου δέχεσθαι, Anth. Pal. 15, 30, 6 ἔδεκτο τέλος et, quae attulit Schmidt l. l., Pind. Isthm. 6. 15, Anth. 7. 741, 8; cf. Simon. 172 παῖδα νυκτὸς i. e. ὕπνον δέχεσθαι ‖ **v. 3.** μούσας Plan. Thom. Vita nisi quod huius cod. Paris. πολλὰ δὲ γράψας μούσαις ἐκ πλείστων. Μούσαις τέρπειν ut τάφον Πιερίσι τιμᾶν Kaib. EG. 310, 7 ‖ **v. 4.** ἐκ πολλῶν] i. e. unus de multis: cf. ἐκ πάντων in ep. 8 et 11; εἷς πάντων vel εἷς γε πόνων πλεῖστον ἔπαινον Schmidt l. l., sed idem Platonis epitaphii (n. 11) memor proponit ἐκ πολλῶν κλειτὸν. Cf. epigr. in Bull. CH 1883 p. 138: οὗτοι τάφον ἐξετέλεσσαν, τέσσαρες ἐκ πολλῶν.

Pausanias tradit 1. 2. 2 in via, quae ducit a Phalero ad portam Itoniam esse μνῆμα Εὐριπίδου κενόν (cf. Ross Arch. Aufs. I p. 17). In quo cenotaphio hoc epigramma insculptum esse contendit biographus, sed falso contendit. Cum enim ex versibus ne hoc quidem videre possimus utrum in Macedonia an in Attica monumentum positum sit neque ex eis eluceat cassum fuisse sepulcrum, facile apparet nunquam eos lapidi insculptos esse, sed demonstrativi esse generis: cf. Wilamowitz Hermes 12 p. 358 not. 44.

Poeta autem Timotheus fuerit an Thucydides historicus[1]) dubitabant veteres; illum fuisse demonstrare conatur Osann (Zimmermanns Allg. Schulz. 1828 II n. 15 et 1829 II p. 355), hunc putat Wilamowitz l. l. Neuter vero horum neque magis alter Thucydides Acherdusio pago adscriptus, quem esse voluerunt Bergk PL. II⁴ 267 et Unger ann. phil. 1886 p. 103, auctor epigrammatis est, neque ullus ex Euripidis aequalibus: a qua aetate totus sermonis color abhorret (Ἑλλάδος Ἑλλὰς — Μοῦσαι); factum esse videtur post Alexandri tempora. Cf. R. Schoell Hermes 13 p. 449 et proll. § 11.

260. In Thrasymachum.

Τοὔνομα θῆτα ῥῶ ἄλφα, σὰν ὖ μῦ ἄλφα χεῖ οὗ σάν,
πατρὶς Χαλκηδών· ἡ δὲ τέχνη σοφίη.

Athen. 10. 454 F: Νεοπτόλεμος δὲ ὁ Παριανὸς ἐν τῷ περὶ ἐπιγραμμάτων ἐν Χαλκηδόνι φησὶν ἐπὶ τοῦ Θρασυμάχου σοφιστοῦ μνήματος ἐπιγεγράφθαι τόδε τὸ ἐπίγραμμα· τοὔνομα κτλ.

v. 1. ῡμ ἄλφα χῖ AC ‖ **v. 2.** an Καλχηδών, quam formam nummi exhibent?

Qualis fuerit Neoptolemi Pariani liber de epigrammatis, nesci-

---

1) Thucydides historicus poeta epigrammatis habebatur ob epitaphii sui locum 2. 43 ἀνδρῶν ἐπιφανῶν πᾶσα γῆ τάφος: Kaibel annot. ad EG. 500. Cf. etiam Kaibel ep. 1084 b πατρίς μοι χθὼν πᾶσα de Homero.

mus[1]); sed vix crediderim, id periegetae opus fuisse quale Polemonis
περὶ τῶν κατὰ πόλεις ἐπιγραμμάτων: falso enim hoc de quo agimus
epigramma pro Thrasymachi titulo sepulcrali vendidisse mihi videtur.
Nam offendunt non tam in titulo Doricae civitatis formae Ionicae —
quas facile possis mutare — neque mirus sane illis temporibus in
nomine proprio lusus poeticus (cf. tit. Rom. aet. in Mitteil. d. arch.
Inst. in Athen VII p. 256), quam quod Chalcedone in civis sepulcro
patriam Chalcedonem addit poeta. Nempe hic erat illius aetatis mos
ut patriam mortui non adscriberent nisi in sepulcro peregrini. Quo
fit, ut putem epigramma a festivo poeta demonstrative esse conscriptum, Neoptolemum autem inscriptione quali εἰς Θρασυμάχου
μνῆμα deceptum esse.

---

261. In Hipponem atheum.

Ἵππωνος τόδε cῆμα, τὸν ἀθανάτοιcι θεοῖcιν
ἴcον ἐποίηcεν μοῖρα καταφθίμενον.

Clem. Alex. protr. 48 (I col. 152 M): ὁ Ἵππων γὰρ οὗτος ἐπιγραφῆναι ἐκέλευσεν τῷ μνήματι τῷ ἑαυτοῦ τόδε τὸ ἐλεγεῖον· Ἵππωνος
— καταφθίμενον. εὖ γε, Ἵππων, ἐπιδεικνύεις ἡμῖν τὴν ἀνθρωπίνην
πλάνην· εἰ γὰρ καὶ λαλοῦντί σοι μὴ πεπιστεύκασι, νεκροῦ γενέσθωσαν
μαθηταί· χρησμὸς οὗτός ἐστιν Ἵππωνος· νοήσωμεν αὐτόν. Alex.
Aphr. in metaph. Aristot. I 3 p. 534 Bk: τοῦτο δὲ λέγοι ἄν περὶ
αὐτοῦ ὅτι ἄθεος ἦν· τοιοῦτο γὰρ καὶ τὸ ἐπὶ τοῦ τάφου αὐτοῦ ἐπί-
γραμμα· Ἵππωνος κτλ. Cod. bibl. patr. Paris. n. 1773: ἐπίγραμμα
εἰς τάφον Ἵππωνος (teste Cougny II 30).

Optime van den Brink in Variis lectionibus ex historia philosophiae antiquae (1842) p. 27 statuit hoc epigramma irrisorium esse.
Cum enim Hipponem negasse deos inter omnes constaret, argute
significare poetam: his diis morte similem factum esse Hipponem
i. e. nullum esse. Utrum autem philosophus ipse fuerit distichi auctor
an alius philosophi ἀθεότητα ridens, ille quidem discernere ausus
non est. Atque ab Hippone ipso factum et post eius mortem sepulcro
inscriptum esse censent Hartung gr. Eleg. I 327 et Uhrig de Hippone
atheo (Giessen 1848) p. 9; quos contra assentior Bergkio PL. II⁴ 259²)

---

1) Meineke anal. Alexandr. p. 360 ex eodem libro censet sumptum esse
carmen ap. Stob. flor. 120, 5: quod incertum est. — Ceterum omnes quod sciam
recentiores grammatici distichum inscriptionem esse Neoptolemo credunt: C. Fr.
Hermann de Thrasymacho p. 10, Bergk PL. II⁴ 379, Ohlert Rätsel und Gesell-
schaftsspiele der Griechen p. 108.

2) Idem antea in rell. comoediae Atticae (1838) p. 168 genuinam inscriptionem indicaverat.

demonstrativum esse epigramma inferioribusque temporibus ad riden-
dum Hipponem factum. Neque enim irrisorios versus a philosopho
ipso sepulcro inscribi iussos esse verisimile est neque ut hi versus
inscriberentur quinto saeculo fieri potuit propter unam vocem μοῖρα.
Animadvertit enim Kaibel in indice Ep. gr. s. v. hanc vocem inferiore
aetate creberrimam in titulis sexti et quinti saeculi nondum absolute
positam esse.

_____

262. In Platonem.

Τοὺς δύ' Ἀπόλλων φῦc' Ἀσκληπιὸν ἠδὲ Πλάτωνα,
   τὸν μέν, ἵνα ψυχήν, τὸν δ', ἵνα cῶμα cάοι.

Olympiodor. vit. Plat. p. 388 ed. Westerm.: ἀποθανόντος δ'
αὐτοῦ (Πλάτωνος) πολυτελῶς αὐτὸν ἔθαψαν οἱ Ἀθηναῖοι καὶ ἐπέγραψαν ἐν τῷ τάφῳ αὐτοῦ· τοὺς δύ' κτλ. Laert. Diog. 3. 45 suis
epigrammatis intexuit et tamquam ipsius fetum pronuntiavit[1]): ἔστι
καὶ ἡμέτερον εἰς αὐτόν· .... καὶ ἄλλο, ὡς ἐτελεύτα·

   Φοῖβος ἔφυσε βροτοῖς Ἀσκληπιὸν ἠδὲ Πλάτωνα,
      τὸν μέν, ἵνα ψυχήν, τὸν δ', ἵνα σῶμα σάοι.
   δαισάμενος δὲ γάμον πόλιν ἤλυθεν, ἥν ποθ' ἑαυτῷ
      ἔκτισε καὶ δαπέδῳ Ζηνὸς ἐνιδρύσατο.

v. 1. δύο Ἀπόλλων (om. τοὺς) cod. Vindob. n. 13 Olympiodori, v. Sternbach
meletem. gr. I p. 125 sq., Ἀπόλλων δύο Menagius ‖ v. 2 ex Anthol. citat Suidas
s. v. Σάον.

Certe hoc distichon in sepulcro Platonis non fuit insculptum,
quippe cum ex eo ne id quidem colligere possimus, utrum Platonis
an Asclepii sit μνῆμα. Atque quam leviter grammatici versus generi
alicui litterarum adscripserint, videre possumus ex prolegomenis in
Platonem p. 202, 3 ed. Herm., ubi idem sine dubio pentameter pro
oraculo venit: ἄλλος δὲ χρησμὸς ἐδόθη ὡς δύο παῖδες τεχθήσονται,
Ἀπόλλωνος μὲν Ἀσκληπιός, Ἀρίστωνος δὲ Πλάτων· ὧν ὁ μὲν ἰατρὸς
ἔσται σωμάτων, ὁ δὲ ψυχῶν. Cf. etiam n. 278.

_____

263. In Platonem.

α'. Ἀιετέ, τίπτε βέβηκας ὑπὲρ τάφον; ἢ τίνος, εἰπέ,
      ἀστερόεντα θεῶν οἶκον ἀποσκοπέεις;
β'. Ψυχῆς εἰμι Πλάτωνος ἀποπταμένης ἐς Ὄλυμπον
      εἰκών, cῶμα δὲ γῆ γηγενὲς Ἀτθὶς ἔχει.

_____

1) Cf. Freudenthal hellenist. Studien 3 p. 304, Maass de biogr. gr. p. 73.
Falso Zeller (Gesch. d. gr. Phil. II, 1³ p. 379 not. contendit ab Olympiodoro demum, qui Laertii epigrammate abusus esset, distichon sepulcri titulum decla-
ratum esse. — Ex Laertio venit in Anth. Pal. VII 109: εἰς τὸν αὐτόν Amᶜ, ubi
v. 2 σώματά οι vel σώματά οιει Aᵃᶜ, corr. C

Laert. Diog. 3. 43: *ἐπεγράφη δ' αὐτοῦ τῷ τάφῳ ἐπιγράμματα τάδε· πρῶτον· σωφροσύνῃ κτλ.* (n. 11). *ἕτερον δὲ· σῶμα μὲν κτλ.* (cf. ad n. 12)· *ἄλλο δὲ νεώτερον· αἰετέ — ἔχει.* Anth. Pal. VII 62: *εἰς τὸν αὐτὸν νεώτερον* A. Plan.: *εἰς τὸν αὐτόν.*

v. 1. *τίνος* sc. *ὑπὲρ τάφον βεβηκώς*; alii supplent *ὤν*; fortasse *τίνος εἰκὼν* vel simile quid scribendum est ‖ v. 2. *ἀποσκοπεῖς* Laertii P, corr. P²; *ἀποσκοπέων* Brunck ‖ v. 3. *εἰς* Laertii P ‖ v. 4. *σῶμα δὲ γηγενὲς* (om. *γῆ*) Laertii BP, *σῶμα δὲ τοῦ γηγενὲς* Laert. F.

Versus sepulcro Platonis ne inferioribus quidem temporibus inscriptos esse ex Porphyrii testimonio, quod adscripsi ad ep. n. 11 et 12, sequitur. Hic enim eodem quo Laertius auctore usus hoc tertium epigramma ignorat, ut ille ex anthologio quodam addidisse videatur. Ceterum id ex poetae verbis colligere licet aquila Platonis cippum ornatum fuisse: cf. Weishäupl Grabged. d. gr. Anth. p. 75.[1]

---

264. In Timonem misanthropum.

Ἐνθάδ' ἀπορρίψας ψυχὴν βαρυδαίμονα κεῖμαι·
τοὔνομα δ' οὐ πεύςεςθε, κακοὶ δὲ κακῶς ἀπόλοιςθε.

Plut. Anton. 70: *τελευτήσαντος δὲ αὐτοῦ* (sc. *Τίμωνος*) *καὶ ταφέντος Ἁλῆσι παρὰ τὴν θάλασσαν ὤλισθε τὰ προὔχοντα τοῦ αἰγιαλοῦ· καὶ τὸ κῦμα περιελθὸν ἄβατον καὶ ἀπροσπέλαστον ἀνθρώπῳ πεποίηκε τὸν τάφον. ἦν δὲ ἐπιγεγραμμένον. ἐνθάδ' — ἀπόλοισθε. καὶ τοῦτο μὲν αὐτὸν ἔτι ζῶντα πεποιηκέναι λέγουσι, τὸ δὲ περιφερόμενον Καλλιμάχειόν ἐστι· Τίμων μισάνθρωπος κτλ.* (A. P. VII 320. 3 et 4). Vita Platon. 2, 146 West.: *.. δυσκόλως ἔχων ἐς ἅπαντας, ὡς καὶ τὰ ἐπιγράμματα τοῦ τάφου αὐτοῦ δηλοῦσι .... εἰσὶ δὲ τὰ ἐπιγράμματα τάδε· ἐνθάδ' — ἀπόλοισθε. ἔστι δὲ δεύτερον τόδε· τήνδε σὺ τὴν στήλην κτλ.* (n. 265). Anth. Pal. VII 313: *εἰς Τίμωνα τὸν μισάνθρωπον* Lm°. Idem lemma in Plan.

v. 1. *ἀπὸρρίξας* Anth. Pal., sed gravem et in ras. ξ C, A scripserat *ἀπορρίστας²*); *ἀπορρήξας* Plan. Plut. Vit. *ἀπορίψας* Casaubonus ‖ *εἶμαι* Plutarchi cod. C ‖ v. 2. *οὔνομα* Anth. Pal. et Plan., *τίς δ' ὢν* Vit. ‖ *πεύσοισθε* Anth. Pal.

V. ad insequens ep.

---

[1] Epigramma quod Bergk II⁴ 330 ex ephem. epigr. 264 affert Romanae aetatis est et in alium Platonem videtur scriptum esse.

[2] „A minime *ἀπορρίψας* scripserat: plane conspicua est adhuc littera τ et ne de σ quidem dubitare licebit: certe ψ a vestigiis pristinae lectionis prorsus alienum.“ Stadtmueller contra Sternbachium melet. gr. I p. 178.

265. In eundem Timonem.

Τήνδε cù τὴν cτήλην παραμείβεο μήτε με χαίρειν
εἰπὼν μήθ' ὅcτιc, μὴ τίνοc εἰρόμενοc·
ἢ μή, τὴν ἀνύειc, τελέcαιc ὁδόν· ἢν δὲ παρέλθῃc
cιγῇ, μηδ' οὕτωc, ἢν ἀνύειc, τελέcαιc.

Vita Platon. 2. 146 (vide ad ep. 264): *τήνδε — εἰρόμενος.* Anth.
Pal. VII 316: *Λεωνίδα ἢ 'Αντιπάτρου* C: *τήνδε — τελέσαις.* Plan.:
εἰς αὐτόν.

v. 1. *τὴν ἐπ' ἐμεῦ στήλην* Anth. Pal. et Pl. ‖ v. 2. *μὴϑ' ὅστις* Anth. Pal., sed ϑ
in ras. C, *μὴ δ' ὅστισ* A^ar | *μ' ἢ τίνος* Hecker² 283 | *τίνος ἐξετάσα̈ς* Anth. Pal.
(η scripsit C) ‖ v. 3 et 4. *τανύεις* pro *ἀνύεις* scribere voluit Hecker; at ipse attulit
Anth. P. XIV 106. 1 ubi *ἀνύω τρίβον* item iter solum, non finem itineris significat et Iacobs apud Duebnerum praeterea attulit schol. Aristoph. Pl. 606.

In Anth. Pal. VII 313—320 collecta sunt epitaphia in Timonem
hominum osorem facta, ad unum omnia scilicet lusus poetarum quorum nullum in saxo illo, quod illius sepulcrum putabant, insculptum
esse apparet. Non audiendus igitur est Flach Gesch. d. gr. Lyrik
II 449 qui temere Plutarcho fidem habet.¹)

266. In Philetam.

Ξεῖνε, Φιλητᾶc εἰμί· λόγων ὁ ψευδόμενόc με
ὤλεcε καὶ νυκτῶν φροντίδεc ἀcτερίων.

Athen. 9. 401e: *κινδυνεύεις οὖν ποτε διὰ ταύτας τὰς φροντίδας,
ὥσπερ ὁ Κῶος Φιλητᾶς ζητῶν τὸν καλούμενον ψευδολόγον [τῶν λόγων*
seclusi], *ὁμοίως ἐκείνῳ διαλυθῆναι. Ἰσχνὸς γὰρ πάνυ τὸ σῶμα διὰ
τὰς ζητήσεις γενόμενος ἀπέθανεν, ὡς τὸ πρὸ*(?) *τοῦ μνημείου αὐτοῦ
ἐπίγραμμα δηλοῖ· ξεῖνε κτλ.*

v. 1. *φιλιτας* A ‖ v. 2. *καἰνικτῶν* Kaibel, *κὠνομάτων* R. Heimsoeth | *ἑσπέριοι*
cod., *αἱ στιβαραὶ* Herwerden Mnem. nov. s. IV p. 309, *ἀστερίων* Fr. W. Schmidt
Studien z. gr. Trag. III 192, idem Scheer misc. crit. Ploen 1887 p. 11 coll. Arat.
Phaen. 695.

Deceptus titulo quali *εἰς τὸ Φιλητᾶ μνημεῖον* Athenaeus epigramma aperte irrisorium pro inscriptione vendidit.

---

1) Respice quod Plutarchus non dicit *ἐπιγέγραπται,* sed *ἦν ἐπιγεγραμμένον.*
Epigrammata illa non magis inscripta erant quam hoc: „Da Narr! Hier lieg
ich, weil ich stehn nicht kann. Ich war; doch wer und was? geht dich nichts
an." (Fliegende Blätter vol. 69 p. 31: Grabschrift eines Grobians).

14*

3. Militum et captivorum.

267. In Eretrienses. [Platonis.]

Εὐβοίης γένος ἦμεν Ἐρετρικόν, ἄγχι δὲ Coύcων
κείμεθα, φεῦ γαίης ὅccον ἀφ᾽ ἡμετέρης.

Laert. Diog. 3. 33: φασὶ δὲ καὶ τὸ εἰς τοὺς Ἐρετριέας τοὺς
σαγηνευθέντας αὐτοῦ (sc. Πλάτωνος) εἶναι· Εὐβοίης — ἡμετέρης.
Anth. Pal. VII 259: Πλάτωνος C | εἰς τοὺς Εὐβοεῖς τοὺς ἐν Σούσοις
τελευτήσαντας Lmᵉ: Εὐβοίης — ἡμετέρης. Plan. sine lemm. Schol.
in Hermog. στάσεις Walz VII 1 p. 193 = Cram. Anecd. Oxon. 4. 154:
(οἱ Πέρσαι) .. καὶ Ἐρέτριαν κατασκάψαντες τοὺς αἰχμαλώτους ἀνέπεμ-
ψαν Δαρείῳ, εἰς οὓς ἐστιν ἐπίγραμμα Πλάτωνος· Εὐβοέων — ἡμετέρης.
Suid. s. v. Ἱππίας· (οἱ Πέρσαι) ἐλθόντες ἐσαγήνευσαν μὲν Ἐρέτριαν
καὶ τοὺς ληφθέντας τῷ βασιλεῖ ἔστειλαν· ὁ δὲ αὐτοὺς περὶ τὰ Σοῦσα
κατοικίζει, ἐφ᾽ οἷς καὶ Πλάτωνός ἐστιν ἐπίγραμμα· Εὐβοέων — ἡμετέρης.

v. 1. Εὐβοέων Suid. Schol. | εἰμὲν Schol. Laertii B et F, sed hic correxit
ἦμεν, ἐσμὲν Anth. Pal. Plan. Suid. ‖ v. 2. αἴης Plan., ἄϊης vel αἴον Schol. cod.
Oxon., αἴας eiusdem codd. Walz. | ὅσον Laertii F, τόσσον eiusdem P, Schol. codd.
Walz., τόσον eiusdem Oxon. et Laertii B | ἡμετέρας Schol. codd. Walz.

268. In eosdem. [Platonis.]

Οἵδε ποτ᾽ Αἰγαίοιο βαρύβρομον οἶδμα λιπόντες
Ἐκβατάνων πεδίῳ κείμεθ᾽ ἐνὶ μεσάτῳ.
χαῖρε κλυτή ποτε πατρὶς Ἐρέτρια, χαίρετ᾽ Ἀθῆναι,
γείτονες Εὐβοίης, χαῖρε θάλασσα φίλη.

Anth. Pal. VII 256: Πλάτωνος· ἰς τοὺς Ἐρετριεῖς τοὺς ἐν Ἐκβατάνοις κειμένους Cmᵒ¹): οἵδε — φίλη. Anth. Plan.: Πλάτωνος.
Philostr. vit. Apollon. I 24 p. 15: (Δᾶμίς φησιν ἐν τῇ Μηδικῇ)
καί τι καὶ ἐλεγεῖον ἀναγνῶναι γεγραμμένον ἐπὶ ναυτῶν τε καὶ ναυ-
κλήρων σήματι· οἵδε — φίλη.

v. 1. βαθύρροον οἶδμα πλέοντες Philostr. | displicet οἵδε — κείμεθα ‖ v. 2.
κείμεθα ἐν Anth. Pal. C, sed κείμεθ᾽ ἐνὶ Aᵃʳ, κείμεθ᾽ ἐνιμμεσάτω Philostr. ip,

---

1) „Lemmatista ipse aliud lemma scripserat (ad v. 3 sq.) nunc erasum, quod
ex vestigiis satis apertis erui, hoc: εἰς τοὺς Ἐρετριεῖς καὶ Ἀθηναίους τοὺς ἐν
Ἐκβατάνοις τελευτήσαντας." Stadtmueller.

κείμεϑ' ἐννιμεσάτῳ ʜv, κ. ἐνὶ μεσάτῳ rell. Phil. codd. et Plan.; κείμεϑα μεσσα-
τίῳ Iacobs, κείμεϑα νῦν μεσάτῳ Schmidt Stud. z. d. gr. Dramat. III 123.

Celeberrima fuit inde ab Herodoto (6. 119) narratio de Eretrien-
sibus Susa in servitutem a Persis abductis. Nihil igitur mirum est
facta esse in eos epigrammata demonstrativa. Wernickium enim (de
Platonis epigramm. p. 17) falli cum prius epigramma tumulo Eretriensium inscriptum fuisse dicat, — ut alia omittam — inde elucet
quod vix credas omnes hos Graecos eodem tempore mortuos eodemque
in monumento esse sepultos. Idem cadit in tetrastichum epitaphium
si Anthologiae lectionem genuinam sequimur. Nam Damidi, levissimo
illi Philostrati auctori, qui aut corruptela libri, quo usus est, deceptus
aut sua sponte mutans πλέοντες pro λιπόντες exhibet et inde nautis
quibusdam illorum Eretriensium inscriptum esse epitaphium contendit,
nullam fidem habemus.

Tetrastichi auctorem Atheniensem esse ex tertio versu (χαῖρετ'
Ἀϑῆναι) concludimus; sed quod Platonem et huius et illius epigrammatis auctorem Anthologia tradit, non tam grave eius est testimonium; ideo enim ad eum relatum esse videtur, quod bis Eretriensium
sortem enarravit (Legg. III p. 698, Menex. p. 240).

---

269. In Athenienses ad Eurymedonta occisos. [Simonidis (142
Bgk.).]

Ἐξ οὗ τ' Εὐρώπην Ἀσίας δίχα πόντος ἔνειμεν
    καὶ πόλιας θνητῶν θοῦρος Ἄρης ἐφέπει,
οὐδενί πω κάλλιον ἐπιχθονίων γένετ' ἀνδρῶν
    ἔργον ἐν ἠπείρῳ καὶ κατὰ πόντον ὁμοῦ.
5   οἵδε γὰρ ἐν γαίῃ Μήδων πολλοὺς ὀλέσαντες
    Φοινίκων ἑκατὸν ναῦς ἕλον ἐν πελάγει
ἀνδρῶν πληθούσας· μέγα δ' ἔστενεν Ἀσὶς ὑπ' αὐτῶν
    πληγεῖς' ἀμφοτέραις χερσὶ κράτει πολέμου.

Diod. 11, 62: ὁ δὲ δῆμος τῶν Ἀθηναίων δεκάτην ἐξελόμενος
ἐκ τῶν λαφύρων ἀνέθηκε τῷ θεῷ, καὶ τὴν ἐπιγραφὴν ἐπὶ τὸ κατα-
σκευασθὲν ἀνάθημα ἐπέγραψε τήνδε· ἐξ οὗ κτλ. Aristid. 46. 156
(II p. 209 Ddf.): ὥστε τοῖς προτέροις ἔργοις ἐκπεπληγμένων τῶν ποιητῶν τοῖς ὅτ' ἐπῄεσαν οἱ βάρβαροι πραχθεῖσιν, ὅμως τις ὕμνησεν
αὐτῶν εἰς ταῦτα ὕστερον, οὐ πάντα, ἀλλὰ μιᾶς τινος ἡμέρας ἔργα· ἐξ
οὗ κτλ. Idem 49. 380 (II p. 512 D.): καὶ πάντα ἐκεῖνα καλλίω τῶν
σῶν οἶμαι λόγων ἐπιγράμματα καὶ ἔτι γε μᾶλλον· ἐξ οὗ κτλ. Schol.
Aristid. III 209 D. (p. 70 Frommel): εἰς τὰς αὐθημερὸν ταύτας νίκας
Σιμωνίδης ὕμνησε, λέγων· ἐξ οὗ κτλ. (cf. Schol. Arist. III 525 D.).
Anth. Pal. VII 296: Σιμωνίδου τοῦ Κήου C | εἰς τοὺς μετὰ Κίμωνος

στρατευσαμένους ἐν Κύπρῳ Ἀθηναίους, ὅτε τὰς ρ̄´ ναῦς τῶν Φοινίκων ἔλαβεν Lm^c. Arsenius XXIV 18 (Apostol. VII 57a): ἐξ οὗ —
πολέμου· Σιμωνίδου ἐλεγεῖα περὶ Ἀθηναίων.
Similia epigrammata: Kaib. 768 Xanthi repertum:

> ἐξ οὗ τ᾽ Εὐρώπην Ἀσίας δίχα πόντος ἔνειμεν,
> οὐδείς πω Λυκίων στήλην τοιάνδ᾽ ἀνέθηκεν κτλ.

et Kaib. 844 Athenis repertum:

> ἐξ οὗ Κέκροπα λαὸς Ἀθηναίων ὀνομάζει
> καὶ χώραν Παλλὰς τήνδ᾽ ἔκτισε δήμῳ Ἀθηνῶν,
> οὐδεὶς Σωσιβίου καὶ Πύρρα μείζονα θνητῶν
> φυλὴν Κεκροπιδῶν ἔργῳ ἔδρασ᾽ ἀγαθά.

Quibus addit Keil Hermes 20, 346 Isocratis locum IV 179, cf. 180.

Leviora omisi. **v. 1.** ἐξ οὗ γ᾽ Diod. Anth. | Εὐρώπαν Ἀσίης Anth.
ἔνειμεν] ἔκρινεν Arist. et schol., Ars. ‖ **v. 2.** πόλεας θνητῶν Diod., πόλιας θν.
Aristid. et schol., Arsen., πόλεμον λαῶν Anth.; πολέμους θνατῶν Dorville, πόλιας
λαῶν Bergk | ἐπέχει Diodor. ‖ **v. 3.** οὐδενί πω Aristid. et schol., Arsen., οὐδέν πω
Diod. nisi quod AF οὐδέπω, οὐδαμά πω Anth.; quod hic numerus singularis (οὐδενί),
v. 5 pluralis exstat, Keil (Hermes 20, 345) reprehendit; sed cur οὐδείς non possit
pertinere ad numerum pluralem, ego non intellego | καλλίων Anth., τοιοῦτον Diod.,
quod placet Keilio l. l. ‖ **v. 4.** ἔρ✝✝γον Anth. Pal. C, εὑεργον A^ar | ἅμα Diod.,
Anth. ‖ **v. 5.** pro γαίῃ exhibet Κύπρῳ Diod. et Anth., qua de varia lectione infra
dicetur | ἐλάσαντες Diodori cod. AHL; πολλοὺς Μήδων ἐδάμασσαν | Φοινίκων θ᾽
ἑκατὸν κτλ. ludit Bergk; Φοινίκων θ᾽ etiam Iunghahn de Sim. ep. p. 30 ‖ **v. 7.**
ἔστεν᾽ ⁚ Anth. Pal. C in ras., signum corruptelae ⁚ hic et m^i et m^e adpinxit C;
finis versus deest in Anth. | ὑπ᾽ αὐτῶ similia Diodori PAHFLK ‖ **v. 8.** πληγαῖς
ἀμφοτέραις, χερσικράτει πολέμῳ Hecker[1] 225; πληγεῖσ᾽ ἀμφοτέρως χερσοκρατεῖ
πολέμῳ Blomfield, πληγεῖσ᾽ αὖθ᾽ ἑτέραις Iunghahn I. l. p. 29, quem contra disputavit Kaibel ann. philol. 105 p. 798 sq.

Proximis annis plures homines docti de hoc epigrammate disse-
ruerunt, Bergk in PL., Iunghahn (in quaestionibus de Simonidis Cei
epigrammatis p. 25 — 30), Kaibel (in ann. philol. 105 p. 798 sq. et
Rh. M. 28, 440 sq.), postremum Keil (Herm. 20, 343—348) ita disputavit, ut omnia fere expedivisse mihi videretur. Statuit enim is
epigramma non, id quod Kaibel pu᾽averat, exemplar fuisse duorum
titulorum quorum alter Xanthi, alter Athenis inventus est (EG 768
et 844, v. supra), sed non minus quam hos titulos, quibus quartum ex Isocratis loco erutum adiecit, antiquius carmen, quod nunc
deperditum esset, imitatione expressisse. Neque unquam Athenienses
hos versus rerum et verborum ineptiis inquinatos — nam, ut alia
mittam, ne id quidem apparet, utrum sepulcrale an dedicatorium sit
epigramma — publico monumento inscripsisse, sed esse demonstrativos et a malo poeta fictos. Simonidi igitur, qui iam propter aetatem Eurymedontiam pugnam illustrare non potuisset, omnino eos
esse abrogandos.

Quibus a Keilio dilucide expositis nihil habeo quod addam, nisi quod de Diodori loco non recte disputavisse mihi videtur. In versu enim quinto epigrammatis ἐν γαίῃ ab Aristide eiusque scholiasta, ἐν Κύπρῳ ab Anthologia et Diodori codicibus traditur. Sed hos Keil ex codice Anthologiae cognato interpolatos esse censet et ἐν γαίῃ historici textui esse reddendum. Quod vix recte vir doctus meo quidem iudicio contendit. Diodorus enim c. 60 narrat Graecorum classem cum Persis circa Cyprum (περὶ τὴν Κύπρον) pugnasse, magno cum labore victoriam deportasse, plus centum triremes cum ipsis hominibus cepisse. Quibus captis Cimonem suos milites Persarum vestimentis indutos navibus indidisse statimque (παραχρῆμα) in castra hostium ad Eurymedontem flumen posita navigavisse eoque sub noctem advenisse; inde Persas navium et militum specie deceptos et oppressos terrestri proelio esse trucidatos. Pugnam navalem in Eurymedontis ore commissam esse Diodorus ne verbo quidem memorat neque qui eum exscripsit Ps.-Frontinus 4. 7. 45. Nemo igitur, opinor, Keilio excepto[1]), dubitare potest, quin historicus verbis c. 61, quibus narrationem suam concludit: τῇ δ' ὑστεραίᾳ τρόπαιον στήσαντες ἀπέπλευσαν εἰς τὴν Κύπρον νενικηκότες δύο καλλίστας νίκας, τὴν μὲν κατὰ γῆν, τὴν δὲ κατὰ θάλατταν· οὐδέποτε γὰρ μνημονεύονται τοιαῦται καὶ τηλικαῦται πράξεις γενέσθαι κατὰ τὴν αὐτὴν ἡμέραν καὶ ναυτικῷ καὶ πεζικῷ στρατοπέδῳ et illam apud Cyprum pugnam navalem et ad Eurymedontem terrestrem significare voluerit.

Quamquam certe falsa narrat Diodorus. Neque enim ullo modo potuit Cimon primis diei horis gravem longamque pugnam (ἰσχυρῶς) circa Cyprum cum Persarum classe pugnare, tum ex ipsa pugna proficisci et sub noctem ad Eurymedontem adesse, qui distat ab insula centum et viginti miliaria Anglica. Itaque Diodorum hoc loco totum Ephori vestigiis institisse[2]) haud crediderim, cum hunc tam incredibilia tradidisse vix contendas. Qui quae dixerit de pugna

---

1) l. l. p. 344 n. 1: „Im übrigen wehre ich mich auf das entschiedenste gegen die Ausflucht, dafs ἐν Κύπρῳ bei Diodor auch auf die c. 60, also kurz vorher erwähnten Ereignisse vor Kypros bezogen werden könne; nach dem Schlachtbericht heifst es dort τῇ δ' ὑστεραίᾳ — στρατοπέδῳ [quae in textu exscripta sunt]; dafs diese letzten Worte auf die Eurymedonschlacht allein gehen, wird jeder zugeben, und dann auch, wenn er bemerkt hat, dafs sie nur eine Paraphrase des 2. Distichons unseres Gedichtes sind, dafs Diodor das Epigramm allein auf die Schlacht am Eurymedon bezogen hat. That er aber dies, so mufs er, da Vers 3 und 4 durchaus nicht, wie Junghahn bemerkte, auf einen Doppelsieg deuten, v. 5 ἐν γαίῃ gelesen haben; denn dieser bringt erst mit seinem Gegensatz ἐν πελάγει das Characteristicum jenes Sieges in den Vers."

2) quae putat Keil l. l. p. 344 n. 1 contra Kaibelium disputans. Keilio adversatur Hiller Burs. Jahresber. 46, 1 p. 74.

Eurymedontia, cum Dunckero (Gesch. d. Alt. VIII 210 n., v. etiam
Melber ann. philol. suppl. 14, 437) extare censeo apud Polyaenum
1. 34: ubi legimus pugnam navalem ad Eurymedontem esse factam,
deinde secundum Ephorum terrestre proelium commissum esse verisimile est, etsi id Polyaenus afferre omisit; tum demum Graecos Persarum habitu Cyprum petivisse. Quam Ephori narrationem confudit
Diodorus deceptus, ni fallor, ipso de quo agimus epigrammate. Putabat enim auctor Siculus haud aliter atque Iunghahn (l. l. p. 28 quem
conferas) et Kaibel versibus 5 οἶδε γὰρ ἐν Κύπρῳ usque ad 7 πληθού-
σας poetam solam pugnam navalem significare voluisse; et cum titulo,
quem genuinum esse censebat, maiorem fidem tribueret quam Ephoro,
pugnam illam navalem qua centum naves cum ipsis hominibus captae
essent (v. Diod. 60 et ep. v. 6 et 7), non ad Eurymedontem, sed ἐν Κύπρῳ
ἐν πελάγει i. e. περὶ τὴν Κύπρον commissam esse censuit; tum hostium
classe victa ipse quoque Graecos Persico more vestitos ex pugna
profectos esse perhibet, neque vero in Cyprum, ubi iam essent, sed
ad Eurymedontem (cf. Haas de Aristidis in declamatione contra Plat.
font. Grfsw. 1884 p. 78 sqq.) profectos esse.

Etsi igitur Diodorum ἐν Κύπρῳ legisse, mihi videor demon-
strasse, tamen hanc nego genuinam epigrammatis esse lectionem,
sed irrepsisse in librum quo et Diodorus et Anthologia usi sunt
(v. Hillerum l. l.) per interpolationem hominis, qui hanc victoriam cum
gemina Cypria Cimonis victoria confudit. 'Ἐν γαίῃ enim esse verum et
antiquum inde apparet quod hac sola lectione ea, quae versu quarto
promittit poeta, implentur: hoc enim versu manifesto negatur unquam
tantam duplicem victoriam deportatam esse; necesse igitur est haec
duplex victoria describatur insequentibus versibus, id quod solis verbis
ἐν γαίῃ fit, cum proelium ἐν Κύπρῳ commissum nunquam ἔργον ἐν
ἠπείρῳ dici possit.[1] Certe si ἐν γαίῃ scripsit poeta, pedestre
proelium ante navale factum esse contendit; sed non mirum si Alexandrinae aetatis auctor historiam non ita callebat. (Cur Lycurgum
Leocr. 72 epigramma nostrum iam nosse existimaverit Kaibel Rh. M.
28 p. 441, non dispicio. Neque enim quidquam inde sequitur, quod
orator πεζομαχοῦντες καὶ ναυμαχοῦντες hoc ordine scribit: cf. Thuc.
1, 100 ἐγένετο . . . ἡ ἐπ' Εὐρυμέδοντι ποταμῷ ἐν Παμφυλίᾳ πεζο-
μαχία καὶ ναυμαχία.)

---

1) Contra Keilium, qui negat (v. p. 215 not. 1) versu quarto duplicem
pugnam significari, moneo poetam non οὔτε — οὔτε, sed καὶ — καὶ et ὁμοῦ
scripsisse.

270. In triginta tyrannos.

Μνῆμα τόδ' ἐcτ' ἀνδρῶν ἀγαθῶν, οἳ τὸν κατάρατον
δῆμον Ἀθηναίων ὀλίγον χρόνον ὕβριος ἔcχον.

Schol. Aeschin. 1. 39 p. 261 Schultz: *δεῖγμα δὲ τῆς τῶν λ'
πολιτείας καὶ τόδε ἐστί· Κριτίου γὰρ ἑνὸς τῶν λ' ἀποθανόντος
ἐπέστησαν τῷ μνήματι Ὀλιγαρχίαν δᾷδα κατέχουσαν καὶ ὑφάπτουσαν
Δημοκρατίαν καὶ ἐπέγραψαν τάδε· μνῆμα — ἔσχον.*

v. 2. *ὕβριν* Vatic.

Male tradit scholiasta versus Critiae esse epitaphium, cum ad
plures optimates, quorum nomina inscripta esse conicias, eos spectare
quivis videat, idemque male eos a triginta viris esse scriptos, cum
verba ὀλίγον χρόνον illorum potestatem iam sublatam esse doceant.
Neque Athenis hoc sepulcrum exstructum esse potest — ibi enim
nemini licebat eius modi verba incidere post populi imperium restitutum — neque a civibus Atheniensibus alio nescio quo loco esse factum,
quippe qui non ὕβριος forma Dorica usi essent. Relinquitur igitur
ut aut a civibus alius cuiusdam oppidi — ut quid dicam a Megaren-
sibus — expulsos illos optimates sepultos titulumque inscriptum esse
statuamus: quae coniectura non magnam habet veritatis speciem:
aut fictum esse epigramma a grammaticis neque unquam lapidi insculptum. Quae mea est sententia. Collato enim epigrammate n. 154,
quod Aeschines 3. 177 in honorem Thrasybuli eiusque sociorum dedicatum esse tradit, inde fit verisimile ad illius exemplar hoc de quo
agimus epitaphium confictum esse.

---

271. In Athenienses ad Chaeroneam mortuos.

Οἵδε πάτρας ἕνεκα cφετέρας εἰc δῆριν ἔθεντο
ὅπλα καὶ ἀντιπάλων ὕβριν ἀπεcκέδαcαν.
μαρνάμενοι δ' ἀρετῆc καὶ δείματος οὐκ ἐcάωcαν
ψυχάc, ἀλλ' Ἀίδην κοινὸν ἔθεντο βραβῆ,
5   οὕνεκεν ἙλλήνιJν, ὡc μὴ ζυγὸν αὐχένι θέντεc
δουλοcύνηc cτυγερὰν ἀμφὶc ἔχωcιν ὕβριν.
γαῖα δὲ πατρὶc ἔχει κόλποιc τῶν πλεῖcτα καμόντων
cώματ', ἐπεὶ θνητοῖc ἐκ Διὸc ἥδε κρίcιc·
μηδὲν ἁμαρτεῖν ἐcτι θεῶν καὶ πάντα κατορθοῦν·
10   ἐν βιοτῇ μοῖραν δ' οὔτι φυγεῖν ἔπορεν.

Dem. 18. 289: *λέγε δ' αὐτῷ τουτὶ τὸ ἐπίγραμμα, ὃ δημοσίᾳ
προείλεθ' ἡ πόλις αὐτοῖς ἐπιγράψαι, ἵν' εἰδῇς, Αἰσχίνη, καὶ ἐν αὐτῷ
τούτῳ σαυτὸν ἀγνώμονα καὶ συκοφάντην ὄντα καὶ μιαρόν. λέγε·*

ΕΠΙΓΡΑΜΜΑ. οἵδε — ἔπορεν. (290) ἀκούεις, Αἰσχίνη, [καὶ ἐν αὐτῷ
τούτῳ] „μηδὲν ἁμαρτεῖν ἐστι θεῶν καὶ πάντα κατορθοῦν‟; οὐ τῷ
συμβούλῳ τὴν τοῦ κατορθοῦν τοὺς ἀγωνιζομένους ἀνέθηκε δύναμιν,
ἀλλὰ τοῖς θεοῖς.[1])

Egerunt post Iacobsium (Animadv. ad Anth. Gr. III 2, 214 et Anthol. Gr.
app. 266) de hoc epigrammate praeter orationis editores Voemelium, Weilium,
Blassium, Lipsium alios: Foertsch comm. crit. de locis nonnullis Lysiae et
Dem. 1821 p. 51, Graefe Mém. de l'ac. de St. Petersbourg. 1822 VIII 661, Goett-
ling ind. lect. Ien. 1846 = ges. Abh. I 147, Froehlich Abhandl. d. b. Akad.
phil. Kl. 1850 p. 77, Funkhaenel Philol. 6, 565, Osann commentar. seminarii
Giessensis specimen sextum p. 10, Duentzer die homer. Beiwörter etc. p. 48,
Thudichum Rh. Mus. 12, 296, J. Bernays ibid. 14, 321 == ges. Abh. 2, 276,
Hartung gr. Elegiker 1, 363, Karsten Verslagen en mededeelingen d. k. Akad.
Afdeel. letterkunde 4 (1859) 21—45 (cf. Philol. 14, 413), O. Ribbeck Neues
Schweizer Mus. 2 (1862), 147, Kaibel de monumentorum aliquot graecorum
carminibus, Bonn 1871, 1—18, L. Spengel Sber. d. bay. Ak. phil. Kl. 1875
I 287, Weil Revue de philol. 1 (1877) 25, Piccolomini Estratti inediti dai
codici greci Pisa 1879 p. 102, Sitzler N. Jahrb. f Phil. 119, 816, Bergk PLG
II⁴ 331, Clemm N. Jahrb. f. Philol. 127, 15, Saueressig de epigr. sepulcr. in
Athen. ap. Chaer. interfectos, Progr. Oberehnheim 1882², Richter de epigrammate Chaeronensi, Progr. Malchin 1883, Vitelli public. del reg. istituto di Fir.
sez. fil. 2 p. 180, F. W. Schmidt Studien zu den gr. Tragikern u. z. Anthol. 3,
191, Hiller Philol. N. F. II (1889) p. 242 sq., H. Stadtmüller Berl. Phil.
Wochenschr. 1890, col. 303 sq.

Exstat epigramma in Marciano s. XI, deest in libris editionis Atticianae
Parisino (Σ), Laurentiano (Λ) pr., Augustano (A¹). ǁ v. 1. ἕνεκα codd.; μὲν ἑκὰς
Weil, ne idem dicatur quod in v. 5 οὔνεκεν Ἑλλήνων neve nulla omnino sit
mentio loci ubi pugnatum sit. Nec vero multum lucrabimur, extra fines Atticos
cives cecidisse edocti; hoc enim semper fere fieri solebat. | εἰς δῆριν ἔθεντο
ὅπλα == ὡπλίσαντο, cf. Demosth. Mid. 145 (Kaibel p. 5) Lycurg. Leocr. 43. ǁ
v. 3. μαρνάμενοι δ' ἀρετῆς καὶ δείματος codd. quae verba Thudichum sic vertit:
„im Gefecht um Furcht und Tapferkeit‟; Foertsch (qui λήματος recipit), Funkhaenel, Froehlich, Spengel alii hyperbaton esse statuunt ut genetivi a nomine
βραβῆ pendeant. Eam constructionem ut tueretur, attulit Frochlich Xenoph.
hell. 7. 3. 7 ᾔδειν γὰρ ὅτι καὶ ὑμεῖς τοὺς περὶ Ἀρχίαν καὶ Ὑπάτην, οὓς ἐλάβετε
ὅμοια Εὔφρονι πεποιηκότας, οὐ ψῆφον ἀνεμείνατε, ἀλλ' ὁπότε πρῶτον ἐδυνάσθητε,
ἐτιμωρήσασθε. Sed hunc accusativum multo facilius verbo finito etsi longe
distanti iungere licet quam genetivos illos ac ne ipse quidem Froehlich probasse
videtur hanc constructionem, cum etiam hoc proponeret: μ. δ' ἀρετῆς καὶ δεί-
ματος — οὐ γὰρ ἔσωσαν | ψυχάς, ἀλλ' — Ἀίδην κτλ. Ego nihil mutavi: nam etsi
non quarti saeculi poetam, tamen inferioris aetatis cui adscribo epigramma
auctorem eiusmodi hyperbato usum esse non negaverim. Cf. Foertsch l. l., Lobeck
ad Soph. Ai. 475. Contra alii alia coniecerunt: μαρνάμενοι δ' ἀ. καὶ λήματος
(ut ἀμφισβητεῖν et ἐναντιοῦσθαί τινος) Valckenaer, Foertsch, Ribbeck alii (μ. δ'

---

1) § 290. καὶ ἐν αὐτῷ τούτῳ utpote manifestam dittographiam secluserunt
Reiske et Spengel. | καὶ ἐν — κατορθοῦν seclusit Kirchhoff ap. Kaibel EG 27 |
μηδὲν Σ pr. A¹D; τὸ μηδὲν vel ὡς τὸ μηδὲν deteriores libri | θεοῦ Λ¹, θεῶν rell.

2) Quocum me in multis consentire sero vidi.

ἀρετῇ καὶ λήματι Wunderlich in edit. orationis), μ. δ᾽ ἀ. καὶ δείγματος Victorius
(Goeller Dion. Hal. de comp. p. 100), μ. δ᾽ ἀ. διὰ δείγματος Schaefer, μ. δ᾽ ἀ.
κατὰ δείγματος Iacobs, μ. δ᾽ ἀρετῆς κατὰ δείματος (sed ἀρετῆς dativus in Attico
titulo ferri nequit) Graefe, μ. δ᾽ ἀρετῆς περὶ τιμῆς Goettling, μ. δ᾽ ἀρετῇ καὶ
ἀδείματοι Clemm, eandem in coniecturam incidit F. W. Schmidt qui multa
exempla verbi μάρνασθαι cum dativo iuncti congessit (cf. etiam Kaibel EG 242),
μ. δ᾽ ἄτρεστοι, ἀδείματοι vel μ. δ᾽ ἀτρεμεῖς καὶ ἀδείματοι vel μ. δ᾽ ἄρ᾽ ἄτρεστοι,
ἀδείματοι Stadtmueller; μ. δ᾽ ἄρεως καὶ δείματος Sitzler, Weil („n'ont pas voulu
conserver leur vie en se sauvant du tumulte effrayant de la bataille", ubi ἐκ
omitti non poterat; Soph. Ant. 1162 σώζειν πόλιν ἐχθρῶν quem locum affert
Weil, vertendus est ʻurbem servare ab hostibus' neque vero ʻex hostium turba'),
μ. δ᾽ ἄρεως τε καὶ αἵματος Weil in altera orationis editione, μαρναμένοιν δ᾽
ἀρετῆς καὶ δείματος Blass, μαιόμενοι δ᾽ ἀρετῆς ἰσοδαίμονος Bergk in prioribus
editionibus, postea genuina se verba expedire non posse confitetur, μνησάμενοι δ᾽
ἀρετῆς καὶ λήματος Passow, Karsten (coll. Hom. N 48 ἀλκῆς μνησαμένω), ἀρνύμενοι δ᾽ ἀρετὴν δίχα δαίμονος Bernays, ἀρνύμενοι δ᾽ ἀρετὴν ἐκ χείματος vel πή-
ματος Duentzer ‖ v. 4. βράβην codd., βραβῆ Schneider cum βράβης pro βραβεύς
nusquam exstet. De accusativo contracto v. G. Meyer gr. Gramm.² § 332. ‖
v. 5 et 6. Tertium distichum secundo praeponit Ribbeck, delet Stadtmueller. ‖
v. 5. ζυγὸν αὐχένι θέντες codd., quod haud facile ʻse iugo subdere' significare
possit, sed potius alii iugum imponere. Cf. Alcaeus App. Plan. 5 ζυγὸν αὐχένι
θήσων, Hesiod. opp. 815 ἐπὶ ζυγὸν αὐχένι θέντες. Qua de causa Froehlich in
enuntiato θέντες — ἔχωσιν non Ἕλληνες subiectum esse censet, sed οἶδε v. 1
iunctisque ζυγὸν δουλοσύνης distichum sic vertit; „auf dafs nicht, hätten sie
selben das Joch der Knechtschaft auf den Nacken gelegt, sie ringsumher ver-
hafsten Hohn zu ertragen haben". Quam interpretationem refellere haud opus
est. ζυγῷ αὐχένα δόντες Weil, ζυγὸν αὐχένι θεῖσαν (part. aor. sc. ὕβριν) Voemel,
ζυγὸν αὐχένι θέντων sc. ἀντιπάλων Spengel (sed θέντων nemo non iungat cum
Ἑλλήνων), ζυγὸν αὐχένι δόντες Bergk, ζυγῷ αὐχένα θέντες Vitelli (coll. Eur.
Hec. 376 αὐχέν᾽ ἐντιθεὶς ζυγῷ), ζυγὸν αὐχέν᾽ ἐφέντες vel ζυγῷ αὐχέν᾽ ὑφέντες
Clemm. ‖ v. 6. ἔχοιεν Brunck ‖ v. 8. σώματ᾽ codd., λείψαν᾽ Bgk., quia nil nisi
cinis mortuorum Athenis sepultus esset. | Post κρίσις Froehlich omnem inter-
punctionem tollere et ἐστὶ v. 9 cum ἐπεὶ ἤδε κρίσις iungere vult („da von Zeus
den Sterblichen das beschieden ist, keines Wunsches zu verfehlen bei den Göttern
und (durch sie) alles glücklich zu vollenden im Leben"). Hoc si recte sentiret,
non potuit Demosthenes § 290 versum nonum una cum ἐστίν afferre. Neque
magis Ribbeckio et Voemelio assentiri possum qui usu ac vi pronominis ὅδε
neglecta verba ἤδε κρίσις ad ea quae praecedunt referenda esse putant. Immo
recte plerique editores po t κρίσις distinguunt legemque a Iove datam in ultimo
disticho inesse contendunt. ‖ v. 9 et 10. Omnes ante Goettlingium post κατορθοῦν interpunxerunt, quorum partibus ego quoque accedo, v. p. 223 n. 1. Primus
Goettling, quem Spengel aliique qui genuinum indicant epigramma secuti sunt,
ἐν βιοτῇ (in hominum vita) versui nono adnexit ut subiecti vice non θεοὶ, sed
θνητοὶ fungi contenderet (iidem ἔπορον pro ἔπορεν in textum receperunt). Dici
igitur, domum deorum esse homines nil incassum petere et omnibus in rebus
secunda uti fortuna. ‖ v. 9. κατορθοῦν transitive usurpatum esse (menar tutto a
buon fine) putat Vitelli (etiam Flach Gesch. d. gr. Lyrik 2, 439), quod abhorret
a verbi usu, cf. inprimis § 288. ‖ v. 10: ἐν βιοτῇ codd., αἰχμητὴν Weil, qui teste
Lipsio in editione altera ἐν βροτέῳ μοίρᾳ ἔκ τι φυγεῖν ἔπορον proposuit; αἰχμητῇ
vel ὁπλίτῃ Vitelli, qui idem conicit: Βοιωτῇ γῇ κῆρ᾽ οὔτι φυγεῖν ἔπορον „è pre-

rogativa degli dei riescire in tutto e menar tutto a buon fine; ma nella terra
beotica essi non concessero di scampar di morte", ubi ineptissime Boeotia omnibus aliis rebus (tutto) opponitur; ceterum frustra graeco in textu particulam
adversativam („ma") requiras. *ἐν βιοτῇ δ' αὖ πταῖσμ' οὔτι φυγεῖν ἔπορεν* Stadt-
mueller coll. schol. Greg. (v. p. 222 not.). | *φεύγειν ΛΜ* | *ἔπορεν Μ* ut Iuppiter
subiecti vice fungatur, contra Bernays *οὔτι* subiecti locum obtinere vult; *ἔπορον*
alii codd. dett., *μερόπων* Graefe, *ἕτερον* Reiske.

Cum Karsten Batavus anno huius saeculi undesexagesimo primus
epigramma in deterioribus tantum codicibus servatum ut subditicium
notavisset, Kaibel duodecim annis post in eius locum aliud ut genuinum et ab oratore recitatum substituit, carmen dico Anthologiae
Palatinae VII 245:

> Ὦ Χρόνε παντοίων θνητοῖς πανεπίσκοπε δαῖμον,
>   ἄγγελος ἡμετέρων πᾶσι γενοῦ παθέων·
> ὡς ἱερὰν σῴζειν πειρώμενοι Ἑλλάδα χώραν
>   Βοιωτῶν κλεινοῖς θνήσκομεν ἐν δαπέδοις.

Quod epigramma in codice quidem Gaetulico cuidam adscribitur,
sed ex ipsius inscriptionis reliquiis (Kaibel EG 27 = CIA II 3. 1680),
quas huc pertinere vir sagacissimus intellexit, secundae quarti a. Chr.
saeculi parti est vindicandum. Atque ut tolleret quod huic opinioni
refragari videretur, versum *μηδέν — κατορθοῦν* Demosthenem § 290
non ex carmine modo recitato repetere censuit, sed quasi locum com-
munem ex vetere quodam poeta afferre, quem ipsum Simonidem
esse scholion in Gregorium Nazianzenum paulo post a Kirchhoffio
(Hermes 6, 487) prolatum nos docere videbatur. Postea huic sententiae ipse diffisus Kirchhoff verba Demosthenis § 290 *καὶ ἐν αὐτῷ
τούτῳ — κατορθοῦν* ex subditicio carmine interpolata esse statuit;
qua „egregia coniectura" Kaibel ·EG 27 omnes difficultates sublatas
esse existimat.

Sed ut ab hac coniectura exordium sumam, obliti sunt ni fallor
viri docti spurium illud quod dicunt epigramma antiquitus in Demosthenis editionibus locum non habuisse neque exstare nisi in parte
codicum deterioris notae. Unde apparet ex epitaphio sive genuino
sive adulterino, quod multo post grammaticorum aliquis textui inseruit, interpolatorem nunquam haec verba, quae omnibus in codicibus
extant, addere potuisse. Nec minus quam antea proposuerant coniectura reicienda est. Cum enim in optimis libris § 290 verba *ὡς*
vel *ὡς τὸ* ante *μηδὲν ἁμαρτεῖν* non legantur, versus ille a Demosthene non ex vetere quodam poeta haustus esse potest, sed ex ipso
epigrammate modo recitato sumptus sit necesse est.[1]) Anthologiae

---

1) Gregorii scholiastae (cuius verba infra p. 222 apponam) nullam fidem
habendam esse — etenim idem p. 489 Euripidis versum novae comoediae adscribit — recte censent Spengel et Hiller Philol. NF. II p. 242, qui conferatur.

igitur carmen nullo modo id ipsum potest agnosci epitaphium, quod
orator recitandum curavit, cum neque illum versum contineat neque
causidicus vel sagacissimus ex his distichis possit elicere sententiam
salutem militum non a consilii auctore, sed a deis pendere; quam
sententiam inesse epigrammati citato paulo infra vult Demosthenes.
Quid igitur? Epitaphio erat opus, et cum inter homines doctos
nemo fere praeter Kirchhoffium et Piccolominium ut Kaibelio assen-
tiretur a se impetrare posset, carmen illud quod in deterioribus
Demosthenis codicibus traditur tueri eaque quae Karsten[1]) et Kaibel ut
illa aetate indigna reprehenderant, aut coniecturis aut interpretatione
tollere conabantur. Qui ut permulta coniecerunt, ita pauca vel adeo
nihil probabiliter emendaverunt. Inprimis βραβῇ pro βραβέα forma
in titulo Attico publice inscripto nullo modo ferenda est.[2]) Ut autem
genuinum evincerent epigramma viri docti a paenultimo potissimum
versu profecti sunt. Cum enim Demosthenes in § 290 — haec est
eorum argumentatio — hunc versum sic interpretetur ut a deo pendere dicat milites fautricem nancisci fortunam (τῷ θεῷ τὴν τοῦ
κατορθοῦν τοὺς ἀγωνιζομένους ἀνέθηκε δύναμιν), ad mortales, non
ad deos infinitivos κατορθοῦν et μηδὲν ἁμαρτεῖν referendos esse
velle oratorem. Hanc autem eius interpretationem stare non posse,
si versum ipsum legamus, immo quemvis hexametrum solum ita intellecturum esse, ut dei omnibus in rebus felices praedicentur; itaque
illam interpretationem ita tantum stare posse, si verba ἐν βιοτῇ „in
hominum vita“ paenultimo versui adiuncta sint. Atqui nunquam falsarium tam callidum futurum fuisse ut additis ἐν βιοτῇ, quae Demosthenes ut modo audita omittere potuisset, rectum versus sensum
efficeret, qui plane alius futurus erat omissis. Ergo ultimum distichum genuinum esse, et si ultimum, idem valere de ceteris (cf. inprimis
Weilium Revue l. l.).

Quae argumentatio non satis gravis mihi videtur esse. Concedendum est quemlibet μηδὲν — κατορθοῦν omissis ἐν βιοτῇ aliter ac
Demosthenem intellecturum esse — et aliter intellexerunt omnes veteres, qui versum laudaverunt[3]), omnesque recentioris aetatis gram-

---

1) Karstenii argumenta, quibus repetendis supersedeo, firmavit et nova
quaedam addidit Richter in programmate Malchinensi (1883), ignarus Kaibelii
et Spengelii disputationum.

2) v. Meisterhans Grammatik der attischen Inschriften[2] p. 109. Idem docet
p. 178 οὕνεκεν in Atticis titulis imperatorum Romanorum demum aetate inveniri.

3) Respiciunt ad hunc versum: Aristid. I p. 592: (οἱ θεοὶ οἷς τοσοῦτον
περίεστιν ὥστ’ οὐ μόνον αὐτοὶ τἀγαθὰ πάντα κέκτηνται, ἀλλὰ καὶ τοῖς ἄλλοις
αὐτοὶ νέμουσι· νέμουσι δὲ οὐχ ὅνπερ αὐτοὶ κέκτηνται τρόπον, ἀλλ’ ὅσοις τὰ κρά-
τιστα τῶν ἀνθρώπων ἔδοσαν, τὰ πλείω·κατορθοῦν, οὐ πάντ’ ἔδοσαν (etiam II
298 et 331 rhetor ad πάντα κατορθοῦν respicit, quos locos attulit Spengel).

matici ante Goettlingium —: tamen potest fieri, ut quis hoc enuntiatum de hominibus interpretetur, neque certe omisisset orator duo
ista verba, si eis sententiam, quam expressurus erat, luculentiorem
edere potuisset. Immo versus μηδὲν — κατορθοῦν a Demosthene ex
epitaphio recitato repetitus eundem, si quid video, sensum habuit
quem inesse contendunt omnes veteres scriptores; verum Demosthenes
ipse utpote causidicus verba suum in usum convertit sensumque eis
subdidit, qui si vera fatemur longe abhorret a Graecorum hominum
opinionibus.[1]) Nam quis mehercle veterum dicere ausus est de mortalibus eos deis adiuvantibus nihil incassum petere omnibusque
in rebus secunda uti fortuna? Longe distant loci quos Bergk confert, cum ibi non de sempiterna continuaque hominum felicitate agatur. Neque id praetermittendum, Goettlingii Weiliique interpretationem
si sequeremur, ultimum distichum ineptissimum fore in epitaphio
scripto in victos fusosque milites. Quivis enim putaret, solam mortem
milites non effugisse, ceteris in rebus autem omnia prospere eis suc-
cessisse.

Refutata igitur Weilii argumentatione pedibus eo in Karstenii
sententiam adulterinum censentis epigramma. Confectum est inferioribus temporibus a grammatico quodam qui versum a Demosthene

---

Liban. ep. 1554 (p. 705 ed. J. Chr. Wolf 1738): ἀλλ᾿ ἐκείνῳ μὲν ἐκ τοῦ ἐπιγράμματος ἀπολογία τις ἔσται τοῦ λέγοντος τὸ μηδὲν ἁμαρτεῖν ἐστι θεοῦ.
Themist. or. 22 p. 335 D.: ἐπεὶ δὲ τὸ μηδὲν ἁμαρτάνειν ἔξω τῆς φύσεως κεῖται
τῆς ἀνθρωπίνης — οὐ γὰρ πείθομαι ἐγὼ τοῖς ἐκ ποικίλης . . . , ἀλλὰ τάχα δὴ τὸ
ἐπίγραμμα ἀληθέστερον, ὃ Ἀθήνησιν ἐπιγέγραπται ἐν τῷ τάφῳ τῷ δημοσίῳ· καὶ
γὰρ τοῖς θεοῖς μόνοις τὸ πάντα κατορθοῦν ἀπονέμει. Schol. ad Gregor.
Naz. in Iulian. 1 p. 169 D ed. Piccolomini-Kirchhoff Hermes VI 487 sq. (Piccolomini Estratti etc. p. 6): τὸ ἀναμάρτητόν φησιν ὑπὲρ ἡμᾶς τοὺς ἀνθρώπους, τὸ
δὲ μικρόν τι παίσαντας ἐπανάγεσθαί τε καὶ διορθοῦσθαι ἀνθρώπων ἐστὶν καλῶν
τε κἀγαθῶν, λέγει δὲ καὶ Σιμωνίδης, εἷς δ᾿ οὗτος τῶν θ᾿ λυρικῶν, ἐν ἐπιγράμματι ῥηθέντι αὐτῷ ἐπὶ τοῖς Μαραθῶνι πεσοῦσι τῶν Ἀθηναίων τὸν στίχον τοῦτον·
μηδὲν ἁμαρτεῖν ἐστι θεοῦ καὶ πάντα κατορθοῦν. Suid. s. v. συγγνώμονα·
ὀρθῶς καὶ εἴρηται τὸ μηδὲν ἁμαρτεῖν θεοῦ ἐστι καὶ πάντα κατορθοῦν, ἄνθρωπος δὲ οὐκ ἂν εἴποι ἐπ᾿ οὐδενὶ ὅτι μὴ πείσεται τόδε τι. Phalar. ep. 126: τὸ
μηδὲν ἁμαρτεῖν εἰκότως ἴσως καὶ δικαίως θεοῦ νομίζεται. Iustinian. cod.
lib. 1. tit. 17, 2 § 13: Omnium habere memoriam et penitus in nullo peccare
divinitatis magis quam mortalitatis est, quod et a maioribus dictum est. Anth.
Pal. I 2: ᾧ πόρε Χριστὸς | πάντα διορθοῦσθαι; quem locum attulit Stadtmueller.
— Neve mireris quod etiam ei scriptores quos ex Demosthene hausisse certum
est, Aristides, Themistius, Libanius (quem exemplari codici Augustano cognato
usum esse lectio θεοῦ (v. p. 218 n.) ostentat) ab hums interpretatione recedunt:
quibus idem accidit quod recentioribus ante Goettlingium grammaticis, ut ea
quae orator ex versu efficit, prorsus neglegerent. V. Spengel p. 309.

1) Aesch. Ag. 531 τίς δὲ πλὴν θεῶν | ἅπαντ᾿ ἀπήμων τὸν δι᾿ αἰῶνος χρόνον;
cf. Richter p. 8.

ex genuino epitaphio nunc deperdito citatum suo carmini intexuit,
quemadmodum etiam is, qui eadem in oratione testimonia aliaque
documenta subdidit, praecedentibus insequentibusque oratoris verbis
usus est.[1])

Restat ut pauca dicamus de Anth. VII 245, quod carmen secundum marmoris reliquias sine dubio epitaphium est Atheniensium qui
altera quarti a. Chr. saeculi parte in Boeotia cum barbaris (cf. ἱερὰν
Ἑλλάδα) pugnantes ceciderunt. Ne Lamiaco bello monumentum tribuamus, sexcentae secundum Kaibelium repugnant causae. Ego unam
suppeditare possum: etenim proelium quod hoc bello in Boeotia (ad
Plataeas) commissum est tam parvi fuit momenti tamque paucos
Athenienses in eo occubuisse putandum est, nullo modo ut ii seorsum
humarentur. Namque solebant uno funere, qui intra annum ceciderant, sepeliri, cf. Thuc. 2. 34, CIA I 433. Neque versus privati monumenti titulum esse patiuntur, id quod statuit Bergk (p. 333 n. 1), ad
publicum sepulcrum epigramma pertinere non posse ratus, cum fragmentum ad Olympieum quod longe abest a Ceramico inventum esset.
Sed nullus fere publicorum sepulcrorum titulus in situ i. e. in Ceramico inventus est, v. Wachsmuth die Stadt Athen I 267. Itaque
Kaibel rectissime perspexit epigramma ad pugnam apud Chaeroneam
spectare neque video quid obstet quin et hoc et alterum carmen deperditum quod Demosthenes recitavit tumulo Atheniensium inscriptum
fuerit.[2]) Minime enim a probabilitate abhorret ipsam civitatem plura
carmina monumento insculpenda curasse: veluti tria exstant diversa
epigrammata in columna, quae in honorem militum ad Potidaeam
occisorum posita est, Kaibel EG 21 (= CIA I 442). Itaque mirari
desinamus duo fuisse epitaphia militum, qui eodem in proelio ceciderunt.

---

1) Utrum falsarius tam callidus fuerit ut vocabulis ἐν βιοτῇ adiunctis eam,
quam Demosthenes inesse voluit, sententiam magis declararet an ille nihil ad-
iciens integrum versum foetui suo intexuerit, in medio relinquo. Sed hoc veri-
similius esse duco.

2) Hanc suam opinionem Rudolphus Schoell benigne mecum communicavit. Cf. etiam proll. § 10

II. Epigrammata dedicatoria et varia.

272.

Νεβρὸς ἐὼν ἑάλων ὅτ' ἐc Ἴλιον ἦν Ἀγαπήνωρ.

Paus. 8. 10. 10: *Λεωκύδους δὲ τοῦ Μεγαλοπολιτῶν ὁμοῦ Λυδιάδῃ στρατηγήσαντος πρόγονον ἔνατον Ἀρκεσίλαον οἰκοῦντα ἐν Λυκοσούρᾳ λέγουσιν οἱ Ἀρκάδες ὡς ἴδοι τὴν ἱερὰν τῆς καλουμένης Δεσποίνης ἔλαφον πεπονηκυῖαν ὑπὸ γήρως· τῇ δὲ ἐλάφῳ ταύτῃ ψάλιόν τε εἶναι περὶ τὸν τράχηλον, καὶ γράμματα ἐπὶ τῷ ψαλίῳ· νεβρὸς — Ἀγαπήνωρ. οὗτος μὲν δὴ ἐπιδείκνυσιν ὁ λόγος ἔλαφον εἶναι πολλῷ καὶ ἐλέφαντος μακροβιώτερον θηρίον.*

νεβρὸς ἐὼν ὅτ' ἑάλω (ὅτ' ἐς κτλ.) Vb per corr., νεβρὸς ἐὼν ἑάλω La R marg., νεβρόν σ' εἴςναον ἑαλων Pc, νεβρὸς οὖν εἰς ναὸν ἑάλω Ag, νεβρὸς σὺ εἰς ναὸν ἑάλω MVaR, νεβρὸς σύεις ναὸν ἑάλω Lb | pro ἦν scripsit ἥγ' Meineke bibl. crit. Hildesh. 1823 II p. 159; ἦλθ' Kayser, ἦκ'? Stadtmueller.

Similis fabella traditur de Taygeta cervam Cerynitem Dianae consecrante a Scholiasta Pind. vet. ol. 3. 53 (p. 101 Boeckh): *λέγεται γὰρ ὅτι, ἡνίκα Ἡρακλῆς παρέσχεν αὐτὴν Εὐρυσθεῖ, τότε εὑρέθη ἐπὶ τοῦ τραχήλου αὐτῆς γεγραμμένον· „Ταϋγέτη ἱερὰν ἀνέθηκεν Ἀρτέμιδι"* (secundum recentiora scholia inscriptio erat in cornubus haec: *Ταϋγέτη ταύτην ἀφιεροῖ Ἀρτέμιδι*). Quam Dianae cervam Tafel (diluc. Pindaricae I 1 p. 154) temere eandem esse putat ac Pausaniae *ἱερὰν τῆς καλουμένης Δεσποίνης ἔλαφον*. Possis etiam conferre Ps.-Aristot. mirab. auscult. 110 (120): *ἐν δὲ τοῖς Πευκετίνοις εἶναί φασιν Ἀρτέμιδος ἱερόν, ἐν ᾧ τὴν διωνομασμένην ἐν ἐκείνοις τοῖς τόποις χαλκὴν ἕλικα ἀνακεῖσθαι λέγουσιν, ἔχουσαν ἐπίγραμμα „Διομήδης Ἀρτέμιδι".* μυθολογεῖται δ' ἐκεῖνον ἐλάφῳ περὶ τὸν τράχηλον περιθεῖναι κτλ.

273.

a)   Τάδ' οὐχὶ Πελοπόννηcος, ἀλλ' Ἰωνία.

b)   Τάδ' ἐcτὶ Πελοπόννηcος, οὐκ Ἰωνία.

Plut. Theseus 25: *προσκτησάμενος δὲ τῇ Ἀττικῇ τὴν Μεγαρικὴν βεβαίως, τὴν θρυλουμένην ἐν Ἰσθμῷ στήλην ἔστησεν, ἐπιγράψας τὸ* διορίζον ἐπίγραμμα τὴν χώραν δυσὶ τριμέτροις, ὧν ἔφραξε τὰ μὲν πρὸς ἕω· τάδ' οὐχὶ κτλ., τὰ δὲ πρὸς ἑσπέραν· τάδ' ἐστὶ κτλ. Strabo 3 p. 171: καὶ ἐπὶ τῷ ἰσθμῷ τῷ Κορινθιακῷ μνημονεύεται στήλη τις ἱδρυμένη πρότερον, ἣν ἔστησαν κοινῇ οἱ τὴν Ἀττικὴν σὺν τῇ Μεγαρίδι κατασχόντες Ἴωνες, ἐξελαθέντες ἐκ τοῦ Πελοποννήσου, καὶ οἱ κατασχόντες τὴν Πελοπόννησον, ἐπιγράψαντες ἐπὶ μὲν τοῦ πρὸς τῇ Μεγαρίδι μέρους· τάδ' οὐχὶ κτλ., ἐκ δὲ θατέρων· τάδ' ἐστὶ κτλ. Idem 9 p. 392. Imitatus est auctor versuum in arcu Hadriani inscriptorum Kaibel EG 1045: Αἵδ' εἴσ' Ἀθῆναι Θησέως ἡ πρὶν πόλις et Αἵδ' εἴσ' Ἀδριανοῦ καὶ οὐχὶ Θησέως πόλις.

Sufficiat Wilamowitzii verba afferre Herm. 9, 323: „Methodisch darf nur so geschlossen werden: Die Geschichte vom Grenzstein am Isthmos kann nur entstanden sein entweder als Ionien bis dahin reichte: da ist sie nicht entstanden, da existierte König Theseus überhaupt noch ebensowenig wie ein beschriebener Grenzstein oder gar ein Iambus; oder aber als man wünschte dafs Ionien bis dahin reichte: das ist eben nur in der bezeichneten Epoche der Fall (i. e. quinto saeculo)."

274. [Simonidis (101 Bgk.).]

Παῖδες Ἀθηναίων Περςῶν ςτρατὸν ἐξολέςαντες
ἤρκεςαν ἀργαλέην πατρίδι δουλοςύνην.

Anth. Pal. VII 257: ἄδηλον εἰς τοὺς Ἀθηναίων προμάχους C. Anth. Plan.: ἀδέσποτον. Ex florilegio Cephalanae anthologiae cognato (Hiller Philol. N. F. II 230) hausit Schol. ad Aristid. 13. 132 (p. 154 D., 58 Fr.): ἕτεροι τοῦ αὐτοῦ vel ἄλλα τοῦ αὐτοῦ Σιμωνίδου· παῖδες — δουλοσύνην et ad 13. 126 (p. 136 D, 52 Fr.): παραδείγματος] ὅτι δεῖ βαρβάρων καταφρονεῖν· ἀκμᾶς — ῥυσάμενοι (ep. n. 5); tum subiunguntur παῖδες — δουλοσύναν. Post priores duos versus particulam καὶ vel tale quid excidisse animadvertit Frommel neque tamen ea excidit culpa scholiastae vel poetae (Kaibel Rh. M. 28, 443 sq.), sed librariorum: cf. Hillerum l. l. p. 246; idem habes p. 155 Frommel.

v. 1. ἐξελάσαντες scholiastae Par. A (p. 357 Frommel), recepit Bergk quem contra disputavit Hiller p. 231. ‖ v. 2. πατρίδα Anth. Pal. Aᵃᶜ, corr. C | δουλοσύναν scholorum. ad 13. 132, δουλοσύναϙ (sic) Anth. Pal. C, A scripserat δουλοσύναι.

Contra Bergkium assentior Hillero, cuius iudicio (l. l. p. 231) hi versus nunquam lapidi insculpti, sed longe post Simonidem demonstrative sunt scripti in pugnam Marathoniam. Neque enim sepulcralibus neque dedicatoriis neque tropaeorum titulis hoc distichum inseri potest.

275. Simonidis (172 Bgk.).

Μιξονόμου τε πατήρ ἐρίφου καὶ cχέτλιοc ἰχθὺc
πληcίον ἠρείcαντο καρήατα· παῖδα δὲ νυκτὸc
δεξάμενοι βλεφάροιcι Διωνύcοιο ἄνακτοc
βουφόνον οὐκ ἐθέλουcι τιθηνεῖcθαι θεράποντα.

Athen. 10 p. 456 c: *γριφώδη δ' ἐστὶ καὶ Σιμωνίδῃ ταῦτα πεποιημένα, ὥς φησι Χαμαιλέων ὁ Ἡρακλεώτης ἐν τῷ περὶ Σιμωνίδου·
μιξονόμου — θεράποντα· φασὶ δ' οἵ μὲν ἐπί τινος τῶν ἀρχαίων ἀναθημάτων ἐν Χαλκίδι τοῦτ' ἐπιγεγράφθαι, πεποιῆσθαι δ' ἐν αὐτῷ
τράγον καὶ δελφῖνα, περὶ ὧν εἶναι τὸν λόγον τοῦτον.* Sequuntur
duae aliae interpretationes quarum priori assentitur Welcker allgem.
Schulztg. 1830 p. 422 et Flach Geschichte d. gr. Lyrik II 462, poste-
riori Schneidewin Sim. rell. p. 220.

v. 1. *τε πατήρ τ'* A, corr. C ‖ v. 2. *ἠρίσαντο* A, corr. C ‖ v. 3. *διονύσοιο* A,
corr. C.

Recepi aenigma quia secundum quorundam opinionem donario
inscriptum fuisse tradit Chamaeleo: quod veri dissimillimum; etenim
ut alia omittam, quo *βουφόνος θεράπων* spectet nescimus. Erat
fortasse in fano Chalcidensi donarium cum hirco et delphine insculptis,
quo pertinere grammaticus quis epigramma quoquomodo explicare
volens pessime coniecit.

276.

Μηδεὶc ἀγεωμέτρητοc εἰcίτω ⟨cτέγην⟩.

Philopon. in Aristot. de an. l. prim. D p. 6 l. 8 Trincavelli:
*Πυθαγόρειος δὲ ὁ Πλάτων· οὗ καὶ πρὸ τῆς διατριβῆς ἐπεγέγραπτο·
ἀγεωμέτρητος μηδεὶς εἰσίτω. οὐδεὶς δ' οὐδ' ἄκρῳ δακτύλῳ γεωμε-
τρήσας τοιοῦτό τι λέγειν ἀνέξεται.* David. schol. in Aristot. p. 26 a,
10: *.. καὶ διὰ Πλάτωνα ἐπιγράψαντα πρὸ τοῦ μουσείου· ἀγεωμέτρητος
μηδεὶς εἰσίτω.* Tzetz. chil. VIII 973: *περὶ τῆς ἐπιγραφῆς τῆς ἐπὶ
προθύροις τοῦ Πλάτωνος τῆς μηδεὶς εἰσίτω ἀγεωμέτρητος: Πρὸ τῶν
προθύρων τῶν αὐτοῦ γράψας ὑπῆρχε Πλάτων· ǀ μηδεὶς ἀγεωμέτρητος
εἰσίτω μου τὴν στέγην. ǀ τουτέστιν ἄδικος μηδεὶς παρεισερχέσθω τῇδε· ǀ
ἰσότης γὰρ καὶ δίκαιόν ἐστι γεωμετρία.*

Huius versus et narrationis auctoribus recte fidem derogant
Zeller Gesch. d. gr. Ph. II 1, 357 not. et Dilthey ind. lect. Gott. 1878/79
p. 6 qui dicit poetae ianuarum inscriptiones velut *μηδὲν εἰσίτω κακὸν*
exemplo fuisse. Sed quo loco nisus Zeller contendat Pythagoreis
attribui solere versum equidem nescio.

277.

Πινδάρου τοῦ μουσοποιοῦ τὴν στέγην μὴ καίετε.

Vita Pind. Vratisl. p. 44 ed. Schneider (in app. Pind. Vratisl. 1844): *Παυσανίου δὲ τοῦ Λακεδαιμονίων βασιλέως ἐμπιπρῶντος τὰς Θήβας ἐπέγραψέ τις τῇ οἰκίᾳ· Πινδάρου — καίετε. καὶ οὕτως μόνη ἀπόρθητος ἔμεινεν.* Eustath. vit. Pind. p. XVII ed. Christ: *λέγεται δὲ καὶ ὡς Λάκωνες ἐμπρήσαντές ποτε Θήβας κατὰ μάχην, ἧς ἦρχε Παυσανίας ὁ σφῶν βασιλεύς, ἀπέσχοντο μόνης τῆς οἰκίας τοῦ ποιητοῦ, ἰδόντες ἐπιγεγραμμένον τὸ Πινδάρου κτλ. τοῦτο δὲ φασὶ καὶ Ἀλέξανδρος μετὰ ταῦτα πεποίηκε.* Dio Chrysost. 2 p. 83 R: *διὰ τοῦτο γὰρ Ἀλέξανδρος καὶ Θήβας ὕστερον πορθῶν μόνην κατέλιπε τὴν οἰκίαν τὴν ἐκείνου κελεύσας ἐπιγράψαι· Πινδάρου κτλ.* Respicit Eustath. Il. p. 9: *Πίνδαρος ὁ κατὰ τὸ ἐπ' αὐτῷ πρόγραμμα* (scribe *ἐπίγραμμα*) *μουσοποιός* . . . .

μουσοποιοῦ Dionis cod. C | τὴν om. eiusdem BA, obelo notatur in M | στέγην | μεγίστην C, τὰν στέγαν Welcker Sylloge² 228.

Neque Pausaniae regis temporibus neque Alexandri Magni hic versus inscriptus, sed sine dubio postea fictus est.

278.

Βωμὸν Ἀριστοτέλης ἐνιδρύσατο τόνδε Πλάτωνος
ἀνδρὸς ὃν οὐδ' αἰνεῖν τοῖσι κακοῖσι θέμις.

Ammon. vit. Aristot. p. 399, 44 West.: .. *ὅτι πολλὴν εὔνοιαν ἔσχε πρὸς τὸν Πλάτωνα ὁ Ἀριστοτέλης, δῆλον ἐκ τοῦ καὶ βωμὸν ἀνιερῶσαι τῷ Πλάτωνι ἐν ᾧ ἐπέγραψεν οὕτω· βωμὸν — θέμις.* Proleg. in Porphyr. εἰς τὰς φωνὰς Δαβίδ (schol. in Aristot. IV p. 11): *ὡς δηλοῖ εἰς τὸν τάφον Πλάτωνος Ἀριστοτέλους ἐπίγραμμα· σηκὸν Ἀριστοτέλης — θέμις.* Id. IV p. 20: *ἀλλ' ἔσεβεν αὐτὸν ἀεὶ ὡς δηλοῖ τὸ εἰς τὸν τάφον Πλάτωνος Ἀριστοτέλους ἐπίγραμμα· βωμὸν — θέμις.* Vita Aristot. ed. Robbe p. 6: *ἐπιγράφει γὰρ* (sc. *Ἀριστοτέλης) εἰς αὐτὸν (Πλάτωνα)· βωμὸν — Πλάτωνι, καὶ ἀλλαχοῦ περὶ αὐτοῦ φησίν· ἀνδρὸς — θέμις.*

v. 1. σηκὸν Proll. in Porph. 11 | ἱδρύσατο Proll. et Robb. vita ‖ Πλάτωνι Robb. vita.

Versus elegiae Aristotelis in Eudemum (fr. 673 R³, Bergk PL II⁴ p. 336 sq.) in inscriptionem modo arae modo sepulcri mutaverunt et depravaverunt grammatici eiusdem generis, quales distichon n. 262 huius collectionis nunc epitaphium nunc oraculum in Platonem perhibuerunt.

279. Archelai sive Asclepiadis.

Τόλμαν Ἀλεξάνδρου καὶ ὅλαν ἀπεμάξατο μορφὰν
Λύcιπποc· τίν' ὁδὶ χαλκὸc ἔχει δύναμιν;
αὐδαcοῦντι δ' ἔοικεν ὁ χάλκεοc ἐc Δία λεύccων·
ʻγᾶν ὑπ' ἐμοὶ τίθεμαι, Ζεῦ, cὺ δ' Ὄλυμπον ἔχε.'

Planud. f. 51ʳ (app. 120 Iac.): εἰς τὸν αὐτὸν Ἀρχελάου, οἱ δὲ
Ἀσκληπιάδου· τόλμαν — ἔχε. Anth. Pal. pag. Dʳ.: Ἀρχελάου ἢ Ἀσκλη-
πιάδου: vestigia quattuor versuum exstant.[1]) Syll. cod. Laur. 57, 29
n. 93 (cf. Stadtmueller ann. philol. 139 p. 771, Sternbach app. Barb.
Vat. p. XV). Syll. cod. Par. 1773.[2]) Plut. de Alex. M. fort. II 2:
Λυσίππου δὲ τὸ πρῶτον Ἀλέξανδρον πλάσαντος ἄνω βλέποντα τῷ
προσώπῳ πρὸς τὸν οὐρανὸν . . . ἐπέγραψέ τις οὐκ ἀπιθάνως· αὐδασοῦντι — ἔχε. Id. I 9: μὴ γὰρ ἇς οἱ ποιηταὶ ταῖς εἰκόσιν αὐτοῦ καὶ
τοῖς ἀνδριάσι μεγαληγορίας ἐνεχάραττον, οὐ τῆς μετριότητος, ἀλλὰ
τῆς δυνάμεως τῆς Ἀλεξάνδρου στοχαζόμενοι, σκοπῶμεν· αὐδασοῦντι —
ἔχε . . . Tzetz. chil. 8. 425 et 11. 107: ἢ στήλη τις ἐπέγραψεν ἐπι-
γραμματοφόρος· | αὐδάσοντι — ἔχε. (Cod. Vindob. 311; v. Stern-
bach melet. gr. I 76 sq.)

v. 2. τίνα δὴ Iacobs, τοίην Duebner ‖ v. 3. αὐδάσοντι Anth. Pal. (cf. not. 1)
et Plan. Tzetz. | εἰς Plut. | βλέπτων Vindob. et Cyriac. (v. infra) ‖ v. 4. ἐμὲ Tzetz.,
ἐμοῦ Vindob.

Epigramma est omnino demonstrativum. Certe eius generis non
pauca marmoribus insculpta sunt ut Callimachea quaedam et n. 189.
Sed hic haud scio an Plutarchi testimonio — ut de Tzetzae levi auctoritate taceam — alterum epigrammatis distichum statuae Alexandri a
Lysippo factae incisum esse diffidere liceat. Dubitationem enim inicit
quod ille neque in qua de multis quas Lysippus fecit statuis neque
in qua parte additum sit referat. Quo fit, ut censeam versus nihil
fuisse nisi lusum poetae sive Archelai sive Asclepiadis. — Quod
Kyriacus Anconitanus invenisse se in lapide tertium et quartum versum contendit (Bull. d. corr. hell. I p. 294 n. 88, Mommsen Jahrb. d.
pr. Kunsts. 4, 73): eum mentitum esse evicerunt Mommsen l. l. et
Kubitschek Arch.-epigr. Mitt. aus Oesterr. VIII (1884) p. 103.

---

1) ʻτόλμαν . . . (ξ)άνδρου καὶ ὅλαν ἀπεμάξατο μορφὰν
   λυσι . . . . χαλκὸς· ἔχει δύναμιν·
   αὐδάσ (acutus dilucide scriptus) . . . ʻχάλκεος. ἐς δία λεύσων.
   γᾶν ὑ(π) . . . τί(θ) . . . ι ξεῦ. σὺ δ' ὄλυμπον ἔχε.
   Versus primus integer pag. Cʳ exstat.' Stadtmueller.

2) Teste Stadtmuellero consentiunt Laur. 57, 29 et Par. 1773 cum textu
qualem exhibui nisi quod uterque cod. cum Anth. Pal. exhibet v. 3 αὐδάσοντι.

280.

Τὸν ἐν Ῥόδῳ κολοccὸν ἑπτάκιc δέκα
Χάρηc ἐποίει πήχεων ὁ Λίνδιοc.

Strabo 14. 2. 5 (p. 652): ὁ Ἡλίου κολοσσὸς ὃν φησιν ὁ ποιήσας τὸ ἰαμβεῖον ὅτι ἑπτάκις — Λίνδιος. Cedren. vol. I p. 755 Bonn.: καὶ γὰρ οἱ Ῥόδιοι θαλασσοκρατήσαντες ἀνέστησαν ἀνδριάντα χαλκοῦν τῷ Ἡλίῳ πηχῶν π' ὡς λέγει τὸ ἐν αὐτῷ ἐπίγραμμα· τὸν — Λίνδιος. Constant. Porphyrog. de adm. imp. vol. III p. 99, 9 Bonn.: καθὼς μαρτυρεῖ τὸ ἐπίγραμμα τὸ πρὸς τὴν βάσιν τῶν ποδῶν αὐτοῦ γεγραμμένον ἔχων οὕτως· τὸν — Λίνδιος. Planud. (app. 82 Iac.): εἰς τὸν ἐν Ῥόδῳ κολοσσόν· Σιμωνίδου.

v. 1. τὸν Ἡλίου κολοσσὸν Strabonem legisse putat Bergk III¹ 512 | ἑπτάκις Strabo, ὀκτάκις rell. ‖ v. 2. Χάρης Strabo, Λάχης rell. | ἐποιήσε Cedr. | πηχέων Plan.

Et Planudes aperte falsa tradit cum Simonidi iambos attribuat, et ei falluntur, qui Cedrenum Constantinumque secuti epigramma in basi colossi insculptum fuisse putant velut Lueders der Kolofs zu Rhodos, Progr. der Gelehrtensch. in Hamb. 1861 p. 11. Recte enim iam Maffeius titulum subditicium esse iudicaverat (ars crit. lapid. p. 31), cum in Rhodio colosso nunquam τὸν ἐν Ῥόδῳ κ. inscriptum fuisse posset; nec non si cum Bergkio τὸν Ἡλίου κ. legimus, demonstrativum pronomen desideratur. Neque videtur ille auctor, ex quo Cedrenus et Constantinus non minus quam Planudes hauserunt, tanta auctoritate esse, ut ei diffidere dubitemus. Etenim somniat is de Lache artifice, qui nusquam alias commemoratur, deque octoginta cubitorum magnitudine colossi cum alii scriptores (cf. Plin. 34. 41) septuaginta afferant. Immo multo locupletior testis est Strabo, qui de inscriptis illis versibus nihil compererat. Viles sunt iambi neque Bergkio assentiri possum exordium esse putanti longioris poematis, quo magnifici operis casus descriptus fuerit.

281. Agathiae.

Κλαcθείαc πάτραc cειcμῷ ποτε Κάνταβριν ἐc γᾶν
  Χαιρήμων ἔπτα, πατρίδα ῥυcόμενοc·
Καίcαρι δ' εἱλιχθεὶc περὶ γούναcι τὰν μεγάλαυχον
  ὤρθωcε Τράλλιν, τὰν τότε κεκλιμέναν.
ἀνθ' ὧν, cυγγενέεc, τοῦτο βρέταc, ὄφρ' ἐπὶ βωμῷ,
  οἷα δίκα κτίcταν, τάνδε φέροιτο χάριν.

Agath. 2. 17 in Hist. gr. m. II p. 208 sq.: ταῦτα δὲ οὕτω συνενεχθῆναι δηλοῖ μέν που καὶ ἡ πάτριος τοῦ ἄστεος ἱστορία, οὐχ ἥκιστα δὲ τοὐπίγραμμα, ὅπερ ἔγωγε ἐκεῖσε ἐλθὼν ἀνελεξάμην. Ἔν τινι γὰρ τῶν ἀμφὶ τὴν πόλιν ἀγρῶν, ὅθεν δὴ ὢν ἐτύγχανεν ὁ Χαιρήμων .. βωμὸς ἵδρυται

ἀρχαιότατος, ἐν ᾧ δὴ πάλαι ὡς ἔοικε τοῦ Χαιρήμονος ἄγαλμα ἐφει-
στήκει. νῦν γὰρ οὐδὲν ὁτιοῦν ἐν αὐτῷ φαίνεται. ἐγκεχάρακται δὲ
ὅμως ἔτι τὸ ἐλεγεῖον τῷ βωμῷ ὧδέ πως ἔχον· κλασθείσας — χάριν.

v. 1. κλασθείσας] cf. Agath. in Anth. Pal. IV 3 90 Σύρτις ἀνακλασθεῖσα
Καντάβαριν R(ehdigerianus) ‖ v. 2. ῥυσσόμενος R ‖ v. 4. πότε R, corr. Niebuhr ‖
v. 5. συγγενέες τοῦτο Lugd., συγγενὲς τοῦτο R, συγγενές οἵ τοῦτο vulg.; Lugd.
lectionem veram esse ostendit Buecheler qui Rh. M. 37, 331 observavit συγγε-
νεῖς in hoc epigrammate esse divos indigetas vel κτιστάς coll. Dio Chrys. 39,
p. 155 R; συγγενέες τοῦθ᾽ οἵ Vulcan., συγγενέες τόδε οἵ Iacobs, σύγγνω (= συν-
έγνω) οἵ τοῦτο G. Hermann Orph. 786, cf. Boeckh CIG II p. 585; οἵ γέγονεν τοῦτο
Meineke Philol. 14, 16, εὐγανές οἵ τοῦτο Herwerden studia crit. in ep. p. 63. ‖
βρέτας ap. eundem Agath. in Anth. Pal. IV 3. 119 ‖ v. 6. οἷά γε δὴ κτίστας vulg.,
genuinum exhibet R. Stadtmueller mavult κτιστᾶν, ut sit οἷα δίκα κτιστᾶν
eodem modo dictum atque homerica illa: ἡ γὰρ δίκη ἐστὶ γερόντων | τάνδε mire
pro τοιάνδε.

Chaeremo, cum Augusto Caesare imperante Tralles, patria eius
urbs, terrae motu vastatae essent, in Hispaniam ad imperatorem festi-
navit ab eoque ut civitati succurreret impetravit. Quo facto ei aram
et statuam dedicatam esse cum hoc epigrammate narrat Agathias.
Sed vide ne falso tradat historicus se inscriptos legisse versus. Sub-
lestam enim esse in eiusmodi rebus Agathiae fidem et ipsi videbimus in ep. n. 282 et adnotavit Teuffel Studien z. gr. u. röm. Lit.-
Gesch.[1] 245, 247. Quod autem hic ei credere dubito, adducor non tam
vocabulis ὧδέ πως ἔχον, sed quod in genuino titulo statuae patriam
urbem non ita commemoratam esse putandum est ut fit in huius epigrammatis versu primo et quarto — immo exspectamus τάνδε πόλιν
vel simile — et quod ab urbe statuam positam esse vix omissum
esset in titulo genuino. Itaque hoc non minus quam ep. n. 282
Agathias suam ipse Musam iactans conscripsisse mihi videtur: et
consentiunt verba nonnulla cum eius dicendi genere: cf. ad v. 1 et 5.[1])

282. Agathiae.

　　　Ῥεῖθρα Κασουλίνου ποταμοῦ βεβαρημένα νεκροῖς
　　　　δέξατο Τυρςηνῆς ἠιόνος κροκάλη,
　　　ἡνίκα Φραγγικὰ φῦλα κατέκτανεν Αὐςονὶς αἰχμή,
　　　　ὁππόςα δειλαίῳ πείθετο Βουτιλίνῳ.
5　　　ὄλβιςτον τόδε ῥεῦμα καὶ ἔςςεται ἀντὶ τροπαίου
　　　　αἵματι βαρβαρικῷ δηρὸν ἐρευθόμενον.

1) Neque Rayetio omni dubitatione carere versus videbantur. Sed reiecit
eam hisce verbis: „Si cette inscription était de l'invention d'Agathias lui-même,
les vers en seraient assurement mieux tournés." (Rayet et Thomas, Milet et
le golfe Latmique I p. 103).

Agath. in Hist. gr. min. II p. 197: ἐμοὶ δέ τις τῶν ἐπιχωρίων
ἐλεγεῖόν τι ἔφη ἐς κύρβιν τινὰ λιθίνην ὑπό του γεγράφθαι ἀμφὶ τὰς
ὄχθας τοῦ ποταμοῦ ἱδρυμένην, ὧδέ πως ἔχον· ῥεῖθρα — ἐρευθόμενον.
τοῦτο μὲν οὖν τὸ ἐπίγραμμα, εἴτε ὡς ἀληθῶς ἐγκεχάρακται τῷ λίθῳ
εἴτε καὶ ἄλλως ᾀδόμενον ἐς ἐμὲ ἵκετο, οὐδὲν οἶμαι τὸ κωλῦον ἐνθάδε
ἀναγεγράφθαι. Constantin. Porphyrog. de themat. occ. 11, vol. 3
p. 61 Bonn.: . . ὧν ἦρχε Βουτίλινος ὁ τῶν Φράγγων στρατηγός, ὃν
κατεπολέμησεν ὁ Νάρσης παρὰ τὸν ποταμὸν Κασουλῖνον καὶ τελείως
ἠφάνισε, καθὼς τὸ ἐπίγραμμα λέγει· ῥεῖθρα — ἐρευθόμενον.

v. 1. Καυσουλίνου Agathiae cod. R, Κασουλῖνος = Volturnus ‖ v. 2 τυρση-
νὶς αἰχὶ A (cod. Par. Morelli Constantini) omissis ἠιόνος — Αὐσονίς. Eadem
omisit C (Const) | κροκάλη etiam in alio Agathiae epigr. Anth. Pal. X 14, 8. ‖
v. 5. ὄλβιον ναὶ AC (Const.), ὄλβιον ἂν eiusd. vulg., ὄλβιον αὖ Agathiae, ὄλβι...
τόδε R, ὄλβιστον Iacobs, ὄλβιον ἆρ Herwerden stud. in epigr. p. 66. | ῥεῦμα Const.
AC, χεῦμα eiusd. vulg. et Agath. ‖ v. 6. δεινὸν Const. AC.

Ex verbis ipsis quae Agathias facit non verisimile esse apparet
inscriptionem fuisse epigramma: quod historici ipsius fetum esse ex
reliquis eius carminibus facile colligere possumus collegitque Niebuhr
(ad Agathiae l. l.).

III. Inscriptiones a fabularum scriptoribus fictae.

283.

Λουκιανὸς τάδε πάντα φίλος μακάρεσσι θεοῖσιν
εἶδέ τε καὶ πάλιν ἦλθεν ἑὴν ἐς πατρίδα γαῖαν.

Luc. Ver. hist. 2. 28: *προσελθὼν πρὸς Ὅμηρον τὸν ποιητὴν
ἐδεήθην αὐτοῦ ποιῆσαί μοι δίστιχον ἐπίγραμμα· καὶ ἐπειδὴ ἐποίησε,
στήλην βηρύλλου λίθου ἀναστήσας ἐπέγραψα πρὸς τῷ λιμένι. τὸ δ'
ἐπίγραμμα ἦν τοιόνδε· Λουκιανὸς κτλ.*

v. 2. *φίλην* vulg., *ἑὴν* codd.

284.

Τοῖα παθόντ' οἶμαι καὶ Τάνταλον αἴθοπος ἰοῦ
μηδαμὰ κοιμῆσαι διψαλέην ὀδύνην·
καὶ Δαναοῖο κόρας τοῖον πίθον οὐκ ἀναπλῆσαι
αἰὲν ἐπαντλούσας ὑδροφόρῳ καμάτῳ.

Lucian. de dipsad. 6: . . *ἐπίγραμμα δέ τι ἤκουσα, ὅ μοι τῶν
ἑταίρων τις ἔλεγεν αὐτὸς ἐπὶ στήλης ἀνεγνωκέναι ἀνδρὸς οὕτως* (i. e.
διψάδος δήγματι) *ἀποθανόντος· . . . . κεκολάφθαι γὰρ ἐπ' αὐτῇ ἄνθρω-
πον μέν τινα . . . γεγράφθαι δὲ πρὸς τοὐπίγραμμα, οὐ χεῖρον δὲ καὶ
αὐτὸ εἰπεῖν· τοῖα — καμάτῳ.*

v. 2. *μηδαμᾶ* AF | *κοιμῆσαι* E, *κοιμίσαι* AF ‖ v. 3. *καὶ — πίθον*] *τὰς τὸν
πίθον* AEFO | *ἀντλῆσαι* A, *ἀναπλήσαιεν* EF ‖ v. 4. *αἰὲν* om. (vel potius cum
praeced. verbo confuderunt) EF | *ἐπαντλούσᾱς* F, *ἐπαντλοῦσαι* sed ι ex ς correctum E.

Tota nimirum de cippo et epigrammate narratiuncula ficta est
a Luciano; cf. Bluemner arch. Studien zu Lukian p. 82 not.

285.

Ἱππόθοος κλεινῷ τεῦξεν τόδε ⟨σῆμ'⟩ Ὑπεράνθῃ,
οὐ φατὸν ἐκ θανάτοιο παθὼν ἱεροῖο πολίτου,
ἐς βάθος *ἐκ γαίης ἄνθος κλυτὸν ὅν ποτε δαίμων
ἥρπασεν ἐν πελάγει μεγάλου πνεύσαντος ἀήτου.

Xenoph. Ephes. III 13 (I p. 362 Herch.): *καὶ ἐπέγραψα εἰς*

μνήμην τοῦ δυστυχοῦς μειρακίου ἐπίγραμμα παρ᾽ αὐτὸν ἐκεῖνον τὸν καιρὸν πλασάμενος· Ἱππόθοος κτλ.

v. 1. τῷδ᾽ cod, τόδε σῆμα edd. ‖ v. 2. οὐ τάφον ἐκ θανάτον ἀγαθὸν codex; emendavit Iacobs | ἱεροῖο i. e. divi: cf. ep. n. 242 et Anth. VII 518, 2 ‖ v. 3. ἐκ γαίης cod., Αἰγείης Iacobs, at feminina forma uti scriptores nusquam inveni obstatque ἐν πελάγει v. 4; certe corrupta sunt verba: an ἐξ ἥβης (ἄνθος ἥρπασε δαίμων)? In nomine ludere poetam (ἄνθος — Ὑπεράνθης) animadvertit Welcker Rh. Mus. n. s. 1, 217: sed inde ἐκ γαίης explicari non potest. ἐξαίφνης? Stadtmueller | ὁππότε Iacobs.

286.

Οἱ ξεῖνοι τάδε σοι χρυσήλατα τεύχε᾽ ἔθηκαν
Ἀνθία Ἁβροκόμης θ᾽, ἱερῆς Ἐφέσοιο πολῖται.

Xenoph. Ephes. I 12 (p. 341, 25 H.): οἱ δὲ (sc. Ἁβροκόμης καὶ Ἄνθεια) ἀνέθεσαν εἰς τὸ τοῦ Ἡλίου ἱερὸν πανοπλίαν χρυσῆν καὶ ἐπέγραψαν [ἐπίγραμμα secl. Hercher] εἰς ὑπόμνημα τῶν ἀναθέντων· οἱ ξεῖνοι κτλ.

287.[1])

Ἡ πάντων ⟨πάντως⟩ κρατέειν ἐθέλουσα Τυραννίς,
ἥδ᾽ ἐγὼ ἡ τλήμων ὀλοφύρομαι οὕνεκα κούρης,
τῇ ἔπι πόλλ᾽ ἔπαθον ποθέουσά τε μαρναμένη τε.

Choricius in παιδοκτόνῳ μελέτῃ p. 215 Boisson.: (Tyrannus quidam oppidum oppugnat quod cives pulcherrimam quandam puellam quam sibi ille poposcit, se daturos esse negaverant. Puellae pater ante oppugnantium oculos filiam necat, ut decedant hostes. Accusatus pater et alia et haec loquitur:) ἀπράκτων οὖν ἀπιόντων ἐπ᾽ οἴκου τῶν ἐλπισάντων ἀκονιτὶ χειροῦσθαι τὴν πόλιν, παντοδαποῖς ἐθεράπευσε (sc. ὁ τύραννος) τρόποις τῆς θυγατρὸς (sc. μου) τὴν ὁσίαν ... τοιαύτην ἐγκολάψας εἰκόνα τῷ μνήματι· γυνὴ μέν ἐστι καθημένη τὸ φιλοτέχνημα· τὸ δὲ γύναιόν ἐστιν ἡ Τυραννίς, λελυμένη τοὺς πλοκάμους καὶ κατηφὴς καὶ λέγουσα τάδε· ἡ — τε.

v. 1. πάντως suppl. Boisson. p. 357 ‖ v. 2. cf. A. P. VII 145 ἅδ᾽ ἐγὼ ἁ τλάμων Ἀρετά κτλ. et IX 42 ‹ | ὀλοφύρω cod., corr. Iacobs Addit. p. 350 | v. 3. ἐπὶ cod., corr. Iacobs.

1) Addere possis Planud. metaphr. heroid. Ovid. ed. Dilthey in diss. de Callim. Cydippa p. 162:

Τοῦ μήλου μαρτύρετ᾽ Ἀκόντιος εἰκόνι τοῦδε,
   ὅσσ᾽ ἐγράφη τούτῳ, πάντα βέβαια πέλειν.

Cf. Anth. Pal. V 191, 7.

INDICES

1. Exordia.

1) Numeri epigrammata significant.

2. Nomina eorum ad quos epigrammata spectant.[1])

---

[1] Artificum nomina asterisco notavi.

Μάξιμος 222

Μάχων 37

Μεγιστίας 20

Μέθαπος 155

Μηνόδωρος 44

Μίδας 233

Μιλτιάδης 54

Μουσαῖος 238

Μουσώνιος 33

*Μῦς 185

Ναυσικράτης 117

Νεοπτόλεμος 169

Νικηφόρος Φωκᾶς 28

Νικοκρέων 91

Νύχεια 214

Ξειναγόρης 98

Οἰβώτας 127

Ὅμηρος 29. 94. 149. 167

*Ὀνάτας 175. 176

Ὄξυλος 147

Ὀππιανός 36

Ὄρριππος 151

Ὀρφεύς 26

*Παρράσιος 181—183. 185

Παυσανίας Ἀγχίτα 40

Παυσανίας Κλεομβρότου
84. 100

Πεισίστρατος 71

Περίανδρος 247

Περσεύς 121

Πίνδαρος 277

Πιττακός 244

Πλάτων 12. 262. 263. 278

Πόδαργος 25

Πολέμων 14

*Πολύγνωτος 179

Πολύζηλος 83

Πομπήϊος 219. 237

*Πραξιτέλης 189

Πρόκλος 16

Πρόνομος 162

Πυθέας 2

Πυθόκριτος 144

Πύρρος 96. 97.

Σαρδανάπαλλος 232

Σεληναίη 113

Σέργιος 210

Σίβυλλα 32

Σιμωνίδης 136. 254

Σκαῖος 139 (80)

Σόλων 242

Σοφία 211

Σοφοκλῆς 258

Σπαρτιατῶν δώδεκα 82

Σπεύσιππος 75

Στράτιος 102

Στρατονίκη 173

Σύλλας 116

Συριανός 16

Σώδαμος 65

Σώστρατος 114

*Τελεσαρχίδης 188

Τιμόθεος ὁ κιθαρῳδός 10

Τιμόθεος Κόνωνος 156

Τιμοκρέων 253

Τίμων Ἠλεῖος 131

Τίμων ὁ μισάνθρωπος 264.
265

Τίτος Φλαμινῖνος 92. 93.

οἱ τριάκοντα 270

Τύννιχος 104

Ὑπεράνθης 285

Φάϋλλος 142

*Φειδίας 177

Φειδόλας 123

Φερεκύδης 251

Φιδάλεια 165

Φιλητᾶς 266

Φιλούμενος 133

Φιλοποίμην 148

Φίλων 124

Φόρμις 55

Φύταλος 203

Χαιρήμων 281

Χάραξ 172

*Χάρης 280

Χάρμος 70

Χείλων Λακεδαιμόνιος 243

Χείλων Πατρεύς 130

Χρύσιππος 160

*Χρυσόθεμις 174

Civitates.

Ἀθηναῖοι 7. 8. 9. 72. 103.
199. 269. 271. 274

Ἀθηναίων ἄρχοντες 73

Ἀπολλωνιᾶται 69

Ἀρκάδες 63

Αὐσόνιοι 201. 282

Ἀχαιοί 58

Δελφοί 86

Ἕλληνες 78. 85

Ἐρετριεῖς 267. 268.

Θεσπιεῖς 23

Κλειτόριοι 62

Κορίνθιοι 5. 6

Κορίνθιαι 68

Λακεδαιμόνιοι 3. 21. 57. 59

Λοκροὶ οἱ Ὀπούντιοι 22

Μεγαρῆς 151

Μενδαῖοι 56

Πελοποννήσιοι 200

Ῥωμαῖοι 30

Σελινούντιοι 41

Συρακόσιοι 170

Τλωεῖς 169

Χερρονήσιοι 54. 99

3. Auctores.

4. Metrorum tabula.

5. Pauca quaedam memoratu digna.

Metrum in nominibus propriis violatum
40. 44. 100. 119(?). 123. 125. 145.
155,4 (Φλυάδεω). 186,5
Monumenta in memoriam vetustatis a
sacerdotibus aliisve hominibus facta
et inscriptionibus ornata: 17. 18. 19.
(22. 23.) 26. 29. 32. 64. 66. 69. 79. 80.
81. 89. 90. 94. 95. 180. 185. 187. (190.)
202. 203. 204. 205. 206. 214
Nicomachi pictoris elegia 181—183
Pausanias periegeta 78. 127
tripus post pugnam ad Plataeas factam
dedicatus 84. 85
Ps.-Plutarchus de Herodoti malign. 4. 6

Polemo periegeta 1. 186,1
ex Porphyrii historia phil. hausit Ilo-
nainus 11. 12
Praxitelis Amoris statua 189
Sicyonii in genetivo terminatione ου usi
sunt 145
synizese: Πυθέα 2. θεοῖς 60. 174. λέων
128. (Κλεοίτας 178, 2.) Κλεομβρότου
100
Thebarum monumenta ad vetustatem
spectantia p. 67 not.
Thermopylensia monumenta 22
χαῖρε in titulis sepulcralibus 249
Zenonis Myndii ἐθνικά? 38

6. Conspectus epigrammatum.

Huius syllogae	Iacobs [1]) et Welcker [2])	Cougny [3])	Huius syllogae	Iacobs et Welcker	Cougny
1	App. 361	V 30	18	App. 390	I 91
2	„ 71	II 156	(19	VII 54)	
3	W. Syll. 107	—	(20	VII 677)	
(4	VII 347)		(21	VII 249)	
(5	VII 250)		22	App. 364	II 153
6	App. 89	II 4	23	„ 94	III 19
7	—	—	24	„ 342	II 155
(8	VII 253)		(25	VII 304)	
9	W. Syll. 106	II 22	26	App. 250	II 148
10	App. 295	III 36		et VII 617	
(11	VII 60)		27	App. 102	II 732
(12	XVI 31)		28	—	—
13	App. 194	II 45	(29	VII 3)	
(14	VII 103)		30	App. 363	II 195
15	App. 133	II 318	31	„ 74	II 5
(16	VII 341)		32	„ 101	II 123
17	—	—	33	W. Syll. 116	Add. II 705ᵇ

1) Anthologia Graeca ed. Fr. Iacobs. 3 voll. Lips. 1813—1817. Libros Anth.
Romanis numeris signavi; XVI = Anth. Plan., App. = appendix ep., vol. II
p. 745 sqq.

2) W. Syll. = Sylloge epigrammatum Graecorum, coll. Welcker. Ed. alt.
Bonn. 1828. W. z. Syll. = zu der Sylloge epigrammatum Graec. Bonn 1829.
W. Rh. M. = Spicilegia epigr. Museo Rhenano inserta (vet. ser. 4 (1836) 421 sq.,
nov. ser. 1, 201—221; 3, 234—275; 6, 82—107). Cf. proll. p. VIII.

3) Anthologia Palatina cum Planudeis et Appendice nova. Par. Didot.
3 voll. 1864—1890. Vol. III appendicem continens ed. Ed. Cougny. Cf. proll. p. VIII.

Huius syllogae	Iacobs et Welcker	Cougny	Huius syllogae	Iacobs et Welcker	Cougny
34	—	—	(79	VI 6)	
35 a	—	II 601	(80	VI 7 et 8)	
(35 b	VII 747)		(81	VII 53)	
36	App. 271	II 400	82	—	I 66
(37	VII 708)		(83	VI 214)	
38	App. 212	II 21	(84	VI 197)	
39	„ 3	II 17	85	App. 168	I 37
(40	VII 508)		86	„ 242	I 40
41	App. 314	III 26	87	—	—
42	W. Syll. 105	—	88	App. 324	I 99
43	App. 34	II 134	89	„ 213	I 45
44	„ 11	II 382	(90	VI 49)	
45	—	III 100	91	App. 319	I 95
46	W. Syll. 112	—	92	„ 352	I 131
47	W. Rh. M. I 218	—	93	„ 188	I 130
48	—	—	94	„ 382	I 2
49	W. z. Syll. p. 71	—	95	W. Syll. 203	I 13
50	—	—	(96	VI 130)	
51	App. 80	II 6	97	App. 106	I 109
52	„ 6	II 154	98	W. Syll. 226	III 75
53	„ 135	I 4	(99	IX 786)	
54	„ 187	I 6	100	App. 241	I 38
55	W. Syll. 172	—	101	—	I 365
56	App. 186	I 56	102	App. 162	I 104
57	„ 142	I 16	103	„ 293	I 39
58	„ 370	I 41	104	W. Syll. 182	I 5
59	„ 255	I 53	105	App. 75	III 9
60	„ 243	I 12	106	„ 254	I 9
61	„ 374	I 52	107	„ 76	III 8
62	„ 226	I 60	108	—	I 54
63	„ 294	III 3	(109	VI 341)	
64	„ 231	I 19	110	W. Syll. 174	—
65	W. Rh. M. I 218	IV 23	111	—	—
66	—	—	112	App. 25	I 119
(67	VI 215)		113	„ 45	I 114
68	App. 73	III 7	114	„ 67	I 116
69	„ 123	I 1	115	„ 330	I 84
70	„ 302	I 31	116	„ 91	I 153
71	„ 245	I 51	117	W. Rh. M. 4 (1836) p. 422 sq.	—
(72	VI 343)		118	—	—
73	App. 124	I 29	119	—	—
74	„ 146	I 150	120	W. Syll. 182*	I 92
75	—	—	121	App. 366	VII 4
76	App. 202	I 110	122	„ 182	I 124
77	W. Syll. 227	II 18	123	„ 389	I 50
(78	VI 50)				

Huius syllogae	Iacobs et Welcker	Cougny	Huius syllogae	Iacobs et Welcker	Cougny
124	App. 85	I 23	(170	VII 125)	
125	„ 227	I 10	171	W. Rh. M. I 219	—
126	„ 325	I 44	172	App. 157	III 119
127	„ 267	I 47	(173	XVI 79)	
128	—	—	174	App. 183	I 22
129	App. 86	III 13	175	„ 370	I 41 β
130	„ 249	I 102	176	„ 325	I 42
131	W. Syll. 178	III 30	177	W. Syll. 171	—
132	App. 371	III 31	178	App. 274	I 35
133	W. Syll. 180	—	(179	IX 700)	
134	„ „ 223	—	180	App. 334	I 98
135	—	—	181	„ 59	III 20
136	App. 79	III 11	182	„ 61	III 22
137	„ 301	I 257	183	„ 60	III 21
138	„ 258		184	„ 211	III 29
(139	VI 7)		185	„ 141	III 23
140	App. 308	I 69	186	W. Syll. 214	III 4
141	„ 116	I 151	187	App. 105	I 3
142	„ 297	III 28	188	W. z. Syll. p. 71	I 235
143	„ 372	I 20	(189	XVI 204)	
144	W. Syll. 176	—	(190	VII 169)	
145	W. Rh. M. I 217	—	191	—	—
146	App. 173	I 70. 71	192	—	—
147	„ 108	I 57	193	W. Syll. 224	—
148	„ 358	III 97	194	App. 92	IV 74
149	„ 214	III 61	(195	IX 577)	
150	„ 138	I 120	196	W. Rh. M. I 220	—
151	„ 272	I 24	197	W. Syll. 117	IV 21
152	„ 78	III 10	198	„ „ 175	—
153	App. 165. 205. 191	III 38—40	199	App. 167	III 25
154	App. 362	III 32	(200	VII 248)	
155	„ 192	I 59	201	—	—
156	„ 347	I 85	202	App. 220	I 26
157	„ 216	I 86	203	„ 169	III 24
158	„ 17	III 43	204	—	—
159	„ 159	III 58	205	App. 114	III 108
160	W. Syll. 181	I 129	206	W. z. Syll. p. 71	I 11
161	App. 203	III 37	207	App. 99	IV 18
(162	XVI 28)		208	—	—
163	App. 8	III 48	209	—	—
164	„ 386	I 58	210	—	I 358
(165	XVI 66)		(211	IX 657)	
(166	XVI 334)		212	—	VI 309
(167	XVI 292)		213	W. Rh. M. I 219	—
168	App. 285	III 98	(214	IX 684)	
169	„ 156	III 102	215	App. 100	IV 20

Huius syllogae	Iacobs et Welcker	Cougny	Huius syllogae	Iacobs et Welcker	Cougny
216	App. 193	III 94	(252	VII 94)	
217	„ 373	III 101	(253	VII 348)	
(218	IX 641)		254	—	—
219	W. Syll. 231	III 105	(255	VII 516)	
220	—	III 72	(256	VII 77)	
221	—	—	257	W. Syll. 109	—
222	W.Rh.M.4(1836) p.421	III 110	258	W.Rh.M.6p.104	—
223	W. Syll. 233	—	(259	VII 45)	
(224	XI 270)		260	App. 359	V 9
(225	XI 271)		261	„ 44	II 30
(226	VII 746)		262	W. Syll. 111	III 34
227	W. Syll. 213	—	(263	VII 62)	
228	„ „ „	—	(264	VII 313)	
229	—	Add. II 53^b	(265	VII 316)	
230	App. 129	V 46	266	App. 263	II 215
231	—	II 247	(267	VII 259)	
(232	XVI 27	II 130)	(268	VII 256)	
(233	VII 153)		(269	VII 296)	
234	W. z. Syll. p. 70	—	270	W. Rh. M. I 216	—
(235	VII 99)		271	App. 266	II 52
236	W. Syll. 113	II 135	272	—	III 45
(237	IX 402)		273	W. Syll. 215	—
(238	VII 615)		(274	VII 257)	
(239	VII 616)		275	App. 81	VII 20
240	—	—	276	—	—
(241	VII 83)		277	W. Syll. 228	—
(242	VII 86)		278	App. 139	III 47
(243	IX 596)		(279	XVI 120)	
244	W. z. Syll. p. 69	II 3	. (280	XVI 82)	
(245	VII 90)		281	App. 222	III 107
(246	VII 618)		282	„ 312	III 178
(247	VII 619)		283	—	—
248	—	—	284	App. 350	III 121
249	App. 62	II 10	285	W. Rh. M. I 217	Add. II 371^b
(250	VII 84)		286	—	„ I 224^c
(251	VII 93)		287	—	—

Addenda et corrigenda.

p. 6, n. 6, 2: fort. *νῦν δ' αὖτ'* Stadtmueller.

„ 11, lin. 5 *lege* Simiae.

„ 11, n. 13, 3 ⟨*θυμέλης*⟩? Stadtmueller.

„ 20, lin. 7 *οὐδὲ Μαγνήτων* ⟨*οὐδένα*⟩ Stadtmueller.

„ 23, n. 28, 2 *εἰπὸν* pro *οὗτος* Stadtmueller.

„ 23, „ 28, 10 *καὶ τάττε* Stadtmueller.

„ 24, „ 28. B. Hase dubitavit num versus essent genuina inscriptio; v. eius adnot. ad Leon. Diacon. p. 89, 1: „(Cedrenus) omisit senariolos Ioannis Melitenensis sive quod paulo longiores ei viderentur, sive quod ludus potius ingenii quam vera arcae inscriptio. Certe Ioannes Mel., si is est de quo Lequien I 445, vixit circa a. 1027 plus L annis post Nicephorum in arcam conditum.“

„ 27, n. 33. „Theodorus idem ad quem Agathias scripsit Cyclum suum (A P. IV 3, 101)?“ Stadtmueller.

„ 37, n. 43, 5 *τοῦτο γὰρ εὗρεν* Stadtmueller.

„ 39 *scribe:* **46.** — II p. C. saec. Admeti.

„ 40, n. 48. *Subiunge apparatum crit.:* Versus exstat in Aldina, cuius codicem Meineke et W. Meyer littera *Γ* notant. — *εἴσοδός μ' ἀπώλεσεν* cod., sed Euripides Androm. 931 scripsit: *κακῶν γυναικῶν εἴσοδοί μ' ἀπώλεσαν*: cuius hunc versum parodiam esse Meineke adnotavit.

„ 41, n. 50 adn 1. Stadtmueller putat Hermiam numerum syllabarum computasse neglecta eorum quantitate: superfluum igitur esse art. *τὸν* supplementum.

„ 45, n. 55. Distichum fuisse titulum censet Stadtmueller: . . . *Φόρμις μ' ἀνέθηκεν* ⟨*ὁ πρὶν μὲν*⟩ | *Ἀρκὰς Μαινάλιος, νῦν δὲ Συρακόσιος*.

„ 46, n. 57, 2 *ἴληϝος δάμῳ* l. Menrad.

„ 53, „ 66 l. 1 *lege* recentior.

„ 62, „ 74. Cf. nunc Ruehl Rh. Mus. 46 p. 448.

„ 70, „ 81 *in Hesiodi versu* 657 *lege:* *ὠτώεντα*.

„ 71, „ 83 in app. crit. v. 1 *lege:* cf. n. 170 *pro* n. 148.

„ 71, „ 83 „ „ „ v. 5 *lege:* Polak Mnemos. nov. ser. 6, 420.

„ 73, adn. 2 *lege:* quae de lucri Simonidis etc.

„ 83, n. 98 v. 5 *Εὐμήλου δ' ἔτυμ'* κτλ. Stadtmueller.

„ 84, „ 101 v. 1 Si codd. lectio *σὺ* retinetur, post *δεσπότης* semicolon ponendum est.

„ 88, n. 106 lin. 2 ab imo *lege* inventione.

„ 91, „ 111 v. 1. Nunc codicum lectionem *ἐπέραιστον οἶκον* retinere et *πανείκελα* adverbium iudicare malim: simile enim adverbium exstat in inscript. Thessalon. (Berl. philol. Wochenschr. 1891 n. 25 col. 771): *Τόν με καταφθίμενον παναώρια τῇδε Κούαρτος* | *θάψεν* κτλ.

p. 100, n. 123 app. crit. v. 2. Stadtmueller suam coniecturam Φειδόλα ἢ παίδων hunc in modum defendit: „Phidolae sive filiorum domum dicit, quoniam quot victoriae in Phidolae familia per unum Lycum reportatae sint interest, non interest paterne an filii fuerint victores. Ceterum non obloquor, si quis praeferat Φειδόλα οἵ θ᾽ υἱῶν Phidolae eiusque filiorum ex crebro illo dativi usu, quem habes ex. gr. Pind. ol. 9, 15, Od. δ 771."

„ 111, n. 139 scribe: Vide n. 80 pro 79.

„ 112, n. 141 v. 1. „Si quid mutandum, ἐμμελέως scribendum esse censeo, cf. Plat. Apol. 4 ἐμμελῶς διδάσκει et Simonid. fr. 5, 8 Bgk." Stadtmueller.

„ 112, n. 141 v. 4. fort. ἀπένειμα Stadtmueller.

„ 117, „ 145. Aptiorem locum habuit hic titulus inter deorum donaria.

„ 128, „ 161 app. crit. v. 3 lege: Θήβης Sylb. (i. e. Sylburg).

„ 133, „ 171. Optime me monet R. Schoell fragmenta versuum quae in commentario ex Welckero transcripsi, ad sepulcralem Dionysii titulum pertinere, id quod ex universa forma rogandi et respondendi (ὦ ξένε, ὦ ὁδῖτα) eluceret. Quodsi Welcker recte versum Δωρίδος ἐκ μητρὸς κτλ. ad idem rettulit epigramma, debui titulum inter sepulcrales ponere post n. 38. Sed res in medio relinquenda est.

„ 138, n. 180, 2 ἔθηκε χάριν C. Sittl.

„ 148, „ 189, 1 scribe Ἔρωτα.

„ 150, „ 190, 4 Κεκροπίς εἰμι γένος Stadtmueller.

„ 155, „ 195 in testimoniis dele verba (aut. app.) post Anth. Plan.

., 155, „ 195 app. crit. v. 1 adde: θνατὸς ex θνητὸς corr. Plan.

„ 166, „ 210, 6 οὐ κρατερή aut οὐ στερέη Stadtmueller.

„ 166, „ 210, 9 φυλάξαι? Stadtmueller.

„ 171, „ 217, 4 ἄχρι μόνον λίχνου χείλεος Stadtmueller coll. Anth. Pal. V 14 καὶ ἦν ἄχρι χείλεος ἔλθῃ.

„ 173, n. 220 in Polybii textu: τῆς ἐπιδεξιότητος τῆς Σάμου φαινομένης? Stadtmueller. Idem adnotat Samum in Meleagri prooemio 14 Samium vocari.

„ 173, n. 221. Stadtmueller confert Trag. Gr. fr. N.² 508:

π255αλαιὸς αἶνος· ἔργα μὲν νεωτέρων,
βουλαὶ δ᾽ ἔχουσι τῶν γεραιτέρων κράτος.

„ 174, „ 222 Κεφρῆνος et Μνκερίνου non Welcker (qui Κεφρηνὸς et Μνκερήνου), sed Cobet proposuit.

„ 181, n. 228 τοῦ πρὶν μεδέοντος Stadtmueller.

„ 182, „ 230, 2 ἀπ᾽ εὐλιπέος πύκα πεύκης Stadtmueller.

„ 183, „ 232, 4 καὶ ἀμύστισα coll. Eur. Cycl. 565 Stadtmueller.

„ 185, „ 232, 2 in app. crit.: σοι exhibet etiam Plan.

„ 188, „ 233. Testimoniis adde: Laurent. 57, 29 f. 146: Ὁμήρου (Stadtmueller Berl. phil. Wochenschr. 1890 col. 306, Sternbach App. Barb.-Vat. p. XV).

„ 192, n. 235, 1 γυναιξὶ Plan.; ibidem v. 3 δρέψαντι coni. Stadtmueller coll. Pind. Nem. 2, 9, Ol. 1, 13.

„ 195, n. 237. Testimoniis adde: Cod. Par. 1773 f. 246ʳ et iterum f. 63ʳ, altero loco cum lemmate εἰς Πομπήιον, ubi verbo ἔπλετο addita interpretatio ὑπῆρχε. (Teste Stadtmuellero.)

„ 197, n. 242, 2 in fine versus νοερόν? an ἱερά (cf. 244) Stadtm.

„ 198, „ 244, 1 Οἰκτίστοις Stadtm. coll. Apoll. Rhod. 2, 784 ὅντινα λαὸς οἰκτίστοις ἐλέγοισιν ὀδύρεται.

„ 199, n. 249, 2 μέτρα λέγων coll. Od. δ 389 Stadtmueller.

p. 201, n. 250, 2 *post* τοῦδε Plan. *adde:* τοῦτο Plan. ante rasuram; fortasse ξεῖνε Stadtmueller.

„ 201, n. 251, 1 ἦν δ᾽ ἀποπνεύσω Stadtmueller.

„ 203, „ 256, 2 ζῶντι πέπομφε? Stadtm. *Idem ad* Anth. Plan. *adnotat:* In cod. Marc. exaratum est epigramma fol. 31ᵛ alio atramento in marg. inferiore inter prius et alterum distichum epigrammatis A. P. VII 359, sed iustus versuum ordo indicatur signo ·//· versui alteri et tertio ep. VII 359 apposito.

„ 205, n. 258, 2 σχήματι σεμνότατον (poesis genere quod amplexus est sublimem) Stadtm. coll. Xen. apol. 27 et Luc. dial. mort. 10, 8.

„ 207, n. 259, 2 *scribe:* ἦ γὰρ Plan. post ras., ἦ γὰρ Plan. ante ras.

„ 209, „ 263, 1 fort. ἐκ τίνος, εἰπέ, nisi praeferes ἦ 'κ τίνος „qua de causa" (= τίπτε), cf. Xen. Anab. 5, 8, 3, Eur. Hel. 93. Stadtmueller.

„ 211, n. 265, 1 *adde* μήτ᾽ ἐμὲ Plan.

„ 216 lin. 18 ab imo *dele interpunctionem post* legisse.